Hinter dem Sachregister befindet sich ein ausführliches Verzeichnis der

Guttentagschen Sammlung

Deutscher Reichs- und Preußischer Gesetze

— Textausgaben mit Anmerkungen; Taschenformat —,

die alle wichtigeren Gesetze in unbedingt zuverlässigem Abdruck und mit mustergültiger Erläuterung wiedergibt.

Guttentagsche Sammlung
Nr. 91. Deutscher Reichsgesetze. Nr. 91.
Textausgaben mit Anmerkungen und Sachregister.

Die
Eisenbahn-Verkehrsordnung

vom 23. Dezember 1908

mit

Allgemeinen Ausführungsbestimmungen

sowie

dem Internationalen Übereinkommen über den Eisenbahnfrachtverkehr vom 30. Mai 1925 und dem Internationalen Übereinkommen über den Eisenbahn-Personen- und -Gepäckverkehr vom 12. Mai 1925

Textausgabe mit Anmerkungen

3. Auflage

Nach dem Tode von Dr. jur. Blume
herausgegeben mit Anmerkungen von

Dr. jur. W. Weirauch
Direktor der Deutschen Reichsbahn-Gesellschaft

Berlin und Leipzig 1926

Walter de Gruyter & Co.

vormals G. J. Göschen'sche Verlagshandlung — J. Guttentag, Verlagsbuchhandlung — Georg Reimer — Karl J. Trübner — Veit & Comp.

Inhaltsverzeichnis.

V. Beförderung von Expreßgut.

VI. Beförderung von Leichen.

VII. Beförderung von lebenden Tieren.

Abkürzungen und Literatur.

AAB. = Allgemeine Ausführungsbestimmungen.
AAB. = Allgemeine Abfertigungsvorschriften.
Arch. f. Eis = Archiv für Eisenbahnwesen.
Begr. = Begründung der Vorlage an den Landeseisenbahnrat oder Bundesrat.
BGB. = Bürgerliches Gesetzbuch.
BBO. = Eisenbahn-Bau- und -Betriebsordnung vom 4. November 1904 (RGBl. S. 387).
Blume = Internationales Übereinkommen, Berlin 1910, Springer.
DEGT. = Deutscher Eisenbahngütertarif.
DEP. u. GepT. = Deutscher Eisenbahn-Personen- und -Gepäcktarif.
Dernburg = Die Schuldverhältnisse nach dem Rechte des Deutschen Reichs und Preußens, 1899/1901.
DJZ. = Deutsche Juristen-Zeitung.
Düringer-Hachenburg = HGB., 2. Aufl., 1913.
EEE. = Egers Eisenbahnrechtliche Entscheidungen.
Eger = Eger, Die Eisenbahnverkehrsordnung vom 23. Dezember 1908.
Eis. = Eisenbahn.
ENBl. = Eisenbahnnachrichtenblatt.
EVBl. = Eisenbahnverordnungsblatt.
EVO. = Eisenbahnverkehrsordnung.
Fritsch = Handbuch der Eisenbahngesetzgebung in Preußen und im Reich, 2. Aufl., 1912.
Gerstner = Internationales Eisenbahnfrachtrecht.
Hertzer = Handkommentar zur EVO. 1902.
HGB. = Handelsgesetzbuch vom 10. Mai 1897.
JÜ. = Internationales Übereinkommen über den Eisenbahnfrachtverkehr vom 14. Oktober 1890 mit den Änderungen und Ergänzungen in der Zusatzvereinbarung vom 16. Juli 1895 und in dem Zusatzübereinkommen vom 16. Juli 1898 und 19. September 1906 und Zusatzerklärung vom 20. September 1893 (RGBl. 1908 S. 515). Siehe oben Blume.

JÜG. = Internationales Übereinkommen über den Eisenbahnfrachtverkehr vom 30. Mai 1925. Siehe RGBl. 1925 II S. 483.*)

JÜP. = Internationales Übereinkommen über den Eisenbahn-Personen- und -Gepäckverkehr vom 12. Juni 1925. Siehe RGBl. II S. 183.*)

JW. = Juristische Wochenschrift.

Kittel, EVO. = Kittel, Eisenbahnverkehrsordnung, Leipzig 1910.

PrEisGes. = Gesetz über die Eisenbahnunternehmungen vom 3. November 1838 (PrGS. S. 505).

RGBl. = Reichsgesetzblatt.

RVerf. = Verfassung des Deutschen Reichs vom 11. August 1919.

RGEntsch. = Entscheidung des Reichsgerichts in Zivilsachen (offizielle Sammlung).

RGes. = Reichsgesetz.

ROHG. = Entscheidung des Reichsoberhandelsgerichts.

RVBl. = Reichsverkehrsblatt.

Rundnagel, Haftung = Rundnagel, Die Haftung der Eisenbahn für Verlust, Entschädigung und Lieferfristüberschreitung nach deutschem Eisenbahnfrachtrecht, 2. Aufl., Leipzig 1909.

Rundnagel, BefGesch. = Rundnagel, Beförderungsgeschäfte, Leipzig 1915.

Rundnagel-Sperber = Rundnagel, Die Haftung der Eisenbahn, 3. und 4. Aufl., bearbeitet von Fritsch und Sperber, 1924.

Senckpiehl = Senckpiehl, Das Eisenbahntransportgeschäft 1909.

Staub = Staubs Kommentar zum HGB., 10. Aufl., 1920.

ZPO. = Zivilprozeßordnung.

ZVDEisV. = Zeitung des Vereins Deutscher Eisenbahnverwaltungen.

---

*) Da noch nicht alle Staaten die beiden JÜP. und G. ratifiziert haben, ist deren Inkrafttreten noch nicht vorauszusehen.

Einleitung.[1]

1. Geschichte der Eisenbahnverkehrsordnung.

Zur Regelung der vertraglichen Beziehungen zwischen den zunächst privaten Eisenbahnunternehmern und dem Publikum dienten die von jenen aufgestellten Lokal- oder Spezial-„Betriebsreglements". Mit der Ausdehnung des Verkehrs machten sich „Verbandsbetriebsreglements" erforderlich. Der späterhin wichtigste Verband („Verein Deutscher Eisenbahnverwaltungen", Statut v. 28. Juni 1847) gab 1847 die „Normalbestimmungen für die Reglements

[1] Näheres bei Gerstner, Entstehungsgeschichte d. EVO.; Arch. f. öffentl. Recht **11** 161 ff.; Koch, Deutschlands Eisenbahnen, 1858; Krönig, Verwaltung **1** 61; Ulrich in Stengels Wörterbuch: Eisenbahnbetriebsreglement **1** 334; v. d. Leyen ebenda Erg.-Band: Eisenbahnbetriebsreglement S. 46; ders. in Goldschmidts Zeitschrift **41** 501 u. **49** 581; Fleck, Das Betriebsreglement für die Eisenbahnen Deutschlands und die Allgemeine Tarifvorschrift der deutschen Eisenbahnen; Fritsch, Handbuch der Eisenbahngesetzgebung, 2. Aufl. 1912; Eger, Eisenbahnverkehrsordnung v. 23. Dez. 1908, 3. Aufl. 1910; Endemann, Das Recht der Eisenbahnen, 1886; Hertzer, Handkommentar zur EVO., 1912; Kittel, Die deutsche EVO., 1910; Rundnagel, Die Haftung der Eisenbahn für Verlust, Beschädigung und Lieferfristüberschreitung, 2 Aufl. 1909; derselbe, Beförderungsgeschäfte, 1915.

der zum Deutschen Eisenbahnverein gehörigen Verwaltungen über die Personen-, Gepäck-, Equipagen-, Pferde- und Viehbeförderung" und 1850 ein „Reglement für den Güterverkehr" heraus (Festschrift über die Tätigkeit des VDEisV. 1846 bis 1896, Berlin 1896).

Die Vertragsfreiheit wurde zunächst für den Güterverkehr nennenswert beschränkt durch das Allgemeine Deutsche Handelsgesetzbuch (eingeführt 1861 bis 1863). Auf den darin enthaltenen gesetzlichen Grundlagen ist das „Reglement für den Vereinsgüterverkehr auf den Bahnen des VDEisV." vom 1. März 1862 (Neuauflage 1. März 1865) aufgebaut, zugleich mit einem „Vereinsreglement für die Beförderung von Personen, Reisegepäck, Leichen, Fahrzeugen und lebenden Tieren" vom 1. März 1865. Diese Reglements waren freiwillig vereinbarte Beförderungsbestimmungen; erst die Verfassung des Norddeutschen Bundes (26. Juni 1867) und die Reichsverfassung (16. April 1871) änderten diesen Rechtszustand (RVerf. Art. 4 Ziff. 8 und 45). Am 10. Juni 1870 (RGBl. S. 419) erließ der Kanzler des Norddeutschen Bundes das „Betriebsreglement für die Eisenbahnen des Norddeutschen Bundes", ausgedehnt unter dem 22. Dezember 1871 (RGBl. S. 473) auf alle deutschen Bahnen (außer Bayern). Neubearbeitung: 11. Mai 1874 (RGBl. S. 84). Das Berner Frachtübereinkommen (in Kraft seit 1. Januar 1893) (RGBl. 1892 S. 793) erforderte erneute Durchsicht. Aus ihr ging das Reglement als „Verkehrsordnung für die Eisenbahnen Deutschlands" vom 15. November 1892 (RGBl. S. 923) hervor. Neubearbeitung (nötig durch BGB., HGB. und Zusatzabkommen z. Berner FrÜb.) am 26. Oktober 1899 (RGBl. S. 557) und vom 23. Dezember 1908 (RGBl. 1909 S. 93).

Über die Weiterbildung des Verkehrsrechtes bestimmt Art. 91 der Reichsverfassung vom 11. August 1919: „Die

Reichsregierung erläßt mit Zustimmung des Reichsrats die Verordnungen, die den . . . Verkehr der Eisenbahnen regeln. Sie kann diese Befugnis mit Zustimmung des Reichsrats auf den zuständigen Reichsminister übertragen." Dies hat sie getan durch die Verordnung vom 29. Oktober 1920 (RGBl. S. 1859), betreffend die Ermächtigung des Reichsverkehrsministers zur selbständigen Ergänzung und Änderung der Verordnungen, die den . . . Verkehr der Eisenbahnen regeln, jedoch mit der Einschränkung, daß dadurch keine grundlegenden Bestimmungen dieser Ordnungen geändert werden. Man wollte auf diese Weise „die Reichsregierung und den Reichstag von der Beratung und Beschlußfassung über minder wichtige Angelegenheiten entlasten und ferner die rasche Durchführung dringender Maßnahmen, wie sie der Eisenbahnbetrieb und -verkehr nötig machen, ermöglichen" (Begr.).[1])

Inzwischen ist durch Reichsgesetz vom 3. Januar 1920 RGBl. S. 13) die Reichsaufsicht über die nicht vom Reich verwalteten Eisenbahnen (Art. 95 RVerf.) dem Reichsverkehrsministerium übertragen, das nachgeordnete Behörden (Eisenbahnkommissare) damit beauftragen kann. Die Aufsicht über die anderen Bahnen (in Preußen: Kleinbahnen) verbleibt den Ländern (in Preußen: Handelsministerium). Durch § 16 (3) des Reichsbahngesetzes vom 30. August 1924 (RGBl. II S. 272) ist bestimmt, daß die für die Eisenbahnen allgemein geltenden Gesetze und Verordnungen auf die Gesellschaft insoweit anzuwenden sind, als sie diesem „Gesetz" oder der Gesellschaftssatzung nicht widersprechen.

---

[1]) Siehe Anschütz, Verf. d. D. R., 1922 S. 160. Damit ist die alte Streitfrage, ob die EVO. rechtsgültig sei, begraben.

2. Die rechtliche Bedeutung der Eisenbahnverkehrsordnung.

Die Vereinsbetriebsreglements waren „von den Eisenbahnunternehmern entworfene und veröffentlichte Vertragsbedingungen". Für den einzelnen Reisenden und Verfrachter wurden sie erst dadurch verbindlich, daß er sich durch Abschluß des Beförderungsvertrages ihnen unterwarf. Dies änderte sich auch nicht durch den Erlaß der Bundesratsverordnungen von 1870, 1874 und 1892. Diese waren Verwaltungsvorschriften der Staatsgewalt, gerichtet an die Eisenbahngesellschaften; sie legten diesen auf, ihren Beförderungsverträgen gewisse Bestimmungen zugrunde zu legen (vgl. Gerstner, Arch. f. öffentl. Recht, 1911 S. 176; ZVDEisV. 1899 Nr. 84, 85; RGEntsch. in JW. 1900 S. 533; siehe Denkschrift II zum HGB. S. 268).

Hierin brachte erst das Handelsgesetzbuch vom 10. Mai 1897 eine wesentliche Änderung: Durch die Bestimmung im § 454 und § 472 wurde die EVO., wenn auch nicht ausdrücklich, zur Rechtsverordnung erhoben.[1]) Damit konnte die Auslegung ihrer Vorschriften Gegenstand der Revision durch das Reichsgericht werden (siehe ZPO. § 549; vgl. Gerstner, Arch. f. öffentl. Recht, Bd. 11 S. 161). Auch auf die Beurteilung des Irrtums über die Vorschriften der EVO. ist diese Änderung von Bedeutung (vgl. Hertzer,

---

[1]) A. A. Laband, DJZ. **00** 509 ff. und Nr. 101; Staatsrecht, 4. Aufl., **3** 120 und Bornhardt, PrVerwBl. **00 01** 188. Vgl. hierüber Rundnagel, BefGesch. S. 285 und die dort Angef; Düringer-Hachenburg § 454, **2** 925; Staub, HGB. § 453 Anm. 2; ferner DJZ. **01** 59 (Harburg), 185 (Kaufmann), **04** 1084 (Mode), **06** 59 (Graßberger); Reindl in EEE. **17** 76; Leutke, Verfügungsrecht beim Frachtgeschäft S. 35 Anm. 2. Siehe Anm. 1 zu Einl 1.

ZVDEisV. 1898 Nr. 74; vgl. auch Staub § 454; Schünck, EEE. 26, 109).

Für das Eisenbahnfrachtrecht sind sonach folgende Vorschriften maßgebend:

1. die zwingenden Vorschriften des HGB. (vgl. § 471 sowie § 432 Abs. 1, 2, §§ 438, 439, 453, 455 bis 470);
2. die Vorschriften der EVO. mit den auf Grund des Art. 91 RVerf. erlassenen Verordnungen (siehe Einl. 2 § 1);
3. die Vertragsabmachungen (in der Hauptsache die tarifarischen Vorschriften);
4. die übrigen Vorschriften des HGB. und des Handelsrechts (HGB. § 454);
5. das BGB. und das sonstige bürgerliche Recht, dies jedoch nur insoweit, als nicht die Regelung einer Bestimmung (z. B. Lieferfristüberschreitung, Zahlung für Verlust) eine erschöpfende Regelung in den Vorschriften der Ziff. 1 bis 3 gefunden hat;
6. endlich etwa zulässige besondere Abmachungen.

In der Praxis vereinfacht sich die Handhabung dadurch, daß die EVO. auch die zwingenden Vorschriften des HGB. enthält, wenn auch leider manchmal mit abweichendem Wortlaut. Die den Güterverkehr regelnden Vorschriften der EVO. sind zwingenden Rechts; sie können durch Parteivereinbarungen nicht geändert werden, weder zugunsten noch zuungunsten der Eisenbahnverwaltung (HGB. § 471): Staub § 453 Anm. 4 (vgl. auch abw. Hertzer, EVO. Einl. S. X).

Für die während des Weltkrieges im Militärbetriebe befindlichen Bahnen galt die EVO. nicht. Diese Bahnen konnten daher selbständige Frachtbedingungen aufstellen, namentlich ihre Haftung beschränken oder ausschließen.

3. Die Ausführungsbestimmungen.

EVO. § 2 (1) gestattet den Eisenbahnen, mit Genehmigung der Landesaufsichtsbehörde Ausführungsbestimmungen zur EVO. zu erlassen; § 6 (1) macht es ihnen zur Pflicht, Tarife aufzustellen, die über alle für den Beförderungsvertrag maßgebenden Bestimmungen usw. Auskunft geben.

Der einzelne Beförderungsvertrag wird sonach auf Grund dieser Tarife abgeschlossen, die die Eisenbahn aufstellen muß. Sie enthalten die Bestimmungen der EVO. und die durch EVO. § 2 vorgesehenen Ausführungsbestimmungen. Auch bezüglich dieser Ausführungsbestimmungen ergab sich bald die Notwendigkeit eines Zusammenschlusses der deutschen Bahnen. Bereits 1876 einigte man sich auf ein bestimmtes Tarifschema, das durch die Generalkonferenz der deutschen Eisenbahnverwaltungen am 12. bis 13. Februar 1877 endgültig beschlossen wurde. „Auf Anregung des Ministers der öffentlichen Arbeiten wurde durch Vereinbarung der im Besitz von Staatsbahnen befindlichen deutschen Bundesregierungen unter Beitritt der deutschen Privatbahnen die periodische Wiederholung derartiger Generalkonferenzen festgesetzt und zur Vorbereitung der Verhandlung eine ständige Tarifkommission" bestellt, welcher zugleich auf Anregung der Reichseisenbahnverwaltung ein „ständiger Ausschuß der Verkehrsinteressenten" beigegeben ist.[1]) Seitdem kennt man auf den deutschen Eisenbahnen folgende Tarife:[2])

1. den Personen- und Gepäcktarif, Teil I und II;
2. den Tiertarif, Teil I und II;
3. den Gütertarif, Teil I und II.

Die Teile I (Allgemeine Bestimmungen) enthalten die entsprechenden Abschnitte der EVO. sowie die allgemeinen

---

[1]) Siehe Fleck, Eisenbahnbetriebsreglement S. 194.

[2]) Vgl. unten Vorbem. z. Abschn. VIII Anm. 13.

Ausführungsbestimmungen; die Teile II enthalten besondere Bestimmungen.

Da die EVO. somit erst im Zusammenhang mit den allgemeinen Ausführungsbestimmungen die eigentliche Grundlage für den einzelnen Beförderungsvertrag bildet, sind sie mit abgedruckt. Ihrer rechtlichen Natur nach sind sie nicht anders zu beurteilen als die ehemaligen von den Verwaltungen erlassenen Betriebsreglements. Dadurch aber, daß sie in § 6 Abs. 1 EVO. — die in § 2 Abs. 1 vorgeschriebene Genehmigung vorausgesetzt — zur Grundlage des Beförderungsvertrages erhoben werden, der gegenüber nach § 6 Abs. 3 jede Preisermäßigung und sonstige Begünstigung verboten und nichtig ist, daß jeder Vertrag auf ihrer Grundlage geschlossen werden muß, sind sie Vorschriften geworden, die praktisch bindende Kraft haben.

4. Die Dienstvorschriften.

Zur Regelung der sich aus den Beförderungsverträgen ergebenden verkehrstechnischen Vorgänge haben die Eisenbahnverwaltungen eine große Anzahl von Dienstvorschriften erlassen. Hierher gehören vor allem die vom „Deutschen Eisenbahnverkehrsverband" für die ihm angehörenden Verwaltungen ergangenen „Kundmachungen"; deren wichtigste sind die „Allgemeinen Abfertigungsvorschriften". Sie alle sind lediglich innere Dienstanweisungen, deren Beachtung allein die Aufsichtsstellen zu überwachen berechtigt sind. Für das Verhältnis zwischen Eisenbahnverwaltung und Verkehrsinteressenten haben sie keinerlei rechtliche Bedeutung. Sie sollen nicht etwa die EVO. und die Ausführungsanweisungen ergänzen und können daher niemals eine Grundlage abgeben für im Klagewege verfolgbare Ansprüche oder etwa für die Begründung einer behaupteten groben Fahrlässigkeit der Eisenbahnen.

Eisenbahnverkehrsordnung nebst allgemeinen Ausführungsbestimmungen.

(Die Ausführungsbestimmungen sind in lateinischer Schrift gedruckt.)

I.

Eingangsbestimmungen.

§ 1.

Geltungsbereich.

Die Eisenbahn-Verkehrsordnung [1]) (abgekürzte Bezeichnung: EVO.) gilt auf allen dem öffentlichen Verkehre dienenden Haupt- [2]) und Nebeneisenbahnen [3]) Deutschlands.[4]) Für den internationalen Verkehr gilt sie nur soweit, als er nicht durch besondere Bestimmungen geregelt ist.[5])

Die Bestimmungen der EVO. gelten auch in folgenden Fällen:

a) wenn ein Gut durch das Gebiet eines fremden, am Internationalen Übereinkommen über den Eisenbahnfrachtverkehr vom 14. Oktober 1890 beteiligten Staates befördert wird, seine Versand- und Bestimmungsstation im Gebiete des Deutschen Reichs liegen und die fremde Linie von einer deutschen Eisenbahnverwaltung betrieben wird;

b) wenn ein Gut von einer auf deutschem Gebiete gelegenen Station nach dem Grenzbahnhof eines am Internationalen Übereinkommen über den Eisenbahnfrachtverkehr vom 14. Oktober 1890 beteiligten Nachbarstaats, wo die Zollbehandlung erfolgt, oder nach einer Station befördert wird, die zwischen diesem Bahnhof und der Grenze liegt, es sei denn, daß der Absender die Anwendung des Internationalen Übereinkommens über den Eisenbahnfrachtverkehr durch Aufgabe mit einem internationalen Frachtbriefe verlangt. Das gleiche gilt für Sendungen in umgekehrter Richtung.

HGB. §§ 453 ff., 471; IÜ. Art. 1; IÜP. Art. 1; IÜG. Art. 1.

1. Über den rechtlichen Charakter der EVO. siehe oben Einl. 2.

2 Die Eisenbahn ist ein Beförderungsmittel, durch das auf einer besonderen, für bestimmte Fahrzeuge benutzbaren Spurbahn unter Anwendung von Maschinenkraft Menschen, Güter und Nachrichten bewegt werden (v. d. Leyen, Wörterbuch der Staatswissenschaften Bd. 1 S. 656). Begriff, aber nur für Haftpflichtsachen, siehe RGEntsch. Bd. I S. 252. Beschränkung auf Lokomotivbahnen nicht richtig; es gehören hierher auch elektrische Bahnen, Schwebebahnen, Drahtseilbahnen. Auch die Beförderung auf Verbindungslinien, die durch Schiffe (See- und Flußfähren) oder Kraftwagen erfolgt, ändert an den Rechten und Pflichten der Beteiligten (Eisenbahn und Verkehrtreibende) nichts. Abweichungen müßten durch die Tarife festgesetzt werden, soweit dies zulässig ist (beachte HGB. § 471; ROLG. Bd. 13 S. 12). Zu den Eisenbahnen gehören nicht stillgelegte Bahnen (ROHG. **21** 60) oder noch nicht eröffnete Bahnen (RG. **42** 283); staatliche Genehmigung zum Betrieb ist nicht Voraussetzung (ROHG. **21** 244). Bahnen, die nur dem Personenverkehr dienen, unterstehen bezüglich einzelner Gütertransporte dem Landfrachtrecht (Staub S. 1481 Anm. 7). Die Reichsverfassung sagt

statt „öffentlichen Verkehr“ in Art. 89 dem „allgemeinen Verkehr“ dienend. Nicht hierher zählen also nur Privatzwecken dienende Bahnen, wie Bergwerksbahnen, Privatanschlußbahnen (RG. **58** 271), Rübenbahnen (RG. **1** 247, **7** 40, **2** 38) und ähnliche.

3. Die Unterscheidung zwischen Haupt- und Nebeneisenbahnen (BBO., RGBl. 1904 S. 387) ist für die EVO. bedeutungslos. Zu ihnen gehören nicht die Kleinbahnen (für Preußen vgl. Gesetz v. 28. Juli 1892); für sie gilt die EVO. nicht (HGB. § 473), auch dann nicht, wenn etwa versehentlich auf der Station einer Großbahn ein Frachtbrief mit der Bestimmungsstation einer Kleinbahn angenommen wird (vgl. EVO. § 56 Abs. 1 b, c und § 76 Abs. 9); wegen der Haftung gilt EVO. § 85. Es tritt keine Haftungsgemeinschaft ein; zwei getrennte Frachtverträge liegen vor (vgl. hierzu Rundnagel-Sperber § 8); es entsteht kein durchgehender Frachtvertrag (siehe EEE. **42** 82; v. d. Leyen JW. 1923 S. 77). Zwar ist grundsätzlich eine Transportgemeinschaft zwischen Groß- und Kleinbahn möglich (HGB. § 432; siehe RG. **105** 347, Nottebohm in ZVDEisV. **23** 474), aber nur durch Vertragsrecht (Tarife!). Kleinbahnen haben infolgedessen nach den Vorschriften ihren Annahmestempel nicht auf die an sich hierfür vorgesehene Stelle des Frachtbriefes zu setzen. Aber selbst wenn sie dies tun, wird dadurch nicht die EVO. für sie anwendbar. Sie gelten für den Hauptfrachtvertrag bei Auflieferung von der Kleinbahn als Bevollmächtigte des Absenders (vgl. Sperber, Verkehrsrechtl. Rundschau 1922 Nr. 15 und 16, EEE. **42** 82; abweichend JW. **24** 1187); für die umgekehrte Richtung schließt die Großbahn den Kleinbahnfrachtvertrag namens des Absenders ab, ermächtigt durch die EVO.

4. EVO. gilt auf Bahnen im Auslande nur gemäß AB. zu § 1 (RG. **18** 171). Die Eisenbahnen des Saargebiets zählen, unbeschadet der staats- und völkerrechtlichen Stellung dieses Gebietes, bis auf weiteres nicht zu den Eisenbahnen Deutschlands im Sinne dieser Ordnung.

5. Siehe AB. zu § 1 und JÜP. und JÜG. Art. 1.

§ 2.[1])

Ausführungsbestimmungen. Abweichungen. Vorläufige oder vorübergehende Änderungen.

(1) Ausführungsbestimmungen [2]) können von der Eisenbahn mit Genehmigung der Landesaufsichtsbehörde [1]) getroffen werden.

(2) Abweichungen [3]) können in Berücksichtigung besonderer Verhältnisse von der Landesaufsichtsbehörde [1]) nach Zustimmung des Reichs-Eisenbahnamts*) für einzelne Bahnstrecken, Stationen, Fahrzeuge, Züge oder Zuggattungen [4]) sowie für gewisse Abfertigungsarten genehmigt werden.

(3) Solche Ausführungsbestimmungen und Abweichungen bedürfen zu ihrer Gültigkeit der Aufnahme in den Tarif.[5]) Auch die Genehmigung muß aus dem Tarife zu ersehen sein.[6])

(4) Vorläufige oder vorübergehende Änderungen [7]) einzelner Vorschriften dieser Ordnung können, sei es allgemein, sei es nur für bestimmte Bahnstrecken oder Verkehrsbeziehungen, vom Reichs-Eisenbahnamt*) im Einverständnisse mit den beteiligten Landesaufsichtsbehörden verfügt werden. Solche Verfügungen müssen im Reichsgesetzblatte veröffentlicht, auch sollen sie im Reichsanzeiger bekanntgemacht werden.

HGB. § 471; JÜ. Art. 4; JÜP. Art. 61; JÜG. Art. 61.

---

*) Die Befugnisse und Zuständigkeiten des Reichs-Eisenbahnamts sind durch Gesetz v. 3. Jan. 1920 (Gesetz über die Eisenbahn-Aufsicht, RGBl. 1920 S. 13) auf das Reichsverkehrsministerium übergegangen.

1. Über die Fortbildung des Verkehrsrechts siehe Art. 91 RVerf. Mit dem Übergang der Ländereisenbahnen auf das Reich (siehe Staatsvertrag v. 1. April 1920 — RGBl. S. 773 — und Reichsbahngesetz v. 30. Aug. 1924 — RGBl. II S. 272) ist an Stelle der Landesaufsichtsbehörde und des Reichseisenbahnamtes der Reichsverkehrsminister getreten. Dieser ist durch das Reichsgesetz v. 3. Jan. 1920 (RGBl. S. 13) ermächtigt, in nicht grundlegenden Fragen die EVO. zu ergänzen und zu ändern, und zwar nicht nur vorläufig oder vorübergehend, sondern dauernd (Koppin, ZVDEisV. **22** 573).

2. Ausführungsbestimmungen sollen die Handhabung der Bestimmungen der EVO. erleichtern, sie erläutern oder ergänzen; sie können allgemein eingeführt werden für alle deutsche Eisenbahnen oder als besondere für einzelne Verwaltungen (vgl. Fritsch S. 289 f.); sie haben nur vertragsmäßigen Charakter (daher Abs. 3) und müssen sich im Rahmen der EVO. halten.

3. Vgl. Anm. 1. Abweichungen stehen mit der EVO. in Widerspruch; sie dürfen aber niemals den zwingenden Vorschriften des HGB. § 471 widersprechen. Auch sie sind nur vertragsmäßig; siehe Anm. 2: sie können dauernd sein.

4. Also nur für örtlich oder sachlich begrenzte Gebiete, z. B. Schmalspurbahnen, Zahnradbahnen, Fähren, Beförderung von beschleunigtem Eilgut (EVO. § 67 Abs. 1), Arzneikisten, Milch.

5. Ohne diese sind sie ungültig. Veröffentlichung hat zu erfolgen entweder als Tarif oder für sich nach den für die Veröffentlichung der Tarife vorgeschriebenen Bestimmungen (siehe ROHG. **21** 108; RG. **99** 251); wer sich auf solche Bestimmungen beruft, hat deren rechtmäßiges Bestehen zu beweisen (EEE. **1** 244). Vgl. bezüglich der Tarife EVO. § 6; siehe Vorwort.

6. Gültigkeit ist hiervon nicht abhängig (Sollvorschrift); so Rundnagel, BefGesch. § 92 Anm. 1 S. 290; Eger § 2 Anm. 7; a. A. RG. **99** 251.

7. Nicht dauernde; auch sie müssen sich innerhalb des Rahmens des HGB. § 471 Abs. 1 halten; siehe oben Anm. 3; Denkschr. II 269.

8. Gültigkeit des Abs. 4 war bestritten (vgl. Reindl, EEE. 18 75), da kein Vertragsrecht (siehe Anm. 2 u. 3), sondern Gesetzesrecht, und früher der Bundesrat zur Übertragung dieser Befugnis auf eine andere Instanz nicht befugt war (vgl. Eger § 2 Anm. 8 S. 8; Rundnagel § 91 Anm. 3 S. 89). Es ist aber nicht einzusehen, weshalb die EVO., der im Rahmen des § 471 HGB. ganz allgemein die Regelung des Frachtgeschäfts der Eisenbahnen übertragen worden ist, nicht befugt sein sollte, ein vereinfachtes Verfahren für den Erlaß vorübergehender oder vorläufiger Änderungen einzuführen, wenn dadurch den Erfordernissen des Verkehrs gedient werden sollte (§ 454 HGB.); siehe RG. I. ZivSen. v. 17. März 1923 — I 254 22 —.

II.

Allgemeine Bestimmungen.

§ 3.

Pflicht zur Beförderung.[1])

(1) Die Beförderung kann nicht verweigert [2]) werden, wenn

1. den geltenden Beförderungsbedingungen [3]) und den sonstigen allgemeinen [4]) Anordnungen [5]) der Eisenbahn entsprochen wird; [6])
2. die Beförderung nicht nach gesetzlicher Vorschrift [7]) oder aus Gründen der öffentlichen Ordnung [8]) verboten ist;
3. die Beförderung mit den regelmäßigen Beförderungsmitteln [9]) möglich ist; [10])
4. die Beförderung nicht durch Umstände verhindert wird, die als höhere Gewalt [11]) zu betrachten sind.

(2) Gegenstände, die sich nach der Anlage [12]) oder dem Betriebe [13]) der beteiligten Bahnen nicht zur Be-

förderung eignen, braucht die Eisenbahn zur Beförderung nicht anzunehmen.[14])

(3) Gegenstände, deren Ein- oder Ausladen besondere Vorrichtungen erfordert,[15]) braucht die Eisenbahn nur auf und nach solchen Stationen anzunehmen, wo die Vorrichtungen vorhanden sind.[16])

HGB. §§ 453, 471; JÜ. Art. 5; JÜP. Art. 4; JÜG. Art. 5. Vgl. Rundnagel, BefGesch. §§ 30 u. 94; Coermann, EEE. **22** 204 u. 323; siehe auch EVO. § 53 und ZVDEisV. **07** 263, **08** 1331, 1347.

1. Gesetzlicher Zwang zum Abschluß und zur Ausführung von Beförderungsverträgen nach Maßgabe der allgemein gültigen Bestimmungen (Beförderungszwang und Zwangsgemeinschaft! v. d. Leyen, Z. f. d. g. Handelsrecht **39** 62) und Verpflichtung bei gleichliegenden rechtlichen und tariflichen Voraussetzungen zur gleichmäßigen Behandlung (RG. **64** 128); vgl. HGB. § 471. Gilt nicht nur für den Güterverkehr (so HGB. § 453 Abs. 1; vgl. aber EVO. § 63 Abs. 1), sondern auch für die Personenbeförderung (hier aber mit Einschränkungen weiterer Art; vgl. Rundnagel, BefGesch. § 16 S. 498; EVO. § 28). Beförderungspflicht nach nicht dem öffentlichen Verkehr dienenden Bahnen besteht nicht (a. M. Senckpiehl S. 119), auch nicht auf nichtöffentlichen Anlagen, namentlich Anschlußgleisen u. ä. (vgl. RG. **2** 38, **7** 43; ROHG. **21** 60), siehe § 1 Anm. 3.

2. Anspruch ist verfolgbar vor den ordentlichen Gerichten; schuldhafte Nichterfüllung verpflichtet zu Schadensersatz! (HGB. 453 Abs. 4; RG. **18** 166; EEE. **5** 377.) Den Kläger trifft die Beweislast, daß Eisenbahn Beförderung verweigert hat; streitig ist, ob Eisenbahn das Vorliegen der Ausnahmefälle (1 bis 4) zu beweisen hat, so Staub S. 1483; Düringer-Hachenburg § 453 HGB.; a. A. Lehmann-Ring § 453 Anm. 13, es gelten die allgemeinen Beweisregeln; maßgebend das Recht am Ort der Weigerung (RG. **57** 145, **48** 114; EEE. **20** 350, **21** 47; Teubner, ZVDEisV. **07** 263. Durch die Bestimmung HGB. § 453 Abs. 4,

daß eine Zuwiderhandlung einen Anspruch auf Schadensersatz begründet, soll nicht etwa der Erfüllungsanspruch ausgeschlossen werden. Siehe hierzu Rundnagel Bef. § 94 S. 305, auch EEE. 41 67. Hat die Eisenbahn aber eine Beförderung übernommen, obwohl sie dazu nicht verpflichtet war, so ist sie dem Absender haftpflichtig; die Annahme zur Beförderung gibt aber dem Absender noch keine Rechte auf die Rückbeförderung; siehe ROHG. 16 195.

3. HGB.; EVO. (§§ 12 u. 51, Anl. C, VO.).

4. D. h. für alle gleichmäßig geltenden und veröffentlichten.

5. Fahrpläne, Tarife (Hahn, HGB., 2. Aufl. S. 702), nicht aber etwa von der Eisenbahn erlassene Anordnungen zwangswirtschaftlicher Art, denn die Eisenbahn hat kein Recht, Zwangswirtschaft einzuführen (siehe Anm. 7).

6. HGB. verlangt, daß der Absender sich „unterwirft"; geschieht meist stillschweigend (Kauf einer Fahrkarte, Übergabe des ausgefüllten Frachtbriefes; vgl. RG. 18 166 ff.).

7. Gesetz oder Rechtsverordnung (Postzwang; Entwaffnungsgesetz [RG. v. 7. Aug. 1920]); vgl. Anm. 5 und 8.

8. Gesundheitspolizeiliche, strafgesetzliche Verbote; solche im Interesse der Landesverteidigung; Aus- und Einfuhrverbote, Zollvorschriften; doch muß das Verbot ausgehen von einer Stelle, die befugt ist, öffentlich-rechtliche Verbote zu erlassen (Polizeiverordnungen, Einzelverbote, ALR. 10 II 17).

9. Hierunter fallen nicht nur Lokomotiven und Wagen, sondern auch Werkzeuge und Geräte zum Verladen, Bedecken usw. der Güter. Über die Entstehungsgeschichte vgl. Rundnagel § 94 S. 298 ff. Regelmäßig, d. h. den gewöhnlichen Bedürfnissen des Verkehrs der betr. Bahn entsprechend. Gegensatz: Spezialwagen für besondere Beförderungsgegenstände (Kanonen, Elefanten); Sonderzüge (EVO. § 4). Vorhalten von Wagen für sog. Verkehrsspitzen ist nicht gemeint. Es besteht keine zivilrechtliche Haftung dafür, daß die Eisenbahn rechtzeitig für Vermehrung ihres Wagenparkes sorgt; so Rundnagel, BefGesch. § 94 S. 303; Reindl in ZVDEisV. 67 1045; Halke 68 1232 ff.;

Staub § 433 Anm. 10 S. 1481; abw. die herrschende Meinung (Eger, EVO. § 3 Anm. 14 S. 13; Düringer-Hachenburg [S. 921] [regelmäßig = die bei periodisch eintretenden und insofern regulären Verkehrssteigerungen notwendigen]; Coermann, EEE. **22** 107; Senckpiehl S. 120). Zulässig nur Beschwerde an Aufsichtsbehörde (Reichsverkehrsministerium). Gegen die Beförderungspflicht verstößt es nicht, wenn Eisenbahn zum Zwecke gleichmäßiger Versorgung aller Gebiete leere Wagen abdisponiert oder Teildeckung anordnet (ZVDEisV. **08** 1331, 1347 [Halke]).

10. Der Mangel berechtigt nur zur zeitweisen Weigerung.

11. Über den Begriff der „höheren Gewalt" vgl. Rundnagel, „Haftung", 1. Aufl. S. 98: Geschichtliche Darstellung, und derselbe, BefGesch. § 137 S. 436; Staub § 456 Anm. 7; ferner EEE. **18** 76, **20** 265, **23** 214. Eine treffende Kritik der bisherigen Rechtsprechung gibt v. Kienitz in EEE. **41** 381. Das IUP. und IUG. suchen den Begriff zu vermeiden; siehe IUP. Art. 4, IUG. Art. 5; vgl. aber IUG. Art. 27. Nach der herrschenden Meinung ist höhere Gewalt ein außergewöhnliches Ereignis, das von außerhalb des Betriebs an die Eisenbahn herantritt, nach menschlicher Erfahrung nicht voraussehbar und auch durch die zweckmäßigste, wirtschaftlich zu rechtfertigende Sorgfalt nicht zu vermeiden ist (ROHG. **2** 259, **8** 26 u. 159, **12** 107, **13** 71, **20** 19; RG. **19** 42, **21** 17, **48** 410, **50** 94, **54** 406, **60** 304, **64** 404, **70** 98, **75** 390, **101** 95). Wer sich auf höhere Gewalt beruft, muß diejenigen Tatsachen angeben, in denen er die höhere Gewalt als verwirklicht ansieht. Allgemeiner Hinweis darauf, daß die Ordnung und Sicherheit aufgehört hätte, genügt nicht (ZVDEisV. **22** 917). Im einzelnen ist zu beachten:

a) Das Ereignis muß außergewöhnlich sein, d. h. das Ereignis darf nicht zu solchen gehören, die zwar unvermeidbar sind, aber mit gewisser Häufigkeit beim Betriebe einzutreten pflegen (RG. **54** 404; JW. **18** 176).

α) Naturereignisse: Blitz, Überschwemmung, Sturm, Gewalt, Bergsturz (RG. **93** 305, **95** 64).

β) Menschliche Eingriffe in den Betrieb: Verbrecherische Handlungen Dritter; unverständiges Gebaren von Kindern; Aufruhr, Krieg, Gewalt, Raub, Feindeseinfall (Arch. f. Eis. **09** 491), Sanktionen des Feindbundes, Plünderung (RG. in Verkehrsrechtl. Rundschau **21** 181; EEE. **39** 40; Arch. f. Eis. **21** 992); Ruhreinbruch (JW. **26** 1324, siehe unter c).

b) Das Ereignis muß von außerhalb kommen, d. h. es muß außer Zusammenhang mit dem Betrieb oder dessen Einrichtungen stehen (RG. **95** 64, **93** 305; EEE. **18** 204; JW. **22** 1320). Hierzu gehören also nicht die sog. inneren Zufälle, die durch Leute der Eisenbahn im Dienst, durch Mängel der Einrichtung oder Betriebsmittel der Bahn bedingt sind, z. B. Schienen-, Radbruch (EEE. **24** 48), Geisteskrankheit des Lokomotivführers (RG. **89** 346), Funkenflug (?) (ZVDEisV. **11** 297; JW. **11** 93; abw. ZVDEisV. **19** 119); Beschlagnahme im polnischen Korridor, weil versehentlich der Frachtbrief vorausgesandt war (RG. in JW. **23** 180; EEE. **23** 120; Arch. f. Eis. **23** 342; ZVDEisV. **21** 805); sonst siehe oben unter a β.

c) Nichtvoraussehbarkeit. Ob die Nichtvoraussehbarkeit des Ereignisses bei der Frage der Entschädigung ein notwendiges Merkmal der höheren Gewalt ist, mag zweifelhaft sein (RG. **104** 151). Jedoch hat RG. die Eisenbahn für haftbar erklärt, weil sie Gut angenommen und befördert hat, obwohl sie hat annehmen müssen, daß das Gut auf der Beförderungsstrecke der Plünderung anheimfallen würde (RG. in Zeitschr. f. Kleinbahnen **20** 324; JW. **23** 925; Recht 1921 Nr. 1985); siehe auch ROHG. **2** 357 und die Ausführungen unter e. Das Urteil dürfte kaum zu verallgemeinern sein (vgl. Entsch. in Verkehrsrechtl. Rundschau **26** 232).

d) Zufälle, die dem Eisenbahnbetriebe eigentümlich sind und mehr oder minder häufig vorkommen, und auf die die Eisenbahn daher gerüstet sein muß, gehören nicht zur höheren Gewalt (RG. **11** 147, **19** 42, **44** 27, **50** 94, **54** 406, **64** 401). Verkehrsandrang: EEE. **33** 87; RG. **40** 31; ferner JW. **18** 176, **11** 596.

e) Die Ereignisse müssen unvermeidbar sein; hier genügt aber die relative Unvermeidbarkeit, d. h. die von der Eisenbahn zu treffenden Maßregeln müssen wirtschaftlich erträglich sein und dürfen den wirtschaftlichen Erfolg des Unternehmens nicht ausschließen (RG. 70 99; JW. 14 38). In der Frage der Umleitung von Gütern um gefährdete Gebiete (z. B. Aufstandsgebiete; siehe oben unter c) soll die Eisenbahn beweisen, daß sie den Schaden durch alle ihr zu Gebote stehenden Mittel nicht hat abwenden können. Man wird hierbei beachten müssen, daß Eisenbahn Annahme- und Beförderungspflicht hat, also nicht auf bloße Gefährdung hin die Güterbeförderung einstellen kann, und daß die Umleitung auf Hilfswegen betriebs- und verkehrstechnisch nicht immer leicht durchführbar sein, auch oft den Verkehr auf den Hilfswegen in Frage stellen wird (vgl. RG. I. ZivSen. v. 14. März 1923 — 456/22 —).

Die Zeitverhältnisse haben folgende Streitfälle gebracht: Die Beschlagnahme durch die Arbeiter- und Soldatenräte, durch Betriebsräte und den Streik.

a) Arbeiter- und Soldatenräte. Diese gelten während ihrer Herrschaft als Vertreter des Reiches oder Landes, je nach der Art hoheitsrechtlicher Funktion, die sie ausüben; es liegt sonach bei der Beschlagnahme durch diese ein Hoheitsakt vor, für den die Eisenbahnverwaltung nicht zu haften hat (RG. 104 150).

b) Betriebsräte. Gehören diese nicht zu Leuten der Eisenbahnverwaltung und war die Eisenbahnverwaltung nicht in der Lage, die Beschlagnahme durch Mittel zu verhindern, die aufzuwenden man ihr billigerweise zumuten kann, so liegt höhere Gewalt vor. Es ist nicht Sache der Eisenbahnverwaltung, sich mit Gewalt eines solchen Eingriffs zu erwehren oder gar Abwehrmaßnahmen zu ergreifen, die zu den Aufgaben der allgemeinen Polizei gehören. Sind dagegen die Betriebsräte Bedienstete der Eisenbahnverwaltung, so kann zweifelhaft sein, ob nicht die Eisenbahnverwoltung alsdann gemäß § 5 EVO. für ihre Taten einstehen muß. Zwar liegt es außerhalb der Dienstobliegenheiten der Betriebsräte, Beschlagnahme auszusprechen oder Verkehrsanordnungen zu treffen; da die Betriebsräte aber Eisenbahnbedienstete sind, wird die Eisenbahnverwaltung für deren Taten einstehen müssen, wenn sie sich ihrer nicht sofort entledigt oder gegen sie einschreitet (siehe ZVDEisV. **22** 633; Sperber in Verkehrsrechtl. Rundschau 1922 Nr. 24).

c) Streik der Eisenbahnbeamten und -arbeiter; siehe Entsch. RG. Strafsenat über das Streikrecht der Beamten; EEE. **40** 29, 32; Arch. f. Eis. **23** 332.

I. Ein Beförderungsvertrag ist noch nicht abgeschlossen: Eisenbahn haftet alsdann nur nach § 831 BGB., da § 5 EVO. nicht gilt; zu einer Haftung der Eisenbahn wird man nicht gelangen.

II. Ist ein Beförderungsvertrag bereits abgeschlossen, so will Staub § 456 Anm. 9 eine Haftung der Eisenbahn nicht anerkennen, da § 84 EVO. sich niemals auf den Fall völliger Betriebseinstellung beziehen lasse, abgesehen bei vorliegendem Verschulden der Eisenbahn (vgl. auch Schultz S. 74 und Hartmann in Verkehrsrechtl. Rundschau **22** 307). Dieser Ansicht wird man nicht beitreten können. Das Gesamtverhalten der Beamten- und Arbeiterschaft in bezug auf die Wahrnehmung des Dienstes wird man wohl als inneren Betriebsvorgang aufzufassen haben; Streik des Personals fällt sonach in den Betriebskreis der Eisenbahnen, sofern er aus der eigenen Entschließung der Bediensteten hervorgegangen ist und ihnen nicht etwa von außen aufgenötigt worden ist (siehe RG. **104** 150, **110** 209; JW. **22** 1320; Oertmann, ZVDEisV. **25** 1341). Über die bisherige Rechtsprechung vgl. Rundnagel, Haftung S. 112; EEE. **17** 319, **21** 293, 328, **23** 19, 344, **25** 1; aber auch **21** 395, **23** 372, **12** 276, **23** 399, **25** 197, **20** 113; Baumgarten, EEE. **21** 328, **25** 1; Bovensiepen in Verkehrsrechtl. Rundschau **22** 331; v. d. Leyen in JW. 1922 S. 1320 Nr. 61; Goldschmidt **22** 102; JW. **23** 135; Sommerfeldt in ZVDEisV. 1922 Nr. 9 u. 10 S. 466. Sperber in Verkehrsrechtl. Rundschau **22** 425 lehnt die Haftung ab, da streikende Angestellte nicht als „Werkzeuge des Unternehmens“ anzusehen sind. Unbestritten ist, daß die Haftung nicht auf § 839 BGB. und § 1 des Preuß.

Gesetzes v. 22. Mai 1910 gestützt werden kann, denn die Beamten haben nicht in Ausübung der ihnen anvertrauten öffentlichen Gewalt gehandelt.

Für den Personenverkehr ist § 26 Abs. 1 EVO. zu beachten. (Unrichtig auf Grund des § 276 Abs. 2 BGB. Eger, der den § 278 Abs. 2 übersieht.)

d) Passive Resistenz. Für diese gilt das gleiche wie für Streik (vgl. EEE. 23 372, 25 197).

12. Z. B. Tragfähigkeit des Oberbaues, Einschränkung des Profils, Belastung der Brücken.

13. Schnellbahnen.

14. Im Streitfall entscheidet der Richter.

15. Fahrzeuge (Rampen), Sprengstoffe, Stückgut (Schuppen).

16. Übernimmt die Eisenbahn eine Beförderung, zu der sie nicht verpflichtet ist, kann sie beliebige Beförderungsbedingungen nur für den Fall EVO. § 54, 2 B 2 stellen. In den anderen Fällen (auch EVO. § 4 Anm. 2) ist sie an die allgemeinen Beförderungsbedingungen gebunden (vgl. Staub § 453 Anm. 12 S. 1255; Coermann, EEE. 21 313; abw. Rundnagel, BefGesch. § 94 S. 306); vgl. RG. 18 170.

§ 4.

Züge.

(1) Zur Beförderung dienen die regelmäßig nach bestimmtem Fahrplan [1]) und die nach Bedarf verkehrenden Züge.[2])

(2) Die Ausführung von Sonderfahrten [3]) auf Bestellung unterliegt dem Ermessen der Eisenbahn.[4])

Wegen der Gebühren für Sonderzüge zur Personenbeförderung und für Sonderzüge von Zirkusbesitzern, Schaustellern, ferner von Wanderhändlern, Marktreisenden und dergleichen, die Messen, Märkte, Schützen- und Volksfeste sowie ähnliche

Veranstaltungen zu besuchen pflegen, vergleiche Ausführungsbestimmung A I zu § 12 EVO. Die Bestimmungen unter A I a zu § 12 EVO. gelten auch für Sonderzüge von Kunstreitergesellschaften, Schaustellungen wilder Tiere und dergleichen. Unter welchen Bedingungen und gegen welche Gebühren Sonderzüge für die Beförderung von Leichen, Tieren und Gütern gestellt werden, bestimmen die Allgemeinen Tarifvorschriften im Deutschen Eisenbahn-Gütertarif Teil I Abt. B bezw. im Deutschen Eisenbahn-Tiertarif Teil I.

JÜP. Art. 22.

1. Vgl. EVO. § 10.

2. Auch Triebwagen.

3. Sonderfahrten für Personenbeförderung: Abschn. III, für Güterbeförderung (Fahrzeuge) oder gemischte Beförderung (Künstlergesellschaften): Abschn. VIII; beide ergänzend HGB. (vgl. EEE. **22** 258), Werkvertrag; Vorschriften über Handgepäck, Reisegepäck, Expreßgut sind nicht anwendbar; siehe Kittel, EVO. § 4; vgl. AAB. zu EVO. § 12; AAB. § 11; Personenbeförderungsvorschriften § 11, Fahrdienstvorschriften § 64.

4. Reichsbahndirektion.

§ 5.

Haftung der Eisenbahn für ihre Leute.[1])

Die Eisenbahn haftet [2]) für ihre Leute und für andere Personen, deren [3]) sie sich bei Ausführung der Beförderung [4]) bedient.

HGB. 431, 458, 471; JÜ. Art. 29; JÜP. und JÜG. Art. 39; Rundnagel-Sperber, Haftung § 4; EEE. **17** 366 und **22** 407; Hertzer in ZVDEisV. **01** Nr. 23, **06** 273, 705; EEE. **22** 407; Sperber in Verkehrsrechtl. Rundschau **22** 426.

1. Die Bestimmung gilt für das gesamte Gebiet der Haftung aus Beförderungsverträgen (Personen, Gepäck und Fracht)

(JW. **04** 358, **05** 426; EEE. **21** 68, **22** 165; RG. **37** 12). Die Haftung geht weiter als die der §§ 278 BGB., 431 HGB., nämlich so weit, als die Haftung der Eisenbahn selbst geht, umfaßt also auch Haftung ohne Verschulden (Zufall und höhere Gewalt) (RG. **23** 148). Eisenbahn haftet ausschließlich und unmittelbar (EEE. **21** 68 und **28** 445; RG. **7** 199). Beförderungsberechtigter kann also die Leute der Eisenbahn nicht unmittelbar haftbar machen (EEE. **33** 217); dies gilt auch für den Rollfuhrunternehmer (Staub § 458 Anm. 3; RG. in ZVDEisV. **22** 709; EEE. **28** 359). Leute haften höchstens aus § 823 BGB. (RG. **105** 302) für eigenes Verschulden. § 5 gilt nicht für Handlungen, die außerhalb des Vertrags liegen, z. B. Tarifauskunft (EEE. **25** 8; siehe EVO. § 6 Anm. 4), Auskunft über das Bestehen eines Ausfuhrverbotes, auch nicht aus unerlaubten Handlungen (EEE. **33** 217 und RG. **89** 341). Vgl. ferner RG. **97** 16 (Einladen von Wagenladungsgut ohne schriftlichen Antrag), RG. in EEE. **33** 217 (Schmerzensgeld). Haftung des Frachtführers Dritten gegenüber ergibt sich höchstens aus § 831 BGB. (ROLG. **16** 135), Haftung der Deutschen Reichsbahn-Gesellschaft außerdem aus §§ 31 und 89 BGB. (EEE. **37** 119). Trifft Verschulden eines Dritten mit dem der „Leute" zusammen, Ausgleich gemäß § 254 BGB. Gegebenenfalls Gesamthaftung der Eisenbahn und ihrer Leute nach § 840 BGB. (teilweise abw. Hertzer, EVO. § 9; siehe RG. **105** 302).

2. Die herrschende Meinung erweitert die Haftung der Eisenbahn dahin, daß sie jede Handlung von Bediensteten umfaßt, sobald sie nur in einer gewissen Beziehung zum Angestelltenverhältnis steht (RG. 7 127, **104** 150; dagegen mit Recht Rundnagel-Sperber § 4 S. 18). Man wird aber verlangen müssen, daß die Handlung während der dienstlichen Tätigkeit der Bediensteten oder in unmittelbarem Anschluß hieran begangen ist, und daß sie offenbar in den dienstlichen Wirkungskreis des Bediensteten fällt. Wer einen zufällig dienstlich unbeschäftigten Bediensteten bittet, seinen Koffer zum Zuge zu tragen, kann für den Verlust die Eisenbahn nicht haftbar machen. Plündert eine Menge einen Güterzug, so haftet die Eisenbahn auch dann nicht, wenn unter den Plünderern sich Eisenbahner befunden haben. Auskunfterteilung über Güte und Zahlungsfähigkeit von Spediteuren ist keine Aufgabe der Schalterbeamten; Auskunft über Fahrpläne hat ein Bahnarbeiter oder Lokomotivführer nicht zu geben; das weiß auch der Reisende. Er muß sich deshalb auch sagen, daß für falsche Auskunft die Eisenbahn nicht haftet.

Über Haftung bei Streik und passiver Resistenz siehe oben § 3.

3. Der Relativsatz bezieht sich nicht auf Leute (siehe JW. 06 460).

4. D. h. der vertraglich übernommenen Leistung; im Güterverkehr ist dies die Bewegung des Gutes von der Annahmestelle bis zur Ablieferung. Nicht hierunter fällt aber die Beförderung des sog. Avises mit der Post. Diese gehört in dieser Tätigkeit nicht zu den „Leuten" des § 5 (§ 79 EVO. Anm. 7; ferner Reindl in ZVDEisV. 22 459, 16 1005).

§ 6.

Tarife.[1] *)

(1) Die Eisenbahn hat Tarife aufzustellen, die über alle für den Beförderungsvertrag maßgebenden Bestimmungen, über die Beförderungspreise [2]) und die Nebengebühren [3]) Auskunft [4]) geben.[5]) Die Tarife bedürfen zu ihrer Gültigkeit der Veröffentlichung.[6]) Sie sind bei Erfüllung der darin angegebenen Bedingungen für jedermann in derselben Weise anzuwenden.[7])

(2) Die Beförderungspreise müssen dem Betrage nach feststehen.[8])

---

*) Die Landesaufsichtsbehörden können mit Zustimmung des Reichs-Eisenbahnamts (jetzt Reichsverkehrsministeriums) in Einzelfällen Ausnahmen von den Vorschriften dieses Paragraphen zulassen (siehe RGBl. 1914 S. 455).

(3) Jede Preisermäßigung oder sonstige Begünstigung gegenüber[9]) den Tarifen ist verboten[10]) und nichtig.[11])

(4) Für milde oder öffentliche Zwecke[12]) oder im dienstlichen Interesse der Eisenbahn[13]) sind Begünstigungen mit Genehmigung der Landesaufsichtsbehörde[14]) zulässig.

(5) Die Tarife treten nicht vor ihrer Veröffentlichung in Kraft, Tariferhöhungen[15]) oder andere Erschwerungen der Beförderungsbedingungen[16]) frühestens zwei Monate nach der Veröffentlichung,[17]) wenn nicht der Tarif nur für eine bestimmte Zeit eingeführt war.

Die näheren Bestimmungen über die Veröffentlichung der einzelnen Tarife sind im Vorwort jedes Tarifs festgesetzt.

HGB. §§ 454, 471; JÜ. Art. 11; JÜP. Art. 25, 24; JÜG. Art. 9, 10.

Einleitung: vgl. oben S. 18 ff. — Literatur: siehe die bei Rundnagel, BefGesch. S. 291 Anm. 6 Angeführten. Einen Überblick über das Tarifwesen gibt Wulff (Kap. 30) in „Deutsch. Eisenbahnwesen der Gegenwart“, Weirauch ebenda 3. Aufl.; siehe ferner Sendpiehl, EEE. 40; Goltermann, EEE. 41.

1. Tarife im engeren Sinne sind Verzeichnisse der Fahr- und Frachtpreise; im weiteren Sinne sind sie die Bedingungen, unter denen die Eisenbahn die Beförderung von Personen und Gütern im öffentlichen Verkehr übernimmt (ROHG. 21 208). Über ihre materielle Bildung enthält die EVO. keine Bestimmung; sie verlangt nur Aufstellung, Veröffentlichung und gleichmäßige Anwendung. Frühere Vorschrift, daß sie „zu Recht bestehen“ müßten, ist weggefallen, weil selbstverständlich. Die Tarife enthalten Vertragsrecht. Sie dürfen nicht im Widerspruch zur EVO. stehen, auch nicht zugunsten der Verkehrtreibenden (vgl. Staub § 453 Anm. 4, § 471 Anm. 2; Bering, EEE. 12 354; a. M. Eger,

EVO. § 2 Anm. 4 S. 5). Das frühere Reichseisenbahnamt hat für die Aufstellung der Tarife Bestimmungen getroffen, die noch weiter beachtet werden (siehe Erl. d. REisAmts v. 12. Okt. 1900).

2. Teil II der Tarife und Preistafeln.

3. Nebengebührentarif.

4. Eisenbahn haftet für Irrtümer bei der Veröffentlichung (RGEntsch. 6 100; vgl. aber EEE. 2 236, 9 196); doch kann auf offensichtliche Druckfehler im Tarif ein Frachterstattungsantrag nicht gestützt werden (EEE. 31 318); vgl. Bering, EEE. 12 358, 18 86 ff.; ROHG. 20 373; EEE. 23 256; vgl. ferner EEE. 21 78, ROHG. 20 375; EEE. 2 236. Unklare Fassung der Tarife geht zum Schaden der Eisenbahn (EEE. 21 36, 78); Auslegung der Tarife: EEE. 22 36; Beweislast: EEE. 1 244, 23 372; Zweckbestimmung als Tarifbezeichnung s. Rundnagel § 92 S. 293. Falsche Auskunft eines Beamten begründet kein Recht auf abweichende Berechnung (Gerstner S. 204; EEE. 20 161, 22 5, 25 8; Hertzer 22 408); vor Abschluß des Beförderungsvertrags haftet Eisenbahn überhaupt nicht für unrichtige Auskunfterteilung nach Frachtrecht (vgl. § 5 Anm. 1 u. 6; EEE. 22 5, 25 8); höchstens haftet der Auskunfterteilende persönlich, aber nur bei Verschulden (vgl. aber BGB. §§ 676, 826; siehe Gruchot, Archiv 47 105; EEE. 42 334).

5. Die zahlreiche Literatur siehe bei Rundnagel, BefGesch. § 92 Anm. 11.

6. Grundsatz der Öffentlichkeit der Tarife. Gilt auch für Änderungen (Ermäßigungen, Erhöhungen), aber nur für Tarife des öffentlichen Verkehrs. (Nicht also z. B. für Überfuhrgebühren nach Privatanschlußgleisen.) Über Art und Form der Veröffentlichung sagte EVO. nichts (siehe aber EVO. § 2) (siehe ROHG. 21 108); Aushang genügt nicht; über die Veröffentlichungen bestimmt jetzt ein übereinstimmendes Vorwort zu den einzelnen Tarifen (siehe Anm. 18). Asch (JW. 21 888) verlangt Veröffentlichung des Wortlauts im Reichsanzeiger (siehe auch RG. 99 253; Bering in Gruchots Archiv 21 410). Diese Anschauungen dürften als überholt zu betrachten sein (siehe Anm. 18). Nicht gehörig

veröffentlichte Tarife können einer Frachtberechnung nicht zugrunde gelegt werden (vgl. Bering, EEE. 13 86).

7. Grundsatz der Gleichheit der Tarife: PrEisGes. §§ 26, 32 (JU. Art. 11); HGB. §§ 454, 471; RGEntsch. 64 123. Trotzdem können für dasselbe Gut verschiedene Frachtsätze aufgestellt werden (Stückgut, Ladungsfracht, Ausnahmetarife) oder die Anwendung eines Tarifs von der Erfüllung gewisser Bedingungen abhängig gemacht werden (Auflieferung einer bestimmten Mindestmenge; Verwendungszwecke; Seehafenausfuhr und dergl.); dies ist zulässig, wenn die Bedingungen hierfür veröffentlicht und jedem Absender, der diese Bedingungen erfüllt, auch der gleiche Tarif gewährt wird (RGEntsch. v. 12. Nov. 1898; JW. 99 9). Unrichtig Laband, Staatsrecht § 74 S. 124 Anm. 4; Rosenthal, Rechtsgutachten, Jena 1901; vgl. EEE. 15 327. Die Einführung eines Ausnahmetarifs für eine einzelne größere Beförderung ist nicht zulässig.

8. Daher kann ein Tarif sich nicht rückwirkende Kraft beilegen; nur möglich im Wege des § 2 EVO. in den dort vorgesehenen Fällen.

9. Verbot der sog. Refaktien, d. i. einzelnen Verkehrtreibenden auf Grund von Einzelabmachungen gewährte Frachtermäßigungen, auch wenn sie nur mittelbar gewährt werden (unentgeltliche Hergabe von Lagerplätzen, Anschlußgleisen usw.); RGEntsch. v. 19. Nov. 1898 (EEE. 15 327). Dies gilt auch für Reichs- und Staatsbehörden; vgl. aber Abs. 4 (Eisenbahndienstzwecke). Frachtnachlaß kann auch nicht deshalb zugestanden werden, weil ein Beamter eine falsche Tarifauskunft gegeben hat (siehe Fritsch S. 304; Anm. 4 oben und § 5 Anm. 6).

10. Öffentlich-rechtlich; Beschwerde im Aufsichtswege.

11. Privatrechtlich, BGB. §§ 139 ff. Daraus folgt aber noch nicht, daß der gesamte Beförderungsvertrag unwirksam ist. Nur die Begünstigung ist zu beseitigen; einzusetzen ist der richtige Preis; dies gilt auch, wenn ein Tarif infolge Formmangels überhaupt nicht zustande gekommen ist (vgl. Eger § 6 Anm. 22). Über nachträgliche Berichtigung vgl. EVO. § 57 Anm. 1.

12. Erleichterungen zugunsten der Militärverwaltung: RGes. v. 13. Febr. 1875 (RGBl. 1898 S. 360) § 15, v. 18. Jan.

1899 (RGBl. S. 15; Militärtransportordnung); der Postverwaltung: G. v. 20. Dez. 1875 (RGBl. S. 318; Eisenbahnpostgesetz); der Zollverwaltung: Eisenbahnzollregulativ v. 5. Juli 1888 § 12; Vereinszollgesetz v. 1. Juli 1869; Eisenbahnzollordnung v. 21. Dez. 1912 u. a. m. (vgl. EVO. § 12 Anm. 5). Für die Deutsche Reichsbahn gilt aber nunmehr § 13 des Reichsbahngesetzes v. 30. Aug. 1924 (RGBl. II S. 272). Danach sind Leistungen der Gesellschaft für die Reichspost- und Reichstelegraphenverwaltung und für sonstige Verwaltungen des Reichs, der Länder oder der Gemeinden (Gemeindeverbände) sowie Leistungen dieser Verwaltungen für die Gesellschaft gegenseitig nach den im geschäftlichen Verkehr üblichen Sätzen angemessen abzugelten. Die bestehenden Vergünstigungen für Militärtransporte bleiben aufrechterhalten, solange und soweit sie nicht durch neue Vereinbarungen zwischen der Reichsregierung und der Gesellschaft abgeändert werden.

13. Z. B. Freifahrt der Bahnärzte, Frachtfreiheit der Eisenbahndienstgüter. Ist Eisenbahn selbst Absender und Empfänger, liegt ein Frachtgeschäft überhaupt nicht vor.

14. Jetzt Reichsverkehrsministerium (siehe EVO. § 2 Anm. 2).

15. D. s. zahlenmäßige Erhöhung der Beförderungspreise.

16. D. s. auch Aufhebung von Beförderungserleichterungen (z. B. Aufhebung direkter Abfertigung!), nicht aber Berichtigung offensichtlicher Druckfehler.

17. Nicht maßgebend Datum der Verfügung, sondern Tag der tatsächlichen Bekanntgabe.

Innehaltung der Frist ist auch erforderlich, wenn Tarif ausdrücklich auf Widerruf eingeführt ist.

18. Das Vorwort zu den einzelnen Tarifteilen lautet nunmehr:

Die Beförderung von Fracht- und Eilgütern *) erfolgt auf Grund der Allgemeinen Bestimmungen des Deutschen Eisen-

*) Für die Beförderung von lebenden Tieren in Käfigen, Kisten, Säcken und dergl. gelten die Bestimmungen des Deutschen Eisenbahn-Tiertarifs, Teil I.

bahngütertarifs, Teil I Abteilung A und B sowie der für die einzelnen Verkehre bestehenden besonderen Vorschriften, die in einem Teile II für jeden Verkehr besonders ausgegeben werden.

Die Ausgabe der Teile I A und I B und der dazu erscheinenden Nachträge wird in dem Tarif- und Verkehrsanzeiger für den Güter- und Tierverkehr der Deutschen Reichsbahn-Gesellschaft und der deutschen Privateisenbahnen (TVA. I) und in der Zeitung des Vereins Deutscher Eisenbahnverwaltungen bekanntgemacht.

Änderungen und Ergänzungen der Teile I A und I B können auch durch Abdruck ihres Wortlautes in dem genannten Tarif- und Verkehrsanzeiger bekanntgemacht werden; auf derartige Bekanntmachungen wird in der Zeitung des Vereins Deutscher Eisenbahnverwaltungen hingewiesen.

Für die Gültigkeit der Bekanntmachungen ist lediglich die Veröffentlichung in dem Tarif- und Verkehrsanzeiger für den Güter- und Tierverkehr der Deutschen Reichsbahn-Gesellschaft und der deutschen Privateisenbahnen maßgebend.

§ 7.

Beschwerden.

(1) Beschwerden können mündlich oder schriftlich [1]) angebracht werden.[2])

(2) Auf Beschwerden ist so bald wie möglich ein Bescheid zu erteilen.[3])

1. Das Beschwerdebuch ist, als veraltet und unzweckmäßig, weggefallen (Begr.).

2. Wahl der Dienststelle bleibt dem Beschwerdeführer überlassen; bei schriftlicher Beschwerde am besten an das den äußeren Dienststellen vorgesetzte Verkehrs-, Betriebs- oder Maschinen-

amt, bei wichtigeren Sachen an die Reichs- oder Privatbahndirektionen; bez. Frachtreklamationen siehe EVO. § 99.

3. Auch mündlich (Fernsprecher).

§ 8.

Meinungsverschiedenheiten.

Meinungsverschiedenheiten zwischen dem Publikum und den Bediensteten entscheidet[1]) auf den Stationen der Aufsichtsbeamte, während der Fahrt[2]) der Zugführer.[3])

1. Vorbehaltlich weiterer Beschwerde gemäß EVO. § 7.

2. Im Falle des § 22 EVO. zunächst der Schaffner

3. Die Entscheidung ist bis auf weiteres maßgebend. Verstoß hiergegen ist Vertragsverletzung, macht schadensersatzpflichtig und hat unter Umständen Bestrafung zur Folge (BBO. § 82); vgl. auch EVO. § 11. Gegen die Entscheidung Beschwerde (siehe Anm. 1) oder Rechtsweg.

§ 9.

Zahlungsmittel.

Außer den gesetzlichen Zahlungsmitteln ist, wo das Bedürfnis besteht,[1]) auch das in den Nachbarländern gesetzlichen Kurs besitzende Gold- und Silbergeld anzunehmen.[2]) Den Annahmekurs hat die Eisenbahn festzusetzen[3]) und bei den Abfertigungsstellen durch Schalteraushang zu veröffentlichen.

1. Grenzorte, Kurorte, Großstädte. Entscheidung trifft die Eisenbahnverwaltung; gegebenenfalls Aufsichtsbeschwerde.

2. Abweichung von BGB. § 244.

3. Gegen zu niedrige Kursfestsetzung nur Beschwerde gemäß Anm. 1, keine Klage.

III.
Beförderung von Personen.

1. Unter Fahrkarten im Sinne dieses Tarifs sind Fahrausweise aller Art zu verstehen.

2. Die Vorschriften dieses Tarifs, die auf die 4. Klasse Bezug haben, gelten, wo diese Klasse nicht geführt wird, für die 3. Klasse, soweit sie der 4. Klasse im Preis entspricht und nicht etwas anderes vorgeschrieben ist.

Vorbemerkung: Der Personenbeförderungsvertrag (HGB. § 472; EVO. Abschn. III b).

Literatur: Rundnagel, BefGesch. § 80 S. 267, § 166 S. 497 und die dort in Anm. 1 Angeführten; Eger, Anm. 33 S. 28 ff.; Göppert, Zur rechtlichen Natur der Personenbeförderung auf Eisenbahnen, Berlin 1894; Eger, DJZ. 01 107 f.; Coermann, EEE. 15 176, 372.

A. Allgemeines.

I. Der Personenbeförderungsvertrag ist nicht Frachtvertrag im Sinne der §§ 425, 454 HGB.; demgemäß ist also eine auch nur entsprechende Anwendung des Abschn. VIII (§§ 453, 455 bis 476 HGB.) ausgeschlossen (Staub § 472 Anm. 8; a. M. bez. des § 472 Abs. 2 Satz 2: Rundnagel, BefGesch. § 80 S. 267). Im Großbetriebe ist er Handelsgeschäft (HGB. § 1 Abs. 2 Ziff. 5; § 343 Abs. 1). HGB. enthält über ihn keine Sondervorschrift; § 472 verweist lediglich auf EVO., also Abschn. I bis III. Ergänzend gelten die allgemeinen Vorschriften des HGB. (z. B. § 1 Abs. 2 Ziff. 5 und § 343) und EinfG. z. HGB. Art. 2 (BGB. §§ 631 ff.; siehe RG. in JW. 05 427, 484; RG. 62 122, 66 14). Auch für die Personenbeförderung besteht Transportzwang (EVO. § 5).

II. Personenbeförderungsvertrag ist Werkvertrag (vgl. Eger Anm. 33 S. 29; Staub § 472 Anm. 8; RG. in JW. 05 426

Nr. 4; EEE. 22 178), aber nur dann, wenn die Beförderung gegen Entgelt geschieht. Erfolgt die Beförderung unentgeltlich, so liegt „unentgeltliche Herbeiführung eines Erfolges" vor, eine Vertragsart, für die das BGB. besondere Bestimmungen nicht getroffen hat (siehe unten unter C). Im Beförderungsvertrag übernimmt die Eisenbahn die Verpflichtung, den Vertragsgegner von einem Ort zum andern zu befördern (RGEntsch. v. 27. Jan. 1887; EEE. 5 237). Streitfrage, ob die Eisenbahn auch verpflichtet ist, den Reisenden wohlbehalten anzubringen. Die herrschende Meinung bejaht dies; sie legt damit der Eisenbahn den Nachweis auf, daß sie an einer etwaigen Verletzung kein Verschulden trifft (vgl. RG. 66 15; JW. 08 196 Nr. 10; a. M. Sauter, EEE. 31 181; siehe auch JW. 12 686 Nr. 10, 12 348 Nr. 14, 05 185 Nr. 36; EEE. 24 47; ZVDEisV. 14 317); wichtig ist diese Entscheidung für die Frage der Verjährung (siehe weiter unten).

B. Der entgeltliche Vertrag.

III. Der Personenbeförderungsvertrag wird formlos abgeschlossen in der Regel durch Fordern des Fahrausweises durch den Reisenden und Hingabe der Fahrkarte oder des Beförderungsscheines durch den Schalterbeamten (Rundnagel, BefGesch. S. 501 § 169 und die dort in Anm. 8 Angeführten, darunter Weber, ZVDEisV. 02 147; EEE. 12 310, 22 8, 24 389; a. M. Staub § 472 Anm. 17; Eger § 13 Anm. 46); der Abschluß geschieht aber auch durch Entnahme einer Karte aus dem Fahrkartenautomaten, ferner auch ohne Fahrkarte durch Besteigen des Zuges, wenn ein Reisender mit Wissen der zuständigen Bediensteten ohne gültige Fahrkarte den Zug benutzt (vgl. EVO. § 16 Ziff. 2 letzter Satz), also nicht beim sog. blinden Passagier (EEE. 14 241); hier fehlt ja auf beiden Seiten der Vertragswille. Für jeden Reiseabschnitt, für den besondere Fahrkarten verlangt und verabfolgt werden, wird ein besonderer Beförderungsvertrag abgeschlossen. Für Kinder unter vier Jahren schließt der mitreisende Erwachsene den Vertrag ab (siehe EVO. § 12 Anm. 3 und ZVDEisV. 12 85). Tarif ist nur Anregung zum Vertragsabschluß.

IV. Haftung der Eisenbahn, und zwar kumulativ: a) Außervertragliche Haftung für alle im eigentlichen Betriebe herbeigeführten Tötungen und Körperverletzungen; siehe RHaftpflichtG. v. 7. Juni 1871 (RGBl. S 207). Strenge Anforderung an den Schuldbeweis; siehe JW. 23 121. Über die Auslegung siehe Eger, Das Reichshaftpflichtgesetz. Vor allem wird der Begriff „beim Betriebe" sehr weit ausgelegt. Unfall beim Ein- und Aussteigen rechnet grundsätzlich zu den Betriebsunfällen, Unfälle auf den Bahnsteigen dann, wenn Eile und Hast den Reisenden in Gefahr bringt (siehe Arch. f. Eis. 22 1129; ZVDEisV. 22 387) oder sonst ein unmittelbarer Zusammenhang mit einem bestimmten Betriebsvorgang besteht (EEE. 29 144). b) Haftung aus BGB. §§ 823 ff. (unerlaubte Handlungen) bei widerrechtlicher sowie vorsätzlicher oder fahrlässiger Verletzung des Lebens, des Körpers, der Gesundheit usw. der Reisenden (hierbei gilt nicht EVO. §5). Lagern von Schienen auf dem Bahnsteig; siehe RG. v. 13. März 1922 (Verkehrsrechtl. Rundschau 22 62). c) Vertragliche Haftung aus dem Personenbeförderungsvertrag; vgl. Sauter, EEE. 31 29 ff.; Rundnagel, BefGesch. § 177 S. 518, namentlich Anm. 20 und die dort Angeführten; RG. 61 56, 62 119; siehe auch § 13 Anm. 4. Eisenbahn haftet nach § 276 BGB. für Vorsatz und Fahrlässigkeit, und zwar auch ihrer gesetzlichen Vertreter und ihrer Leute (§ 278 BGB.); siehe auch EVO. § 5; siehe RG. v. 19. April 1904; EEE. 21 68. Bei der Prüfung der Schuldfrage ist zu beachten, daß die Eisenbahn ein Massenbetrieb ist; man muß von jedem Reisenden verlangen, daß er auf die Eigentümlichkeiten des Bahnbetriebes Rücksicht nimmt und sich mit den Einrichtungen der Eisenbahn vertraut macht (Fahrpläne, Schilder, Richtungsanzeiger, Verbotstafeln usw.; vgl. Rundnagel, BefGesch. § 177 S. 519). Es kann nicht jedem Reisenden ein Bediensteter beigegeben werden, der für seine Sicherheit sorgt (vgl. RG. 69 557; Arch. f. Eis. 09 491: Raubanfall im Abteil); viel zu weit geht RG. in EEE. 31 371; mit Recht dagegen: EEE. 34 1 (Heizung des Zuges während der Nacht); EEE. 37 264 (Herandrängen an einen einfahrenden Zug). Vertragliche Haftung der Eisenbahn kommt hauptsächlich in Frage bei Unfällen, die mit dem Eisenbahnbetriebe als solchem selbst bei weitester Auslegung nicht in rechtlichen Zusammenhang zu bringen sind. Hierher gehören vor allem die Unfälle, die vor dem Einsteigen in den Zug und nach dem Aussteigen erfolgen, ohne daß der Betrieb (Eile!) verursachend mitgewirkt hat (Aussteigen während der Fahrt, siehe EEE. 37 256); Voraussetzung ist aber: 1. Ein Beförderungsvertrag muß bereits abgeschlossen sein (siehe oben Anm. 3; vgl. EEE. 24 389, 29 339, 31 87, 242). 2. Es muß ein besonderer innerer Zusammenhang des Unfalls mit den dem Eisenbahnbetrieb eigentümlichen Gefahren dargetan werden (Arch. f. Eis. 22 1129). 3. Der Unfall muß sich innerhalb des Bahngebietes vollzogen haben (hierzu gehört nicht der öffentliche Bahnhofszufuhrweg, auch wenn er im Eigentum der Eisenbahn steht), und zwar auf einem Gang, der mit der Beförderung selbst in Verbindung steht (RG. 4 192; EEE. 27 214) (also nicht Aufsuchen der Bahnhofswirtschaft ohne die Absicht des Reisens). Beispiele: Sicherer Zu- und Abgang (RG. 4 192; EEE. 32 119; RG. 66 13; JW. 11 824 Nr. 42; EEE. 5 237, 20 252, 22 364, 28 165, 33 341; EEE. 23 169, 24 389, 27 214, 21 178); Fehltritt beim Aussteigen außerhalb des Bahnsteigs (RG. in Arch. f. Eis. 06 1263); mangelhafte Beleuchtung (RG. in EEE. 24 49; EEE. 31 316); Glätte im Bahnhof (RG. in Arch. f. Eis. 09 279); sicherer Zugang zum Bahnhof (RG. in EEE. 24 43, 49, Arch. f. Eis. 08 751). Gefahrloser Ausgang: Mangel an Sicherheitsvorkehrungen (RG. in Arch. f. Eis. 08 485); unebener Plattenbelag (RG. in EEE. 22 40; JW. 05 185 Nr. 36; Gruchot, Beiträge 48 885); Loslösung einer Platte (RG. in Arch. f. Eis. 05 725, 728); Verletzung durch den Pförtner, der einen Trunkenen entfernt (RG. in EEE. 21 69; JW. 04 358); Glätte (RG. in Arch. f. Eis. 04 476; ferner RG. 55 336; EEE. 25 32); Aufstellen einer unbeleuchteten Karre auf dem Bahnsteig (Arch. f. Eis. 21 1224; EEE. 30 64). Der Eisenbahn bleibt aber der Gegenbeweis, daß sie im Einzelfall ein Verschulden nicht trifft, namentlich weil sie innerhalb der Grenzen des Möglichen das zur Abwehr eines drohenden Zustandes Erforderliche veranlaßt hat (vgl. RG. in EEE. 22 119, 332, 23 213, 321, 22 364; JW. 11 824 Nr. 42); z. B. Glätte, geschützte Tunneltreppe (RG. in Arch. f. Eis. 06 661; EEE. 31 195); geringer Konstruktionsfehler einer Treppe (RG. in Arch. f. Eis. 05 725). Daß dabei auf die psychologische Umstellung der Reisenden infolge des Krieges und der Revolution zu achten ist, verlangt RG. in Verkehrsrechtl. Rundschau 22 62. Werden Arbeiten innerhalb eines Bahnhofs, durch die für den Reisenden Gefahren entstehen können, einem Unternehmer übertragen, kann die Eisenbahn die Sorge für die Sicherheit der Reisenden nicht dem Unternehmer überlassen (siehe RG. in EEE. 32 112 ff.). Auf der Fahrt: Schlägerei im Abteil (RG. in Arch. f. Eis. 07 796); Ausgleiten auf dem Trittbrett (RG. in Arch. f. Eis. 07 1442); Bestreuung vereister Trittbretter (EEE. 31 195); herabfallendes Gepäckstück (RG. in Arch. f. Eis. 08 762); Hinausstürzen eines Kindes (RG. in EEE. 22 400). Auch Verletzung durch schadhafte Einrichtung der Beförderungsmittel fällt hierunter; so wird man wohl Heizung der Züge auf den großen Durchgangslinien verlangen können (vgl. Reindl, ZVDEisV. 14 1065; EEE. 31 321; aber 34 1; Sendpiehl S. 16); Auseinanderbrechen eines Stuhles (EEE. 22 334); Fehlen von Fensterscheiben in den Abteilen (EEE. 30 174); Glätte in den Wartesälen (EEE. 31 193). Die Eisenbahn haftet nicht für Einrichtungen der Bahnhofswirte und Bahnhofsbuchhändler (EEE. 21 386, 25 388).

V. Fraglich ist, ob Haftung bei Überfüllung der Abteile gegeben ist. Grundsätzlich wird dies zu verneinen sein (vgl. Lehmann, Handelsrecht § 216 S. 956 Anm. 6; Eger, DJZ. 02 23 f.; Hertzer ebendort 218; ZVDEisV. 09 111, 02 2, 791 [Holzbecher]; auch Gorden, EEE. 18 290); u. a. EEE. 30 66, wo Einsteigen in ein überfülltes Abteil nicht als mitwirkendes Verschulden bezeichnet ist (siehe auch RG. in Verkehrsrechtl. Rundschau 22 298); dagegen mit Recht Roeber a. a. O. S. 299. Ohnmacht eines Reisenden infolge Überfüllung ist Betriebsunfall (EEE. 24 392); siehe auch Arch. f. Eis. 21 1225 (Quetschung der Hand).

VI. Bezüglich der minderjährigen Reisenden ist zu beachten: Den Beförderungsvertrag kann regelmäßig nur der gesetzliche Vertreter abschließen (Ausnahme: BGB. § 110), der Minderjährige nur mit dessen Zustimmung. Ohne diese kein Vertrag; bezl. der Schadenhaftung vgl. EEE. 22 302 (mitwirkendes Verschulden); RGEntsch. 54 404 (höhere Gewalt); kein Einwand aus §§ 276, 278 BGB. (vgl. auch § 12 Anm. 3).

VII. Die Haftung der Eisenbahn endet ohne Rücksicht auf die Bahngrenzen nach Beendigung der Fahrt und beim Verlassen der eigentlichen Bahnanlagen (RG. in EEE. 29 339).

C. Der unentgeltliche Beförderungsvertrag kommt vor bei Freifahrten (Eisenbahnbediensteten, Zollbeamten u. a. m.). Hier liegt ein Vertragsverhältnis nicht vor. Haftung aus Vertrag ist sonach nicht gegeben. Für Reichstagsabgeordnete zahlt das Reich einen Pauschalbetrag. Hier liegt also ein Beförderungsvertrag vor. Das gleiche gilt für Kinder unter vier Jahren, für die ein besonderer Platz nicht verlangt wird. Mit dem blinden Passagier wird ein Vertrag nicht abgeschlossen. Bei diesem also nur Haftung nach §§ 823 ff. BGB. oder RHaftpflichtG.; a. A. Sendpiehl, der Vertrag auch annimmt, wenn jemand betrügerischerweise mitfahren will (Bef.Gesch. S. 38; vgl. auch Anm. 1 S. 39 daselbst). Dem kann man nicht zustimmen; beide Parteien wollen ja gar keinen Vertrag abschließen. Anspruch der Eisenbahn auf Fahrgeld (§ 16 Abs. 2 EVO.) ist gesetzlicher, nicht vertraglicher Anspruch.

D. Verjährung.

1. Ansprüche der Eisenbahn auf Bezahlung des Fahrgeldes verjähren in zwei Jahren, beginnend mit Jahresschluß (BGB. § 196). 2. Ansprüche gegen die Eisenbahn verjähren: a) aus dem RHaftpflichtG. in zwei Jahren vom Unfall an (RG. v. 7. Juni 1871, § 8); b) aus §§ 823 ff. BGB. in drei Jahren nach Kenntnis vom Schaden und der Person des Ersatzpflichtigen, spätestens aber in 30 Jahren nach Begehung der Tat; c) aus dem Personenbeförderungsvertrag: α) Ansprüche auf Rückerstattung des Fahr-

geldes, Ersatz von Aufenthaltskosten infolge Unfalls in sechs Monaten (BGB. § 638; JW. 08 196; Fritsch S. 306 Anm. 23); β) Ansprüche aus Körperverletzung und Sachschaden (außer IVa und b) würden nach § 638 in gleicher Zeit verjähren (so Blume § 26). Die herrschende Meinung, namentlich des RG. (siehe 62 119, 122, 64 41, 66 12; JW. 08 196 Nr. 10, 12 686; EEE. 24 274, 383 ff.), nimmt aber an, daß es sich bei Verletzung oder Sachschaden um positive Zuwiderhandlung gegen die pflichtmäßige Sorgfalt gegenüber dem noch nicht vollendeten Werke handelt; sie nimmt daher eine Verjährungsfrist von 30 Jahren an. Ein für die Eisenbahn fast unerträglicher Zustand; dadurch wird ihr für diese lange Zeitdauer der Nachweis auferlegt, daß sie kein Verschulden trifft (vgl. hierzu Rundnagel, BefGesch. S. 519 Anm. 20 und weiter die dort Angeführten, namentlich Staub § 472 Anm. 22; a. A. siehe EEE. 22 178).

E.

Der Anspruch aus dem Frachtvertrag steht nur dem Vertragsgegner zu, das ist derjenige, der den Beförderungsvertrag abgeschlossen hat. Das ist nicht immer derjenige, der den Fahrschein gelöst hat (vgl. EEE. 22 165) — die Lösung kann auch durch einen Dritten geschehen —, sondern beispielsweise der Inhaber einer Monatskarte („eigenhändige Unterschrift") oder derjenige, der mit einer Fahrkarte die Reise begonnen hat; nicht aber die Hinterbliebenen einer getöteten Reisenden (EEE. 24 272), z. B. der Ehemann (vgl. EVO. § 13 Anm. 2b; Arch. f. Eis. 06 657). Werden Fahrkarten für Strecken verschiedener Verwaltungen ausgegeben, so fehlt eine dem § 100 EVO. entsprechende Vorschrift. Da aber derartige Fahrkarten nur nach gegenseitiger Vereinbarung der Eisenbahnen (Verbandsverkehr) ausgegeben werden können, ist anzunehmen, daß die verkaufende Verwaltung als bevollmächtigte Vertreterin den Beförderungsvertrag zugleich namens jeder einzelnen an der Beförderung beteiligten Verwaltung abschließt (vgl. Rundnagel, BefGesch. § 170 S. 504); für internationalen Verkehr siehe JÜP. Art. 42.

§ 10.

Fahrpläne.

Die Fahrpläne [1]) sind vor ihrem Inkrafttreten zu veröffentlichen [2]) und rechtzeitig auf den Stationen auszuhängen.[3]) Aus ihnen müssen Gattung, Wagenklassen und Abfahrzeiten, für die größeren Übergangs- und die Endstationen auch die Ankunftszeiten der Züge sowie die wichtigeren Zuganschlüsse zu ersehen sein.[4]) Die ausgehängten Fahrpläne [5]) des eigenen Verwaltungsbezirkes müssen auf hellgelbem, die anderer inländischer Verwaltungen auf weißem Papiere gedruckt sein. Außer Kraft getretene Fahrpläne sind sofort zu entfernen.

HGB. § 472; JÜP. Art. 22; Vollrath, EEE. 28 23 ff.; v. Rinaldini, Haftung für Verspätung und Ausfall von Zügen (EEE. 29 95).

1. Gilt nur für den regelmäßigen Personenverkehr; für den Tierverkehr vgl. EVO. § 48; vgl. § 4 ebendort.

2. Die Gestaltung der Fahrpläne ist innere Angelegenheit der Verwaltungen. Art der Veröffentlichung ist durch EVO. nicht vorgeschrieben.

3. Rechtlich bedeutet der Fahrplan Aufforderung zum Vertragsabschluß, nicht etwa ein Angebot ad incertam personam, an das die Eisenbahnverwaltung durch Annahme, z. B. Besteigen des Zuges, gebunden wäre (siehe Vorbem. zu § 10 EVO.).

4. Die Eisenbahnen sind nach Maßgabe der veröffentlichten Fahrpläne zur Beförderung verpflichtet (vgl. aber EVO. § 3 Ziff. 1 bis 4 und die nachfolgenden Bestimmungen des Abschn. III). Bei Verstößen gegen die Vorschriften des § 10 entweder Aufsichtsbeschwerde (an das Reichsverkehrsministerium) oder Schadensersatzanspruch (vgl. aber EVO. § 26).

5. Jede Verwaltung haftet für die Richtigkeit ihrer amtlichen Fahrpläne und Kursbücher. Haftung für Fehler vgl. Send-

viehl S. 129; EEE. 28 23; siehe BGB. § 121. Als amtlich sind lediglich die gelben Aushangfahrpläne auf den Stationen anzusehen, nicht auch die im Buchhandel erscheinenden Fahrplanbücher, es sei denn, daß sie als amtlich bezeichnet sind. Fehler in den nichtamtlichen Büchern berechtigen nur zur Rückgängigmachung des Kaufes (BGB. §§ 459, 462). Das gleiche gilt für die Richtigkeit der Angaben im Reichskursbuch, das jetzt von der Reichsbahn und von der Reichspost herausgegeben wird.

§ 11.

Von der Beförderung ausgeschlossene oder nur bedingungsweise zugelassene Personen.[1])

(1) Personen, die die vorgeschriebene Ordnung [2]) nicht beachten, sich den Anordnungen der Bediensteten nicht fügen oder den Anstand verletzen, insbesondere betrunkene Personen, können von der Beförderung ausgeschlossen werden.[3]) [4])

(2) Personen, die wegen einer Krankheit oder aus anderen Gründen [5]) Mitreisenden lästig fallen würden, sind von der Beförderung auszuschließen, wenn ihnen nicht ein besonderes Abteil angewiesen werden kann. Das Fahrgeld und die Gepäckfracht sind ihnen nach Abzug des Betrags für die durchfahrene Strecke zu erstatten.

(3) Pestkranke dürfen nicht befördert werden.[6]) An Aussatz (Lepra), Cholera (asiatischer), Fleckfieber (Flecktyphus), Gelbfieber oder Pocken (Blattern) erkrankte oder einer solchen Krankheit verdächtige Personen dürfen nur dann befördert werden,[7]) wenn der für die Zugangsstation zuständige beamtete Arzt die Zulässigkeit der Beförderung bescheinigt. An Fleckfieber erkrankte oder dieser Krankheit verdächtige Personen

müssen zuverlässig entlaust sein.[1]) Die an Aussatz erkrankten oder dieser Krankheit verdächtigen Personen sind in abgeschlossenem Abteile mit besonderem Aborte, die übrigen hier aufgeführten Personen in besonderem Wagen zu befördern.

(4) Personen, die an Typhus (Unterleibstyphus), Diphtherie, Ruhr, Genickstarre, Rotz, Scharlach, Masern oder Keuchhusten leiden, sind in abgeschlossenem Abteile mit besonderem Aborte zu befördern. Ist eine Person einer solchen Krankheit verdächtig, so kann die Eisenbahn die Vorlegung eines ärztlichen Zeugnisses verlangen, aus dem die Art der Krankheit hervorgeht.

(5) Für den besonderen Wagen oder das Wagenabteil ist die tarifmäßige Gebühr zu entrichten.

(6) Wegen Rückgabe des Gepäcks vergleiche § 34 Abs. 4 und 5.

Beim Ausschluß von Personen von der Beförderung gemäß Abs. 1 besteht kein Anspruch auf Ersatz des Fahrgeldes und der Gepäckfracht.

IÜP. Art. 13.

1. Ausnahmen von der Regel (§ 3) der Beförderungspflicht. Die Vorschriften befinden sich an dieser Stelle, weil sie schon vor der Lösung von Fahrkarten beachtet werden müssen (Begr.). Da aber der Reisende seine Fahrkarte auch durch Dritte lösen lassen kann, so darf aus dieser Bestimmung kein Schluß auf den Abschluß des Beförderungsvertrages gezogen werden, wie dies Eger (EVO. Anm. 38 S. 35) tut (siehe Rundnagel, BefGesch. § 170 S. 503). § 11 gibt der Eisenbahn das Recht, entweder den Abschluß des Beförderungsvertrages zu verweigern oder vom Vertrage zurückzutreten.

2. Allgemein vorgeschriebene Ordnung, d. h. die durch die allgemeinen Ordnungsvorschriften vorgeschriebene, im Gegen-

satz zu den Anordnungen der Bediensteten für den Einzelfall, vgl. §§ 77, 82 BBO.; EEE. 2 7, 3 203. Hierzu gehören namentlich die Ordnungsvorschriften der EVO. und §§ 83, 75, 77 bis 82 BBO. Bahnpolizeiliche Anordnungen sind zu befolgen, auch wenn dadurch Vertragsrecht beeinträchtigt wird (siehe EEE. 6 251); übermäßig langer Aufenthalt in den Warteräumen (EEE. 7 12).

3. Nicht müssen. Entscheidungsrecht EVO. § 8. Ausschluß erfolgt nur für den Einzelfall, ohne Recht auch auf nur teilweise Erstattung des bezahlten Fahrgeldes oder der Gepäckfracht; siehe Eger Anm. 37 S. 33 (arg. e contrc Abs. 2 Satz 2); a. A. Sendtpiehl S. 131 zu b; siehe Ausfbest.

4. Daneben strafrechtliche Ahndung, neben derjenigen aus BBO. § 82, z. B. wegen Widerstandes (StGB. § 113; EEE. 2 7, 3 255, 6 294), Hausfriedensbruchs (StGB. § 123) auf Bahnsteigen (EEE. 1 375, 7 326, 21 287), Bahnhöfen (EEE. 4 156), in Empfangsgebäuden (EEE. 4 304 ff.), Wartesälen (EEE. 25 372; RGSt. 36 188, 37 260) und in Schlafwagen (EEE. 25 68); Beamtenbeleidigung (StGB. § 196).

Auf Handlungen in Abteilen ist StGB. §§ 183, 186 nicht für anwendbar erklärt (ZVDEisV. 97 708, 779; a. A. Coermann ebendort 98 885).

5. Z. B. Bekleidung, Benehmen (Schornsteinfeger, Hausierer).

6. Vorschriften sind zwingend. Nichtbeachtung zieht nicht nur zivilrechtliche Schadensersatzansprüche, sondern auch polizei- und strafrechtliche Verfolgung nach sich.

7. Bis zur Erfüllung dieser Bedingungen hat die Beförderung zu unterbleiben.

§ 12.

Fahrpreise. Ermäßigung für Kinder.

(1) Sind auf den Stationen Tarifauszüge,[1]) die die Preise der dort verkäuflichen Fahrkarten [2]) enthalten, nicht ausgehängt oder ausgelegt, so erteilen die Fahrkartenausgabestellen über die Preise auf Verlangen Auskunft.

Auf Stationen, für die der Zugführer die Fahrkarten verkauft, erteilt er über die Fahrpreise Auskunft.

(2) Kinder bis zum vollendeten vierten Lebensjahre, für die kein besonderer Platz beansprucht wird, sind frei zu befördern.[3]) Kinder vom vollendeten vierten bis zum vollendeten zehnten Lebensjahr und jüngere Kinder, für die ein besonderer Platz beansprucht wird,[4]) sind zu ermäßigten [5]) Preisen zu befördern.

A. Sonderzüge.

1. Über die Stellung von Sonderzügen entscheidet die der Abgangsstation vorgesetzte Eisenbahnverwaltung.

2. Die Beförderungsgebühren für Sonderzüge werden nach den Entfernungen der in Betracht kommenden Tarifteile II berechnet, es sei denn, daß diese etwas anderes bestimmen. Bestehen durchgehende Entfernungen nicht, oder wird die Beförderung über einen im Tarif nicht vorgesehenen Bahnweg verlangt, so wird die Gesamtstreckenlänge durch Zusammenrechnung von Teilentfernungen der Tarifteile II ermittelt.

I. Bestellte Sonderzüge.

a) Sonderzüge für Einzelbesteller.

1. (1) Als Gebühr für die Beförderung werden für das Tarifkilometer erhoben:

a) für die Lokomotive . . . . 10,20 Reichsmark,
b) für jede Achse eines auf Verlangen gestellten Personenwagens . . . . . . 0,80 Reichsmark,
c) für jede Achse eines auf Verlangen gestellten oder aus Betriebsrücksichten erforderlichen anderen Wagens . . . 0,40 Reichsmark,

mindestens jedoch 22 Reichsmark für das Tarifkilometer und 500 Reichsmark im ganzen.

Siehe jedoch Ziffer 10.

(2) Erfolgt Hin- und Rückfahrt des Sonderzuges innerhalb 24 Stunden, so gelten für die Berechnung des Mindestbetrags beide Fahrten als e i n e Fahrt.

2. Für die Beförderung von Sonderzügen über Verbindungsbahnen werden außerdem Überfuhrgebühren nach der Anlage I erhoben.

3. Werden Sonderzüge für die Nachtzeit auf Strecken bewilligt, auf denen mangels regelmäßigen Nachtdienstes keine Bewachung der Bahn stattfindet, so werden überdies 4 Reichsmark für das Tarifkilometer als Bahnbewachungsgebühr erhoben. Die Bewachungsgebühr wird nur e i n m a l erhoben, wenn mehrere Züge befördert werden.

4. (1) Werden auf Antrag des Bestellers besonders bezeichnete Wagen gestellt, so werden für ihre Beförderung auf Strecken, die der Sonderzug nicht befährt, sowohl für den Hinweg wie für den Rückweg 0,20 Reichsmark für die Achse und das Tarifkilometer erhoben. Als besonders bezeichnet gelten Wagen dann, wenn der Besteller die Auswahl des gewünschten Wagens nicht der Eisenbahn überläßt, sondern ihn nach Nummer oder Bauart, Größe, Standort oder Eigentümer usw. besonders nennt. Werden Wagen sonst allgemein nach ihrer Gattung, z. B. Schlafwagen, Salonwagen, Speisewagen usw., nach einer Station verlangt, wo solche für gewöhnlich nicht stehen, so wird von der Erhebung der Zuführungsgebühr gleichfalls abgesehen.

(2) Die Gebühr wird auch erhoben, wenn der Wagen der Eisenbahn nicht gehört; sie wird in diesem Falle, und zwar für die Hin- und Rückfahrt, auch dann berechnet, wenn der Wagen auf besonderes Verlangen vor oder nach der Verwendung zur Instandsetzung nach einer Werkstätte gesandt wird.

(3) Im übrigen bleibt vorbehalten, mit dem Besteller die weiteren Bedingungen zu vereinbaren, unter denen die gewünschten Wagen überlassen werden.

5. Für die Beförderung der Lokomotiven und der Wagen nach der Abgangsstation des Sonderzuges sowie für ihre Rückbeförderung von der Bestimmungsstation des Sonderzuges nach der Heimatstation wird, unbeschadet der Bestimmungen unter Ziffer 4, nichts berechnet.

6. Der Beförderungspreis für den Sonderzug (Ziffern 1 bis 5) ist auf der Abgangsstation vorauszubezahlen. Der Besteller erhält einen Abfertigungsschein, den er bei Beendigung der Fahrt abzugeben hat.

7. Ein Sonderzug soll spätestens vier Tage vorher mit Angabe der Strecke und Zeit sowie der Anzahl und Gattung der Wagen bei der der Abgangsstation vorgesetzten Eisenbahnverwaltung entweder unmittelbar oder durch Vermittlung einer Station bestellt werden.

8. Wird ein Sonderzug abbestellt oder nicht benutzt, so sind der Eisenbahn alle durch Ausführung der Bestellung erwachsenen Kosten zu erstatten. Dabei werden für jedes Tarifkilometer, das die Fahrzeuge bei der Beförderung von der Heimatstation nach der Ausgangsstation des Sonderzuges oder auf dem Rückwege durchlaufen haben, berechnet: für jede Achse der Wagen und Lokomotive 0,20 Reichsmark.

9. Die zu erhebende Gesamtgebühr wird auf volle Reichsmark aufgerundet.

10. Sonderzüge für Zirkusbesitzer, Schausteller, ferner für Wanderhändler, Marktreisende und dergleichen, die Messen, Märkte, Schützen- und Volksfeste sowie ähnliche Veranstaltungen zu besuchen pflegen, sind zu den Frachtgutsätzen des Gütertarifs und zu den Sätzen des Tiertarifs abzufertigen,

wenn sich die Fracht nach diesen Sätzen billiger als nach den Gebühren unter 1 (1) stellt. In diesem Fall sind für die Personen Fahrkarten des allgemeinen Verkehrs zu lösen. Als Mindestgebühr werden die in Ziffer 1 (1) vorgesehenen Mindestbeträge erhoben. Im übrigen sind die Ziffern 1 (2) bis 9 entsprechend anzuwenden.

b) Gesellschaftssonderzüge.

Für Sonderzüge, die auf Antrag zu gemeinschaftlichen Reisen größerer Gesellschaften gestellt werden (Gesellschaftssonderzüge), gelten folgende Bestimmungen:

1. Soweit die Tarifteile II keine Abweichungen enthalten, werden für Fahrkarten zur einfachen Fahrt in 1. Klasse 7,2 Reichspfennig, in 2. Klasse 5 Reichspfennig, in 3. Klasse 3,3 Reichspfennig und in 4. Klasse 2,2 Reichspfennig für das Tarifkilometer erhoben. Wird die Hinfahrt und die Rückfahrt im Sonderzuge zurückgelegt, so wird das Doppelte des Fahrpreises für die einfache Fahrt erhoben. Es sind mindestens zu lösen:

bei Benutzung der 1. Klasse 160 ganze Fahrkarten von der Ausgangs- bis zur Bestimmungsstation des Sondeszuges,

bei Benutzung der 2. Klasse 230 ganze Fahrkarten von der Ausgangs- bis zur Bestimmungsstation des Sonderzuges,

bei Benutzung der 3. Klasse 340 ganze Fahrkarten von der Ausgangs- bis zur Bestimmungsstation des Sonderzuges,

bei Benutzung der 4. Klasse 500 ganze Fahrkarten von der Ausgangs- bis zur Bestimmungsstation des Sonderzuges,

bei Benutzung verschiedener Klassen soviel Fahrkarten von der Ausgangs- bis zur Bestimmungsstation des Sonderzuges, daß der Preis der Mindestzahl an Fahrkarten für die niedrigste im Sonderzuge geführte Wagenklasse (230 zweiter, 340 dritter oder 500 vierter) erreicht wird.

In jedem Falle sind für die ganze Sonderzugstrecke mindestens 330 Reichsmark zu entrichten. Der Preis jeder Fahrkarte für einfache Fahrt wird bei Beträgen bis zu 10 Reichsmark auf volle 10 Reichspfennig, über 10 Reichsmark bis zu 40 Reichsmark auf volle 20 Reichspfennig, über 40 Reichsmark auf volle Reichsmark aufgerundet. Je zwei Fahrkarten zum halben Preise werden als eine Fahrkarte gerechnet.

2. Für die in Ausnahmefällen auf Antrag des Bestellers aus D-Zug-Wagen gebildeten Züge erhöht sich der Fahrpreis für die einzelne Fahrkarte um den allgemeinen Schnellzugzuschlag.

3. Die Benutzung des Sonderzuges kann auch von Zwischenstationen aus zu den in Ziffer 1 Abs. 1 und in Ziffer 2 angegebenen Sätzen gestattet werden, und zwar gegen Lösung von Fahrkarten für die Reststrecke des Zuges, wenn der Preis für die vorgeschriebene Mindestzahl von Fahrkarten und die vorgeschriebene Mindestgebühr erreicht ist oder hierdurch erreicht wird, sonst gegen Lösung von Fahrkarten für die ganze Sonderzugstrecke.

4. Bei Sonderzügen zu Schulausflügen und Ausflügen zur Jugendpflege kann anstatt der Fahrpreisermäßigung für Gesellschaftssonderzüge auch die Fahrpreisermäßigung nach den Ausführungsbestimmungen C III und VII zugestanden werden, wenn der Preis der vorgeschriebenen Mindestzahl von Fahrkarten für Gesellschaftssonderzüge und die vorgeschriebene Mindestgebühr (Ziffer 1 und 2) erreicht wird.

5. Ein Gesellschaftssonderzug ist spätestens acht Tage vorher mit Angabe der Strecke und Zeit, der gewünschten Wagenklassen und der ungefähren Zahl der Reisenden bei der Abgangsstation oder der dieser vorgesetzten Eisenbahnverwaltung zu bestellen.

6. Bei Einstellung von Schlaf- und Salonwagen in Gesellschaftssonderzüge werden die Gebühren gemäß Ausführungs-

bestimmung B I besonders erhoben. Eine Fahrpreisermäßigung gemäß Ziffer 1 und 2 tritt hierbei nicht ein. Die Gebühr für die Stellung solcher Wagen unterliegt der Vereinbarung mit der Wageneigentümerin. Die Benutzer von Schlaf- und Salonwagen haben Sonderzugfahrkarten nicht zu lösen. Die Gebühren für Schlaf- und Salonwagen werden auf die gemäß Ziffer 1 und 2 zu erhebende Mindestgebühr nicht angerechnet.

7. Die Ausführungsbestimmungen a 1 (2), 2 bis 4 und 8 finden entsprechende Anwendung. Auch kann die Stellung der Züge von der Einzahlung eines die Mindestgebühr deckenden Betrags abhängig gemacht werden.

8. Kinder genießen die Fahrpreisermäßigung nach Ausführungsbestimmung C I.

9. Fahrtunterbrechung ist im Sonderzuge ausgeschlossen.

II. Feriensonderzüge.

Für Sonderzüge, die von der Eisenbahn zur Erleichterung von Ferienreisen für den allgemeinen Verkehr gefahren werden, gelten folgende Bestimmungen:

1. Soweit die Tarifteile II keine Abweichungen enthalten, werden Fahrkarten 2. und 3. Klasse ausgegeben, die zur Hinfahrt mit dem Sonderzuge, zur Rückfahrt mit den fahrplanmäßigen Zügen einschließlich der Schnellzüge berechtigen. Nach Bestimmung der betreffenden Verwaltungen können die Fahrkarten auf Teilstrecken auch bei der Hinfahrt in fahrplanmäßigen Zügen benutzt werden. Die Fahrkarten haben eine Geltungsdauer von zwei Monaten, vom Abfahrtstage gerechnet. Die Rückreise muß mit Ablauf des letzten Geltungstages beendet sein.

2. Soweit für einzelne Züge nicht besondere Fahrpreise veröffentlicht werden, werden an Fahrgeld für die zur Hin- und Rückfahrt geltenden Fahrkarten in 2. Klasse 10 Reichs-

pfennig, in 3. Klasse 6,6 Reichspfennig für das Tarifkilometer erhoben; der Preis jeder Fahrkarte wird bei Beträgen bis zu 10 Reichsmark auf volle 10 Reichspfennig, über 10 Reichsmark bis zu 40 Reichsmark auf volle 20 Reichspfennig, über 40 Reichsmark auf volle Reichsmark aufgerundet; für die Rückfahrt ist, soweit die Tarifteile II nichts anderes bestimmen, in die Fahrkarten der Schnellzugzuschlag einzurechnen.

3. Fahrtunterbrechung im Sonderzuge ist ausgeschlossen. Soweit die Reise in fahrplanmäßigen Zügen erfolgt, finden die Ausführungsbestimmungen zu § 25 mit der Abweichung Anwendung, daß auf Buchfahrkarten die Fahrt beliebig oft und beliebig lange unterbrochen werden darf.

4. Kinder genießen die Fahrpreisermäßigung nach Ausführungsbestimmung C I.

5. Sonstige Bedingungen für die Benutzung von Feriensonderzügen werden besonders veröffentlicht.

III. Verwaltungssonderzüge.

Für Sonderzüge, die von der Eisenbahn aus besonderem Anlaß für den allgemeinen Verkehr gefahren werden, werden die Beförderungsbedingungen von Fall zu Fall veröffentlicht.

B. Personen-, Kranken- und Gepäckwagen.

1. Wenn die Einstellung bahneigener oder anderer Personenwagen, auch Salon- oder Schlafwagen sowie besonders eingerichteter Krankenwagen, gestattet wird, so sind für die Benutzung ohne Rücksicht auf die Achsenzahl Fahrkarten 1. Klasse für soviel Personen zu lösen, wie den Wagen benutzen, mindestens für 18 Personen für jeden eingestellten Wagen (siehe jedoch Ziffer 5). Daneben wird bei bahneigenen Salon- oder Schlafwagen für die Zeit, während welcher der Wagen dem Besteller zur Verfügung steht, für jede angefangenen

24 Stunden, und zwar auch für die Zeit eines Stillagers, eine Grundgebühr von 320 Reichsmark und bei Personenwagen 1. und 2. Klasse für jedes auf Verlangen des Bestellers eintretende Stillager, das länger als 24 Stunden währt, oder bei Verwendung des Wagens im Ausland für die Zeit, während der der Wagen dem Besteller innerhalb des Auslandes zur Verfügung steht, für jede angefangenen 24 Stunden eine Grundgebühr von 96 Reichsmark erhoben.

2. Werden auf Verlangen zur Beförderung des Gepäcks besondere Wagen eingestellt, so wird hierfür eine Gebühr von 0,80 Reichsmark für die Achse und das Tarifkilometer erhoben.

3. (1) Zur Überwachung und Bedienung der technischen Einrichtungen des Wagens kann jedem der nach Ziffer 1 gestellten Wagen nach dem Ermessen der einstellenden Verwaltung ein Begleiter (Wagenmeister) beigegeben werden. Der von dieser Verwaltung ausgestellte Ausweis berechtigt den Begleiter zur freien Fahrt zwischen der Heimat und der Bestimmungsstation nicht nur in dem gestellten Wagen, sondern auch in anderen Zügen.

(2) Für die Beigabe einer aus anderen Gründen geforderten Begleitung bleibt es der den Wagen einstellenden Verwaltung vorbehalten, die Bedingungen, unter denen der Begleiter gestellt wird, mit dem Besteller zu vereinbaren. In diesem Falle ist für den Begleiter eine Fahrkarte der niedrigsten im Zuge befindlichen Wagenklasse zu lösen.

4. (1) Werden auf Bestellung besonders bezeichnete Wagen eingestellt, so werden für ihre Beförderung auf Strecken, die diese Wagen unbesetzt durchfahren, auf dem Hin- oder Rücklauf 0,40 Reichsmark für die Achse und das Tarifkilometer erhoben. Für einen Wagen werden höchstens vier Achsen angerechnet.

Als besonders bezeichnet gelten Wagen dann, wenn der Besteller die Auswahl des gewünschten Wagens nicht der Eisenbahn überläßt, sondern ihn nach Nummer oder Bauart, Größe, Standort oder Eigentümer usw. besonders nennt. Werden Wagen sonst allgemein nur nach ihrer Gattung, z. B. Schlafwagen, Salonwagen, Speisewagen usw. nach einer Station verlangt, wo solche Wagen für gewöhnlich nicht stehen, so wird von der Erhebung der Zuführungsgebühr gleichfalls abgesehen.

(2) Die Gebühr wird auch erhoben, wenn der Wagen der Eisenbahnverwaltung nicht gehört; sie wird in diesem Falle, und zwar für die Hin- und Rückfahrt, auch dann berechnet, wenn der Wagen auf besonderes Verlangen vor oder nach der Verwendung zur Instandsetzung nach einer Werkstätte gesandt wird.

(3) Im übrigen bleibt vorbehalten, mit dem Besteller die weiteren Bedingungen zu vereinbaren, unter denen die gewünschten Wagen überlassen werden.

5. (1) Wird für die Beförderung der Kranken ein Gepäck- oder Güterwagen, ein Wagen 3. oder 4. Klasse gewöhnlicher Bauart oder mit Krankenabteil eingestellt, so sind für die Kranken Fahrkarten 3. Klasse der betreffenden Zuggattung, mindestens jedoch acht Fahrkarten zu lösen. Als Mindestgebühr werden 30 Reichsmark erhoben.

Die Platzvormerkgebühr gemäß § 15, Ausführungsbestimmung 1 (1), wird in diesem Falle nicht erhoben.

(2) Zwei Begleiter werden in dem Krankenwagen oder besonderen Krankenabteile frei befördert; weitere in demselben Wagen oder Abteile mitreisende Begleiter haben je eine Fahrkarte 3. Klasse der betreffenden Zuggattung zu lösen.

(3) Die zur Bequemlichkeit und Notdurft der Kranken während der Fahrt nötigen Gegenstände können in dem Wagen

oder in dem Krankenabteile gebührenfrei mitgeführt werden. Für das sonstige Reisegepäck ist die tarifmäßige Gepäckfracht zu entrichten.

(4) Bettwäsche ist von den Bestellern der Wagen mitzubringen. Wird sie ausnahmsweise von der Eisenbahn geliefert, so ist eine Benutzungsgebühr zu zahlen und ein Betrag als Sicherheit zu hinterlegen, wie in Anlage V Ziffer 1 bestimmt wird.

6. (1) Wenn für die Beförderung eines Kranken mit Tragbett ein Wagenabteil 3. Klasse überlassen wird, so sind zwei Fahrkarten 3. Klasse der betreffenden Zuggattung und für jeden in dem Abteile mitfahrenden Krankenbegleiter eine Fahrkarte 3. Klasse der betreffenden Zuggattung zu lösen.

Die Platzvormerkgebühr gemäß § 15, Ausführungsbestimmung 1 (1), wird in diesem Falle nicht erhoben.

(2) Liegend zu befördernde Kranke oder sitzend im Selbstfahrer oder Krankenfahrstuhl zu befördernde Kranke oder Krüppel können unter Lösung von zwei Fahrkarten 3. Klasse für den Kranken und je einer Fahrkarte 3. Klasse für die Begleiter im Gepäckwagen der Personen-, Eil- oder Schnellzüge oder der Güterzüge befördert werden, sofern der Gepäckverkehr es zuläßt. Für die Krankenkörbe (Traggestelle, Tragbetten) und die Selbstfahrer und Krankenfahrstühle wird hierbei keine Fracht erhoben.

7. Werden Wagen der in den Ziffern 1, 2 und 5 genannten Art über Verbindungsbahnen befördert, die der Zug, in den sie eingestellt sind, nicht befährt, so werden außerdem Überfuhrgebühren nach der Anlage I erhoben.

8. Bei Berechnung der Mindestgebühr in den Fällen zu 1, 5 und 6 werden zwei Fahrkarten zum halben Preise als eine Fahrkarte gerechnet.

9. Die Gebühren zu 2, 4 und 7 sind auf der Abgangsstation vorauszubezahlen; der Besteller erhält einen Abfertigungsschein, den er bei Beendigung der Fahrt abzugeben hat.

10. Wird ein Wagen, auch ein Wagen 3. Klasse mit Krankenabteil oder ein Tragbett, abbestellt oder nicht benutzt, so sind der Eisenbahn alle durch Ausführung der Bestellung erwachsenen Kosten zu erstatten. Dabei werden gerechnet:

a) für jede Achse eines Wagens und jedes Tarifkilometer der durch die Bestellung veranlaßten Leerläufe 0,40 Reichsmark, jedoch nicht mehr als die Gebühren, die bei nicht erfolgter Abbestellung und bei Beförderung in Schnellzügen zu erheben gewesen wären;

b) für die Hin- und Rückbeförderung eines Tragbettes von und nach der Heimatstation die Eilgutfracht.

11. Die Gebühren zu 2, 4, 7 und 10 a werden nach den Entfernungen des Personenverkehrs berechnet und auf volle Mark aufgerundet.

12. Die Fahrpreisermäßigungen nach den Ausführungsbestimmungen C IX, X und XI werden für die in diesem Abschnitt B aufgeführten besonderen Beförderungsarten nicht gewährt.

C. Fahrpreisermäßigungen.

1. Bei Beförderung zum halben Preise wird der Preis für jede Fahrkarte auf 5 Reichspfennig aufgerundet. Diese Berechnung hat für jede Fahrt und bei Beförderung mehrerer erwachsener Personen auf einen Fahrausweis für jede Person besonders zu erfolgen (bezüglich der Kinder vergleiche C I, III 6 und IX 2).

2. In den unter III bis XI aufgeführten Fällen ist der Übergang in eine höhere Klasse oder in einen Schnellzug nur zu-

lässig, soweit die Preisermäßigung auch für diese Klasse und Zuggattung gewährt wird. Der Schnellzugzuschlag ist zum vollen Betrage zu entrichten.

3. Bei Lösung von Unternehmerfahrscheinheften wird eine Fahrpreisermäßigung, außer der für Kinder (unter I) und für gemeinschaftliche Reisen größerer Gesellschaften (unter VII 1 bis 10), nicht gewährt.

I. Für Kinder.

Für Kinder vom vollendeten vierten bis zum vollendeten zehnten Lebensjahre sowie für jüngere Kinder, für die ein Platz beansprucht wird, ist eine Fahrkarte, auch Schnellzugzuschlagkarte, zum halben Preise zu lösen. Für zwei solche Kinder kann eine Fahrkarte zum vollen Preise gelöst werden. Jedes Kind, für dessen Beförderung bezahlt wird, hat Anspruch auf einen ganzen Platz.

II. Für Inhaber von Zeitkarten und Arbeiterkarten.

Besondere Bestimmungen über die Ausgabe von Zeitkarten und Arbeiterkarten sind für jeden Verkehr in einem Teile II des Tarifs enthalten.

III. Für Fahrten zu wissenschaftlichen und belehrenden Zwecken.

1. In Eil- und Personenzügen werden zum halben Preise befördert:

A. Studierende akademischer Anstalten, auch der Bergschulen, Kunstschulen und Kunstgewerbeschulen, sowie Schüler von Fachschulen (Baugewerkschulen, Maschinenbauschulen, Webschulen, staatlichen oder staatlich unterstützten Handwerker- und ähnlichen Schulen) und die begleitenden Lehrer zu gemeinschaftlichen, unter Leitung von Lehrern zu wissenschaftlichen und belehrenden Zwecken unternommenen Ausflügen in der 2., 3. oder 4. Klasse;

B. Schüler öffentlicher Schulen oder staatlich genehmigter und beaufsichtigter Privatschulen, auch der Fortbildungsschulen, Seminare, Präparandenanstalten und Unterrichtsanstalten für Blinde und Taubstumme, und die begleitenden Lehrer und Schulinspektoren zu gemeinschaftlichen, unter Aufsicht der Lehrer zu wissenschaftlichen und belehrenden Zwecken unternommenen Ausflügen in der 3. oder 4. Klasse,

und zwar bei einer Teilnehmerzahl von mindestens zehn Personen oder bei Zahlung für mindestens zehn Personen, wobei sämtliche Teilnehmer dieselbe Klasse zu benutzen haben.

2. Die Ermäßigung zu A und B wird mit Genehmigung der Eisenbahnverwaltung auch Studierenden und Schülern außerdeutscher Anstalten gewährt.

3. Bei den Fahrten nach Ziffer 1 A und B wird bei einer Beteiligung von neun Studierenden oder Schülern ein Lehrer, bei einer größeren Teilnehmerzahl für je weitere neun Studierende oder Schüler — auch wenn diese Zahl nicht voll erreicht ist — ein Lehrer zugelassen. Die Beteiligung einer größeren Zahl von Lehrern ist nur mit Genehmigung der der Abgangsstation vorgesetzten Eisenbahnverwaltung zulässig.

4. Die Ermäßigung wird in den Fällen zu Ziffer 1 A und B zur Teilnahme an der Beerdigung von Schülern oder Lehrern und zu Ziffer 1 B auch anläßlich der Konfirmation oder Firmung nicht gewährt. Zu Ziffer 1 A und B kann die Eisenbahnverwaltung die Ermäßigung an einzelnen Tagen, insbesondere diejenige zu 1 B zu Zeiten besonders starken Verkehrs, z. B. zu Ferienanfang und -schluß — Weihnachten, Ostern, Pfingsten —, versagen oder die Teilnehmer auf bestimmte Züge verweisen.

5. Bei den Fahrten zu 1 B ist die Benutzung von Schnellzügen ausgeschlossen. Bei den Fahrten zu Ziffer 1 A kann die Abgangsstation dagegen auf Antrag die Fahrpreisermäßigung auch in den Schnellzügen gegen Bezahlung des tarifmäßigen Schnellzugzuschlages gewähren, wenn das Reiseziel mindestens 150 km vom Schulort entfernt liegt.

6. Zwei Schüler der Klassen, die im allgemeinen von Kindern im Alter unter zehn Jahren besucht werden, werden für eine Person gerechnet. Als solche Klassen sind anzusehen: die Vorschulklassen und die unterste ordentliche Klasse der Gymnasien, Realschulen, Lateinschulen und höheren Bürger- und Mädchenschulen sowie die untere Hälfte der Klassen einer Volkschule. Bei ungerader Klassenzahl gilt die größere Zahl als untere Hälfte. Für ein einzelnes Kind wird der halbe Fahrpreis ohne weitere Ermäßigung berechnet.

7. Die Ermäßigung ist bei der Abgangsstation (auch bei der für die Rückfahrt, sofern nicht ein Beförderungsschein für Hin- und Rückfahrt — vergleiche Ziffer 8 — ausgestellt wird) schriftlich zu beantragen unter Angabe

des Reisezwecks,
des Tages der Reise,
des Reiseziels,
der zu benutzenden Züge,
der Wagenklasse sowie
der Zahl der Teilnehmer, und zwar

im Falle der Ziffer 1 A von dem leitenden Lehrer,
im Falle der Ziffer 1 B von dem Schulvorstand.

Die Anmeldung soll spätestens am Tage vor dem Ausflug erfolgen; sie wird aber noch bis eine Stunde vor Abgang des zu benutzenden Zuges berücksichtigt, wenn nicht etwa die Zahl der Teilnehmer die Anforderung besonderer Wagen oder verstärkter Zugkraft erheischt.

8. Die Abfertigung erfolgt mit Beförderungsschein, der auf Grund des Antragschreibens für einfache oder für Hin- und Rückfahrt ausgestellt und bei Beendigung der Fahrt abgenommen wird.

IV. Für Unterstützte des Deutschen Museums von Meisterwerken der Naturwissenschaft und Technik in München.

1. In der 3. Klasse der Eil- und Personenzüge sowie in der 4. Klasse der Personenzüge werden auf der Fahrt vom Wohnort nach München und zurück zum halben Preis befördert:

A. Schüler von Mittelschulen, Lehrerseminaren und Fachschulen, auch unmittelbar nach Beendigung des Schulbesuchs;

B. Arbeiter und Handwerkslehrlinge, sofern sie aus der Reisestiftung des Deutschen Museums eine Unterstützung zum Studium der Sammlungen des Deutschen Museums erhalten.

2. Die Fahrkarten zum halben Preise werden von den Fahrkartenausgaben auf Grund der nach dem vorgeschriebenen Muster ausgestellten Ausweise verabfolgt.

3. Als Ausweis wird verlangt:

a) für die Hin- und Rückreise:
je eine auf den Namen lautende Bescheinigung des Deutschen Museums darüber, daß dem Inhaber aus der Reisestiftung eine Unterstützung zum Studium der Sammlungen des Deutschen Museums gewährt ist; daneben

b) für die Rückreise:
eine Bescheinigung des Deutschen Museums darüber, daß der Unterstützte den Aufenthalt in München entsprechend den Stiftungssatzungen zum Studium der Sammlungen des Deutschen Museums verwendet hat.

4. Die Ausweise werden von den Fahrkartenausgaben bei jeder Lösung einer Fahrkarte abgestempelt und den Inhabern zurückgegeben, die sie auf Verlangen vorzuzeigen haben. Die Ausweise sind mit den Fahrkarten bei Beendigung der Fahrt abzugeben.

V. Für Fahrten nach und von Ferienkolonien.

1. In Eil- und Personenzügen werden zum halben Preise befördert:

a) Kinder bis zum vollendeten 16. Lebensjahre, die in Ferienkolonien entsendet werden, ohne Beschränkung auf eine Mindestzahl sowohl für die Reise nach der Ferienkolonie und zurück, als auch für Ausflüge während des Aufenthalts daselbst, in der 3. oder 4. Klasse, sofern die Kosten der Entsendung in die Ferienkolonie ganz oder teilweise von Vereinen oder Behörden getragen werden;

b) die zur Aufsicht beigegebenen Begleiter für dieselben Reisen in der 3. oder 4. Klasse, sofern das gesamte Fahrgeld aller Begleiter von Vereinen oder Behörden getragen wird,

und zwar ohne Beschränkung auf eine Mindestzahl, wobei sämtliche Teilnehmer dieselbe Klasse zu benutzen haben.

2. Bei einer Beteiligung von neun Kindern wird ein Begleiter, bei einer größeren Teilnehmerzahl für je weitere neun Kinder — auch wenn diese Zahl nicht voll erreicht ist — ein Begleiter zugelassen. Bei weniger als neun Kindern wird ein Begleiter auch zugelassen, wenn mindestens vier Kinder gemeinsam reisen. Bei Rückbeförderung erkrankter Kinder vom Erholungsort wird eine Begleitperson auch bei weniger als vier Kindern zugelassen, wenn die Erkrankung und die Notwendigkeit der Begleitung ärztlich bescheinigt ist.

3. Die Eisenbahnverwaltung kann die Ermäßigung an einzelnen Tagen versagen oder die Teilnehmer auf bestimmte Züge verweisen.

4. Für Schnellzüge wird die Fahrpreisermäßigung nicht gewährt.

5. Zwei Kinder unter zehn Jahren gelten als eine Person. Für ein einzelnes Kind wird der halbe Fahrpreis ohne weitere Ermäßigung berechnet.

6. Die Ermäßigung ist bei der Abgangsstation (auch bei der für die Rückfahrt, sofern nicht ein Beförderungsschein für Hin- und Rückfahrt — vergleiche Ziffer 7 — ausgestellt wird) schriftlich zu beantragen unter Angabe

des Reisezwecks,
des Tages der Reise,
des Reiseziels,
der zu benutzenden Züge,
der Wagenklasse sowie
der Zahl der Teilnehmer,

und zwar von der Behörde oder dem Vereine, der die Entsendung vornimmt.

Neben dem Antrage muß eine Bescheinigung der Ortsbehörde über die Mittellosigkeit der Kinder vorgelegt werden. Außerdem muß der Antrag die Erklärung enthalten, daß die Kosten für die Entsendung der Kinder ganz oder zum Teil und das Fahrgeld aller Begleiter von der Behörde oder von dem Vereine getragen werden. Für die Rückreise eines Begleiters vom Erholungsorte der Kinder nach der Abgangsstation sowie für die Hinreise von der Abgangsstation zur Abholung der Kinder ist ein besonderer Antrag einzureichen, falls der Begleiter diese Reise allein ausführt.

Die Anmeldung soll spätestens am Tage vor dem Ausflug erfolgen; sie wird aber noch bis eine Stunde vor Abgang des zu benutzenden Zuges berücksichtigt, wenn nicht etwa die Zahl der Teilnehmer die Anforderung besonderer Wagen oder verstärkter Zugkraft erheischt.

7. Die Abfertigung erfolgt mit Beförderungsschein, der auf Grund des Antragschreibens für einfache oder für Hin- und Rückfahrt ausgestellt und bei Beendigung der Fahrt abgenommen wird.

8. Alleinreisende Begleiter erhalten Fahrkarten. Als Ausweis dient ihnen das Antragschreiben der Behörde oder des Vereins, der sie entsendet.

Das Antragschreiben wird von der Fahrkartenausgabe beim Antritt der Reise abgestempelt und dem Inhaber zurückgegeben, der es auf Verlangen vorzuzeigen hat. Bei Beendigung der Fahrt ist es mit der Fahrkarte abzugeben.

VI. Für gemeinnützige Theaterunternehmungen und Orchestervereinigungen.

1. In der 2., 3. und 4. Klasse werden zum halben Preise, in der 2. und 3. Klasse der Schnellzüge außerdem gegen tarifmäßigen Zuschlag, befördert:

Mitglieder von Theaterunternehmungen (Wandertheatern, Städtebundtheatern und dergleichen) und Orchestervereinigungen, deren Veranstaltungen zur Kunstpflege oder der Volksbildung von den Ländern im öffentlichen Interesse unternommen, unterhalten oder wesentlich wirtschaftlich unterstützt werden sowie von den Landesregierungen als gemeinnützig anerkannt worden sind, bei gemeinschaftlichen Reisen nach und von solchen gemeinnützigen Veranstaltungen.

2. Die Fahrkarten zum halben Preise werden von den Fahrkartenausgaben auf Grund eines nach vorgeschriebenem Muster ausgefertigten und vom Leiter des Theaterunternehmens unterschriebenen Antrages, der Reisetag und -ziel, den zu benutzen-

den Zug, die Wagenklasse, die Zahl der Teilnehmer und den Zweck der Reise enthalten muß, ausgegeben.

Mit dem Antrage sind vorzulegen:

a) eine Bescheinigung des Leiters des Unternehmens, daß es sich um eine Reise im Sinne der Ziffer 1 handelt,

b) die Bescheinigung der Eisenbahnverwaltung darüber, daß das Theater- oder Orchesterunternehmen behördlich anerkannt und als solches bei ihr angemeldet ist.

3. Die Ausweise werden von den Fahrkartenausgaben bei jeder Lösung einer Fahrkarte abgestempelt und den Inhabern zurückgegeben, die sie auf Verlangen vorzuzeigen haben. Die Ausweise sind mit den Fahrkarten bei Beendigung der Fahrt abzugeben.

VII. Für gemeinschaftliche Reisen größerer Gesellschaften (Gesellschaftsfahrten).

1. Für gemeinschaftliche Reisen größerer Gesellschaften von mindestens 30 Personen oder bei Lösung von mindestens 30 Fahrkarten zu einer gemeinschaftlichen Fahrt kann für die 1., 2., 3. oder 4. Klasse eine Ermäßigung von 25 v. H. des Fahrpreises für einfache Fahrt gewährt werden. Zwei Kinder im Alter von vier bis zehn Jahren werden für eine Person gerechnet, für ein einzelnes Kind wird der Fahrpreis für eine erwachsene Person berechnet. Bei Benutzung von Schnellzügen wird der Fahrpreis für Schnellzüge der Fahrpreisberechnung zugrunde gelegt.

2. Die Mindestentfernung für eine Fahrt muß 50 Tarifkilometer betragen. Hin- und Rückfahrt rechnen je als eine Fahrt.

3. Der Fahrpreis wird für jede Person auf 10 Reichspfennig aufgerundet.

4. Für die Zeit vom zweiten Tage vor bis einschließlich dem ersten Tage nach den beiden Oster-, Pfingst- und Weihnachtsfeiertagen wird die Ermäßigung nicht gewährt.

5. Die Eisenbahnverwaltung kann die Ermäßigung auch an anderen als an den in Ziffer 4 genannten Tagen (z. B. zu Anfang der großen Sommerferien) versagen oder die Teilnehmer auf bestimmte Züge verweisen.

6. Die Eisenbahnverwaltung kann einzelne Züge von der Benutzung ausschließen. Gesellschaften von mehr als 50 Personen dürfen Schnellzüge nur mit Genehmigung der Abgangsstation benutzen.

7. Die Gesellschaftsfahrt ist spätestens zwei, wenn nach Ziffer 6 die Benutzung von Schnellzügen zu genehmigen ist, drei Tage vor Antritt bei der Abgangsstation schriftlich anzumelden unter Angabe

des Reiseziels,
der zu benutzenden Züge,
der Wagenklasse und
der Teilnehmerzahl.

Sie wird aber noch bis zwei Stunden vor Abgang des zu benutzenden Zuges berücksichtigt, wenn nicht allgemeine betriebliche Schwierigkeiten entgegenstehen. Das Fahrgeld ist spätestens zwei Stunden vor der Abfahrt zu bezahlen.

8. Die Abfertigung erfolgt auf Beförderungsschein. Jeder Teilnehmer erhält außerdem eine Gesellschaftskarte, die in Verbindung mit dem Beförderungsschein als Fahrkarte im Sinne der Bestimmungen dieses Tarifs gilt. Für die Hin- und Rückfahrt werden je besondere Beförderungsscheine und Gesellschaftskarten ausgegeben.

9. Die Ermäßigung kann nach näherer Bestimmung der Eisenbahnverwaltung auch bei Benutzung von Unternehmerfahrscheinheften gewährt werden.

10. Wird eine angemeldete Gesellschaftsfahrt nicht ausgeführt, so sind der Eisenbahn alle durch die Vorbereitungen

erwachsenen Kosten zu erstatten. Die Ausführungsbestimmung A 1 a 8 findet Anwendung.

11. Auf die von Vereinen für die Jugendpflege unter Leitung sachverständiger erwachsener Personen veranstalteten gemeinschaftlichen Ausflüge jugendlicher Personen, die das 20. Lebensjahr noch nicht vollendet haben, werden die Bestimmungen in Ziffer 1 bis 10 mit folgenden Abweichungen angewendet:

12. Die Vereine müssen als Jugendpflege treibende Vereine behördlich anerkannt sein.

13. Die Ermäßigung beträgt $33^1/_3$ v. H. und wird nur bei Reisen in der 3. oder 4. Klasse gewährt.*) Es müssen mindestens zehn Personen einschließlich der Aufsichtspersonen teilnehmen. Auf neun jugendliche Personen wird eine Begleitperson, bei einer größeren Teilnehmerzahl für je weitere neun jugendliche Personen — auch wenn diese Zahl nicht voll erreicht ist — eine Begleitperson zugelassen. Die Mindestentfernung für die Fahrt muß 10 Tarifkilometer betragen. Die Bestimmung in Ziffer 4 wird nur angewendet, soweit dies die Eisenbahnverwaltung besonders anordnet. Für Schnellzüge wird die Ermäßigung nicht gewährt.

14. Der Verein hat die Ermäßigung nach Ziffer 1 bei der Abgangsstation schriftlich zu beantragen. Beansprucht er die Ermäßigung auch für die Rückreise, so kann dieser Antrag mit dem Antrage auf Gewährung der Ermäßigung für die Hinreise verbunden werden.

Mit dem Antrage sind vorzulegen:

a) eine Bescheinigung des Vereins,
   1. daß er behördlich als ein die Jugendpflege ausübender Verein anerkannt ist;
   2. daß es sich um einen Ausflug zur Jugendpflege handelt;

---

*) Die Deutsche Reichsbahn gewährt für ihren Bereich eine Ermäßigung von 50 v. H.

b) eine Bescheinigung des Leiters darüber,

1. wieviel Aufsichtspersonen und wieviel jugendliche Personen an dem Ausfluge teilnehmen,

2. daß die jugendlichen Personen zur Teilnahme an dem Ausfluge berechtigt sind und keine von ihnen das 20. Lebensjahr überschritten hat;

c) die Bescheinigung der zuständigen Behörde darüber, daß der Verein als Jugendpflege ausübender Verein anerkannt ist. Die Bescheinigung gilt ein Kalenderjahr.

Zu den Anträgen und Bescheinigungen muß der von der Eisenbahnverwaltung zu beziehende Vordruck verwendet werden, der mit dem Vereinsstempel zu versehen ist.

VIII. Zugunsten der öffentlichen Krankenpflege und der Fürsorge für gefallene Frauen und Mädchen.

1. In der 2., 3. und 4. Klasse werden zum halben Preise, in der 2. und 3. Klasse der Schnellzüge außerdem gegen tarifmäßigen Zuschlag, befördert:

A. Angehörige der in Deutschland ansässigen weltlichen und geistlichen Vereine und Genossenschaften, die sich satzungsgemäß in Ausübung freier Liebestätigkeit der öffentlichen Krankenpflege widmen, einschließlich der Anstalten zur Pflege der Fallsüchtigen, Blödsinnigen, Schwachsinnigen (Idioten) oder Krüppel, und zwar: *)

a) das berufsmäßig tätige Pflegepersonal

(1) bei Reisen, die durch Ausübung der öffentlichen Krankenpflege veranlaßt sind,

---

*) Ausgeschlossen von der Vergünstigung sind solche Vereine und Genossenschaften, die oder deren Mitglieder die Krankenpflege erwerbsmäßig betreiben.

(2) bei Reisen infolge von Versetzungen und zur Fortbildung, Kur und Erholung;

b) die mit der Leitung betrauten, der Eisenbahnverwaltung namentlich bekanntgegebenen Persönlichkeiten bei Reisen zur Ausübung der Aufsicht über das Personal.

Die Fahrpreisermäßigung unter a (2) wird auch gewährt:

α) dem berufsmäßig tätigen Pflegepersonal, das einer Anstalt des Staates oder eines Selbstverwaltungskörpers ohne unmittelbare Anstellung bei dieser und ohne Lösung seines Verhältnisses zu dem Verein oder der Genossenschaft dauernd oder vorübergehend überwiesen ist;

β) auf den deutschen Strecken bei Reisen zur Kur oder Erholung nach oder von ausländischen Orten.

B. Leiter und Pflegepersonal der in Deutschland ansässigen Vereine und Anstalten, die sich satzungsgemäß ausschließlich der Fürsorge für gefallene oder für gefallene und für sittlich gefährdete Frauen, Mädchen und Kinder widmen, und zwar:

a) das berufsmäßig tätige Pflegepersonal bei Reisen, die durch die Fürsorge für die Schützlinge veranlaßt sind, und bei Reisen infolge von Versetzungen und zur Kur und Erholung,

b) die mit der Leitung betrauten, der Eisenbahnverwaltung namentlich bekanntgegebenen Persönlichkeiten bei Reisen zur Ausübung der Aufsicht über das Personal.

2. Bei Reisen, die von Krankenpflegern auf Ansuchen von Privatpersonen oder zur Begleitung kranker Personen auf deren Kosten, und bei Reisen, die zum Zwecke des Eintritts in die der öffentlichen Krankenpflege dienenden

Vereine und Genossenschaften unternommen werden, wird die Vergünstigung nicht gewährt.

3. Die Fahrkarten zum halben Preise werden von den Fahrkartenausgaben auf Grund der nach den vorgeschriebenen Mustern ausgestellten, mit dem Abdrucke des Vereins- oder Anstaltsstempels versehenen Ausweise verabfolgt (siehe auch Ziffer 6).

4. Die Ausweise sind von den Vorständen der Vereine und Genossenschaften, Anstalten und Zweigniederlassungen auszustellen, und zwar nur für einfache Fahrt. Die Ausweise müssen enthalten:

Name und Stand der Reisenden sowie die Bestätigung, daß die Reisenden den Vereinen und Genossenschaften als berufsmäßige Pfleger angehören,
Zweck und Ziel der Reise,
die zu benutzende Wagenklasse,
die Zeit, für die der Ausweis gilt;

bei Reisen zur Pflege von Kranken außerhalb eines öffentlichen Krankenhauses und bei Reisen zur Begleitung kranker Personen auch die Bestätigung, daß die Pflege unentgeltlich erfolgt.

5. Die Ausweise werden von den Fahrkartenausgaben bei jeder Lösung einer Fahrkarte abgestempelt und den Inhabern zurückgegeben, die sie auf Verlangen vorzuzeigen haben. Die Ausweise sind mit den Fahrkarten bei Beendigung der Fahrt abzugeben.

6. Bei Reisen zur Aufsicht über das Personal (Ziffer A b und B b) ist außer dem Ausweise unter Ziffer 3 noch ein besonderer, von der Eisenbahnverwaltung ausgestellter, mit Lichtbild und eigenhändiger Unterschrift des Inhabers versehener Ausweis vorzulegen.

IX. Für mittellose Kranke und andere hilfsbedürftige Personen.

1. In der 3. und 4. Klasse werden auf der Hinreise und auf der Rückreise — bei einem Wechsel des Wohnsitzes auch nach dem neuen Wohnort — zum halben Preise, in der 3. Klasse der Schnellzüge außerdem gegen tarifmäßigen Zuschlag befördert:

A. bei Mittellosigkeit:

a) Heil- und Pflegebedürftige

(1) bei Aufnahme in öffentliche Krankenhäuser (öffentliche Kliniken, öffentliche Anstalten für Geisteskranke sowie für Krüppel (Krüppelheime) oder bei Aufnahme in Privatanstalten, die zur kostenfreien Behandlung unbemittelter Kranker aus öffentlichen Mitteln unterstützt werden, bei Besuchsbehandlung in solchen Anstalten und in Krüppelfürsorgestellen), wenn der zuständige Fürsorgeverband — oder im Ausland eine unter Berücksichtigung aller Umstände dem Fürsorgeverband entsprechende Stelle —, sei es allein aus eigenen Mitteln oder gemeinsam mit gemeinnützigen Verbänden, einen vom Beginn der Krankenhausbehandlung laufenden Zuschuß in Höhe von mindestens einem Viertel der Krankenhauskosten leistet;

(2) bei dem Besuche von Kurorten, wenn ihnen der Gebrauch der Bäder oder der sonstigen Kureinrichtungen zu mindestens um ein Viertel ermäßigten Preisen gestattet ist, sofern die an dem Kurorte liegende Kuranstalt eine öffentliche ist oder doch in erster Linie Kurzwecken dient und die erwähnten Vergünstigungen an mittellose Personen allgemein gewährt;

b) Kinder

(1) bei Aufnahme in besonderen Kinderheilstätten, wenn der zuständige Fürsorgeverband — oder im Ausland

eine unter Berücksichtigung aller Umstände dem Fürsorgeverband entsprechende Stelle —, sei es allein aus eigenen Mitteln oder gemeinsam mit gemeinnützigen Verbänden, einen vom Beginn der Krankenhausbehandlung laufenden Zuschuß in Höhe von mindestens einem Viertel der Krankenhauskosten leistet;

(2) bei Entsendung zum Landaufenthalt durch Gemeinden, Behörden oder Vereine zur Verhütung des Siechtums.

2. Zwei Kinder vom vollendeten vierten bis zum vollendeten zehnten Lebensjahre werden für eine Person gerechnet; für ein einzelnes Kind innerhalb der bezeichneten Altersgrenze ist ohne weitere Ermäßigung eine halbe Fahrkarte zu lösen.

3. Die Fahrkarten zum halben Preise werden von den Fahrkartenausgaben auf Grund der nach den vorgeschriebenen Mustern ausgestellten Ausweise verabfolgt. In dringenden Fällen werden Ausweise anderer Art zugelassen. Wenn mehrere Kinder nach e i n e r Heilstätte gleichzeitig entsandt werden, kann statt der Fahrkarten ein Beförderungsschein ausgestellt werden. Dieser Beförderungsschein wird bei Beendigung der Fahrt abgenommen.

4. Von den unter 1 A aufgeführten Personen werden als Ausweise verlangt:

a) für die Hin- und Rückreise:

je eine Bescheinigung der Ortsbehörde über die Mittellosigkeit, in der gleichzeitig zu bestätigen ist,

(1) daß die Fürsorge anderer Verpflichteter, gegen die der Kranke einen Rechtsanspruch auf Unterstützung hat, insbesondere nach Maßgabe der Reichsgesetze über die Kranken-, Invaliden- und Unfallversicherung, nicht eintritt;

(2) im Falle der Ziffer 1 A (1) und b (1) außerdem noch, daß der Bedürftige von dem zuständigen Fürsorge-

verband — oder im Auslande von einer dem Fürsorgeverband entsprechenden Stelle — einen vom Beginn der Krankenhausbehandlung laufenden Zuschuß in Höhe von mindestens einem Viertel der Krankenhauskosten erhält;

(3) für die zum Landaufenthalt zu entsendenden kranken Kinder außer der Bescheinigung gemäß Abschnitt a (1) noch eine ärztlich zu bestätigende Bescheinigung der entsendenden Gemeinde, der Behörde oder des Vereins, daß die Kinder auf Kosten dieser Körperschaften zur Verhütung des Siechtums Landaufenthalt zu nehmen haben.

Die Bescheinigung zu 1 und 2 kann für Pfleglinge der öffentlichen Anstalten für Geisteskranke sowie für Krüppel auch von der Anstaltsleitung, für Frauen und Kinder von Unteroffizieren und Mannschaften der deutschen Wehrmacht auch von den vorgesetzten Befehlsstellen, für kranke Kinder auch von der Gemeinde oder der Behörde, die sie entsenden, ausgestellt werden.

Die Mittellosigkeitsbescheinigungen ausländischer Ortsbehörden gemäß a (1), im Falle der Ziffer 1 A a (1) auch gemäß a (2), müssen durch das zuständige deutsche Konsulat beglaubigt sein; den in fremder Sprache abgefaßten Bescheinigungen ist außerdem eine durch das deutsche Konsulat beglaubigte, mit der Urschrift fest verbundene deutsche Übersetzung beizugeben. Gleichzeitig ist zu bestätigen, daß die ausländische unterstützende Stelle den Fürsorgeverbänden in Deutschland entspricht.

Daneben

b) für die Hinreise:

bei Aufnahme in öffentliche Krankenhäuser, öffentliche Kliniken, öffentliche Anstalten für Geisteskranke und für Krüppel, ferner in Privatanstalten oder in Kinderheilstätten eine Aufnahmebescheinigung der Anstalt oder in dringenden Fällen eine Bescheinigung des behandelnden Arztes;

bei Besuchsbehandlung in öffentlichen Krankenhäusern oder öffentlichen Kliniken, auch in Krüppelfürsorgestellen oder Privatanstalten

ein ärztliches Zeugnis;

bei Besuch eines Kurortes

eine Aufnahmebescheinigung der Kuranstalt; in dieser Bescheinigung ist zu bestätigen, daß der Gebrauch der Bäder oder der sonstigen Kureinrichtungen zu mindestens um ein Viertel ermäßigtem Preise bewilligt worden ist und an mittellose Personen allgemein gewährt wird;

c) für die Rückreise:

eine Bescheinigung der Anstalt über die Entlassung des Kranken oder über sein Erscheinen zur Besuchsbehandlung.

5. Von den unter 1 B und C aufgeführten Personen wird als Ausweis für die Hin- und Rückreise je ein Ausweis des Vorstandes der Anstalt oder (bei Reisen zum Taubstummen- oder Schwerhörigengottesdienst) des den Gottesdienst leitenden Geistlichen oder Taubstummenlehrers verlangt, in der die Mittellosigkeit bescheinigt wird. Außerdem ist bei Reisen, die der Unterbringung in eine dieser Anstalten, der Versetzung aus einer dieser Anstalten in eine andere gleichartige Anstalt oder dem Wiederaustritt aus der Anstalt dienen, eine Bescheinigung der Anstaltsleitung darüber vorzulegen, daß die Fürsorge anderer Verpflichteter, insbesondere nach Maßgabe der Verordnung über die Fürsorgepflicht, nicht eintritt.

6. Die gleichen Ausweise (Ziffer 4 und 5) dienen für den zugelassenen Begleiter, sofern er den Kranken usw. begleitet; in den Fällen zu 1 A ist — soweit es sich um Erwachsene

handelt — auch die Notwendigkeit des Begleiters durch ein ärztliches Zeugnis nachzuweisen.

Begleiter, die nach Unterbringung der von ihnen begleiteten Personen allein zurückreisen oder die zur Abholung einer solchen allein hinfahren, haben vorzulegen:

a) zweite Ausfertigungen der für den zu Begleitenden erforderlichen Ausweise, auf denen zu bestätigen ist, daß sie für den namentlich zu bezeichnenden Begleiter bestimmt sind;

b) eine Bescheinigung der Anstalt, in der der Begleitete oder der zu Begleitende untergebracht ist, daß der Begleiter die in den Ausweisen zu a) bezeichnete Person untergebracht hat oder zu deren Abholung reist.

7. Die Ausweise werden von den Fahrkartenausgaben bei jeder Lösung einer Fahrkarte abgestempelt und den Inhabern zurückgegeben, die sie auf Verlangen vorzuzeigen haben. Die Ausweise und Zeugnisse sind mit den Fahrkarten bei Beendigung der Fahrt abzugeben.

X. Für Kriegsteilnehmer.

A. Deutsche.

1. In der 2., 3. und 4. Klasse werden auf der Hinreise und auf der Rückreise zum halben Preise, in der 2. und 3. Klasse der Schnellzüge außerdem gegen tarifmäßigen Zuschlag befördert:

a) die vom Zentralkomitee der deutschen Vereine vom Roten Kreuz oder von dem Bayerischen Landeshilfsverein vom Roten Kreuz unterstützten Mitkämpfer der Feldzüge von 1864, 1866, 1870/71 und 1914/20, die von der Viktoria-National-Invalidenstiftung in Berlin unterstützten Kriegsteilnehmer von 1866, die von der Kaiser-Wilhelm-Stiftung für deutsche Invaliden unterstützten Kriegsteilnehmer von 1870/71 und die dem Zentralverband deutscher Kriegsbeschädigter und Kriegshinterbliebener in Berlin oder diesem unterstehenden Unterverbänden (Landes-, Bezirks- oder Kreisverband) angehörenden ehemaligen Kriegsteilnehmer von 1870/71 und 1914/20, bei Reisen zum Besuche von Kurorten, wenn von der Kuranstalt der Gebrauch der Bäder oder der sonstigen Kureinrichtungen unentgeltlich oder zu ermäßigtem Preise zugestanden ist;

b) die einem deutschen Landes-Kriegerverbande oder diesem unterstehenden Unterverbande (in Preußen Kreisverband) angehörenden ehemaligen Kriegsteilnehmer und die dem Zentralverband deutscher Kriegsbeschädigter und Kriegshinterbliebener in Berlin oder diesem unterstehenden Unterverbänden (Landes-, Bezirks- oder Kreisverband) angehörenden ehemaligen Kriegsteilnehmer von 1870/71 und 1914/20, bei Reisen zur Aufnahme in ein Kriegererholungsheim, wenn dem Kriegsteilnehmer der Aufenthalt in dem Kriegererholungsheim unentgeltlich oder zu ermäßigtem Preise zugestanden ist.

2. Sofern der Kriegsteilnehmer eines Begleiters bedarf, wird diesem für die Hin- und Rückfahrt die gleiche Ermäßigung gewährt.

3. Die Fahrkarten zum halben Preise werden von den Fahrkartenausgaben auf Grund der nach dem vorgeschriebenen Muster ausgestellten Ausweise verabfolgt. In dringenden Fällen werden Ausweise anderer Art zugelassen.

4. Als Ausweis wird verlangt:

Von den unter 1 a aufgeführten Personen:

a) für die Hin- und Rückreise:

je eine auf den Namen lautende Bescheinigung des Zentralkomitees der deutschen Vereine vom Roten Kreuz, des Bayerischen Landeskomitees für freiwillige Krankenpflege im Kriege, der Viktoria-National-Invalidenstiftung in Berlin, der Kaiser-Wilhelm-Stiftung für deutsche Invaliden oder des Zentralverbandes deutscher Kriegsbeschädigter und Kriegshinterbliebener in Berlin oder diesem unterstehender Unterverbände (Landes-, Bezirks- oder Kreisverbandes) darüber, daß dem Kriegsteilnehmer von dem Aussteller eine Unterstützung und von der Kuranstalt der Gebrauch der Bäder oder der sonstigen Kureinrichtungen unentgeltlich oder zu ermäßigtem Preise zugestanden ist.

Daneben

b) für die Rückreise:

eine Bescheinigung der Kuranstalt über die Entlassung des Kriegsteilnehmers.

Von den unter 1 b aufgeführten Personen:

a) für die Hin- und Rückreise:

je eine auf den Namen lautende Bescheinigung des Vorstandes des Landes-Kriegerverbandes oder Unterverbandes (Kreisverbandes) oder des Zentralverbandes deutscher Kriegsbeschädigter und Kriegshinterbliebener in Berlin oder diesem unterstehender Unterverbände (Landes-, Bezirks- oder Kreisverbandes) darüber, daß der Inhaber an einem Feldzuge teilgenommen hat, dem Verbande angehört, und daß ihm der Aufenthalt in dem Kriegererholungsheim unentgeltlich oder zu ermäßigtem Preise zugestanden ist.

Daneben

b) für die Rückreise:

eine Bescheinigung der Anstalt über die Entlassung des Kriegsteilnehmers.

5. Die gleichen Ausweise dienen für die zugelassenen Begleiter. Die Notwendigkeit der Begleitung ist durch das Zeugnis eines Arztes oder eines der in Ziffer 1 genannten Vereine usw. nachzuweisen.

6. Die Ausweise werden von den Fahrkartenausgaben bei jeder Lösung einer Fahrkarte abgestempelt und den Inhabern zurückgegeben, die sie auf Verlangen vorzuzeigen haben. Die Ausweise sind mit den Fahrkarten bei Beendigung der Fahrt abzugeben.

B. Deutschösterreichische.

Die vom Zentralkomitee der deutschen Vereine vom Roten Kreuz zu den gleichen Kurzwecken unterstützten deutschösterreichischen Mitkämpfer des Feldzuges 1914/20 erhalten bei Reisen auf den deutschen Strecken unter den unter A 1 a angegebenen Bedingungen die gleichen Vergünstigungen wie die deutschen Mitkämpfer.

XI. Für deutsche Kriegsbeschädigte.

I. Für sämtliche Kriegsbeschädigte.

A. 1. Teilnehmer an den vom Deutschen Reich oder einem früheren Bundesstaat des Deutschen Reiches geführten Kriegen,*) die infolge einer in diesen Kriegen erlittenen, amtlich anerkannten Dienstbeschädigung dauernde Schädigungen der Gesundheit zurückbehalten haben, werden in der 2., 3. und 4. Klasse zum halben Preise, in der 2. und 3. Klasse der Schnellzüge außerdem gegen tarifmäßigen Zuschlag befördert bei den in ursächlichem Zusammenhang mit der Dienstbeschädigung stehenden Reisen:

a) von dem Wohn- oder Aufenthaltsort des Kriegsbeschädigten

α) zur Behandlung durch Fachärzte, zur Unterbringung in Heil- oder Ausbildungsanstalten, zum Besuch von Kurorten, Erholungsheimen oder Ausbildungslehrgängen für Kriegsbeschädigte, zu den von der amtlichen

*) Hierzu rechnen die Feldzüge von 1864, 1866, 1870/71, 1914—1918, der China-Feldzug und die Kolonialkriege.

Kriegsbeschädigtenfürsorge oder von Gewerkschaften eingerichteten Beratungsstellen und zum Arbeitgeber zwecks Vorstellung,

β) zu einem nach dem Zeugnis eines beamteten Arztes erforderlichen Erholungsaufenthalt,

γ) zum Stellenantritt;

b) von dem Wohnort des Facharztes zur Weiterfahrt nach Heil- oder Ausbildungsanstalten oder zum Besuch von Kurorten, Erholungsheimen oder Ausbildungslehrgängen für Kriegsbeschädigte;

c) von den Beratungsstellen zur Weiterfahrt

α) zum Arbeitgeber zwecks Vorstellung,

β) zum Stellenantritt;

d) nach Aufenthalt in Heil- oder Ausbildungsanstalten, Kurorten oder Erholungsheimen im Falle nochmaliger Untersuchung zunächst nach dem Wohnort des Facharztes;

e) zur Rückfahrt von den unter a α, b, c α und d genannten Reisen nach dem Wohn- oder Aufenthaltsort des Kriegsbeschädigten.

2. Sofern der Kriegsbeschädigte eines Begleiters bedarf, ist dies durch ein ärztliches oder ein von der amtlichen Fürsorgestelle für Kriegsbeschädigte ausgestelltes Zeugnis zu bescheinigen. Dem Begleiter wird in diesem Falle für die Hin- und Rückfahrt die gleiche Ermäßigung wie dem Kriegsbeschädigten gewährt (wegen der Begleiter von Schwerkriegsbeschädigten siehe jedoch Abschnitt II). Dies gilt für die vom Kriegsbeschädigten benutzte oder eine niedrigere Wagenklasse auch dann, wenn der Begleiter den Kriegsbeschädigten in eine Heil- oder Ausbildungsanstalt, in den Erholungsaufenthalt, in einen Kurort, ein Erholungsheim oder zu einem Ausbildungslehrgang verbracht hat und allein nach der Abgangsstation zurückreist oder wenn er den Kriegsbeschädigten abholt.

3. Die Fahrkarten zum halben Fahrpreis werden von den Fahrkartenausgaben auf Grund von Ausweisen nach vorgeschriebenem Muster verabfolgt. In dringenden Fällen werden Ausweise anderer Art zugelassen.

4. Als Ausweis wird verlangt:

a) für die Hin- und Rückreise:

je eine auf den Namen lautende Bescheinigung der amtlichen Fürsorgestelle für Kriegsbeschädigte darüber, daß die Entsendung des Kriegsbeschädigten zum Facharzt, in eine Heil- oder Ausbildungsanstalt, zum Erholungsaufenthalt, nach einem Kurort oder Erholungsheim, zu einem Ausbildungslehrgang für Kriegsbeschädigte, zur Beratungsstelle, zum Arbeitgeber oder zum Stellenantritt in ursächlichem Zusammenhang mit der Dienstbeschädigung steht und als notwendig anerkannt worden ist; bei Reisen zum Erholungsaufenthalt auch, daß das Zeugnis eines beamteten Arztes vorgelegen hat.

Daneben

b) für die Rück- oder Weiterreise:

entweder

eine Bescheinigung des Facharztes über die ärztliche Untersuchung sowie gegebenenfalls auch über die von ihm veranlaßte Weiterfahrt nach Heil- oder Ausbildungsanstalten oder zum Besuch von Kurorten, Erholungsheimen oder Ausbildungslehrgängen für Kriegsbeschädigte,

oder

eine Bescheinigung der Heil- oder Ausbildungsanstalten oder der für den Erholungsort zuständigen amtlichen Fürsorgestelle oder der Verwaltung des Kurortes oder Erholungsheimes über die Beendigung des Aufenthaltes,

oder

eine Bescheinigung des Leiters über die Beendigung des Ausbildungslehrganges, oder

eine Bescheinigung der Beratungsstelle über die Beratung sowie gegebenenfalls auch über die von ihr veranlaßte Weiterfahrt zum Arbeitgeber zwecks Vorstellung oder zum Stellenantritt,

oder

eine Bescheinigung des Arbeitgebers über die Vorstellung;

c) für Alleinreisen des Begleiters:

eine Bescheinigung der zur Ausstellung des Ausweises für den Kriegsbeschädigten zuständigen amtlichen Fürsorgestelle für Kriegsbeschädigte darüber, daß der Begleiter einen Kriegsbeschädigten nach einer Heil- oder Ausbildungsanstalt, in den Erholungsaufenthalt, in einen Kurort, ein Erholungsheim oder zu einem Ausbildungslehrgang verbracht hat oder abholt.

5. Die Ausweise nach Ziffer 4 a und b dienen auch für die alleinreisenden Begleiter.

6. Wenn mehrere Kriegsbeschädigte die Reisen von und nach denselben Orten gemeinsam ausführen, so kann statt der Fahrkarte ein Beförderungsschein ausgestellt werden. Jeder Teilnehmer muß einen besonderen Ausweis haben.

7. Die Ausweise werden von den Fahrkartenausgaben bei jeder Lösung einer Fahrkarte abgestempelt und den Inhabern zurückgegeben, die sie auf Verlangen vorzuzeigen haben. Die Ausweise sind mit den Fahrkarten bei Beendigung der Fahrt abzugeben.

B. 1. Kriegsbeschädigte, die nach der Art ihrer Verletzung oder Gesundheitsschädigung während der Reise sitzen müssen, werden in der 3. Klasse zum Fahrpreis der 4. Klasse, in Schnellzügen außerdem gegen tarifmäßigen Zuschlag befördert.

Die Benutzung von Eil- und Schnellzügen mit Fahrkarten 4. Klasse zu ermäßigten Preisen ist nur zulässig, wenn die

Fahrpreisermäßigung nach dem Tarif für diese Zuggattungen in der 3. Klasse gewährt wird.

2. Als Ausweis dient eine auf den Namen des Kriegsbeschädigten lautende, von der zuständigen Kriegsbeschädigtenfürsorgestelle für die Dauer eines Kalenderjahres ausgestellte Bescheinigung darüber, daß er während der Beförderung auf der Eisenbahn sitzen muß. Die Bescheinigung wird auf Antrag des Kriegsbeschädigten von der Kriegsbeschädigtenfürsorgestelle ausgestellt, in deren Bezirk er seinen Wohnsitz hat, und muß mit dem Lichtbild des Kriegsbeschädigten versehen sein.

3. Der Begleiter erhält die gleiche Ermäßigung. Die Notwendigkeit der Begleitung ist durch ein ärztliches oder ein von der amtlichen Fürsorgestelle für Kriegsbeschädigte ausgestelltes Zeugnis nachzuweisen. Wegen der Begleiter von Schwerkriegsbeschädigten siehe Abschnitt II.

II. Für Schwerkriegsbeschädigte mit Begleitung.

1. Der Begleiter eines Kriegsbeschädigten, der infolge Verletzung oder dauernder Schädigung der Gesundheit bei Reisen ständig eines Begleiters bedarf, wird sowohl bei den unter I A 1 a bis e genannten Reisen als auch bei allen Reisen des Kriegsbeschädigten frei befördert, wenn er lediglich zur Begleitung mitreist, ferner in der 3. Wagenklasse, wenn er einen Kriegsbeschädigten nach einem anderen Ort gebracht hat und allein nach dem Ausgangsort zurückreist, oder wenn er den Kriegsbeschädigten abholt.

2. Als Ausweis für den Begleiter dient eine auf den Namen des Kriegsbeschädigten lautende, von der Eisenbahn für die Dauer eines Kalenderjahres ausgestellte Bescheinigung darüber, daß er Kriegsbeschädigter ist und ständig eines Begleiters bedarf. Die Bescheinigung wird auf Antrag des Kriegsbeschädigten von der Eisenbahnverwaltung ausgestellt, in deren Bezirk er seinen Wohnsitz hat. Dem Antrage sind beizufügen:

a) das Zeugnis eines beamteten Arztes über die Notwendigkeit einer ständigen Begleitung;
b) das Lichtbild des Kriegsbeschädigten; außerdem
c) bei dem erstmaligen Antrag eine Bescheinigung der zuständigen Militärbehörde (Militärpapiere) über die Eigenschaft als Kriegsbeschädigter.

Das unter a genannte Zeugnis ist nur bei dem erstmaligen Antrag erforderlich, wenn darin die Notwendigkeit der ständigen Begleitung für die ganze Lebenszeit des Kriegsbeschädigten bescheinigt ist. In Zweifelsfällen ist die Eisenbahn berechtigt, das Zeugnis durch einen Vertrauensarzt bestätigen zu lassen.

Begleiter, die nach Unterbringung eines Kriegsbeschädigten allein nach dem Wohnort zurückreisen, oder die zur Abholung eines Kriegsbeschädigten fahren, haben außerdem eine Bescheinigung der Ortsbehörde darüber vorzulegen, daß sie einen Kriegsbeschädigten untergebracht haben oder zu dessen Abholung reisen. Die Bescheinigungsvordrucke werden auf Antrag des Kriegsbeschädigten von der Eisenbahnverwaltung ausgegeben, die ihm den Ausweis zur unentgeltlichen Mitnahme des Begleiters ausfertigt.

3. Wegen der Gebührenfreiheit des Führerhundes eines erblindeten Kriegsteilnehmers siehe Ausführungsbestimmung 1 (1) zu § 27.

IÜB. Art. 7.

1. Aus den zu den Personen- und Gepäcktarifen (Teil II) gehörigen Preistafeln.

2. Auch der handschriftlich auszufertigenden (sog. Blankokarten) (Begr.).

3. Es liegt hier ein eigentlicher Beförderungsvertrag nicht vor (siehe Einl. zu Abschn. III Anm. II).

4. Den Beförderungsvertrag schließt dann der mitreisende Erwachsene ab (RG. in Arch. f. Eis. 06 823; EEE. 23 94). Ein

Kind, das im Alter unter vier Jahren allein reisen sollte, würde eine Fahrkarte zu lösen haben (RG. in ZVDEisV. 06 1020; Kittel, EVO. § 12 Anm. 1 bis 3 und Kittel, ZVDEisV. 12 485). Meinungsverschiedenheiten bez. des Kindesalters zu entscheiden nach EVO. § 8; bewußt unrichtige Angabe des Kindesalters zur rechtswidrigen Erlangung ermäßigter Fahrkarten ist strafrechtlicher Betrug. Für die Ermäßigung ist maßgebend das Alter des Kindes beim Antritt der Fahrt (siehe Gorben, EEE. 23 98; Sendtpiehl, EEE. 23 210); Rückfahrt, auch wenn Rückfahrkarten ausgegeben werden, gilt als neue Reise (abw. Eger Anm. 45 S. 56; DJZ. 06 643). Über die Berechnung des Alters siehe BGB. § 187 Abs. 2 (am zehnten Geburtstage muß bereits eine volle Karte gelöst werden).

§ 13.

Fahrkarten.

(1) Der Reisende [1]) muß vor Antritt der Fahrt eine Fahrkarte [2]) [3]) [4]) [5]) [6]) erwerben; der Tarif kann Ausnahmen zulassen.[7])

(2) Die Fahrkarte muß Strecke, Zuggattung, Wagenklasse und Fahrpreis angeben.[8])

Bis auf weiteres kann der Fahrpreis durch andere Angaben auf der Fahrkarte ersetzt werden, die in Verbindung mit einer öffentlichen Bekanntmachung (Schalteraushang) die Berechnung des Fahrpreises ermöglichen.[9])

(3) Die Geltungsdauer muß im Tarife festgesetzt werden.

1. Eine auf den Namen einer bestimmten Person lautende Fahrkarte darf nur von dieser Person benutzt werden. Eine Fahrkarte, womit eine Fahrpreisermäßigung oder sonstige Vergünstigung verbunden ist, ist nur für die Person gültig, die damit die Reise begonnen hat.

2. Fahrkarten, die als zur Rückfahrt gültig gekennzeichnet sind, berechtigen nur zur Fahrt in der Richtung von der darin verzeichneten Bestimmungsstation nach der Ausgabestation.

3. Im Stadt-, Vorort-, Markt- und Ausflugverkehre werden nach Bedarf Fahrkarten für Hin- und Rückfahrt zum doppelten Preise der einfachen Fahrkarten (Doppelkarten) ausgegeben.

Im Verkehre mit Ostsee- und Nordseebädern, soweit Schiffs- und Fuhrwerksstrecken in die Fahrkarten einbezogen sind, können nach näherer Bestimmung der Tarifteile II Fahrkarten für Hin- und Rückfahrt ausgegeben werden.

4. Die Fahrkarten, auch die als zur Rückfahrt gültig gekennzeichneten, werden bei der Ausgabe mit der Ziffer des ersten Geltungstages versehen. Die Fahrkarten zu einem fahrplanmäßig 12 Uhr nachts abgehenden Zug erhalten die Ziffer des anbrechenden Tages. Bei Fahrkarten, die vom Zugführer ausgegeben oder aus Automaten entnommen werden, kann die Abstempelung unterbleiben. Weitere Ausnahmen können in den Tarifteilen II festgesetzt werden.

5. (1) Die Geltungsdauer der Fahrkarten, auch der als zur Rückfahrt gültig gekennzeichneten, beträgt vier Tage. Dies gilt auch, sofern in den Tarifteilen II nichts anderes bestimmt ist, für die zur Hin- und Rückfahrt gültigen Fahrkarten.

(2) Als erster Tag der Geltungsdauer wird der Tag gezählt, mit dessen Ziffer die Fahrkarte abgestempelt worden ist. Unterbleibt die Abstempelung gemäß Ausführungsbestimmung 4, so beginnt die Geltungsdauer mit dem Tage der ersten Lochung. Die Reise kann an einem beliebigen Tage innerhalb der Geltungsdauer angetreten werden und muß spätestens um Mitternacht des letzten Geltungstages beendigt sein. Die Eisenbahnverwaltung hat jedoch das Recht, allgemein oder für einzelne Züge anzuordnen, daß die Fahrt am ersten Tage der Geltungsdauer der Fahrkarten angetreten werden muß.

(3) Die Bestimmung des Abs. (2) gilt auch für Fahrscheinhefte der Reiseunternehmer, für die eine andere Geltungsdauer festgesetzt ist.

6. (1) Soweit die Fahrkarten nicht für alle Züge gelten, sind bei Benutzung von Schnellzügen Zuschlagkarten zu lösen.

(2) Der Zuschlag beträgt für Tarifentfernungen
von 1 bis 75 km 2 Reichsmark in 1. Klasse, 1 Reichsmark in 2. Klasse, 0,50 Reichsmark in 3. Klasse;
von 76 bis 150 km 4 Reichsmark in 1. Klasse, 2 Reichsmark in 2. Klasse, 1 Reichsmark in 3. Klasse;
über 150 km 6 Reichsmark in 1. Klasse, 3 Reichsmark in 2. Klasse, 1,50 Reichsmark in 3. Klasse.

Abweichungen werden in den Tarifteilen II veröffentlicht.

(3) Geht ein Reisender mit einer nicht für alle Züge gültigen Fahrkarte in eine niedrigere Klasse eines Schnellzuges über, so hat er die Schnellzugzuschlagkarte für die niedrigere Klasse zu lösen.

7. (1) Schnellzugzuschlagkarten werden nur zugleich mit einer Fahrkarte oder gegen Vorlage einer solchen ausgegeben.

(2) Über die Bestimmungsstation einer Fahrkarte hinaus werden Zuschlagkarten nur verabfolgt, wenn der Reisende

a) bis zur Endstation seiner Reise eine Fahrkarte nicht erhalten kann und eine Fahrkarte nach der zur Lösung neuer Fahrkarten geeigneten weitestgelegenen Station löst, oder
b) wenn er für die Anfangs- oder für die Endstrecke seiner Fahrt Fahrkarten (Zeitkarten oder Fahrkarten, die als zur Rückfahrt gültig gekennzeichnet sind) bereits besitzt.

Die Zuschlagkarte wird in diesen Fällen ausdrücklich für die ganze zu benutzende Schnellzugstrecke gültig geschrieben und ihr Preis nach der Tarifentfernung für diese Strecke berechnet.

(3) Die Zuschlagkarte gilt nur für die Person, die damit die Reise begonnen hat, und ebensolange wie die Fahrkarte, zu der sie gelöst ist. Berechtigt die Fahrkarte zu mehr als einer Fahrt, so gilt die Zuschlagkarte gleichwohl nur zu einer, wenn auch mit Unterbrechung zurückgelegten Fahrt; in diesem Falle sowie in den Fällen zu (2) gilt sie vier Tage.

8. Für die Benutzung der Fahrscheinhefte der Reiseunternehmer sind neben den Vorschriften dieses Tarifs die den Heftumschlägen aufgedruckten Bestimmungen maßgebend.

9. Besondere Bestimmungen über die Gültigkeit der Fahrkarten sowie die Überführung von Personen an Orten mit getrennten Bahnhöfen oder zwischen benachbarten Orten enthält die Anlage II (Abschnitte A und C I).

10. (1) Für die Benutzung der Fernschnellzüge (in den Fahrplänen mit „FD" bezeichnet) wird neben dem Preise einer für alle Züge gültigen Fahrkarte ein in den Tarifteilen II oder durch Schalteraushang veröffentlichter Preiszuschlag erhoben.

(2) Expreßzüge (Züge mit besonderer Geschwindigkeit und Bequemlichkeit) können nur mit Fahrkarten, die für Schnellzüge gelten, und gegen Entrichtung der in den besonderen Tarifen festgesetzten Preiszuschläge benutzt werden.

(3) Für die Benutzung der in den Fahrplänen mit „L" bezeichneten Expreßzüge (Luxuszüge) sind neben den Gebühren für Expreßzüge [Ziffer (2)] noch die in besonderen Tarifen festgesetzten Preiszuschläge zu entrichten.

JÜP. Art. 6, 8.

Literatur: Rundnagel, BefGesch. § 170 S. 503 und namentlich die dort Anm. 1 Angeführten; Staub § 472 Anm. 19; Göppert, Rechtliche Natur der Personenbeförderung, S. 76 ff.; Beyersdorff, EEE. 20 79 und „Die rechtliche Natur der Eisenbahnfahrkarte".

1. Nicht persönlich (siehe EVO. § 11 Anm. 1; EEE. 12 117 f.).

2. Fahrkarte ist die Grundlage für den regelmäßigen Personenbeförderungsvertrag; sie beweist zugleich den Vertragsabschluß. Sie ist Inhaberpapier im Sinne des § 807 BGB. (sog. Inhabermarken) (siehe RG. in JW. **05** 426 Nr. 14; Arch. f. Eis. **06** 657; EEE. **22** 165; Fritsch S. 311 Anm. 7; abw. hiervon: Eger § 13 Anm. 46, § 11 Anm. 38; vgl. auch EEE. **20** 81, **22** 85, 221, **23** 101; Sendpiehl S. 148; ZBDEisV. **02** 148; diese sehen in ihr nur Quittung über Zahlung des Kaufpreises und damit Legitimation zur Fahrt). Bez. des Fahrscheins der Straßenbahnen siehe Seelmann, EEE. **22** 85, 221 (unverkürzt: Arch. f. bürg. Recht **25** 186 ff.). Aus dem Charakter als Inhaberpapier folgt: a) Die Eisenbahn kann die Leistung verweigern, wenn der Inhaber zur Verfügung über die Urkunde nicht berechtigt ist (Ausgabe von Schlafwagenkarten auf den Namen, um den Handel [z. B. durch Hoteldiener] zu verhindern) (BGB. § 793 Abs. 1 Satz 2). b) Auch Leistung an einen nicht zur Verfügung berechtigten Inhaber befreit (BGB. § 793 Abs. 1 S. 2; EEE. **9** 272). c) Auch wenn die Karte gegen den Willen der Eisenbahn in den Verkehr gelangt ist (z. B. gestohlen), wird diese zur Leistung verpflichtet; selbstverständlich muß der Inhaber gutgläubig sein (§§ 794, 935 Abs. 2 BGB.; siehe Lehmann-Ring § 472 Anm. 1 S. 402). d) Einwendungen gegen den Inhaber einer Fahrkarte stehen der Eisenbahn nur zu, wenn sie die Gültigkeit der Ausstellung betreffen (z. B. Fälschung), sich aus der Urkunde selbst ergeben (Ablauf der Gültigkeit) oder der Eisenbahn unmittelbar gegen den Aussteller zustehen (z. B. EVO. § 11, namentlich Abs. 2; siehe BGB. § 796). e) Die Eisenbahn ist nur gegen Aushändigung der Fahrkarte zur Leistung verpflichtet (BGB. § 297). f) Eine Kraftloserklärung der Fahrkarten ist nicht zulässig (BGB § 799; EG. z. BGB. Art. 102; für Preußen: AG. z. ZPO. § 7). g) Die Eisenbahnfahrkarte gehört zunächst dem Käufer (EEE. **30** 185).

3. Fahrkarte ist nur nebenher zugleich Quittung über den Fahrpreis; es fehlt sogar im Text jeder Hinweis auf die Zahlung; Verlust der Karte bewirkt daher Untergang des Rechts auf Fahrt.

4. Ehemann kann aus dem von ihm durch Lösung der Fahrkarte für seine Ehefrau geschlossenen Beförderungsvertrag nicht Schaden geltend machen, den er durch ihren bei der Beförderung durch Überfahren erfolgten Tod erlitten hat; nur die Ehefrau ist aus dem Vertrag berechtigt und verpflichtet.

5. Freie Übertragbarkeit ist überall da anzunehmen, wo keine Fahrpreisermäßigung oder sonstige Vergünstigung verbunden ist, z. B. Festsetzung des Preises nach Zonen (z. B. bei Schnellzugzuschlagkarten), auch während der angefangenen Fahrt (Fortsetzung einer unterbrochenen Reise durch Dritte). A. M. Sendpiehl S. 150; Staub § 472 Anm. 19; Eger § 13 Anm. 46 II; Düringer-Hachenburg § 472 Anm. 12. Wenn Karte nicht übertragbar ist, muß dies aus der Karte selbst zu ersehen sein (z. B. Aufdruck: „Nicht übertragbar"); Anbringung eigenhändiger Namensunterschrift (z. B. bei Monatskarten). Benutzung einer als nicht übertragbar bezeichneten Karte ist Betrug (RGSt. **5** 243; EEE. **5** 108, **6** 634). Übertragbarkeit endet aber auch hier nicht mit der Namensunterschrift, sondern erst mit dem Reiseantritt durch die Namensperson, d. h. der einmal geschriebene Name kann bis dahin durch einen anderen ersetzt werden (a. M. Rundnagel, BefGesch. § 170 S. 504; siehe EEE. **15** 62, **18** 262). Über die Frage der Übertragbarkeit der früheren Rückfahrkarten mit Preisermäßigung vgl. die umfangreiche Literatur, angegeben bei Rundnagel, BefGesch. § 170 S. 504 Anm. 4. Eine Kraftloserklärung der Fahrkarten ist nicht zulässig (BGB. § 799, EG. z. BGB. Art. 102; Preußen vgl. AG. z. ZPO. [v. 6. Okt. 1899] § 7).

6. Fahrkarten der Reichs- und Staatseisenbahn sind öffentliche Urkunden (RGSt. **8** 409; RG. v. 23. Juni 1921, Verkehrsrechtl. Rundschau **21** 182); auch die der Deutschen Reichsbahn-Gesellschaft (siehe EEE. **43** 77; DJZ. **26** 72; ZVDEisV. **25** 1362; RGSt. **59** 56; abw. EEE. **43** 76; ZVDEisV. **26** 53). Fälschung des Tagesstempels siehe RGSt. **37** 319; EEE. **25** 213; Arch. f. Eis. **21** 1225; aber vgl. RG. **29** 118 (Durchlochung), **28** 42 (Unterschrift einer Zeitkarte); RG. in JW. **05** 548 (Kilo-

meterheft). Die Bestellung falscher Fahrausweise beim Drucker ist strafbare vorbereitende Handlung (RGSt. 13 212; siehe auch Eger, EEE. 25 213; auch EEE. 3 394 [ungeschickte Fälschung des Stempels]: siehe ferner EVO. § 16 Anm. 10). Wiederbenutzung bereits benutzter Fahrkarten ist Betrug oder Urkundenfälschung (RG. v. 27. März 1922 in Verkehrsrechtl. Rundschau 22 70). Das Zurückbehalten bereits entwerteter Fahrkarten kann Unterschlagung darstellen (RG. v. 19. Jan. 1922 in Verkehrsrechtl. Rundschau 22 66).

7. Z. B. auf Strecken mit Zugführerverkauf.

8. Regelmäßig kommt noch der Tagesstempel hinzu, aber nicht wesentlich; er fehlt z. B. bei den Vorortkarten und Karten aus Automaten.

9. Fahrkartensteuer siehe RStempGes. v. 15. (22.) Juli 1909 (RGBl. S. 833) Abschn. V §§ 46 bis 54 und Abschn. X §§ 95 ff. AusfBest. des Reichskanzlers v. 15. Juli 1906 (Zentrbl. S. 979).

§ 14.

Lösung der Fahrkarten.[1])

(1) Die Fahrkartenschalter sind auf Stationen mit geringem Verkehre mindestens eine Viertelstunde, auf Stationen mit mittlerem Verkehre mindestens eine halbe Stunde und auf Stationen mit großem Verkehre mindestens eine Stunde vor der Abfahrzeit offen zu halten.[2])

(2) Fünf Minuten vor der Abfahrzeit des Zuges erlischt der Anspruch auf Verabfolgung einer Fahrkarte.

(3) Die Eisenbahn kann verlangen, daß das Fahrgeld abgezählt entrichtet wird.[3])

1. (1) Fahrkarten und Gepäckscheine können bei der Station, wo eine neue Abfertigung erfolgen soll, telegraphisch bestellt werden.[4])

(2) Wenn die Fassung des Telegramms dem Stationsbeamten überlassen wird, wird die in der Anlage V Ziffer 2 vorgesehene Gebühr erhoben. Wird eine neue Abfertigung mehrmals erforderlich, so können die Telegramme sämtlich schon am Abgangsorte aufgegeben werden. Für jedes Telegramm wird in diesem Falle die Gebühr besonders erhoben.

(3) Wird bei räumlich getrennten Bahnhöfen desselben Ortes der vom Reisenden benutzte Zug nach dem Bahnhofe nicht übergeführt, wo die neue Abfertigung vorgenommen werden soll, so hat der Reisende für die Überführung seiner Person und seines Gepäcks von einem zum andern Bahnhofe selbst zu sorgen.

2. In gleicher Weise und gegen die gleiche Gebühr können auch Karten zum Übergang in eine höhere Klasse und Schnellzugzuschlagkarten telegraphisch bestellt werden.

3. Wegen Bestellung von Bettkarten siehe Ausführungsbestimmung 3 zu § 15.

1. Über Fahrkartenautomaten und deren strafrechtlichen Schutz vgl. Compter in EEE. 23 303, 24 81. Umtausch von Fahrkarten siehe EVO. §§ 20, 26; sonst kein Rechtsanspruch auf Rücknahme gelöster Fahrkarten, auch nicht bei Versäumung der Fahrt (EVO. § 21 Abs. 2), falls nicht die Eisenbahn ein Verschulden trifft.

2. Nicht rechtzeitige Öffnung macht die Eisenbahn ersatzpflichtig.

3. Ordnungsvorschrift; zur Vermeidung von Aufenthalten (auch mit Rücksicht auf die anderen Reisenden) wird Rechtsanspruch auf Geldwechseln verneint.

4. Durch die Bestellung wird noch kein Beförderungsvertrag geschlossen; also keine Verpflichtung zur Abnahme (anders bei Bettkarten, siehe EVO. § 15, AusfBest. 3).

§ 15.

Vorausbestellung von Abteilen oder einzelnen Plätzen.

(1) Ganze Abteile sind den Reisenden auf Verlangen für den tarifmäßigen Preis zur Verfügung zu stellen, wenn keine Rücksichten des Betriebs oder des Verkehrs entgegenstehen.[1]) Die Bestellung muß mindestens 30 Minuten vor der Abfahrzeit erfolgen.

(2) Für ein Abteil sind höchstens so viele Fahrkarten zu bezahlen, wie es Plätze enthält. In das Abteil dürfen nicht mehr Personen aufgenommen werden, als Fahrkarten bezahlt sind.[2])

(3) Bestellte Abteile müssen durch eine Aufschrift[3]) kenntlich gemacht werden.

(4) Ob für einzelne Züge bestimmte Plätze bestellt werden können, hat der Tarif zu bestimmen.[4])

1. (1) Ganze Abteile können in der 1. Klasse schon gegen Lösung von 4, in der 2. Klasse von 6, in der 3. Klasse von 8 Fahrkarten, Halbabteile in der 1. Klasse gegen Lösung von 2, in der 2. Klasse von 3, in der 3. Klasse von 4 Fahrkarten überlassen werden. Zwei Fahrkarten zum halben Preise werden hierbei als eine Fahrkarte gerechnet. Mindestens ist für jede Person eine Fahrkarte zu lösen. Außerdem ist die Vormerkgebühr gemäß Ausführungsbestimmung 2 (2) zu § 15 so oft zu entrichten, als Fahrkarten der betreffenden Gattung tarifmäßig zu lösen sind. (Vergleiche jedoch Ausführungsbestimmung B 5 (1) und B 6 (1) zu § 12.)

(2) Die Befugnis zur Überlassung steht im Falle der Benutzung zur Beförderung von Edelmetallen, Kostbarkeiten usw. (siehe § 24 (6) des Deutschen Eisenbahngütertarifs, Teil I B) der vorgesetzten Eisenbahnverwaltung, im übrigen der Station

zu. Bestellte Abteile werden mit der Aufschrift „Bestellt" versehen. Der Besteller erhält eine Bescheinigung.

(3) Ein Recht auf Freihaltung nicht bezahlter Plätze für die Dauer der ganzen Reise wird nicht eingeräumt; die nicht bezahlten Plätze dürfen im Bedarfsfalle zeitweise oder dauernd mit anderen Reisenden besetzt werden. Die Entscheidung hierüber steht auf den Stationen dem Aufsichtsbeamten, während der Fahrt dem Zugführer zu.

(4) Die Abteile können telegraphisch bestellt werden. Hierfür wird, wenn die Fassung des Telegramms dem Stationsbeamten überlassen wird, die in der Anlage V Ziffer 3 vorgesehene Gebühr erhoben.

2. (1) Reisende, die Fahrkarten für einen in den Fahrplänen mit D (Durchgang) bezeichneten Zug oder einen Expreßzug von dessen Abgangsstation oder von der Abgangsstation einzelner planmäßig in D-Züge oder Expreßzüge einzustellender Wagen besitzen oder bestellen, können sich bestimmte Plätze in den betreffenden Wagen durch Bestellung im voraus sichern. Die Platzvormerkung kann auf bestimmte D-Züge oder Expreßzüge und auf bestimmte unterwegs einzustellende Wagen beschränkt werden.

(2) Für die Vormerkung werden die in der Anlage V Ziffer 5 festgesetzten Gebühren erhoben. Sie sind bei schriftlicher Bestellung postgeldfrei einzusenden, bei telegraphischer Bestellung vor Aufgabe des Bestelltelegramms bei der Station zu entrichten. Wird die Fassung des Telegramms dem Stationsbeamten überlassen, so wird an Telegrammgebühren für jede Bestellung die in der Anlage V Ziffer 4 vorgesehene Gebühr erhoben. Werden gleichzeitig Fahrkarten, Gepäckscheine und bestimmte Plätze bei derselben Station telegraphisch bestellt, so wird nur die Gebühr nach Ziffer 4 der Anlage V erhoben.

(3) Die im voraus bestellten Plätze müssen auf der Abgangsstation des zu benutzenden Wagens des D-Zuges oder Expreßzuges eingenommen werden, andernfalls erlischt der Anspruch auf den bestimmten Platz.

(4) Haben bestellte Plätze nicht bereitgehalten werden können, so werden dem Besteller die eingezahlten Beträge abzüglich der Telegrammgebühr gegen Empfangsbescheinigung zurückgezahlt.

3. (1) Die Benutzung der Schlafwagen ist, soweit Plätze vorhanden sind, den mit Fahrkarten 1. und 2. Klasse der betreffenden Zuggattung versehenen Reisenden gegen Zulösung von Bettkarten und Zahlung von festen Fahrpreiszuschlägen gestattet.

Reisende mit Fahrkarten 1. Klasse können Bettkarten 1. oder 2. Klasse, Reisende mit Fahrkarten 2. Klasse nur Bettkarten 2. Klasse lösen.

(2) Für Kinder unter vier Jahren, für die ein besonderes Bett nicht beansprucht wird, brauchen Bettkarten und Fahrpreiszuschläge nicht gelöst zu werden. Im übrigen sind für Kinder die gleichen Bettkarten und Fahrpreiszuschläge wie für Erwachsene zu lösen. Für zwei Kinder im Alter bis zu zehn Jahren, die zusammen ein Bett benutzen, ist eine Bettkarte und ein Fahrpreiszuschlag zu lösen. Wird für ein Kind unter vier Jahren ein besonderes Bett beansprucht, so ist außer einer Bettkarte und einem Fahrpreiszuschlag zum vollen Preis auch eine Fahrkarte zum halben Preise zu lösen.

(3) Die bestehenden Schlafwagenläufe und die Preise der Bettkarten und Fahrpreiszuschläge sind bei den Stationen und Fahrkartenausgaben zu erfragen.

(4) Bettkarten können an den Abgangsorten der Schlafwagen entweder bei den hierfür eingerichteten Vorverkaufsstellen innerhalb der festgesetzten Dienststunden unter Ent-

richtung einer Vormerkgebühr oder innerhalb der letzten Stunde vor Zugabgang bei der Fahrkartenausgabe oder bei dem Schlafwagenschaffner ohne Entrichtung einer Vormerkgebühr gelöst werden.

(5) Bettkarten können auch schriftlich sowie für die von den Verwaltungen besonders bestimmten Schlafwagenläufe durch Vermittlung der Stationen der am Schlafwagenlaufe beteiligten Verwaltungen telegraphisch bestellt werden.

(6) Bei der Bestellung oder Lösung von Bettkarten ist anzugeben, ob Bettplätze 1. oder 2. Klasse gewünscht werden, in welcher Anzahl und ob sie für einen Herrn, eine Dame oder für eine Familie bestimmt sind, ferner ist die Station zu bezeichnen, von der ab der Reisende den Schlafwagen benutzen will.

Der Bettkartenpreis und der Fahrpreiszuschlag werden von der Zugausgangsstation aus berechnet, auch wenn die Bettplätze erst von einer Unterwegsstation aus benutzt werden. Inhaber von Bettkarten 1. Klasse haben Anspruch darauf, daß von zwei übereinander angebrachten Betten nur ein Bett belegt wird, wenn nach der Einrichtung des Wagens nicht zwischen Bettplätzen 1. und 2. Klasse unterschieden ist.

(7) Der Bettkartenpreis, der Fahrpreiszuschlag und die Vormerkgebühr sind bei der schriftlichen Bestellung postgeldfrei einzusenden, bei telegraphischer Bestellung vor Aufgabe des Bestelltelegramms zu bezahlen.

(8) Wird die Fassung der telegraphischen Bestellung dem Stationsbeamten überlassen, so ist für das Bestell- und Antworttelegramm zusammen ohne Rücksicht auf die Anzahl der bestellten Plätze die in der Anlage V Ziffer 6 vorgesehene Gebühr zu entrichten. Der Reisende kann bestimmen, daß das Antworttelegramm an eine andere Station zu richten ist. Die Bestellgebühr wird auch dann nicht erstattet, wenn kein Schlafwagenplatz freigehalten werden kann.

(9) Die zusagende Antwort auf die schriftliche oder telegraphische Bestellung dient dem Schlafwagenwärter gegenüber als Ausweis für den Anspruch auf die bestellten Plätze.

Wartet der Reisende den Eingang der Antwort nicht ab, so gilt dem Schlafwagenwärter gegenüber, wenn die Plätze freigehalten werden konnten, die Quittung über die entrichteten Gebühren als Ausweis.

Das Antworttelegramm oder die Quittung ist bei Überweisung des bestellten Platzes dem Schlafwagenwärter auszuhändigen.

(10) Ein Anspruch auf Überweisung eines telegraphisch oder schriftlich bestellten Platzes wird nach Zahlung der tarifmäßigen Gebühren erst durch die zusagende Antwort erworben.

(11) Ist der zugesagte Bettplatz eine Stunde nach Abfahrt des Zuges von der gemäß Absatz (6) bezeichneten Station nicht eingenommen, so erlischt der Anspruch auf Überweisung des Bettplatzes.

(12) Haben bestellte Bettplätze nicht bereitgehalten werden können, so werden dem Besteller die eingezahlten Beträge abzüglich der Telegrammgebühr gegen Empfangsbescheinigung zurückgezahlt.

(13) Auf Unterwegsstationen, wo Bettkarten nicht aufliegen, können sie nur bei dem Schlafwagenwärter gelöst werden. Einzelne besonders bekanntgegebene Stationen nehmen Anmeldungen auf Bettplätze entgegen und erteilen hierüber unentgeltlich Anmeldescheine. Der Schlafwagenwärter gibt für die noch unbesetzten Plätze die Bettkarten nach der Nummerfolge dieser Scheine aus.

JÜP. Art. 9.

1. Allgemein besteht keine Gewähr auf Freihaltung bestellter Abteile (siehe AusfBest. Ziff. 1); ist dem Reisenden aber

ein Abteil zur Verfügung gestellt, so hat er ein Recht auf alleinige Benutzung bis zur Zahl der bezahlten Plätze.

2. Durch die Zuweisung eines ganzen Abteils oder auch eines einzelnen Platzes (Platzkarte) wird nicht etwa neben dem Beförderungsvertrag ein besonderer Mietvertrag abgeschlossen: in beiden Fällen wird ja nicht einmal immer Miete (Vormerkgebühr oder Platzgebühr) erhoben (Kittel, Z. f. EisRecht 12 488). Die sich aus dieser Überlassung ergebenden Rechte und Pflichten gründen sich lediglich auf den Beförderungsvertrag (siehe Rundnagel, BefGesch. § 177 S. 515 Anm. 3; Staub § 472 Anm. 9; RG. 62 119; JW. 06 403 Nr. 20; a. M. Kommentar der RG.-Räte z. BGB., Einl. zum VII. Titel [Werkvertrag]; Göppert, Rechtl. Natur der PersBef., S. 62).

3. Das gleiche (wie Anm. 1) gilt für die Benutzung der der Eisenbahn gehörenden Schlafwagen, also keine Haftung aus § 701 (siehe auch Anm. 3). Die EVO. enthält hierüber keine weitere Bestimmung (siehe aber die AusfBest. zu § 15 EVO; siehe Rundnagel, BefGesch. § 176 S. 513).

4. Werden die Schlafwagen (Mitropa), Speisewagen oder ganze Züge (Luxuszüge, Rivieraexpreß) von selbständigen Unternehmern gestellt, so gelten diese hinsichtlich der Beförderung als Erfüllungsgehilfen der Eisenbahn; ihre Angestellten fallen unter EVO. § 5 (siehe Rundnagel, BefGesch. § 176 S. 513; Staub § 472 Anm. 10; ZVDEisV. 09 622). Abw. nehmen an: a) Haftung der Schlafwagengesellschaft auf Grund des § 701 BGB.: Planck (Vorbem. zu § 701; Cosack, Lehrb. d. BR. 1 643; Fuld, Mietrecht S. 264; DJZ. 09 227; EEE. 24 324; b) Haftung der Schlafwagengesellschaft als selbständiger Frachtführer: Dernburg, Bürgerl. Recht 2 353; EEE. 23 394, 24 196, 13 127, 14 207; c) Haftung aus allgemeinem Vertragsrecht: Kittel § 15 Anm. 2; Z. f. EisRecht 12 488; DJZ. 03 294; Eger, EVO. § 28 Anm. 110. Dem ist nicht beizutreten. Wageneinstellung bleibt interner Vorgang zwischen Eisenbahn und Gesellschaft hinsichtlich der Beförderung. Was die Bedienung anbelangt (Verkauf von Speisen, Getränken usw.), so liegt Kauf vor zwischen Reisenden und Ge-

sellschaft; auch außervertragliche Beziehungen sind möglich, z. B. Beschädigung von Geschirr im Speisewagen. Dagegen ist die Gestellung des Bettes im Schlafwagen reine Beförderungsangelegenheit. Es haftet also wie beim bahnamtlichen Rollfuhrunternehmer nur die Eisenbahn (a. M. EEE. 17 367, 19 88, 24 195, 319 [Reindl], 24 324 [Fuld]). Haftung der Schlafwagengesellschaft für den Zoll: RGEntsch. v. 4. Nov. 1901 (JW. 02 302; EEE. 25 68).

§ 16.

Prüfung der Fahrkarten. Fahrpreiszuschläge. Bahnsteigkarten.

(1) Die Fahrkarte [1]) ist auf Verlangen [2]) beim Eintritt in den Warteraum, beim Betreten und beim Verlassen des Bahnsteigs, beim Einsteigen in den Wagen sowie jederzeit [3]) während der Fahrt vorzuzeigen und je nach den für die letzte Fahrstrecke bestehenden Einrichtungen kurz vor oder nach Beendigung der Fahrt abzugeben.[4])

(2) Ein Reisender,[5]) der keine gültige [6]) Fahrkarte vorweisen kann,[7]) hat für die von ihm zurückgelegte Strecke, wenn aber die Zugangsstation nicht sofort unzweifelhaft nachgewiesen wird, für die ganze vom Zuge zurückgelegte Strecke das Doppelte des Fahrpreises, mindestens jedoch 3 Reichsmark, zu entrichten.[8]) Dieser Betrag ist auch zu zahlen, wenn sich der Zug noch nicht in Bewegung gesetzt hat. Wer unaufgefordert [9]) dem Schaffner oder Zugführer meldet, daß er keine Fahrkarte habe lösen können, hat einen Zuschlag von 50 Reichspfennig zu dem tarifmäßigen Preise, jedoch nicht mehr als das Doppelte dieses Preises, zu zahlen.[10])

(3) Der Reisende, der die sofortige Zahlung [11]) verweigert, kann ausgesetzt werden.[12]) Der Ausgesetzte hat keinen Anspruch darauf, daß ihm sein Reisegepäck [13]) auf einer anderen als der Bestimmungsstation zur Verfügung gestellt wird.[14])

(4) Auf Stationen mit Bahnsteigsperre haben Personen, die nicht im Besitz einer gültigen Fahrkarte sind, vor Betreten der abgesperrten Teile der Station eine Bahnsteigkarte [15]) zu lösen. Die Karte ist beim Eintritt vorzuzeigen und beim Verlassen der abgesperrten Teile abzugeben. Wer ohne gültigen Ausweis die abg.sperrten Teile einer Station [16]) betritt,[17]) hat 50 Reichspfennig zu zahlen.[18])

(5) Wer ohne die Absicht, mitzureisen, in einem zur Abfahrt bereitstehenden Zuge angetroffen wird oder einen Platz belegt,[20]) hat 3 Reichsmark [18]) zu entrichten.[19]) Für Begleiter von kranken und hilfsbedürftigen Personen können Ausnahmen zugelassen werden.

(6) Den Eisenbahnen bleibt überlassen, mit Genehmigung der Landesaufsichtsbehörden [21]) nach Zustimmung des Reichseisenbahnamts [21]) die Fälle durch den Tarif einheitlich [22]) zu regeln, wo aus Billigkeit [23]) von der Erhebung der in den Abs. 2, 4 und 5 bezeichneten Beträge ganz oder teilweise abgesehen wird.

(7) In allen Fällen, wo eine Nachzahlung [24]) geleistet wird, ist eine Bescheinigung zu verabfolgen.[25])

1. Werden mehrere aneinander anschließende Fahrkarten zu einer zusammenhängenden Fahrt benutzt, so sind sie bei Beendigung der Fahrt mit der auf die Endstation lautenden Fahrkarte vorzuzeigen.

Wer in diesem Falle eine gültige Fahrkarte für eine Teilstrecke nicht vorzuzeigen vermag, hat für diese Teilstrecke und, wenn die Zugangsstation nicht sofort unzweifelhaft nachgewiesen wird, für die ganze vom Zuge zurückgelegte Strecke, soweit für sie nicht Fahrkarten vorgewiesen werden können, das Doppelte des gewöhnlichen Fahrpreises, mindestens aber den Betrag von 3 Reichsmark zu entrichten.

2. Ob eine beschädigte Fahrkarte noch als gültig anzusehen ist, entscheidet auf der Station der Aufsichtsbeamte, während der Fahrt der Zugführer. Fahrkarten, deren Inhalt unbefugt geändert worden ist, werden als ungültig eingezogen.

3. Scheine von Fahrscheinheften aller Art und von Fahrkarten in Buchform, deren Umschlag nicht vorgezeigt werden kann, sowie außer der Reihe befindliche Scheine sind ungültig und werden dem Reisenden abgenommen.

4. Wer sofort unaufgefordert dem Schaffner meldet,

a) daß er über die Station, bis zu der seine Fahrkarte gilt, hinausfahren will,

b) daß er eine höhere Wagenklasse als die benutzt, die seiner Fahrkarte entspricht,

c) daß er eine Zuggattung mit höheren Fahrpreisen benutzt,

zahlt einen Zuschlag von 50 Reichspfennig zum tarifmäßigen Preis, jedoch nicht mehr als den doppelten Preis. Der Zuschlag ist sowohl bei Nachlösung im Zuge als auch auf einer Station zu zahlen.

5. Wenn ein Reisender gegen seinen Willen oder aus Unkenntnis eine Strecke mit einer für diese nicht gültigen Fahrkarte befahren oder einen seiner Fahrkarte nicht entsprechenden Zug mit höheren Fahrpreisen benutzt hat, so kann statt der in § 16 Absatz (2) bestimmten Beträge der einfache Fahrpreis oder der tarifmäßige Zuschlag für den Übergang erhoben werden, sofern der Reisende zur sofortigen Zahlung bereit ist.

6. Bahnsteigkarten gelten nur zur einmaligen Benutzung an dem Kalendertag, an dem sie vom Bahnsteigschaffner ent-

wertet worden sind. Ausnahmen sind nach dem Ermessen der Eisenbahnverwaltung zulässig. Die zwischen 11 und 12 Uhr nachts entwerteten Karten sind noch am folgenden Tag gültig.

Personen mit Bahnsteigkarten wird der Zutritt zu den Bahnsteigen und den in die Bahnsteigsperre einbezogenen Warteräumen nur gestattet nach Öffnung der Sperre vor der Abfahrt oder Ankunft von Zügen; bei Schluß der Sperre oder auf Anordnung des Aufsichtsbeamten haben diese Personen sich zu entfernen.

7. Der Preis einer Bahnsteigkarte beträgt 10 Reichspfennig. Kinder bis zum vollendeten vierten Lebensjahre werden auf die Bahnsteige ohne Bahnsteigkarte zugelassen. Für zwei Kinder vom vollendeten vierten bis zum vollendeten zehnten Lebensjahre genügt die Lösung einer Bahnsteigkarte.

Für jeden Hund, der auf den Bahnsteig mitgenommen wird, ist eine Bahnsteigkarte zu lösen.

PersBefVorschr. §§ 18, 19, 21; JÜP. Art. 12.

Literatur: Eger Anm. 57 ff. und EEE. 25 213; ferner Gorden (EEE. 29 193); Hausmann (Der blinde Passagier) in ZVDEisV. 09 1425. Über geschichtliche Entwicklung siehe Boethke, EEE. 21 87.

1. Fahrtausweis aller Art (siehe AusfBest. zu Abschn. III), also auch Schnellzugzuschlagkarte, Bettkarte usw.

2. Des zuständigen Bediensteten (siehe EVO. § 8). Bei Weigerung Zurückweisung, Ausschluß von der Fahrt (EVO. § 11), bahnpolizeiliche Strafe (BBO. §§ 77, 82) oder Zahlung gemäß Abs. 2.

3. Daher Aufbewahrungspflicht bis zum Verlassen des Bahnsteigs oder, wo eine Bahnsteigsperre nicht besteht, des Zuges.

4. Siehe § 797 BGB. (oben § 13 Anm. 3), auch nur auf Verlangen. Über die Ablieferung der Monatskarten siehe EEE. 26 316, auch 446.

5. Gegensatz siehe Abs. 5. Unterschied oft schwierig. Für Minderjährige haftet gesetzlicher Vertreter (siehe ZVDEisV. 14 28).

6. Für den betreffenden Zug, die benutzte Klasse; Sonntagskarte an Wochentagen, Kinderkarte für Erwachsene (siehe EEE 26 446; siehe ZVDEisV. 29 9).

7. Die Tatsache des Nichtvorweisens (Können oder Wollen) genügt (siehe hierzu die Literatur bei Rundnagel, BefGesch. § 173 S. 508 Anm. 7; ferner ZVDEisV. 29 9); maßgebend ist der Zeitpunkt des „Verlangens" nach Abs. 1. Weder der Nachweis, daß die Fahrkarte gelöst, aber verlorengegangen ist, noch ihr Wiederauffinden befreit von der Zahlung (siehe EEE. 24 241, 353; Gorden, EEE. 16 77); auch Irrtum über die Gültigkeit der Fahrkarten ist unbeachtlich (a. M. ZVDEisV. 94 121; EEE. 43 204).

8. Das Fahrgeld ist nicht noch besonders zu berechnen. Beträgt der Fahrpreis also z. B. 2 RM., ist ein Betrag von 4 RM. zu erheben, nicht etwa daneben noch der Fahrpreis; bei unrechtmäßiger Benutzung einer höheren Wagenklasse ist ebenso der doppelte Fahrpreis zu zahlen. Der Preis der für die niedrigere Klasse gelösten Karte ist nicht abzuziehen (siehe Kittel, EVO. § 16 Anm. 3). Der Reisende muß die nicht benutzte Karte reklamieren (siehe Rundnagel, BefGesch. § 173 S 507).

9. D. h. vor dem Platz nehmen im Zuge (nicht nur keine, sondern auch keine gültige, z. B. im Luxuszug eine 4.-Kl.-Fahrkarte oder eine Fahrkarte der niederen Wagenklasse). Meldung erst bei der Fahrkartenprüfung ist verspätet.

10. Neben dem Zuschlag nach Abs. 2; neben dem Einschreiten nach §§ 77, 82 BVO. kann noch der Tatbestand strafrechtlicher Vergehen vorliegen; eine Strafe schließt die andere nicht aus (siehe Sauter, EEE. 29 146, 25 213). a) Betrug: §§ 263, 264 StGB. Fahrt ohne Fahrkarte in der rechtswidrigen Absicht, ohne Entgelt befördert zu werden; Vergehen vollendet spätestens mit Beginn der Fahrt. Versehentliches Vorzeigen einer ungültigen Fahrkarte macht nicht strafbar (siehe EEE. 33 186; RGSt. 4 295, 7 124); falsche Angabe der Zugangsstation: ebendort 17 217; EEE. 24 218, 318. Verhinderung der Ent-

wertung, auch wenn im Einverständnis mit dem Zugpersonal (RGSt. in EEE. 7 214, 17 217, 25 412). Die herrschende Meinung verlangt aber eine tatsächliche Irrtumserregung in einem zuständigen Bediensteten (Bahnsteigschaffner, z. B. durch Vorweisen einer Bahnsteigkarte) (siehe Olshausen, Kommentar z. StGB. 2 1022). Doch wird Betrug auch begangen, wenn Schaffner einverstanden ist. Tatbestand der Bestechung schließt Bestrafung wegen Betrugs nicht aus (siehe EEE. 7 214, 11 227, 17 217, 25 412); aber RGSt. 42 40 (Hausmann, ZVDEisV. 60 1425). Kein Betrug, wenn Reisender nachweislich die Absicht hatte, sofort nach Ankunft den Fahrpreis zu zahlen (RGEntsch., EEE. 31 65). Ferner bei bewußt rechtswidriger Benutzung einer nicht übertragbaren (Monatskarte) oder ungültigen Fahrkarte (EEE. 25 386). b) Urkundenfälschung: §§ 267, 268 RStGB. Fälschung einer Fahrkarte in rechtswidriger Absicht und von beweiserheblicher Bedeutung. Änderung des Datums: EEE. 3 48, abw. 394, 27 325; des Fahrpreises: EEE. 5. 146, 352; des Reisewegs: EEE. 5 60; bei Staats- und Reichsbahn: öffentliche Urkundenfälschung: EEE. 3 48; RGSt. 8 409, 28 42; siehe auch § 16 Anm. 6 und EEE. 4 387 (Versuch), 22 151; Fälschung der Unterschrift auf einer Zeitkarte: RGSt. 28 42; Militärurlaubspasses: EEE. 23 155; eines Staatsbahnfreifahrtscheines: EEE. 26 312; Fälschung der Durchlochung bei einer Bahnsteigkarte: RGSt. 29 118; vgl. auch EVO. § 13 Anm. 4. c) Bestechung: §§ 332, 333 RStGB.; EEE. 2 203, 4 385, 6 69, 7 214. d) Widerstand gegen die Staatsgewalt: § 113 RStGB.; Bahnsteigschaffner: EEE. 21 287.

11. Des Fahrpreises nebst Strafe und Zuschlag.

12. Auf Anfangs- und jeder Zwischenstation (EEE. 20 195). Der Anspruch auf Zahlung der verwirkten Beträge wird hierdurch nicht berührt; auch vorläufige Festnahme ist zulässig (BVO. § 75 Anm. 4) bei Fluchtverdacht und mangelndem Ausweisen der Persönlichkeit.

13. Wohl aber sein Handgepäck.

14. Geschieht dies trotzdem, dann kein Anspruch auf auch nur teilweise Rückzahlung der Gepäckfracht (EVO. § 11 Anm. 5).

15. Durch Lösung einer Bahnsteigkarte entsteht kein Vertragsverhältnis zwischen Eisenbahn und Inhaber. Daher keine Haftung aus Vertrag, sondern nur aus Haftpflichtgesetz und BGB. (unerlaubte Handlung). Inhaber hat auch keinen privatrechtlichen Anspruch auf Zutritt oder Belassung auf dem Bahnsteig (z. B. bei bahnpolizeilicher Regelung, Absperrung, Verbot an Hausdiener und ähnliche Personen). Kein Schadensersatz beim Verbot des Betretens. Eisenbahn ist zum Verkauf von Bahnsteigkarten nicht verpflichtet, kann aber Betreten des Bahnsteigs nicht immer versagen (z. B. Begleitung gebrechlicher Reisender) (§ 242 BGB. [?]). Die Bahnsteigkarte ist Inhaberpapier wie die Fahrkarte (EVO. § 13 Anm. 2; siehe Weber, EEE. 25 122 [Sonderheft]; Kalckbrenner, EEE. 26 211; RG. 24 382; a. M. Sendpiehl S. 156; Kittel, EVO. II S. 6; ZVDEisV. 08 345). Personen mit gültiger Fahrkarte brauchen keine Bahnsteigkarte zu lösen; dies gilt aber nicht für Leute, die lediglich des niedrigeren Preises wegen eine Fahrkarte zum Betreten des Bahnsteiges lösen; mangels übereinstimmenden Willens ist ein Beförderungsvertrag gar nicht zustande gekommen (vgl. Holzbecher, ZVDEisV. 08 205, 345, 593, 07 964; DJZ. 07 1320; EEE. 25 218 u. a.).

16. Geht weiter als Bahnsteig.

17. Entscheidend ist lediglich die Tatsache des Eintritts ohne Karte.

18. Zu dieser Strafe tritt noch der Betrag einer Bahnsteigkarte, nicht aber auch der Betrag Abs. 2, möglicherweise aber auch Abs. 5 (a. M. Eger Anm. 61; Rundnagel, BefGesch. § 174 S. 511). Außerdem kann Bestrafung aus §§ 77, 82 BBO. sowie aus RStGB. erfolgen (RGSt. 4 295; EEE. 7 124); Hausfriedensbruch: EEE. 1 375.

19. Nicht Vertragsstrafe im Sinne des § 339 BGB. (also auch keine Herabsetzung gemäß § 343 a. a. O.), auch keine Strafe des öffentlichen Rechts oder obligatio ex lege, sondern erhöhtes Fahrgeld; zivilrechtliche Verpflichtung siehe ZVDEisV. 94 121, 10 1547; EEE. 21 87, 27 406; abw. Eger, EVO. Anm. 58 S. 73; Sendpiehl S. 155; Rundnagel, BefGesch. § 173 S. 508.

20. Siehe Neumann, ZVDEisV. 03 101. Auch Einsteigen, Sichaufhalten (Personen, die Reisende oder Beamte über die Besetzung des Abteils täuschen wollen, um ihren Angehörigen eine bequeme Fahrt zu sichern) (Begr.); siehe auch Anm. 18 und für die früheren, anderslautenden Bestimmungen: Holzbecher, ZVDEisV. 02 663; Neumann 03 101; auch EEE. 20 193; doch wird Begleitern unselbständiger Reisender (Kranken, Kinder) das Betreten zum Zwecke der Hilfeleistung (z. B. beim Unterbringen von Gepäck) nicht versagt werden können.

21. Jetzt des Reichsverkehrsministeriums.

22. D. h. durch AAB. (Teil 1), nicht etwa Lokaltarif.

23. Z. B. weil die Absicht der Fahrgeldhinterziehung fehlt.

24. Ausdruck nicht zutreffend; besser: Zahlung nach Abs. 2 bis 5.

25. § 16 gibt der Eisenbahn kein gesetzliches Pfandrecht; siehe aber BGB §§ 229 ff. (Notangriff, Selbsthilfe) (vgl. EEE. 33 194, 298).

§ 17.

Warteräume.[1])

(1) Die Warteräume [2]) sind auf Stationen mit geringerem Verkehre mindestens eine halbe Stunde, auf Stationen mit größerem Verkehre mindestens eine Stunde vor Abfahrzeit des Zuges zu öffnen.[3])

(2) Auf Übergangsstationen ist es den angekommenen Reisenden gestattet, sich in dem Warteraume [4]) der Bahn, die sie zur Weiterreise benutzen wollen, bis zur Abfahrt ihres Zuges aufzuhalten.[5]) Sie können aber nicht beanspruchen, daß der Warteraum ihretwegen in der Zeit von 11 Uhr abends bis 6 Uhr morgens offen gehalten wird.[6]) Nur wenn die Zeit von der Ankunft des letzten bis zum Abgange des ersten Zuges weniger als vier Stunden beträgt, müssen auf Übergangsstationen

oder auf Stationen, wo Züge über Nacht stehenbleiben, die Warteräume für angekommene Reisende, die weiterfahren wollen, geöffnet sein.[7])

(3) Den im § 11 aufgeführten Personen kann untersagt werden, sich in den Warteräumen aufzuhalten.

(4) Das Rauchen in den Warteräumen kann verboten werden.[8]) Wer dem Verbote zuwiderhandelt, hat 2 Reichsmark zu entrichten.

Sind in Anwendung der Bestimmung in § 2 Absatz (2) auf einzelnen Stationen die Warteräume nur kürzere Zeit geöffnet, so wird dies durch Aushang bekanntgemacht.

Literatur: Gerland, Die Eisenbahnpolizei, besonders in Bahnhofswirtschaften (PrVerwBl. 05 953); Gerstberger, Die Gültigkeit der Polizeistunde in Bahnhofswirtschaften (ZVDEisV. 05 455); Holzbecher, ZVDEisV. 07 1421; Weber, ebenda 05 709.

1. Eisenbahn haftet nach Abschluß des Personenbeförderungsvertrages für gefahrlosen Aufenthalt im Warteraume (RG. 4 192, 55 335; EEE. 2 14, 5 237, 20 252, 21 68, 22 40. 25 48, 49, 24 32; Arch. f. Eis. 08 485; siehe auch Vorbem. zu Abschn. III). Über die Haftung des Pächters der Bahnhofswirtschaft siehe EEE. 21 386: JW. 05 48.

2. Warteräume sind nur für den Reiseverkehr im weiteren Sinne bestimmt. Gegen mißbräuchliche Benutzung hat Eisenbahn einzuschreiten.

3. Einbringen in nicht dem öffentlichen Verkehr freigegebene Räume oder Teile des Bahnhofs stellt Hausfriedensbruch dar (§ 123 RStGB.); siehe RG. in EEE. 1 375, 7 326 (Bahnsteig); ferner EEE. 4 156, 304 ff., 7 12 (Wartesaal); RG. in EEE. 25 68 (Schlafwagenabteile). Das Hausrecht steht der Eisenbahn und deren Organen zu (Bahnhofsvorstand), kann aber auch auf den Bahnhofswirt zur Mitwahrnehmung übertragen werden. Das ist in der Regel anzunehmen (RGSt. 36 188; auch in EEE. 20 151 und v. 22. Nov. 1904 [RGSt. 37 263]; JW. 03 320).

4. Eine Verpflichtung, eine Bahnhofswirtschaft einzurichten, besteht nicht.

5. Auch solchen ohne durchgehende Fahrkarte (Begr.).

6. Kein Anspruch auf Nachtquartier, auch nicht auf Offenhaltung einer Bahnhofswirtschaft.

7. Verstoß macht schadensersatzpflichtig.

8. Streitig ist, ob Bahnhofswirtschaften, Bahnhofsbuchhandlungen, Wechselstuben, Friseurstuben, Wascheinrichtungen, Automaten, Speisewagen usw. den Vorschriften der Gewerbeordnung, namentlich §§ 33, 43 (Konzession), 41 a (Sonntagsruhe), 139 c (Ladenschluß, Fortbildungsschulunterricht für Lehrlinge) unterworfen sind. Zu verneinen ist dies mindestens insoweit, als derartige Einrichtungen tatsächlich dem Reiseverkehr dienen; daß nebenbei auch Nichtreisende von ihr Gebrauch machen, ändert hieran nichts. Über die sehr umfangreiche und wechselnde Spruchpraxis, die Literatur und Verordnungen siehe Fritsch S. 7 Anm. V; Eger Anm. 68 S. 81; Sendtpiehl S. 157.

§ 18.

Frauen- und Nichtraucherabteile.

(1) Jeder Zug muß mindestens je ein Frauenabteil zweiter und dritter Klasse enthalten, wenn er drei oder mehr Abteile der betreffenden Klasse führt.

(2) In Frauenabteile dürfen [1]) Männer nicht zugelassen werden, selbst wenn es die darin fahrenden Frauen zugeben. Die Mitnahme von Knaben bis zum vollendeten zehnten Lebensjahr ist gestattet.

(3) In der ersten Wagenklasse darf, soweit nicht besondere Abteile für Raucher und Nichtraucher eingerichtet sind, nur mit Zustimmung aller Reisenden desselben Abteils geraucht werden. In Zügen, die Abteile zweiter und dritter Klasse führen, müssen Abteile zweiter und, soweit es die Beschaffenheit der Wagen

gestattet, auch dritter Klasse für Nichtraucher vorhanden sein. In den übrigen Abteilen dieser Klassen und in der vierten Klasse ist das Rauchen gestattet, sofern nicht auch für die vierte Klasse Nichtraucherabteile eingerichtet sind.

(4) Nichtraucher- und Frauenabteile sind durch eine Aufschrift kenntlich zu machen.

(5) In Nichtraucher- und Frauenabteilen darf selbst mit Zustimmung der Mitreisenden nicht geraucht, auch dürfen solche Abteile und die Seitengänge der Wagen, in denen das Rauchen untersagt ist, nicht mit brennenden Zigarren, Zigaretten oder Tabakspfeifen betreten werden. Wer dem zuwiderhandelt, hat 2 Reichsmark zu entrichten.

(6) In Zügen, in denen sich keine Wagen mit geschlossenen Abteilen befinden, ist für gesonderte Unterbringung von Nichtrauchern und von Frauen tunlichst Sorge zu tragen.[2])

Befindet sich in einem Zuge nur je ein Abteil 2. oder 3. Klasse, so ist das Rauchen nur mit Zustimmung der Mitreisenden gestattet.

Siehe Fahrdienstvorschriften § 91 Nr. 1; BBO. 77 82.

1. Bei Verstoß EBO. § 11 Abs. 1 und BBO. §§ 77, 82 (Bahnpolizeistrafe).

2. Rauchen in D-Zug- und Schlafwagen siehe ZBDEisV. 07 629.

§ 19.[1])

Einsteigen und Anweisung der Plätze.

(1) Die Bediensteten sind berechtigt und auf Verlangen verpflichtet, den Reisenden die Plätze anzuweisen.

(2) Die mit durchgehenden Fahrkarten angekommenen Reisenden haben den Vorzug vor neu hinzutretenden.

(3) Der Reisende [2]) darf beim Einsteigen [3]) für sich und für jede mit ihm reisende Person [4]) je einen Platz belegen.[5]) Wer seinen Platz verläßt, ohne ihn zu belegen,[6]) verliert den Anspruch darauf (vergleiche jedoch § 15 Abs. 4).

1. Das Abrufen ist durch Verordnung des Reichsverkehrsministers vom 4. Mai 1928 als entbehrlich bezeichnet worden.

2. Nur dieser, nicht etwa der Inhaber einer Bahnsteigkarte.

3. Nicht vorher und auch nur, wenn vorhanden. Ein Anspruch auf einen Platz ist nicht anerkannt. Sind Plätze nicht vorhanden, werden entweder Fahrkarten nicht verkauft (also kein Vertragsschluß), oder der Anspruch entfällt wegen Unmöglichkeit der Leistung (§ 323 BGB. wird ersetzt durch § 21 (1) EVO.).

4. Nicht Dritte. Unklar. (Siehe Kittel, EVO. § 19 Anm. 5.)

5. Ob auch in 4. Klasse, ist bestritten; in Preußen bisher verneint (siehe ENBl. 99 93); a. A. Eger Anm. 80 S. 85. In den neueren, mit Sitzplätzen reichlich ausgestatteten Wagen aber wohl zu bejahen.

6. Belegen, d. h. den Sitzplatz; es genügt nicht Belegen des oberhalb dessen befindlichen Gepäcknetzes.

§ 20.

Rücknahme und Umtausch von Fahrkarten.

(1) Der Reisende hat nur dann Anspruch auf Beförderung in der [1]) Wagenklasse, für die seine Fahrkarte gilt, wenn ihm dort ein Platz [2]) angewiesen werden kann. Erhält er weder hier noch — wenigstens zeitweilig — in einer höheren Klasse einen Platz, so kann er Beförderung in einer niedrigeren Klasse, in der noch Plätze frei sind, und Erstattung des Preisunterschieds verlangen oder die Fahrt unterlassen und das Fahrgeld

sowie die Gepäckfracht zurückfordern.[3]) Eine Entschädigung [4]) steht ihm nicht zu.

(2) Auf der Zugangsstation darf der Reisende bis fünf Minuten vor der Abfahrzeit des Zuges seine Fahrkarte, wenn sie noch nicht durchlocht oder nachweislich nur zum Betreten des Bahnsteigs benutzt ist, unter Ausgleich des Preisunterschieds gegen eine andere umtauschen.[5])

(3) Für Teilstrecken kann, soweit der Tarif nichts anderes bestimmt,[6]) gegen Zahlung des tarifmäßigen Zuschlags eine höhere Klasse oder ein Zug mit höheren Fahrpreisen benutzt werden.[7])

1. Fahrkarten, die noch nicht durchlocht sind oder nachweislich nur zum Betreten des Bahnsteigs benutzt wurden, können nach dem Ermessen der Eisenbahn auch in Fällen eines Irrtums oder einer Erkrankung oder aus sonstigen Billigkeitsgründen vor oder unmittelbar nach Abgang des betreffenden Zuges an der Fahrkartenausgabe zurückgenommen werden. Auf Stationen, deren Bahnsteige abgesperrt sind, wird jedoch, wenn nicht einer der in § 20 Absatz (1) und in § 26 Absatz (2) bezeichneten Fälle vorliegt oder die Reise wegen erheblich verspäteter Abfahrt des Zuges aufgegeben wird, der Preis einer zum Betreten des Bahnsteigs benutzten Fahrkarte nur mit Abzug des Preises einer Bahnsteigkarte zurückgezahlt.

2. Beim Übergang in eine höhere Klasse ist der Unterschied zwischen dem Preise einer Fahrkarte der Klasse und Zuggattung, in die der Reisende übergeht, und dem Preis einer Fahrkarte der Klasse und Zuggattung, aus der er übergeht, durch Lösung einer Übergangskarte zu entrichten. Beim Übergang in eine höhere Klasse eines Schnellzuges werden die bereits gezahlten Schnellzugzuschläge angerechnet. Eine

Übergangskarte gilt ebensolange wie die Fahrkarte, zu der sie gelöst ist; berechtigt diese zu mehr als einer Fahrt, so gilt die Übergangskarte gleichwohl nur zu einer, wenn auch mit Unterbrechung zurückgelegten Fahrt und nicht länger als vier Tage.

JÜB. Art. 26.

Literatur: Eger Anm. 81 ff. S. 87 ff.; Auslegung des § 20, Eger, EEE. 23 139.

1. Nicht ohne weiteres in einer höheren oder niederen, auch nicht im Raucher-, Nichtraucher-, Frauenabteil oder Kurswagen. Zu verneinen ist auch das Recht auf Besetzung eines Abteils mit einer beschränkten Anzahl Reisender (z. B. 1. Klasse nur vier Personen!). EBO. bietet für Anspruch auf Schadensersatz oder teilweise Rückzahlung des Fahrpreises keine Handhabe. Ist dem Reisenden ein bestimmter Platz angewiesen und hat er ihn eingenommen oder belegt (EBO. § 19 Abs. 4), so hat er hierauf einen Anspruch aus dem Beförderungsvertrag (siehe hierüber oben § 15 Anm. 2).

2. Platz: Sitzplatz in der 1. bis 3., mindestens Stehplatz in der 4. Klasse. Der tatsächliche Zustand entscheidet; ob Eisenbahn schuldhaft nicht für Vermehrung der Plätze gesorgt hat, ist unbeachtlich (siehe Eger Anm. 82 S. 88; Kittel, Z. f. EisRecht 12 493). Über Haftung bei Überfüllung siehe Vorbem. zu Abschn. III Anm. V.

3. Siehe hierüber ZBDEisB. 02 2 und 791 (Holzbecher 09 111); DJZ. 02 23, 218; Gorden, EEE. 18 290; vgl. EBO. § 12 (2), § 21 (2), § 26 (2), (3).

4. Weder für wirklichen Schaden noch für entgangenen Gewinn.

5. Nur Umtausch; Rückgabe nur aus Billigkeit (siehe AAB. 2 bis 4; AAB. § 7; PersBefB. §§ 5, 20). Also nicht ohne weiteres Kündigung des Vertrages (siehe § 649 BGB.). Für Rückerstattung wird Nachweis der Nichtbenutzung verlangt (wegen EBO. § 6 Abs. 3 siehe auch EBO. §§ 60 Abs. 2, 16 Abs. 6, 27 Abs. 5). Be-

steht für den Fall der Überfüllung Anspruch auf Rückzahlung? Frage ist zu verneinen (siehe die Anm. 3 Angeführten).

6. Z. B. für Schüler- und Arbeiterkarten (Begr.).

7. Bei Übergang in eine niedere Klasse oder Zug mit niedrigen Fahrpreisen kein Erstattungsanspruch (Ausnahme: Abs. 1 u. 2).

§ 21.

Abfahrt. Versäumnis der Abfahrt durch den Reisenden.

(1) Nach dem Abfahrzeichen [1]) darf [2]) niemand mehr zur Mitfahrt zugelassen werden.

(2) Wer die Abfahrt versäumt, hat keinen Anspruch auf Erstattung des Fahrgeldes oder auf eine Entschädigung.[3])

(3) Will er einen späteren Zug benutzen, für den seine Fahrkarte nicht ohne weiteres gilt, so hat er sie ohne Verzug dem Aufsichtsbeamten vorzulegen, der sie für den gewählten Zug gültig schreibt. Die Geltungsdauer der Fahrkarten wird hierdurch nicht verlängert. Bei Benutzung eines Zuges mit höheren oder niedrigeren Fahrpreisen ist der Unterschied auszugleichen.

(4) Wegen Rückgabe des Gepäcks (Abs. 2) gelten sinngemäß die Vorschriften im § 34 Abs. 4 und 5.[4])

Werden Fahrkarten, die durchlocht, aber zur Fahrt nicht benutzt sind, wieder gültig geschrieben, so wird die Bahnsteiggebühr nicht erhoben, selbst wenn die Fahrkarte gegen eine Fahrkarte für einen Zug mit höheren oder niedrigeren Fahrpreisen umgetauscht wird.

JÜP. Art. 16.

1. BBO. § 65 Abs. 6; FahrdV. § 24 Abs. 2, 9, § 50. Abfahrzeit: Bahnhofsuhr BBO. § 26 Abs. 2, § 49 Abs. 3, § 65

Abs. 1. Mitteleuropäische Zeit: RG. v. 12. März 1893 und v. 31. Juli 1895 (RGBl. S. 93 und 426).

2. Auch wenn sich der Zug noch nicht in Bewegung gesetzt hat. Zuwiderhandlung: Bestrafung aus §§ 77, 82 BBO.; eigenes Verschulden (§ 1 Haftpflichtges. und § 254 BGB.).

3. Außer bei Verschulden der Bahnverwaltung (EVO. §§ 14 Abs. 1, 19 Abs. 1; siehe oben Anm. 1), aber ohne Rücksicht auf eigenes Verschulden (vgl. noch EVO. § 26 Abs. 2, 3).

4. D. h. das schon im Zuge befindliche Gepäck muß er gegebenenfalls auf seine Kosten zurückbefördern lassen.

§ 22.

Öffnen der Fenster.

Nur mit Zustimmung aller in demselben Abteile reisenden Personen dürfen die Fenster auf beiden Seiten des Wagens gleichzeitig geöffnet sein. Im übrigen entscheidet, wenn sich die Reisenden über das Öffnen und Schließen der Fenster nicht verständigen, der Schaffner.[1])

1. Auch dieser darf also nicht das gleichzeitige Öffnen der Fenster auf beiden Seiten anordnen (vgl. EVO. § 8 und BBO. §§ 80, 81, 82). Bei Nichtbeachtung: EVO. § 11 Abs. 1 oder Bestrafung nach § 82 BBO.

§ 23.

Beschädigung von Fahrzeugen oder Ausrüstungsstücken.

Die durch Beschädigung oder Verunreinigung der Fahrzeuge oder Ausrüstungsstücke entstandenen Kosten sind zu erstatten.[1]) [2]) Die Eisenbahn kann sofortige Zahlung oder Sicherheitsleistung [3]) verlangen.[4]) Die Entschädigung ist, wenn die Eisenbahn dafür feste Sätze bestimmt hat, nach diesen zu bemessen.[5])

Für Beschädigungen oder Verunreinigungen bestehen feste Sätze. Ein Verzeichnis hierüber wird von dem Zugführer oder auf Stationen von dem Aufsichtsbeamten auf Verlangen vorgezeigt. Trifft keiner der Sätze dieses Verzeichnisses auf die Beschädigung oder Verunreinigung zu, so sind die Ersatzkosten auf Grund vorgenommener Abschätzung zu leisten.

BBO. § 80; RStGB. §§ 303, 304, 315; Rundnagel, Bef.-Gesch. § 17f.

1. Haftung aus dem Personenbeförderungsvertrag; § 23 gilt also nur für Reisende; für Nichtreisende gilt BGB. § 823; für den Tierverkehr siehe EBO. § 48; für Güterverkehr §§ 60, 62.

2 Feststellung des Schadens, des Täters, der Höhe des Ersatzbetrages und der Sicherheitsleistung zunächst durch die zuständigen Bediensteten (EBO. § 8), vorbehaltlich der Aufsichtsbeschwerde und des Rechtsweges. Streitig ist, ob ein Verschulden (Vorsatz oder Fahrlässigkeit) der Reisenden vorliegen muß. Dies ist wohl zu verneinen (siehe Sendpiehl S. 161 Anm. 5; a. M. Coermann, EEE. 30 14 ff.; Kittel, EBO. § 23 Anm. 1; Rundnagel a. a. O.

3. Für diese gilt BGB. §§ 232 ff. (regelmäßig Hinterlegung von Geld, Wertpapieren, Verpfändung beweglicher Sachen, im Notfall Stellung eines tauglichen Bürgen).

4. Verweigert der Reisende beides, bleibt nur Klage vor dem ordentlichen Gericht übrig. Ist die Person des Täters nicht mit Sicherheit festzustellen, liegen die Voraussetzungen der Selbsthilfe vor (BGB. § 229): vorläufige Festnahme und Feststellung der Persönlichkeit durch Polizeiorgane. Der Eisenbahn steht aber auch nach § 273 BGB. ein Zurückbehaltungsrecht an ihrer Leistung zu (Verweigerung der Beförderung, der Herausgabe des Gepäcks: auch des Frachtgutes? [z. B. beim Viehbegleiter?] wohl zu verneinen, da ein selbständiger, besonderer Vertrag!).

5. Nach billigem Ermessen (BGB. § 315). Die Eisenbahnen haben für die häufigsten Fälle Pauschsätze vorgesehen.

§ 24.

Verfahren auf Zwischenstationen. Anhalten auf freier Bahn.

(1) Bei Ankunft auf einer Station sind ihr Name und der etwa stattfindende Wagenwechsel auszurufen, außerdem die Dauer des Aufenthalts, wenn dieser mehr als vier Minuten beträgt. Sobald der Zug stillsteht, haben die Bediensteten die Türen der Wagen zu öffnen, aus denen Reisende auszusteigen [2]) verlangen.[1])

(2) Wird ausnahmsweise außerhalb einer Station längere Zeit angehalten, so dürfen die Reisenden nur mit ausdrücklicher Bewilligung des Zugführers aussteigen. Sie müssen sich sofort von dem Bahngleis entfernen und auf das erste Zeichen des Zugführers [3]) ihre Plätze wieder einnehmen.

Jeder Reisende hat selbst dafür zu sorgen, daß er auf den Übergangsstationen in den richtigen Zug gelangt, sowie daß er am Ziele seiner Reise den Wagen verläßt.

Litteratur: Fahrdienstvorschriften §§ 26, 58 bis 60; PersBefV. §§ 8, 9.

1. D. h. während des Aufenthalts; Schaffner kann nicht gezwungen werden, ihm schon beim Einsteigen angegebene Aussteigestation zu behalten, wenn er sich auch hierum zu bemühen versprach (a. A. Gerstner, EVO. S. 9).

2. Gemeint ist wohl endgültig aussteigen; doch soll Schaffner auch behilflich sein, wenn die Tür zu anderen Zwecken (Einkauf) geöffnet werden soll. Er muß außerdem Aussteigende aufmerksam machen, wenn Aussteigen nicht übliche Schwierigkeiten bereitet (beim Halten außerhalb des Bahnsteiges).

3. Zeichen anderer Bediensteter (des Lokomotivführers) ist nicht maßgebend. Bei Nichtbeachtung des Zeichens EVO. § 21.

§ 25.

Unterbrechung der Fahrt auf Zwischenstationen.

Der Tarif muß bestimmen, wie oft, wie lange und unter welchen Bedingungen der Reisende die Fahrt auf Zwischenstationen unterbrechen darf.[1]) [2]) [3])

1. Auf Fahrkarten für eine einfache Fahrt darf die Fahrt nur einmal, auf Fahrkarten für Hin- und Rückfahrt je einmal auf der Hinfahrt und der Rückfahrt unterbrochen werden, soweit im Tarife nichts anderes bestimmt ist.

Die Geltungsdauer der Fahrkarten wird durch eine Fahrtunterbrechung nicht verlängert. Im übrigen unterliegt die Fahrtunterbrechung einer zeitlichen Beschränkung nicht.

Auf Fahrscheinhefte der Reiseunternehmer darf die Reise innerhalb der Geltungsdauer des Heftes beliebig oft und beliebig lange unterbrochen werden.

2. Die unterbrochene Reise kann auch von einer anderen, der Bestimmungsstation näher gelegenen Station desselben Bahnwegs fortgesetzt werden.

3. Wird auf Fahrkarten, die wahlweise für mehrere Wege gelten, die Fahrt auf einem dieser Wege unterbrochen, so darf sie nur auf demselben Wege fortgesetzt werden.

4. Als Fahrtunterbrechung wird nicht angesehen das lediglich durch den Fahrplan bedingte Erwarten des nächsten Anschlußzuges, selbst im Falle der Übernachtung. Hierzu gehört auch der Übergang aus einem Zuge, der in der Bestimmungs- oder Unterbrechungsstation nicht hält, in den nächsten dort anhaltenden Anschlußzug sowie der Übergang in einen Zug, mit dem das Reiseziel früher oder billiger erreicht werden kann als mit dem vorher benutzten Zuge.

JÜB. Art. 10.

Literatur: AAB. § 9; PersBefB. § 17.

1. Fahrtunterbrechung kann auch in besonderen Fällen ausgeschlossen werden, z. B. bei Arbeiterkarten, Sonderzügen (EVO. § 2 Abs. 2 mit Genehmigung des Reichsverkehrsministeriums); Karte kann auch nur für einen bestimmten Zug ausgestellt sein (Messezug).

2. Fahrtunterbrechung bewirkt keine Verlängerung der Gültigkeit, wenn nicht die Tarife ein anderes vorschreiben.

3. Eine Bescheinigung der Fahrtunterbrechung ist in Deutschland nicht mehr erforderlich (vgl. aber VerBetrRegl. § 24, Zus.-Best. 2b bis 6). Vorgeschrieben ist eine zusätzliche Lochung.

§ 26.

Verspätung oder Ausfall von Zügen.[1]) Betriebsstörungen.

(1) Die verspätete [2]) Abfahrt oder Ankunft oder das Ausfallen eines Zuges begründen keinen Anspruch auf Entschädigung.[3])

(2) Wird infolge einer Zugverspätung der Anschluß an einen anderen Zug versäumt oder fällt ein Zug ganz oder teilweise aus, so kann der Reisende das Fahrgeld und die Gepäckfracht für die nicht durchfahrene Strecke [4]) zurückfordern.

(3) Gibt der Reisende in einem solchen Falle die Weiterfahrt auf und kehrt mit dem nächsten, günstigsten Zuge ohne Fahrtunterbrechung zur Abgangsstation zurück, so ist ihm Fahrgeld und Gepäckfracht zu erstatten, auch freie Rückbeförderung in der für die Hinreise bezahlten Wagenklasse zu gewähren; führt der Zug diese nicht, in der nächsthöheren Klasse. Seine Ansprüche hat der Reisende bei Vermeidung des Verlustes unter Vorlegung der Fahrkarte sogleich nach Ankunft auf der

Station, wo er die Reise aufgibt, und bei Rückkehr auf der Abgangsstation dem Aufsichtsbeamten zu melden. Auf beiden Stationen ist die Meldung dem Reisenden zu bescheinigen.

(4) Die Eisenbahn hat den Reisenden, der auf Ersatz des Fahrgeldes und auf freie Rückbeförderung verzichtet, nebst seinem Gepäck ohne Preiszuschlag [5]) mit dem nächsten, günstigsten, auf der gleichen oder auf einer anderen Strecke nach derselben Bestimmungsstation fahrenden, dem Personenverkehre dienenden Zuge zu befördern, wenn hierdurch die Ankunft auf der Bestimmungsstation beschleunigt wird. Der Rückgriff der Bahnen untereinander wird dadurch nicht berührt.

(5) Die Eisenbahn ist berechtigt, durch den Tarif einzelne Züge oder Zuggattungen von der hilfsweisen Benutzung auszuschließen.

(6) Wenn Naturereignisse oder andere zwingende Umstände die Fahrt auf einer Strecke verhindern, so hat die Eisenbahn für die Weiterbeförderung bis zur fahrbaren Strecke tunlichst auf andere Weise zu sorgen.[6])

(7) Den Eisenbahnen bleibt überlassen, weitere Erleichterungen mit Genehmigung der Landesaufsichtsbehörden nach Zustimmung des Reichseisenbahnamts*) [7]) durch den Tarif einheitlich festzusetzen.

(8) Zugverspätungen, die mehr als 15 Minuten betragen, und Betriebsstörungen sind durch Anschlag bekanntzumachen.[8])

1. (1) In den Fällen des § 26 Absatz (4) hat die Station, von der die Weiterreise nach der Bestimmungsstation erfolgt, wenn erforderlich, die Anschlußversäumnis oder den Zug-

---

*) Siehe Fußanmerkung auf S. 23.

ausfall auf der Fahrkarte zu bescheinigen und sie für eine andere Strecke, für einen Zug mit höheren Fahrpreisen oder für eine höhere Klasse gültig zu schreiben.

(2) Nach Überholung des Zuges, an den der Anschluß versäumt war, haben die Reisenden auf diesen Zug überzugehen.

2. Ist der Betrieb auf einzelnen Strecken vorübergehend unterbrochen, so kann die Benutzung einer Hilfsstrecke nach § 26 Absatz (4) auch solchen Reisenden gestattet werden, die die Fahrt nach einer auf dem geraden Wege nicht erreichbaren Station erst antreten wollen.

3. Die Benutzung der in den Fahrplänen mit „L" bezeichneten Züge (Expreßzüge) ist in den Fällen des § 26 Absatz (3) und (4) ausgeschlossen.

4. Bei Anschlußversäumnis können Reisende auf kurze Strecken auch mit einem Güterzug in einem besonders eingestellten Personenwagen, im Gepäckwagen oder in einem geeigneten Güterwagen weiterbefördert werden. Wenn die Reisenden keine gültigen Fahrkarten besitzen, wird bei der Beförderung in einem Personenwagen der Personenzugfahrpreis der benutzten Klasse, bei der Beförderung im Gepäck- oder in einem Güterwagen der Fahrpreis 4. Klasse erhoben.

5. Wenn infolge von Anschlußversäumnis usw. die Fahrt über eine Hilfslinie ausgeführt werden soll, wird das Gepäck der Reisenden auf Wunsch über diese oder über den ursprünglichen Bahnweg weiterbefördert. Bei räumlich getrennten Bahnhöfen hat der Reisende für Überführung seines Gepäcks nach dem Anschlußbahnhofe selbst zu sorgen.

JÜP. Art. 16; HGB. § 472.

Literatur: Eger Anm. 93 S. 97; Rinaldini, EEE. **20** 95 ff.; Zurückbleiben eines einzelnen Wagens: EEE. **22** 258 f.; siehe AAB. § 15; PersBefB. §§ 13 bis 16.

1. Gilt nicht für den Güterverkehr: EEE. 22 258.

2. Für verfrühte Abfahrt haftet die Eisenbahn nach allgemeinen Grundsätzen, also bei Verschulden. Maßgebend: Bahnhofsuhr (siehe oben § 21). Für verspätete Abfahrt und Ausfall der Züge keine Haftung, auch nicht bei Vorsatz (Rundnagel, Bef.-Gesch. § 177 S. 516; Kittel § 26 Anm. 1 S. 62; ZVDEisV. 12 510; a. A. unter Hinweis auf BGB. § 276 Abs. 2: Eger § 26 Anm. 94).

3. Also weder des wirklichen Schadens (Nachtquartier, Zehrkosten) noch des entgangenen Gewinns (z. B. bei Geschäftsreisenden), sondern nur Leistungen nach Abs. 2 ff.

4. Also gegebenenfalls für die ganze oder eine Teilstrecke.

5. Auch wenn ein Zug mit höheren Fahrpreisen benutzt wird.

6. Ohne, wie bisher, die Kosten — abzüglich des Fahrgeldes für die nicht befahrene Strecke — einziehen zu dürfen (Begr.). Über die Rechtsnatur dieser Verpflichtung siehe Weber, ZVDEisV. 02 147.

7. Jetzt Reichsverkehrsministerium (siehe EVO. § 2 Anm. 2).

8. Siehe RG. 46 340; ZVDEisV. 00 264; EEE. 22 8.

§ 27.

Mitnahme von Tieren in die Personenzüge.[1]

(1) Tiere dürfen in die Personenwagen nicht mitgenommen werden.[2]

(2) Ausgenommen sind kleine Hunde und andere kleine Tiere, die auf dem Schoße getragen werden,[3] wenn ihrer Mitnahme in das Abteil von den Mitreisenden nicht widersprochen wird. Hunde jeder Größe dürfen mitgeführt werden, wenn ihren Besitzern ein besonderes Abteil zur Verfügung gestellt werden kann.[4]

(3) Im übrigen gelten für Hunde, die von Reisenden mitgeführt werden, folgende Vorschriften:

1. Hunde in genügend sicheren Behältern kann die Eisenbahn zur Beförderung in den Gepäck- oder Güterwagen zulassen.
2. Nicht in Behältern verwahrte Hunde sind in besonderen Wagenräumen[4]) zu befördern. Sind solche nicht vorhanden oder schon besetzt, so kann die Beförderung nicht verlangt werden.
3. Für das Ein- und Ausladen sowie für das Umladen der Hunde auf Übergangsstationen hat der Reisende zu sorgen.[5])
4. Die Eisenbahn ist nicht verpflichtet, Hunde, die nicht sofort nach Ankunft auf der Bestimmungsstation abgeholt werden, zu verwahren.[6])
5. Eine Angabe des Interesses an der Lieferung ist nicht gestattet.

(4) Im Tarif ist zu bestimmen, ob und für welche Tiere der Reisende eine Beförderungsgebühr zu bezahlen hat. Über die Zahlung ist ihm ein Ausweis zu erteilen.

(5) Für jedes gebührenpflichtige Tier, das ohne solchen Ausweis mitgeführt wird, ist zu entrichten:

bei rechtzeitiger[7]) Meldung (§ 16 Abs. 2) ein Zuschlag von 50 Reichspfennig zu dem tarifmäßigen Preise, jedoch nicht mehr als das Doppelte dieses Preises; ohne solche Meldung das Doppelte des Preises, jedoch mindestens 3 Reichsmark.

In anderen als den im Abs. 2 erwähnten Fällen ist das Tier aus dem Personenwagen zu entfernen. Die Vorschrift im § 16 Abs. 6 gilt sinngemäß.

(6) Wegen sonstiger Beförderung von Tieren siehe §§ 30 Abs. 3, 40 ff. und 48 ff.

1. (1) Für Hunde, die von den Reisenden mitgeführt werden, ist die tarifmäßige Gebühr zu entrichten.

Bei Beförderung in Expreß- und Luxuszügen tritt hierzu ein Zuschlag von 100 v. H.

Für einen Reisenden werden höchstens zwei Hunde zugelassen.

Wegen Bahnsteigkarten für Hunde vergleiche Ausführungsbestimmung 7 zu § 16.

Der Führerhund eines erblindeten Kriegsteilnehmers wird jedoch auf Grund eines Ausweises nach der Ausführungsbestimmung C XI, II 2 zu § 12 gebührenfrei befördert, wenn der Blinde nicht in Begleitung einer Person reist.

(2) Für kleine Vögel in Käfigen und andere kleine Tiere, die von den Reisenden mitgeführt werden, ist eine Beförderungsgebühr nicht zu bezahlen.

2. Ausnahmsweise kann dienstlich reisenden Polizeibeamten und Militärpersonen, die Polizeidienst- oder Meldehunde mit sich führen, und Jägern gestattet werden, mit ihren Hunden im Dienstabteil oder in Gepäck- oder Güterwagen Platz zu nehmen, wenn kein Bedenken wegen der darin verladenen Gepäckstücke und Güter oder wegen der persönlichen Sicherheit der Reisenden besteht (siehe § 57 der Eisenbahn-Bau- und Betriebsordnung).

HGB. § 465; JÜP. Art. 15.

1. § 27 betrifft Mitnahme von Tieren als Handgepäck; vgl. auch Ziff. (6). Diese Eigenschaft behält das Tier auch, wenn z. B. Reisender und Hund sich trennen (so Rundnagel, BefGesch. § 183 S. 530; Kittel § 27 Anm. 3; EEE. 24 400 [daher auch die Bestimmung Abs. 3 Ziff. (3)]). Es liegt, wie bei sonstigem Handgepäck, nur eine Erweiterung des Personenbeförderungsvertrages vor. Hierin ändert auch die Erhebung einer Beförderungsgebühr nichts (Rundnagel, BefGesch. S. 529; a. M. Kittel § 27 Anm. 1).

2. Verstoß: EVO. § 11 Abs. 1; BBO. § 82 Abs. 5 S. 2.

3. Entscheidung zunächst § 8 EVO.

4. Sog. Hundeabteile (EEE. 24 404).

5. Eisenbahn ist nicht verpflichtet, Eigentümer zur Umladung besonders aufzufordern; laden Eisenbahnbedienstete um, weil Eigentümer sich nicht darum kümmert oder sie dazu auffordert, handeln sie als Beauftragte des Eigentümers (siehe EEE. 32 301).

6. Über die Gültigkeit dieser Bestimmung, die zu bejahen ist, vgl. Eger Anm. 103 S. 103 und Angeführte. Die Verwahrungspflicht gilt selbst nicht für in Behältern verwahrte Hunde auf Fahrkarte.

7. Und unaufgeforderter.

§ 28.

Mitnahme von Handgepäck in die Personenwagen.

(1) Leicht tragbare Gegenstände (Handgepäck) [1]) dürfen in die Personenwagen mitgenommen werden, wenn die Mitreisenden dadurch nicht belästigt werden [2]) und keine Zoll-, Steuer- oder Polizeivorschriften entgegenstehen.[3])

(2) In der ersten, zweiten und dritten Wagenklasse steht dem Reisenden nur der Raum über und unter seinem Sitzplatze für Handgepäck zur Verfügung. Auf den Sitzplätzen darf Handgepäck nicht untergebracht werden.[4])

Das Gewicht des Handgepäcks eines Reisenden darf insgesamt 25 Kilogramm nicht übersteigen. Handgepäckstücke von mehr als 25 Kilogramm Einzelgewicht werden, auch wenn mehrere Personen zusammen reisen, nicht zugelassen.

(3) In die vierte Klasse dürfen auch Handwerkzeug, Tornister, Traglasten in Körben, Säcken oder Kiepen

und ähnliche Gegenstände mitgenommen werden, wie sie ein Fußgänger tragen kann.[5])

Die Eisenbahn kann die Mitnahme dieser Gegenstände bei bestimmten Zügen oder Wagen ausschließen. Das Gewicht der von einem Reisenden mitgeführten Gegenstände darf insgesamt 50 Kilogramm nicht übersteigen. Gegenstände von mehr als 50 Kilogramm Einzelgewicht werden, auch wenn mehrere Personen zusammen reisen, nicht zugelassen.

(4) Werden Gegenstände, die nach Abs. 2 und 3 nicht als Handgepäck zugelassen sind, trotzdem mitgeführt, so werden sie in den Gepäckwagen gebracht und dort bis zur endgültigen Abfertigung verwahrt. Für diese Gegenstände wird von der Station ab, auf der der Reisende zugegangen ist, und wenn die Zugangsstation nicht sofort unzweifelhaft nachgewiesen wird, von der Ausgangsstation des Zuges ab je nach der Art des Gutes die Gepäck- oder Expreßgutfracht mit einem Zuschlag von 10 Reichsmark, jedoch nicht mehr als die doppelte Fracht, erhoben.

(5) Der Reisende hat die von ihm mitgeführten Sachen selbst zu beaufsichtigen.[6]) Die Eisenbahn haftet dafür nur, wenn sie ein Verschulden [7]) trifft.[8]) [9]) [10])

1. Die in der 4. Klasse zugelassene Traglast kann auch aus mehreren Stücken bestehen. Gegenstände, die wegen ihres Umfanges oder ihrer Anzahl ein einzelner Fußgänger nicht tragen kann, oder die sich wegen ihres Umfanges zur Mitnahme in die Personenwagen nicht eignen, werden auch dann nicht als Traglasten zugelassen, wenn mehrere Fahrkarten vorgezeigt werden.

2. Als Traglasten dürfen auch kleinere Tiere, ausgenommen Ferkel, mitgenommen werden; Hunde siehe jedoch Ausführungsbestimmung 1 und 2 zu § 27.

3. Ob und unter welchen Bedingungen auf Strecken ohne 4. Klasse die Mitführung von Traglasten den Reisenden in der 3. Klasse gestattet ist, ergeben die besonderen Bestimmungen der Tarifteile II.

4. Fahrräder — gleichviel ob zerlegt oder unzerlegt — dürfen in die Personenwagen nicht mitgenommen werden.

5. Schneeschuhe und Rodelschlitten dürfen in die Personenwagen der Schnellzüge und in die 1. und 2. Klasse der Eil- und Personenzüge nicht mitgenommen werden, in die 3. und 4. Klasse der Eil- und Personenzüge nur dann, wenn eine Belästigung der Reisenden und eine Beschmutzung der Wagensitze ausgeschlossen ist. Die Eisenbahnverwaltung kann auch bei einzelnen Eil- und Personenzügen die Mitnahme in die 3. Klasse ausschließen.

HGB. § 465 Abs. 3; JÜP. Art. 15.

Literatur: Eger Anm. 107 S. 105 ff.; Rundnagel, BefGesch. § 181 S. 524 ff. und die dort S. 525 Anm. 1 Angeführten; PersBefB. § 23.

1. Handgepäck sind nicht als Reisegepäck aufgegebene, leicht tragbare Gegenstände eines Reisenden, auch die Gegenstände, die er auf dem Leibe trägt (SeuffArch. 48 440). Daß der Reisende der Gegenstände zur Reise bedarf, ist nicht erforderlich (EEE. 24 229); es entsteht kein besonderer Vertrag, sondern nur eine Erweiterung des Personenbeförderungsvertrages (EEE. 19 140; Zeitschr. f. Handelsrecht 36 270; RGSt. 35 226). Also keine auch nur entsprechende Anwendung der Bestimmungen in Abschn. VI u. VII HGB. (EEE 24 400); zu beachten §§ 465 Abs. 3, 471 HGB. Von EVO. gelten demgemäß nur Abschn. I u. II, von Abschn. III die §§ 28 und 29; a. M. Eger Anm. 110 S. 107, 139 und 142; vgl. auch EEE. 20 80.

2. Größe, Geruch, auch EVO. § 29 Abs. 1.

3. Siehe EVO. § 3 Abs. 1 Ziff. 2. Bez. der postzwangpflichtigen Sendungen, namentlich Zeitungen, ist zu bemerken:

Mitnehmen als Handgepäck im Umfang des Abs. 2 ist erlaubt (RGSt. **35** 220; Arch. f. Eis. **02** 1135, **07** 552; EEE. **26** 175, **22** 260; JW. **05** 763). Nicht jedoch, wenn Reisender mehr mit sich führt oder z. B. an jedem Bahnhof, an dem der Zug hält, Teile abgibt an dorthin bestellte Abholer (siehe RG. in Arch. f. Eis. **07** 552, **04** 1221; RGSt. **37** 98, **38** 136; auch EBBl. **02** 349 und **04** 201; ferner RGSt. **3** 300 und EEE. **19** 139; vgl. auch EVO. § 30 Abs. 2).

4. Auf dem eigenen nur EVO. § 19 Abs. 3. Hiervon macht auch das sog. Kuriergepäck keine Ausnahme. Muß dieses ständig unter Augen behalten werden, dann Gepäck- oder Expreßgutfracht, je nachdem es sich um Gegenstände des Reisebedarfs handelt oder nicht. Werden ganze Abteile oder Halbabteile ausgefüllt, siehe § 15 (1) EVO.

5. Und zwar nicht nur etwa ein kurzes Stück von der Sperre zum Wagen; Eger verlangt mit Recht: „mittlerer Maßstab und Üblichkeit der Last". Die Lösung mehrerer Fahrkarten durch eine Person berechtigt nicht zur Mitnahme größerer Mengen.

6. Siehe EEE. **22** 368.

7. Auch leichtes Verschulden ihrer selbst oder ihrer Leute. Beweis hierfür liegt dem Reisenden ob (siehe RG. in JW. **06** 607; Staub § 465 Anm. 6; EEE. **41** 251; a. A. Rundnagel, Bef.-Gesch. § 151 S. 526). Entlastungsbeweis nach § 831 BGB. ist unzulässig (EEE. **22** 11). Ist Verlust unaufgeklärt, muß der Reisende ihn tragen. Es fehlt eine dem § 467 HGB. entsprechende Bestimmung; hier muß § 254 BGB. einspringen.

8. Zahlung auf vollen Schadensersatz (Hertzer, ZVDEisV. **07** 379).

9. Über die Haftung der Eisenbahn als Schlafwagenunternehmer oder der privaten Schlafwagengesellschaften für die eingebrachten Sachen der Reisenden vgl. die Literatur bei Eger Anm. 110 S. 109. Da es sich hier nur um eine Erweiterung des Beförderungsvertrags handelt (ZVDEisV. **00** 692), haftet Eisenbahn und Unternehmer nur nach § 465 Abs. 3 HGB. (EVO. § 28 Abs. 4); vgl. Staub § 472 Anm. 10; EEE. **18** 367, **24** 195,

auch 324. Haftung nach BGB. § 701 ist abzulehnen (Fuld, DJZ. 00 10).

10. Die Haftung endet, wenn Handgepäck im Zuge zurückgelassen wird. Wegen verlorener Gegenstände vgl. BGB. § 978 (siehe EEE. 22 11, 368, 24 239). Über Verjährung siehe ZVDEisV. 02 387, 05 1057, 1514 (Rehse), 1273, 06 311; EEE. 16 164.

§ 29.

Von der Mitnahme ausgeschlossene Gegenstände.

(1) Gefährliche Gegenstände, insbesondere geladene Schußwaffen, ferner explosionsgefährliche, leicht entzündliche, ätzende, übelriechende Stoffe und dergleichen, sind von der Mitnahme ausgeschlossen.

(2) Der Zuwiderhandelnde haftet [1]) für jeden hieraus entstandenen Schaden [2]) und verwirkt außerdem die bahnpolizeilich festgesetzte Strafe.[3])

(3) Die Bediensteten sind berechtigt, sich von der Beschaffenheit der mitgenommenen Gegenstände zu überzeugen.

(4) Personen, die in Ausübung des öffentlichen Dienstes eine Schußwaffe führen, sowie Jäger und Schützen dürfen Handmunition mitnehmen. Den Begleitern von Gefangenen, die mit diesen in besonderen Wagen oder Wagenabteilen fahren, ist gestattet, geladene Schußwaffen mitzuführen.

Amtliche Desinfektoren dürfen in den Personenwagen höchstens 9 kg Reinigungsmittel (und zwar höchstens 3 kg Ammoniak, 2 kg Spiritus und 4 kg Formalin) mit sich führen. Das Ammoniak und der Spiritus müssen in Behältern aus Kupferblech, das Formalin in einer verzinnten Blechflasche verpackt, die Gefäße außerdem in einem Koffer verwahrt sein.

JÜB. Art. 14.

1. BBO. § 82 Abs. 2, 3, sofern nicht StGB. eingreift (§ 304: Sachbeschädigung; § 309: fahrlässige Brandstiftung; §§ 315 f.: Transportgefährdung; § 367 Ziff. 5, 6, 11: Übertretungen; siehe EEE. 10 185 und 12 325).

2. Keine dem Frachtzuschlag (§ 60) entsprechende zivilrechtliche Strafe (selbst nicht, wenn Leichen als Handgepäck befördert werden).

3. Nur bei Verschulden (a. M. Kittel, EVO. § 29 Anm. 1).

IV.

Beförderung von Reisegepäck.

§ 30.

Begriff.

(1) Der Reisende kann Gegenstände, deren er zur Reise bedarf, zur Beförderung als Reisegepäck [1]) aufgeben.

(2) Das Reisegepäck muß durch seine Verpackung — in Koffer, Reisekörbe, Reisetaschen, Hutschachteln, handliche Kisten oder dergleichen — als solches kenntlich sein.[2]) Die Eisenbahn ist berechtigt, den Inhalt in Gegenwart des Verfügungsberechtigten zu prüfen.

(3) Ob und unter welchen Bedingungen Gegenstände, die nicht zum Reisebedarfe zu rechnen sind, sowie Tiere in genügend sicheren Behältern als Reisegepäck angenommen werden, muß der Tarif einheitlich bestimmen.[3])

(4) Die von der Beförderung als Frachtgut ausgeschlossenen [4]) und die im § 29 aufgeführten Gegenstände dürfen bei Vermeidung der im § 60 festgesetzten Folgen nicht als Reisegepäck aufgegeben werden.[5])

(5) Ob und unter welchen Bedingungen die im § 54 Abs. 2 B Ziffer 1 genannten Gegenstände als Reisegepäck angenommen werden, muß der Tarif bestimmen.

1. Als Reisegepäck gemäß Absatz (3) werden angenommen:

a) Fahrräder, auch einsitzige Kraftzweiräder, auch mit Hilfssitz und Fahrräder mit Hilfsmotor, deren Brennstoffbehälter mit Ablaßhähnen versehen und entleert sind, Fahr- und Rollstühle (vergleiche Ausführungsbestimmung 1 (5) zu § 32 EVO.), Handwagen und Handkarren, Kinderwagen, Hand- und Sportschlitten, Wasserfahrzeuge bis zu 3 m Länge, ferner Turn- und Sportgeräte, sofern diese Gegenstände unzweifelhaft zum persönlichen Gebrauche des Aufgebers dienen, sich zur Beförderung im Packwagen eignen und nicht Gegenstände des kaufmännischen Verkehrs bilden. Der Aufgeber ist auf Verlangen verpflichtet, beim Ein-, Um- und Ausladen zu helfen,

b) Krankenkörbe, Traggestelle und Tragbetten, auch fahrbare, ferner Ausrüstungsgegenstände der freiwilligen Sanitätskolonnen, der Samaritervereine vom Roten Kreuz und der Genossenschaft freiwilliger Krankenpfleger im Kriege vom Roten Kreuz, soweit sie sich nach Gewicht und Größe zur Beförderung im Packwagen eignen,

c) Musikinstrumente in Kasten oder anderen Umhüllungen, sofern sie unzweifelhaft zum persönlichen Gebrauch des Aufgebers dienen, ferner Theatergeräte und sonstige Ausrüstungsgegenstände, die Theater- und Konzertunternehmungen bei auswärtigen Vorstellungen mit sich führen, und Geräte (auch Marktschirme) von Artisten, Schaustellern und Markthändlern, soweit sie sich nach Gewicht und Größe zur Beförderung im Packwagen eignen,

d) Meßwerkzeuge bis zu 5 m Länge und Handwerkzeug,[6])

e) Warenproben (Muster), die Geschäftsreisende für Geschäftszwecke mit sich führen, und die nach der Verpackungsart als Proben erkennbar sind,

f) Waren von Wanderhändlern bis zum Höchstgewicht von 50 kg, nur in Personenzügen,

g) lebende Tiere in Käfigen, Kisten und Körben, und zwar Hunde von jeder Größe, sonstige kleine Tiere bis zum Höchstgewicht von 50 kg (vergleiche § 3 der Anlage B zur EVO., Tiertarif Teil I),

h) frisch geschossenes Wild, das die Jäger mit sich führen, wenn die blutenden Teile so verhüllt sind, daß andere Gepäckstücke nicht beschmutzt werden können.

2. Geld, Münzen und Papiere mit Geldwert werden zur Beförderung als Reisegepäck nicht angenommen.[7])

Gold- und Silberbarren, Platina, Dokumente, Edelsteine und echte Perlen, Waren aus Gold, Silber oder Platina, auch in Verbindung mit Edelsteinen oder echten Perlen, ferner Kunstgegenstände, wie Gemälde, Bildwerke, Gegenstände aus Erzguß und Kunstaltertümer sowie andere Kostbarkeiten, werden zur Gepäckbeförderung unter folgenden Bedingungen zugelassen:

a) Die Gegenstände müssen zum Reisebedarf oder zu den in der Ausführungsbestimmung 1 genannten Sachen gehören.

b) Die Gepäckstücke müssen fest verschlossen sein.

c) Der Wert der Gepäckstücke ist — unbeschadet der Ausführungsbestimmung zu § 35 (2) — der Eisenbahn bei der Aufgabe anzugeben. An Stelle der Wertangabe genügt auch die Erklärung, daß die Gepäckstücke Kostbarkeiten enthalten.

Die Angaben sind im Gepäckschein zu vermerken.[8])

IÜP. Art. 17.

Literatur: Mangelhafte Verpackung von Gepäckstücken: ZVDEisV. 63 297; EEE. 22 414 und RG. in EEE. 22 28; GoltdArch. 49 322; Manthey, Nichtreisebedarf als Reisegepäck, ZVDEisV. 23 296; siehe auch 25 1362.

1. Reisegepäck sind durch ihre Verpackung (siehe EVO. § 31 Anm. 1) als solche kenntliche Gegenstände, deren ein Reisender für sich oder seine mitreisenden Angehörigen während der Reise und der etwaigen Abwesenheit von seinem gewöhnlichen Aufenthaltsort bedarf, und die er grundsätzlich in Verbindung mit einer Fahrkarte zur Beförderung aufgibt (siehe de Jonge, Arch. f. Eis. 88 488 ff.). Nicht die Aufgabe und Annahme, sondern die Zweckbestimmung macht also das Reisegepäck (siehe EEE. 36 277). Dabei ist die herrschende Meinung geneigt, den Begriff Reisebedarf ausdehnend auszulegen (siehe DJZ. 23 174). Das ist nicht richtig. Reisegepäck genießt eine bevorrechtigte Stellung hinsichtlich der Art und der Kosten der Beförderung; eine Beschränkung ist also gewollt und notwendig. Auch Reisegeschenke fallen hierunter, es sei denn, daß sie nach Art und Umfang den Charakter des ganzen Gepäckstücks als Reisegepäck beeinträchtigen (sehr weit RG. v. 13. Jan. 1923 — I 257/22 —). Nicht hierunter fällt aber Hamstergut, Handelsware u. a. (siehe auch v. d. Leyen, JW. 29 781; ZVDEisV. 23 513). Auch Umzugsgut fällt nicht hierunter (siehe aber RG. v. 13. Jan. 1922 — I 76/22 —). Die Verbindung mit der Reise ist grundsätzlich Voraussetzung des Rechts auf Abfertigung von Reisegepäck (siehe aber EVO. § 32 Abs. 1 S. 2 und Anm. 1). Das gilt namentlich auch für Inhaber von Fahrtausweisen, mit denen das Recht auf Freigepäck verbunden ist (Abgeordnete, Eisenbahnbedienstete). Es ist sonach nicht statthaft, eine Sendung als Freigepäck aufzugeben, obwohl eine Reiseabsicht gar nicht vorliegt, und etwa den Gepäckschein

mit der Post an den Bestimmungsort einem Dritten zu übersenden, damit er das Stück abhole. Ebensowenig ist es statthaft, das Recht auf Freigepäck ganz oder teilweise auf dritte Personen zu übertragen (EEE. 21 170). In beiden Fällen kann strafrechtlicher Betrug vorliegen. Nicht erforderlich ist, daß der Reisende denselben Zug benutzt, zu dem er das Gepäck aufgibt. Der Kreis der als Reisegepäck zugelassenen Gegenstände ist enger als der des Handgepäcks. Neuerdings wird Reisegepäck auch ohne Fahrkarte angenommen (EVO. § 32 AusfBest. 4). Auch hier liegt ein besonders gearteter Beförderungsvertrag vor.

2. Sonst Ausschluß von der Beförderung als Reisegepäck.

3. Siehe hierzu AAB. zu § 32; AAB. § 30 (Fahrzeuge), § 29 (Zweiräder), § 16 (frisches Wild).

4. Über postzwangspflichtige Zeitungen vgl. EVO. § 28 Anm. 3 und ferner EEE. 19 138; ZVDEisV. 02 890; JW. 05 763; RGSt 3 300.

5. Kann sich nicht auch auf § 29 Abs. 4 beziehen.

6. Darunter fallen auch Apparate und Entnahmeflaschen für wasserhygienische Untersuchungen, das Malgerät der Kunstmaler.

7. Ein Gepäckvertrag kommt also gar nicht zustande (vgl. § 54 Anm. 1). Die hier aufgeführten Gegenstände zählen weder zum Reisebedarf noch kommen sie als Warenproben im Gepäckverkehr vor. Werden sie doch angenommen, Werkvertrag ohne die frachtrechtlichen besonderen Haftungen. Siehe § 96 EVO.

8. Fehlt die Wertangabe, haftet die Eisenbahn für diese Gegenstände nicht (EEE. 25 120).

§ 31.

Verpackung. Bezeichnung.

(1) Das Reisegepäck muß sicher und dauerhaft verpackt sein.[1]) Unverpacktes oder mangelhaft verpacktes Gepäck kann zurückgewiesen werden. Wird es gleichwohl

zur Beförderung angenommen,[2]) so ist die Eisenbahn berechtigt, auf den Gepäckschein (§ 32) einen entsprechenden Vermerk zu setzen.[3]) Die Annahme des Gepäckscheins mit dem Vermerke gilt als Anerkenntnis dieses Zustandes.[4])

(2) Jedes Gepäckstück muß mit der genauen und dauerhaft befestigten Anschrift des Reisenden (Name, ständiger Wohnort, Wohnung), dem Namen der Versand- und Bestimmungsstation sowie dem Tage der Auflieferung versehen sein. Nicht derartig gekennzeichnetes Gepäck kann zurückgewiesen werden. Ältere Bezeichnungen (Eisenbahnbeförderungszeichen, Postbeförderungszeichen sowie andere Zeichen, die mit Eisenbahnbeförderungszeichen verwechselt werden könnten) müssen von den Gepäckstücken entfernt sein.[5])

1. Unverpackte oder ungenügend verpackte Gepäckstücke werden von den Gepäckabfertigungen angenommen, wenn sie sich nach dem Ermessen des abfertigenden Beamten zur Beförderung eignen.

2. Wegen der Annahme unverpackter Fahrräder vergleiche Ausführungsbestimmungen 5 und 6 zu § 32.

3. Die Bezeichnung ist auf dem Gepäckstück selbst oder auf einem Beklebezettel, einer Tafel oder einem Anhänger aus haltbarem Stoff anzubringen, die dauerhaft befestigt sein müssen. Wird die vollständige Bezeichnung auf dem Gepäckstück selbst niedergeschrieben oder mit Farbe angebracht, so ist das Gepäck außerdem durch den auffälligen Vermerk „Gepäck“ besonders zu kennzeichnen. Ist das Gepäck nicht nach diesen Vorschriften oder nur undeutlich oder unvollständig bezeichnet, oder genügen die Befestigung oder die Beschaffenheit der Beklebezettel, Tafeln oder Anhänger den vorstehenden Anforderungen nicht, so kann die Annahme

zur Beförderung abgelehnt werden, wenn nicht die Eisenbahn die vorgeschriebene Bezeichnung gegen Berechnung der in der Anlage V Ziffer 7 festgesetzten Gebühr übernimmt. Als ungenügende Bezeichnung ist es auch anzusehen, wenn ältere Bezeichnungen nicht entfernt sind.

HGB. § 459 Abs. 1 Ziff. 2; JÜP. Art. 19.

1. Soweit es seine Natur erfordert (EVO. § 62, § 86 Abs. 1 Ziff. 2; Rundnagel, BefGesch. § 187).

2. Wozu Eisenbahn nicht verpflichtet ist, auch nicht gegen Vermerk.

3. Haftung siehe EVO. § 35. Sind die Mängel äußerlich erkennbar, haftet Eisenbahn, es sei denn, daß sie den Mangel auf dem Gepäckschein vermerkt hat und der Schaden den Umständen nach aus diesem Mangel entstehen konnte; war der Mangel äußerlich nicht erkennbar, entfällt die Haftung (§ 84 EVO.).

4. Es ist wohl anzunehmen, daß auch diese Form der Vorschrift des § 459 Ziff. 2 HGB. entspricht; Düringer S. 941 Anm. 9 verneint dies (siehe auch Reindl, EEE. **17** 361 ff.; vgl. auch EVO. § 62 Abs. 2).

5. Siehe Arch. f. Eis. **05** 957. Weggelassen ist, als dem § 466 Abs. 1 HGB. gegenüber rechtsungültig, der frühere Schlußsatz, der die Haftung für die Verschleppung infolge älterer Bezeichnungen von der Eisenbahn abwälzen sollte. Eger Anm. 124 S. 119 nimmt äußerlich erkennbaren Mangel an; Haftung demgemäß nach EVO. §§ 31 und 62 Abs. 3; Rundnagel S. 534 sieht darin einen Verstoß des Reisenden gegen seine Vertragspflichten; er will prüfen, ob § 254 BGB. (gegenseitiges Verschulden) anwendbar ist. Letztere Auffassung dürfte richtig sein und zu sachgemäßerem Ergebnis führen (vgl. EEE. **22** 28 und 414; Sendpiehl [unklar] S. 172; ZVDEisV. **03** 38).

§ 32.

Auflieferung. Gepäckschein.

(1) Das Reisegepäck ist innerhalb der für die Lösung der Fahrkarten festgesetzten Zeit [1]) bei der Abfertigungsstelle aufzuliefern; indes kann die Annahme von Gepäck abgelehnt werden, das nicht spätestens 15 Minuten — auf Stationen, wo der Fahrkartenschalter nach § 14 (1) erst eine Viertelstunde vor der Abfahrtzeit geöffnet wird, nicht spätestens 10 Minuten — vor Abgang des Zuges aufgeliefert wird.[2]) Der Tarif muß einheitlich bestimmen, ob bei der Auflieferung des Gepäcks die Fahrkarte vorzuzeigen ist.

(2) Der Reisende kann das Interesse an der Lieferung unter Zahlung der tarifmäßigen Gebühr bei der Auflieferung angeben.[3]) Ist die Ersatzpflicht nach § 35 Abs. 2 auf einen Höchstbetrag beschränkt, so ist eine Angabe des Interesses an der Lieferung über diesen Betrag hinaus unzulässig.

(3) Die Gepäckfracht ist bei der Aufgabe zu entrichten.

(4) Bei der Annahme ist dem Reisenden ein Gepäckschein [4]) auszuhändigen und im Falle der Angabe des Interesses an der Lieferung darin auch die angegebene Summe zu vermerken,[5]) anderenfalls hat die Angabe keine rechtliche Wirkung.[6])

(5) Wird in dringenden Fällen Gepäck ausnahmsweise unter Vorbehalt späterer Abfertigung befördert [7]) oder wird Gepäck auf Stationen ohne Gepäckabfertigung angenommen,[7]) so gilt es gleichwohl mit dem Zeitpunkte der Annahme als zur Beförderung übernommen.

(6) Für die Beförderung von Fahrrädern [8]) können durch den Tarif besondere Vorschriften getroffen werden.

1. (1) Reisegepäck wird zu den Sätzen des Gepäcktarifs nur gegen Vorlage von Fahrkarten angenommen, die nach der Station gültig sind, für die die Gepäckabfertigung verlangt wird. Auch auf Zeitkarten aller Art wird Reisegepäck einschließlich der Fahrräder, die nach der Ausführungsbestimmung 7 auf Fahrradkarte unverpackt aufgegeben werden, aufgenommen, soweit die Tarifteile II nichts anderes bestimmen.

(2) Gilt die Fahrkarte wahlweise nach verschiedenen Stationen oder über verschiedene Wege, so hat der Reisende bei der Aufgabe des Gepäcks anzugeben, nach welcher Station und über welchen Weg es befördert werden soll. Kommen verschiedene Stationen desselben Orts in Frage, und kann der Reisende auf ausdrückliches Befragen die Station, nach der das Gepäck befördert werden soll, nicht angeben, so ist nach den Vorschriften der Anlage II (Abschnitt B) zu verfahren.

(3) Reisegepäck wird auch nach einer über die Bestimmungsstation der vorgelegten Fahrkarten hinaus gelegenen Station angenommen, wenn durchgehende Fahrkarten bis zu dieser Station nicht oder nicht über den vom Reisenden benutzten Weg bestehen, der Reisende aber Fahrkarten nach der zur Lösung neuer Fahrkarten geeigneten weitestgelegenen Station gelöst hat.

(4) Das Gepäck wird über den Weg oder einen der Wege befördert, über die die vorgelegte Fahrkarte gilt. Auf Antrag wird es auch über einen anderen Weg befördert, wenn durchgehende Abfertigung möglich ist.

(5) Fahr- und Rollstühle, die Kriegsteilnehmer oder Kriegsbeschädigte für ihren Gebrauch bei Reisen mit sich führen, für die sie nach den Ausführungsbestimmungen C X und C XI, I und II zu § 12 eine Fahrpreisermäßigung oder nach der Ausführungsbestimmung C X, II freie Beförderung des Begleiters

genießen, werden gegen Vorlage der Fahrkarten auf Gepäckschein frachtfrei befördert.

Die Überfuhrgebühren nach Anlage II (Abschnitt C II) sind jedoch zu entrichten.

2. (1) Die Gepäckfracht wird für je 10 kg erhoben, wobei Zwischenkilogramme auf volle 10 kg aufgerundet werden. Sie beträgt mindestens 0,20 Reichsmark und wird für eine Mindestentfernung von 10 km berechnet.

(2) Bei Beförderung in Expreß- und Luxuszügen tritt zu der nach Ziffer (1) berechneten Gepäckfracht ein Zuschlag von 100 v. H. und eine Abfertigungsgebühr von 1,30 Reichsmark für je 10 kg des der Frachtberechnung zugrunde gelegten Gewichts.

3. Wird Gepäck unabgefertigt mitgenommen oder auf Wunsch des Reisenden nachgesandt, so wird auf der Station, die die Nachbehandlung vornimmt, außer der tarifmäßigen Gepäck- oder Expreßgutfracht und sonstigen Kosten eine Gebühr in Höhe des jeweiligen Mindestsatzes der Gepäckfracht erhoben. Von der Erhebung dieser Gebühr wird abgesehen, wenn die Einrichtungen der Eisenbahn die Nachbehandlung erforderlich machen, also z. B. wenn die Zugangsstation für den Gepäckverkehr nicht eingerichtet ist oder wenn das Gepäck mangels direkter Tarife nicht durchgehend abgefertigt werden kann und die Umschlagzeit auf der Übergangsstation zur Umbehandlung nicht ausreicht. Im Falle des § 28 (4) wird diese Gebühr nicht erhoben.

4. Reisegepäck wird auch ohne Vorzeigung von Fahrkarten zu den Sätzen des Expreßguttarifs nach Stationen angenommen, nach denen Expreßgut abgefertigt wird. Das Mindestgewicht für die Frachtberechnung beträgt 10 kg.[*])

5. Für Angabe des Interesses an der Lieferung wird die in der Anlage V Ziffer 8 festgesetzte Gebühr erhoben.

6. (1) Für unverpackte Fahrräder, die als Reisegepäck aufgegeben werden, werden zum Zweck der Frachtberechnung folgende Gewichte angenommen:

1. für Fahrräder

a) für einsitzige Zweiräder . . . . 20 kg,
für zweisitzige . . . . 30 kg,

b) für einsitzige Zweiräder mit aufgebautem Hilfsmotor . . . . 30 kg,

c) für einsitzige Dreiräder . . . . 40 kg,
für zweisitzige . . . . 50 kg,

2. für einsitzige Kraftfahrräder
bis zu 2 Pferdekräften . . . . 60 kg,
über 2 bis zu 3 Pferdekräften . . . . 90 kg,
über 3 bis zu 5 Pferdekräften . . . . 120 kg,
über 5 Pferdekräfte . . . . 180 kg.

Wird von dem Reisenden ausdrücklich Verwiegung verlangt, und kann sie mittels der Stationswage erfolgen, so wird das hierbei ermittelte Gewicht der Frachtberechnung zugrunde gelegt. Der Reisende ist verpflichtet, bei der Feststellung des Gewichts mitzuwirken.

Werden mehrere unverpackte einsitzige Zweiräder für sich allein oder zusammen mit anderem Gepäck auf Gepäckschein abgefertigt, so werden als Mindestfracht der ganzen Sendung 0,40 Reichsmark für jedes Rad erhoben. Mehrere Kraftfahrräder dürfen von einer Person oder auf eine Fahrkarte nicht aufgegeben werden.

(2) Werden Fahrräder unverpackt aufgegeben, so ist die Laterne und das am Rade befestigte Gepäck mit Ausnahme der Satteltasche und der innerhalb des Rahmens befestigten Gepäcktasche abzunehmen. Die Laterne kann am Rade belassen werden, wenn sie mit dem Rade fest verbunden (ver-

schraubt) ist und nicht ohne weiteres abgenommen werden kann.

7. Auf Entfernungen bis zu 150 Tarifkilometern werden unverpackte einsitzige Zweiräder — mit Ausnahme von Kraftfahrrädern und Fahrrädern mit aufgebautem Hilfsmotor — nach Wahl des Reisenden auch gegen Lösung von Fahrradkarten als Gepäck abgefertigt.

Die Gebühr für Fahrradkarten beträgt:

auf Entfernungen von	1—25	km	0,30 Reichsmark,
„ „ „	26—100	„	0,50 „ ,
„ „ „	101—150	„	0,80 „ .

Die Geltungsdauer der Fahrradkarte beträgt vier Tage, der Lösungstag eingerechnet.

Für die Abfertigung auf Fahrradkarte gelten folgende besondere Beförderungsbedingungen:

a) Der Reisende ist verpflichtet, das Rad auf der Abgangsstation nach dem Packwagen zu bringen, es beim Zugwechsel auf Unterwegsstationen von Packwagen zu Packwagen zu überführen und auf der Bestimmungsstation am Packwagen in Empfang zu nehmen.

b) Vor der Aufgabe des Rades hat der Reisende die Fahrradkarte nach Abtrennung des Abschnitts fest an der Lenkstange anzubinden. Den Abschnitt der Karte hat er bei Übergabe des Rades am Packwagen zur Quittungsleistung vorzuzeigen und dann an sich zu nehmen. Die Annahme des Abschnitts ersetzt das Anerkenntnis des Reisenden über das Fehlen der Verpackung.

c) Auf eine Fahrkarte darf nicht mehr als ein Rad aufgegeben werden, doch ist die gleichzeitige Aufgabe anderen Reisegepäcks zulässig.

d) Das Rad wird gegen Rückgabe des Abschnitts ausgehändigt. Im Falle der Überführung auf einen anderen Zug hat der Reisende den Abschnitt bei der Aushändigung des Rades zur Entwertung der erteilten Quittung sowie bei der Übergabe am Packwagen des Anschlußzuges zur Erteilung einer neuen Quittung vorzuzeigen.

e) Wird das Rad auf der Bestimmungsstation oder Zugwechselstation am Packwagen nicht abgeholt, so ist die in der Anlage V Ziffer 9 festgesetzte Ausladegebühr zu entrichten.

f) Die Abfertigung von Fahrrädern auf Fahrradkarte über Orte mit mehreren Bahnhöfen hinaus kann in den Tarifteilen II ausgeschlossen oder besonders geregelt werden.

g) Die nachträgliche Abfertigung unabgefertigt mitgenommener Fahrräder auf Fahrradkarten ist ausgeschlossen.

Im übrigen gelten auch für die auf Fahrradkarte abgefertigten Zweiräder die allgemeinen Bestimmungen.

8. Die Eisenbahn kann bei bestimmten Zügen die Beförderung von Fahrrädern einschließlich der Kraftfahrräder und Fahrräder mit aufgebautem Hilfsmotor auf Gepäckschein und Fahrkarte ausschließen.

9. Wegen telegraphischer Vorausbestellung von Gepäckscheinen vergleiche Ausführungsbestimmung 1 zu § 14.

10. Besondere Bestimmungen über die Überführung des Gepäcks an Orten mit getrennten Bahnhöfen oder zwischen benachbarten Orten enthält die Anlage II (Abschnitt C II).

JÜP. Art. 20.

Litteratur: Die rechtliche Natur des Gepäckscheins: EEE. 23 416 und die bei Rundnagel, BefGesch. § 188 Anm. 4 angeführten Dissertationen.

1. EVO. § 14; AAB. § 18.

2. Erfolgt die Annahme später, haftet die Eisenbahn trotzdem für Innehaltung der Zeit aus § 34 Abs. 2 (ZVDEisV. 07 380). Doch wird man ihr unmöglich den Beweis abschneiden können,

daß eine Beförderung mit dem gewünschten Zuge infolge des verspäteten Auflieferns unmöglich war.

3. Vgl. §§ 35, 37, 92, 93 EVO. Das Interesse umfaßt den Wert und das Verzugsinteresse wie den entgangenen Gewinn.

4. Siehe Rundnagel, BefGesch. S. 535 Anm. 4 und S. 537 Anm. 14; Werneburg, EEE. 33 236; Gumprecht, EEE. 23 309, 413. Gepäckschein ist zunächst Quittung über die Aushändigung des Gepäcks, sodann Beweisurkunde über den Abschluß des Gepäckbeförderungsvertrages und Legitimationspapier für die Rückforderung des Gepäcks. Er ist kein Wert- oder Inhaberpapier; abw. Kittel, EVO. § 34 Anm. 1; siehe Rundnagel, BefGesch. S. 537 Anm. 12 (Vorschlag, § 34 Abs. 2 dahin zu ändern: „der Reisende" [statt „der Inhaber"] ist berechtigt). BGB. §§ 794, 796 sind also nicht anwendbar. Der Gepäckschein der Reichsbahn ist öffentliche Urkunde (EEE. 21 385; RGSt. 37 318; JW. 05 244; JW. 25 2746).

5. Nicht verlangt ist Angabe in Buchstaben (arg. e contr. EVO. § 92 Ziff. 2; AAB. § 20 Abs. 1, 9). Unrichtig Eger Anm. 129 S. 131.

6. Gegen die Gültigkeit dieser Bestimmung sind Bedenken geltend gemacht worden; sie sind wohl nicht begründet (Literatur bei Eger Anm. 129 Ziff. 2 S. 131).

7. Wozu eine Verpflichtung nicht besteht.

8. Vgl. Rundnagel, BefGesch. § 190 S. 541 und AusfBest. 7 bis 12. Fahrräder können zunächst verpackt oder unverpackt wie jedes andere Reisegepäck aufgeliefert werden (AAB. Ziff. 6). Daneben Auflieferung auf Fahrradkarte (Ziff. 7). Hier erfolgt Vertragsabschluß nicht schon durch Lösung der Fahrradkarte, sondern erst durch Auflieferung und Annahme, diesmal am Packwagen (siehe EEE. 41 43); jedesmaliger Neuabschluß bei Zugwechsel, wenn dabei das Rad dem Reisenden wieder ausgehändigt wird (so Kittel, EVO. § 32 Anm. 6 S. 76; a. M. Rundnagel a. a. O. S. 542). § 34 Abs. 1 S. 2 und Abs. 5 gelten auch hier. Die Fahrradkarte ist Inhaberpapier im Sinne von BGB. § 807,

auch ungelocht (Goltermann, EEE. 39 157). Haftung der Eisenbahn vermindert sich, wenn der Reisende mit seiner Abholung in Verzug gerät (BGB. § 300).

9. Siehe hierüber EVO. § 30 Anm. 1.

§ 33.

Zoll- oder steueramtliche, polizeiliche Abfertigung.

Die Reisenden sind verpflichtet, der zoll- oder steueramtlichen und der polizeilichen Abfertigung ihres Gepäcks beizuwohnen. Für eine durch Nichtbeachtung dieser Vorschrift [1]) verursachte Überschreitung der Lieferfrist (§ 37) wird kein Schadensersatz gewährt.[2])

Wenn Reisegepäck auf Wunsch oder wegen Abwesenheit des Gepäckscheininhabers einem anderen Zollamt zur Verzollung überwiesen werden muß, werden für die Mitwirkung der Eisenbahn bei Erfüllung der Zollvorschriften die in der Anlage V Ziffer 10 festgesetzten Gebühren erhoben.

IÜP. Art. 25.

1. Beweispflichtig ist die Eisenbahn.

2. Für Handlungen, die in den Bereich der zollamtlichen Tätigkeit fallen, haftet die Eisenbahn nicht (EEE. 32 298).

§ 34.

Auslieferung.

(1) Das Gepäck wird gegen Rückgabe des Gepäckscheins ausgeliefert.[1]) Die Eisenbahn ist nicht verpflichtet, die Berechtigung des Inhabers zu prüfen.[2])

(2) Der Inhaber [3]) ist berechtigt, auf der Bestimmungsstation die Auslieferung des Gepäcks an der Ausgabestelle [4]) zu verlangen, sobald nach Ankunft des

Zuges, zu dem es aufgegeben war, die zur Bereitstellung und etwa zur zoll- oder steueramtlichen oder polizeilichen Abfertigung erforderliche Zeit abgelaufen ist. Muß Gepäck unterwegs auf einen anderen Zug übergeben, so kann die Weiterbeförderung nicht mit dem Anschlußzuge, sondern erst mit dem nächsten der Gepäckbeförderung dienenden Zuge verlangt werden.

(3) Werden Gepäckstücke nicht innerhalb 24 Stunden nach Ankunft des Zuges[5]) abgeholt, so ist das tarifmäßige Lagergeld zu entrichten.[6])

(4) In der Regel ist das Gepäck nur auf der Station auszuliefern, wohin es abgefertigt war. Auf Verlangen des Reisenden kann es jedoch, wenn Zeit und Umstände dies gestatten und keine Zoll-, Steuer- oder Polizeivorschriften entgegenstehen, gegen Rückgabe des Gepäckscheins und Vorzeigung der Fahrkarte auf der Aufgabestation zurückgegeben oder auf einer Zwischenstation ausgeliefert werden.[7])

(5) Wird der Gepäckschein nicht beigebracht, so ist die Eisenbahn zur Auslieferung des Gepäcks nur verpflichtet, wenn die Empfangsberechtigung glaubhaft gemacht wird; auch kann Sicherheitsleistung verlangt werden.[8])

(6) Der Reisende, dem das Gepäck nicht rechtzeitig ausgeliefert wird, kann verlangen, daß ihm auf dem Gepäckscheine Tag und Stunde der Abforderung bescheinigt werden.

1. Gepäck, das nach Stationen abgefertigt ist, auf denen keine Gepäckabfertigung besteht, hat der Reisende unmittelbar nach Ankunft an dem Bestimmungsort am Zug abzunehmen. Erfolgt die Abnahme nicht, so wird es bis zur nächsten Station, auf der sich eine Gepäckabfertigung befindet, weiterbefördert

und dort zur Abnahme bereitgehalten. Für die Strecke, auf der das Gepäck unabgefertigt mitgenommen worden ist, wird die Gepäckfracht besonders berechnet.[5])

2. Für Reisegepäck, welches länger als 24 Stunden nach der Ankunft lagert, wird das in der Anlage V Ziffer 11 festgesetzte Lagergeld erhoben.

3. Verlangt ein Reisender bei Auslieferung des Gepäcks dessen Verwägung, so ist dem Antrage zu entsprechen. Ergibt die Nachwägung kein von der Eisenbahn zu vertretendes Mindergewicht, so wird das in der Anlage V Ziffer 12 festgesetzte Wägegeld erhoben.

4. Wird der Gepäckschein nicht beigebracht, so hat der Reisende eine Erklärung nach vorgeschriebenem Muster auszustellen, in der er die Auslieferung des Gepäcks anerkennt, auf alle Rechte aus dem Gepäckschein verzichtet und sich verpflichtet, die Eisenbahn gegen Ansprüche Dritter schadlos zu halten. Für die Ausfertigung dieser Erklärung wird die in der Anlage V Ziffer 13 festgesetzte Gebühr erhoben.

JÜP. Art. 21.

1. Siehe § 32 Anm. 7. Besitzt die Eisenbahn den Gepäckschein, spricht die Vermutung für erfolgte Auslieferung (ZVDEisV. 66 577).

2. Eisenbahn ist zur Prüfung der Berechtigung nicht verpflichtet, es sei denn, daß eine besondere Veranlassung gegeben ist, die Nichtprüfen zum Verschulden macht (Anzeige, daß der Schein dem Reisenden abhanden gekommen ist) (siehe Gumprecht, EEE. 23 309, 413; Goltermann, EEE. 30 156).

3. Besser „Der Reisende" (siehe EVO. § 32 Anm. 4).

4. Also nicht am Packwagen (vgl. aber AusfBest. 1).

5. D. h. des Aufgabe- oder Anschlußzuges, mit dem es befördert worden ist und nach Abs. (2) spätestens befördert werden sollte.

6. Abnahmepflicht; Verzug beginnt mit Ablauf dieser Frist, da Mahnung unmöglich; während der Lagerung Haftung aus dem GepBefVertrag, nicht aus Verwahrung (Rundnagel § 189 S. 541 Anm. 3; a. M. Kittel § 34 Anm. 3 S. 79).

7. Ohne Recht auf Rückvergütung der Gepäckfracht (siehe AAB. § 28 Ziff. 10 bis 12).

8. Für Auslieferung an einen Nichtbeteiligten haftet die Bahn (vgl. EVO. § 23 Anm. 3 und § 36 Abs. 1). Rückgabe der Sicherheit wegen § 36 Abs. 1 EVO. nicht vor Ablauf von vierzehn Tagen (Sendpiehl, EisTranspGesch. S. 182).

9. Kein Beförderungsvertrag mehr (siehe Kittel, EVO. § 34 Anm. 7).

§ 35.

Haftung der Eisenbahn für Verlust, Minderung oder Beschädigung.

(1) Für Reisegepäck [1]) haftet [2]) die Eisenbahn, soweit nicht in diesem Abschnitt Abweichungen vorgesehen sind, nach den Vorschriften über die Haftung für Güter (Abschnitt VIII).[3])

(2) Bei besonderen Betriebsverhältnissen kann die Eisenbahn mit Genehmigung der Landesaufsichtsbehörde [4]) nach Zustimmung des Reichseisenbahnamts [4]) die bei Verlust, Minderung oder Beschädigung von Reisegepäck zu leistende Entschädigung im Tarif [5]) auf einen Höchstbetrag beschränken. Wegen Beschränkung der Höhe des Schadensersatzes bei Gegenständen des § 54 Abs. 2 B Ziffer 1 gilt § 89 Abs. 2. Wenn Vorsatz oder grobe Fahrlässigkeit vorliegt, kann die Beschränkung auf den Höchstbetrag nicht geltend gemacht werden.

Für die nach der Ausführungsbestimmung 2 zu § 30 zur Gepäckbeförderung zugelassenen Gegenstände des § 54 (2) B 1 werden bei Verlust, Minderung oder Beschädigung nicht mehr als 30 Reichsmark für 1 kg Reingewicht des unverpackten Gegenstandes (sogenannte innere Verpackung gilt nicht als Ware) und höchstens 300 Reichsmark für alle in der Sendung enthaltenen Kostbarkeiten [6]) ersetzt.

(3) Für Verlust, Minderung oder Beschädigung von Gegenständen, die in beförderten Fahrzeugen belassen sind, haftet die Eisenbahn nur, wenn ihr [7]) ein Verschulden zur Last fällt.

HGB. §§ 456, 467, 471; JÜB. Art. 28 ff.

1. Begriff siehe oben § 30 Anm. 1. Eisenbahn haftet nicht aus Gepäckvertrag, wenn Nichtreisebedarf als Reisegepäck aufgegeben wird; herrschende Meinung bejaht Haftung, übersieht aber, daß annehmender Beamter zur Abänderung der Tarifbestimmungen nicht befugt ist (vgl. Mantey, Nichtreisebedarf als Reisegepäck, ZVDEisV. 23 296; RG. 97 109 [Handelsware]; Sendpiehl, JW. 20 426).

2. Dem Reisenden, der den Beförderungsvertrag abgeschlossen hat (arg. e § 99). Haftung dem dinglich Berechtigten (Eigentümer) gegenüber regelt sich nach BGB. (siehe Rundnagel, BefGesch. S. 549; EEE 20 213, 19 7).

3. §§ 36, 82 bis 99 und 100 Abs. 1; bez. § 95 EVO. vgl. EEE. 22 28. Aus der Natur des Gutes sowie der Verschiedenheit der Abfertigungs- und Beförderungsweise ergeben sich einige Schwierigkeiten, namentlich bei Anwendung des § 86 EVO., doch ist mit Rundnagel (BefGesch. S. 550) dessen Anwendbarkeit zu bejahen, ausgenommen Abs. 1 Ziff. 6; nicht anwendbar ist dagegen EVO. § 100 Abs. 2 bis 4. Der Reisende kann sich also nur an die Bahn halten, mit der er den Gepäckbeförderungsvertrag abgeschlossen hat (siehe Reindl, EEE. 17 361). Haftung der verschiedenen Beförderungsanstalten untereinander nach HGB. § 432 (z. B. Eisenbahn und Dampfschiffahrts-Gesellschaft). Ansprüche gegen die Eisenbahn erlöschen mit der Abnahme

trotz Vorausbezahlung der Gepäckfracht (Gorden, EEE. 31 167). Über Verjährung siehe §§ 71 und 98 EVO.

4. Jetzt Reichsverkehrsministerium (siehe oben Anm. S. 23).

5. Eger Anm. 140 S. 144 hält zu Unrecht diese Regelung (durch Tarife statt durch EVO. selbst) nicht für vereinbar mit §§ 465 Abs. 2, 471 Abs. 1 HGB.; a. M. Rundnagel, Haftung, S. 206 (vgl. auch EVO. § 89). Beschränkung der Interessenangabe siehe EVO. § 32 Abs. 2.

6. Über den Begriff „Kostbarkeit" gilt auch hier das zu § 54 EVO. Anm. 10 Gesagte (siehe auch Hellmann, EEE. 28 8).

7. Oder ihren Leuten (EVO. § 5).

§ 36.

Verlust von Reisegepäck.

(1) Für den Verlust [1]) von Reisegepäck haftet die Eisenbahn nur, wenn das Gepäck binnen 14 Tagen [2]) nach der Ankunft des Zuges, zu dem es aufgegeben war, auf der Bestimmungsstation abgefordert wird.[3])

(2) Ein fehlendes Gepäckstück gilt nach Ablauf von drei Tagen nach Ankunft des Zuges, zu dem es aufgegeben war, als verloren.[4])

(3) Wird das Gepäck später wiedergefunden, so ist der Reisende, wenn sich sein Aufenthalt ermitteln läßt, hiervon zu benachrichtigen.[5]) Er kann innerhalb 30 Tagen nach Empfang der Nachricht verlangen, daß ihm das Gepäck gegen Rückzahlung des Ersatzbetrags [6]) nach Abzug des gemäß § 37 für Überschreitung der Lieferfrist zu gewährenden Schadensersatzes auf einer inländischen Station kostenfrei ausgehändigt werde.[7]) Bei der Rückgabe auf der Abgangsstation ist dem Reisenden die Fracht zu erstatten.[8]) [9])

HGB. § 465 Abs. 1; JÜB. Art. 31 ff.

Literatur: Hertzer, ZVDEisB. 07 382.

1. Nicht Beschädigung (hier gelten die Fristen EVO. §§ 97 und 98); Staub § 465 Anm. 5, wohl aber für Minderung (siehe Rundnagel, BefGesch. S. 546; Staub § 465 Anm. 5). Innehaltung der Frist ist Voraussetzung für die Geltendmachung des Anspruchs auf Schadensersatz, für den aber dann die regelrechte Verjährungsfrist läuft. Maßgebend ist, daß das Gepäck zur Zeit der Abforderung in Verlust geraten ist; wann und wie ist gleichgültig, selbst Vorsatz und grobe Fahrlässigkeit (Diebstahl durch Bahnbedienstete) schließen die Anwendung von § 36 nicht aus. Abforderung des vorhandenen oder später wieder vorgefundenen Gepäcks ist auch nach Ablauf der Frist nicht ausgeschlossen. Ob Anspruch aus § 823 BGB. hergeleitet werden kann, ist fraglich (siehe Staub § 465 Anm. 4; Düringer-Hachenburg § 465 Anm. 6), aber wohl zu verneinen. Präklusivfrist würde naturgemäß nicht für § 823 BGB. gelten. Ersatzfordernder hat Verlust und rechtzeitige Abforderung (vgl. EVO. § 34 Abs. 6) zu beweisen (Rundnagel a. a. O. S. 547; Staub § 465 Anm. 3).

2. Der Tag der Ankunft ist nicht mitzuzählen (§ 187 Abs. 1 BGB.).

3. Vorlage des Gepäckscheins wird nicht verlangt, wohl aber Abforderung durch den Empfangsberechtigten, wenn auch nicht persönlich. Ist das Gepäck rechtzeitig abgefordert, gilt Verjährungsfrist des § 98 EVO. (läuft von Ende der Lieferfrist) (siehe Staub § 465 Anm. 1).

4. Vermutung nur zugunsten der Berechtigten! (EVO. § 90), nicht auch der Eisenbahn (vgl. § 90 EVO.).

5. Stets! (Anders EVO. § 91!)

6. Der vollen; also auch bei Entschädigung für Interesseangabe.

7. D. h. in Deutschland belegenen, nicht nur wie bei § 91 EVO. am Aufgabeort oder Bestimmungsbahnhof. Aushändigungspflicht ist zeitlich unbegrenzt (abw. § 91, 2).

8. Also keine Rückzahlung der Fracht, die dem Reisenden als Teil der Verlustentschädigung gezahlt ist.

9. Nach Ablauf der Frist hat die Eisenbahn das Verfügungsrecht über das Gut [EVO. § 35 (1), § 91 (3)].

§ 37.

Haftung der Eisenbahn für Überschreitung der Lieferfrist.

(1) Bei Überschreitung der Lieferfrist [1]) hat die Eisenbahn den nachgewiesenen Schaden [2]) zu ersetzen, und zwar: [3])

a) wenn das Interesse an der Lieferung nicht angegeben ist, für je angefangene 24 Stunden der Fristüberschreitung — höchstens aber für 3 Tage [4]) — bis zum Betrage von 20 Reichspfennig für jedes Kilogramm des ausgebliebenen Gepäcks;

b) wenn das Interesse an der Lieferung angegeben ist, bis zum angegebenen Betrage.[5]) Ist dieser niedriger als die unter a bestimmte Entschädigung, so kann letztere beansprucht werden.

(2) Die Haftung der Eisenbahn ist ausgeschlossen, wenn die Fristüberschreitung von einem Ereignisse herrührt, das die Eisenbahn weder herbeigeführt hat noch abzuwenden vermochte.[6])

(3) Wegen der Fälle, in denen voller Ersatz zu leisten ist, vergleiche § 95 EVO.[7])

HGB. §§ 429, 463, 466, 471; JÜB. Art. 34.

1. Die Haftung für Lieferfristüberschreitung ist im Abschn. IV erschöpfend geregelt. Ergänzung aus Abschn. VIII ist nicht gestattet (Ausnahme siehe Abs. 3); so gilt nicht § 97 Abs. 1 Ziff. 2; durch vorbehaltlose Annahme des verspäteten Reisegepäcks geht

also der Ersatzanspruch unter; schriftliche Anmeldung hemmt ebensowenig die Verjährung wie die Abforderung nach EVO. § 34. § 100 Abs. 2 bis 4 (siehe oben § 35 Anm. 2).

2. Auch entgangenen Gewinn.

3. Bei Zusammentreffen von Verlust und Beschädigung sowie Lieferfristüberschreitung gilt sinngemäß EVO. § 94 Abs. 3.

4. Siehe EVO. § 36 Abs. 2 (Reisender kann Rücknahme verweigern und Ersatz fordern).

5. Vgl. EVO. § 32 Abs. 2.

6. D. i. Haftung bis zur höheren Gewalt. Eisenbahn haftet aber nicht für Verschulden des Reisenden oder die Folgen von dessen nicht auf Verschulden der Eisenbahn zurückzuführender Anweisung (siehe EVO. § 94 Anm. 1). Keine Haftung der Eisenbahn, wenn die Verzögerung in der Zollbehandlung eingetreten ist (siehe EEE. 32 298). Über das Vorliegen gegenseitigen Verschuldens (§ 254 BGB.) vgl. EEE. 29 154.

7. EEE. 26 28.

§ 38.

Gepäckträger.

(1) Auf Stationen, wo das Bedürfnis besteht, sind Gepäckträger [1]) zu bestellen,[2]) die das Reise- und Handgepäck innerhalb des Bahnhofsbereichs [3]) nach den von den Reisenden bezeichneten Stellen zu bringen haben.[4])

(2) Die Gepäckträger müssen durch Dienstabzeichen erkennbar sein und eine gedruckte Dienstanweisung nebst Gebührentarif bei sich tragen. Sie haben auf Verlangen den Tarif vorzuzeigen, auch eine mit ihrer Nummer versehene Marke zu verabfolgen.

(3) Der Tarif muß an den Gepäckannahme- und -ausgabestellen und in den zur Gepäckaufbewahrung dienenden Räumen aushängen.

(4) Für das den Gepäckträgern nach Abs. 1 [5]) übergebene Gepäck [6]) haftet die Eisenbahn wie für das ihr zur Beförderung übergebene Reisegepäck.[7])

JÜP. Art. 39.

Literatur: EEE. 17 282, 364 (Eger), 18 182, 19 81 (Reindl).

1. Mit Gepäckbeförderung können sich dreierlei Arten von Personen beschäftigen: a) Selbständige Unternehmer (Dienstmänner, Gepäckunternehmer u. ä.). Diese sind Frachtführer, vielleicht auch von der Eisenbahn zugelassen, nicht aber bestellt. Sie haften für ihre Handlungen selbst, verpflichten die Eisenbahn nicht. Nichtbestellung muß erkennbar sein. b) Gepäckarbeiter. Sie verrichten unmittelbar Eisenbahndienste, z. B. Annahme des Gepäcks zur Abfertigung, Beförderung zum Zuge, Verladung in den Packwagen, Entladung, Ausgabe. Auf diese Tätigkeit findet unbestritten § 5 EVO. Anwendung. c) Die eigentlichen Gepäckträger [§ 38 (1)]. Es ist zweifelhaft, ob die so bestellten Gepäckträger, sofern es sich um Aufträge im Rahmen des Abs. 1 handelt, als Leute der Eisenbahn (EVO. § 5) oder als selbständige Frachtführer anzusehen sind. Die unterschiedliche Fassung von EVO. § 63 Abs. 8 und § 38 Abs. 4 deutet auf letztere Lösung hin (so Düringer-Hachenburg § 458 Anm. 6; Staub Anm. 3). Zu einem befriedigenden Ergebnis kommt man aber nur, wenn man auch die Gepäckträger im Rahmen des Abs. 1 zu den „Leuten der Eisenbahn" rechnet (vgl. Literatur: Cosack, HR. § 147 S. 509; Kittel, EVO. § 38 Anm. 2; ZVDEisV. 01 356; Gorden, EEE. 17 377, 18 182, 19 285 ff. und Sendpiehl S. 185; Reindl, EEE. 17 362, 19 81; Coermann, EEE. 12 166). Der Reisende kann sich sonach nur an die Eisenbahn halten; der Gepäckträger ist passiv nicht legitimiert (siehe aber Anm. 3).

2. Verpflichtung ist nur öffentlich-rechtlich, nicht zivilrechtlich; also bei Nichterfüllung Aufsichtsbeschwerde, kein Schadensersatz (Holzbecher, ZVDEisV. 00 173; Reindl, EEE. 17 362; a. A. Sendpiehl S. 185).

3. Bahnsteige, Empfangsgebäude, Warteräume, Bahnhofs-

vorplatz, aber nur zur Abgabe an die Wagen oder Dienstmänner, auch zu den Fährschiffen, Kleinbahnbahnhöfen, wenigstens wenn diese in unmittelbarer Nähe des Bahnhofsvorplatzes liegen (siehe Holzbecher oben Anm. 2; Gorden, EEE. **17** 373 ff., **18** 184). Nicht richtig ist Abgrenzung nach dem Bereich der Bahnpolizei. Übernimmt der Gepäckträger die Beförderung des Reisegepäcks über den Umfang des Abs. 1 hinaus, ist er selbständiger (Land-) Frachtführer, auch schon innerhalb des Bahnbereichs. Auch wenn die Eisenbahnverwaltung oder etwa die Gepäckträgergemeinschaft das An- und Abrollen des Reisegepäcks von und nach der Wohnung organisiert, tritt nur Haftung nach Landfrachtrecht ein; das Geschäft fällt aus dem Rahmen der EVO. heraus (siehe Rundnagel, BefGesch. § 196 S. 560; EEE. **20** 164; Arch. f. Eis. **04** 211). Eisenbahn haftet also in diesem Falle nicht für den Gepäckträger oder die Gemeinschaft (a. A. Eger, EVO. Anm. 150; EEE. **17** 364, 378, **18** 186).

4. Das Gepäck muß der Träger an der bezeichneten Stelle natürlich dem Reisenden ordnungsgemäß übergeben, es sei denn, daß dieser dies schuldhaft unmöglich macht (ZVDEisV. **23** 338).

5. Also nicht für andere Handlungen (Besorgen von Fahrkarten, Verzollung von Gepäck, Auskunft über Gepäckfracht oder Fahrplan) (EEE. **20** 164). Ob der Auftrag, das Gepäck zum nächsten, erst nach einiger Zeit abgehenden Anschlußzug zu bringen, einen selbständigen Verwahrungsvertrag darstellt, also nicht unter § 38 (1) fällt, ist Tatfrage. Bei Verwahrung während drei Stunden (OLG. Augsburg, Urt. v. 1. Febr. 1923 — II 122 —) oder während der Nacht (EEE. **39** 12) ist Verwahrungsvertrag mit Recht angenommen worden. Hier nur Haftung des Gepäckträgers (siehe Anm. 3).

6. Kein Unterschied zwischen Hand- und Reisegepäck. Keine Haftung bei Gegenständen des § 29 EVO. Haftung für Kostbarkeiten nur bei Wertangabe (EEE. **28** 8).

7. Haftung bis zur höheren Gewalt (Vertauschen, Verlieren, Beschädigen des Gepäcks; Vergessen der Bestellung usw.). Vertragliche Einschränkung der Haftung ist nichtig.

§ 39.

Aufbewahrung des Gepäcks.

Auf den Stationen, wo Reisegepäck abgefertigt wird,[1]) sind tunlichst Vorkehrungen zu treffen, die es dem Reisenden ermöglichen, sein Gepäck [2]) gegen eine durch Aushang bekanntzumachende Gebühr zu vorübergehender Aufbewahrung niederzulegen. Die Eisenbahn haftet [3]) in diesem Falle als Verwahrer.[4]) [5])

1. (1) Auf Stationen, wo Gepäckstücke zur vorübergehenden Aufbewahrung unter Haftung der Eisenbahn angenommen werden, wird dies durch Aushang bekanntgemacht.

(2) Die Aufbewahrung erfolgt gegen Aushändigung eines Hinterlegungsscheins [6]) auf die Dauer von vier Wochen, darüber hinaus nur auf ausdrücklichen Antrag des Aufgebers.

(3) Gelder, Wertpapiere und Kostbarkeiten, die weder zum Reisebedarf noch zu den in der Ausführungsbestimmung 1 § 30 genannten Gegenständen gehören, ferner leicht verderbliche, feuergefährliche und übelriechende Gegenstände dürfen nicht zur Aufbewahrung übergeben werden.

(4) Gepäck, das nicht oder nur mangelhaft verpackt ist, kann zurückgewiesen werden. Wird es angenommen, so wird auf dem Hinterlegungsschein ein entsprechender Vermerk gemacht. Die Annahme des Scheines mit dem Vermerke gilt als Anerkenntnis der fehlenden oder mangelhaften Verpackung. Für die in unverschlossenen Gegenständen, namentlich in Röcken, Mänteln, Reisedecken und dergleichen enthaltenen Sachen wird nicht gehaftet.

(5) Der Inhaber des Hinterlegungsscheins kann die hinterlegten Gegenstände jederzeit innerhalb der für die Annahme und Auslieferung von Gepäck bestimmten Zeiten zurückfordern. Die Auslieferung erfolgt nur gegen Rückgabe des

Hinterlegungsscheins und Entrichtung der Aufbewahrungsgebühren. Wird der Hinterlegungsschein nicht beigebracht, so ist die Eisenbahn zur Auslieferung nur nach vollständigem Nachweise der Empfangsberechtigung gegen Ausstellung einer Erklärung und unter Umständen gegen Sicherheit verpflichtet. In der Erklärung, die nach vorgeschriebenem Muster auszustellen ist, hat der Hinterleger die Auslieferung der hinterlegten Gegenstände anzuerkennen, auf alle Rechte aus dem Hinterlegungsschein zu verzichten und sich zu verpflichten, die Eisenbahn gegen Ansprüche Dritter schadlos zu halten. Für die Ausfertigung dieser Erklärung wird die in der Anlage V Ziffer 13 festgesetzte Gebühr erhoben.

(6) Für die Aufbewahrung werden die in der Anlage V Ziffer 14 festgesetzten Gebühren erhoben.

Keine Gebühren werden für die Aufbewahrung von Krankenfahrstühlen und Selbstfahrern (auch mit Hilfsmotorenantrieb) von Kriegsbeschädigten erhoben, die auf Monats- oder Wochenkarten fahren und eine Bescheinigung des Versorgungsamtes beibringen, daß ihnen die Krankenfahrstühle oder Selbstfahrer vom Reiche wegen ihrer Kriegsbeschädigung geliefert worden sind.

(7) Wird aufbewahrtes Gepäck auf Wunsch des Reisenden nachgesandt, so wird auf der Station, die die Nachbehandlung vornimmt, außer der tarifmäßigen Gepäck- oder Expreßgutfracht und sonstigen Kosten eine Gebühr in Höhe des jeweiligen Mindestsatzes der Gepäckfracht erhoben.

(8) Nach Ablauf der Aufbewahrungsfrist werden die aufbewahrten Gegenstände als Fundsachen nach den für diese geltenden Bestimmungen behandelt.

(9) Für Verlust, Minderung, Beschädigung oder verspätete Auslieferung der aufbewahrten Gegenstände wird der nachgewiesene Schaden, jedoch nur bis zum Höchstbetrage von 100 Reichsmark für das Stück, ersetzt.[7])

2. Soweit auf Stationen, wo besondere Aufbewahrungsstellen nicht eingerichtet sind, die vorübergehende Aufbewahrung von Gepäckstücken laut Bekanntmachung durch hiermit beauftragte andere Personen stattfindet, geschieht dies unter deren eigener Verantwortlichkeit,[3]) aber im übrigen unter entsprechender Anwendung der vorstehenden Bestimmungen.

BGB. §§ 688 ff., 978.

Literatur: Hertzer, Ausschluß der Haftung für aufzubewahrendes Gepäck (ZVDEisV. 01 728, 1117; Arch. f. Eis. 22 750); Weinberger, Haftungsbeschränkung (EEE. 39 10); Coermann, Verjährung (ZVDEisV. 02 387).

1. Früher nur auf größeren Bahnhöfen. Bei Nichteinrichtung Aufsichtsbeschwerde (siehe § 38 Anm. 2).

2. Reise- und Handgepäck.

3. Also nicht bei nichtbahnamtlicher Aufbewahrung (siehe unten AAB. 2 und EVO. § 38 Anm. 5).

4. §§ 688 ff. BGB.: selbständiger Verwahrungsvertrag, also keine Haftung der Eisenbahn für ihre Leute nach § 5 EVO., sondern nach BGB. § 278, Haftung nur bei Verschulden, nicht auch für Zufall (RG. 98 33), Haftungseinschränkung (hinsichtlich der Höhe des Ersatzes wie auch für falsche Auslieferung) im Rahmen des § 138 BGB. zulässig (siehe Rundnagel, EEE. 18 275, 30 113, 37 161; EEE. 38 50; a. M. Eger Anm. 155 S. 161; ZVDEisV.: Holzbecher 00 174; Reindl ebenda 01 533, 932; Hertzer ebenda S. 729 und 1117; RG. in EEE. 39 48, RGZiv. 98 31; ZVDEisV. 20 14). Die Berufung auf § 471 Abs. 1 HGB. ist aber nicht zutreffend (siehe Eger 37 162, 343, 38 50). Ein Lagergeschäft im Sinne des HGB. § 416 liegt nicht vor (vgl. Staub § 416 Anm. 9; Eger Anm. 155 S. 161; Gorden, EEE. 22 317; a. M. Senckpiehl, EEE. 22 113); Verjährung § 195 BGB.

5. Für vom Reisenden zurückgelassene Gegenstände (siehe BGB. §§ 978 bis 982) besteht Verwahrungspflicht der Eisenbahn aus dem Beförderungsvertrage; daher Haftung für Schaffner

aus § 278, nicht § 831 BGB. (EEE. **22** 11; ZVDEisV. **05** 1273 und Rehse ebenda 1057, 1514; a. M. Eger Anm. 154 S. 160).

6. Aufbewahrungsschein ist Legitimationspapier, nicht Inhaberpapier.

7. Beschränkung auf 100 Mark (selbst bei Vorsatz und grober Fahrlässigkeit der Annahmebediensteten) rechtswirksam (siehe RG. **98** 31; ZVDEisV. **20** 14, 357; Arch. f. Eis. **20** 471; EEE. **38** 50).

V.

Beförderung von Expreßgut.*)

§ 40.

Annahme.

(1) Gegenstände, die sich zur Beförderung im Packwagen eignen, sind nach näherer Bestimmung des Tarifs als Expreßgut [1]) anzunehmen.[2])

(2) Jedes Stück muß die genaue Anschrift des Empfängers, den Namen der Versand- und Bestimmungsstation und den Tag der Auflieferung tragen. Nicht derartig gekennzeichnetes Expreßgut kann zurückgewiesen werden. Ältere Bezeichnungen (Eisenbahnbeförderungszeichen, Postbeförderungszeichen sowie andere Zeichen, die mit Eisenbahnbeförderungszeichen verwechselt werden könnten) müssen von den Stücken entfernt sein. Soll die Sendung dem Empfänger nicht zugeführt werden, so muß der Anschrift jedes Stückes noch der Vermerk „Zur Selbstabholung" oder „Bahnlagernd" beigefügt sein.

---

*) Begriff siehe § 40 Anm. 1; er ist dem HGB. und dem JÜP. unbekannt.

(3) Expreßgut ist bei den von der Eisenbahn bestimmten Abfertigungsstellen während der durch Aushang bekanntzumachenden Dienststunden aufzuliefern.

(4) Die Eisenbahn ist verpflichtet, bei Annahme der Sendung das Gewicht gebührenfrei festzustellen. Dem Absender oder dessen Beauftragten steht frei, der Feststellung beizuwohnen.

(5) Auf Verlangen des Absenders ist die Annahme des Gutes in einer von der Versandbahn zu bestimmenden Form zu bescheinigen.[3])

1. Gegenstände, die sich zur Beförderung im Packwagen eignen, werden mit den nachstehenden Ausnahmen zur Beförderung als Expreßgut von und nach solchen Stationen angenommen, die für den Gepäckverkehr eingerichtet sind und zwischen denen in den Tarifteilen II direkte Sätze bestehen.

2. Das Expreßgut wird auf Expreßgutkarte [4]) nach einem von der Eisenbahn zu bestimmenden Muster abgefertigt. Die Ausfüllung der Expreßgutkarte liegt dem Absender ob. Wird die Ausfüllung durch die Eisenbahn übernommen, so ist hierfür die in der Anlage V Ziffer 15 vorgesehene Gebühr zu erheben.

Die in § 40 Absatz (2) erwähnten Angaben auf den Anschriften der Frachtstücke müssen auch auf der Expreßgutkarte vermerkt sein. Außerdem hat der Absender auf ihr den Inhalt der Sendung anzugeben. Im Falle einer unrichtigen Inhaltsangabe sind die Bestimmungen für Güter (Abschnitt VIII EVO.) anzuwenden. Auf eine Expreßgutkarte können bis zu fünf Stücke aufgeliefert werden.

3. Die Annahme ist ausgeschlossen: [5])

a) hinsichtlich der im § 54 Absatz (1) und (2) A und B 2 und 3 der EVO. verzeichneten Gegenstände;

b) wenn an dem Beförderungsweg Orte mit getrennten Bahnhöfen gelegen sind, zwischen denen von der Eisenbahn Gepäck nicht überführt wird;

c) wenn nach der Beschaffenheit der Sendung die Ver- oder Entladung innerhalb des fahrplanmäßigen Aufenthaltes der Züge nicht möglich ist.

4. Geld, Münzen und Papiere mit Geldwert werden zur Beförderung als Expreßgut nicht angenommen.*)

Gold- und Silberbarren, Platina, Dokumente, Edelsteine und echte Perlen, Waren aus Gold, Silber oder Platina, auch in Verbindung mit Edelsteinen oder echten Perlen, ferner Kunstgegenstände, wie Gemälde, Bildwerke, Gegenstände aus Erzguß und Kunstaltertümer sowie andere Kostbarkeiten, werden unter folgenden Bedingungen zur Expreßgutbeförderung angenommen:

a) Die Gegenstände müssen in festverschlossenen Fässern oder Kisten gut verpackt sein; ist dies nicht der Fall, so muß der Absender das Fehlen oder die Mängel der Verpackung auf der Expreßgutkarte anerkennen.

b) Der Wert der genannten in der Sendung enthaltenen Gegenstände, der den Höchstbetrag für die dafür zu zahlende Entschädigung bilden soll, ist auf der Expreßgutkarte anzugeben.

Wird der Wert oder das Interesse an der Lieferung mit mehr als 300 Reichsmark für die genannten in der Sendung enthaltenen Gegenstände angegeben, so werden sie zur Expreßgutbeförderung nicht angenommen.

5. Gegenstände, die ihrer Natur nach zum Schutze gegen Verlust oder Beschädigung bei der Beförderung einer Verpackung bedürfen, aber unverpackt oder mangelhaft verpackt sind, können zurückgewiesen werden. Sie werden angenommen, wenn sie sich nach dem Ermessen des abfertigenden Beamten

zur Beförderung eignen. In diesem Falle hat der Absender die fehlende oder mangelhafte Verpackung schriftlich anzuerkennen.[7])

6. Expreßgut wird nur freigemacht zur Beförderung angenommen.

7. Der Frachtberechnung wird ein Mindestgewicht von 5 kg zugrunde gelegt. Bei höheren Gewichten wird die Fracht für je 10 kg erhoben, wobei Zwischenkilogramme auf volle 10 kg aufgerundet werden. Für die in Anlage VI genannten sperrigen Güter wird der Frachtberechnung das Doppelte und auf volle 10 kg aufgerundete Gewicht zugrunde gelegt. Wird sperriges und nichtsperriges Expreßgut mit derselben Expreßgutkarte aufgeliefert, so wird die ganze Sendung als sperrig behandelt.

8. Die Expreßgutfracht wird auf volle 0,10 Reichsmark in der Weise abgerundet, daß Beträge unter 5 Reichspfennig gar nicht, Beträge von 5 Reichspfennig ab für 0,10 Reichsmark gerechnet werden.

9. Die Mindestfracht beträgt bei gewöhnlichem Expreßgut 0,40 Reichsmark und bei sperrigem Expreßgut 0,80 Reichsmark.

10. Die Fracht wird für eine Mindestentfernung von 5 km berechnet.

11. Folgende einheimische landwirtschaftliche Erzeugnisse: Butter, Käse, Eier, frische Beeren, frisches Obst, Kartoffeln, frisches Gemüse aller Art werden bei Aufgabe als Expreßgut zu den halben Expreßgutsätzen unter den nachstehenden Bedingungen befördert:

a) Das Gewicht des einzelnen Frachtstückes darf 50 kg nicht übersteigen. Die Höchstentfernung für die Abfertigung zum ermäßigten Tarif beträgt 300 km.

b) Die Beförderung erfolgt mit allen Personenzügen. Schnell- und Eilzüge sind ausgeschlossen.

c) Als Mindestfracht wird die halbe Mindestfracht für gewöhnliches Expreßgut erhoben.

d) Im übrigen gelten die für Expreßgut bestehenden Bestimmungen.

12. Die für die Überführung von Gepäck an Orten mit getrennten Bahnhöfen festgesetzten Überfuhrgebühren (siehe Anlage II Abschnitt C II) werden auch bei der Annahme von Expreßgut erhoben.

13. Nachnahmen auf Expreßgut werden nicht zugelassen.

14. In der Bezeichnung des Stückes hat der Absender bei Orten mit mehreren Bahnhöfen auch den Versandbahnhof anzugeben. Hat der Bestimmungsort mehrere Bahnhöfe und hat der Absender einen bestimmten Bahnhof in der Expreßgutkarte vorgeschrieben, so hat er diesen Bahnhof auch in der Bezeichnung des Stückes anzugeben. Die Bezeichnung ist auf dem Stück selbst oder auf einem an ihm dauerhaft befestigten Beklebezettel oder einer Tafel oder einem Anhänger aus haltbarem Stoff nach den von der Eisenbahn festgesetzten und bekanntgegebenen Mustern *) anzubringen. Die Beklebezettel und Anhänger müssen hinsichtlich ihrer Beschaffenheit den von der Eisenbahn vorgeschriebenen Mindestforderungen genügen. Zur Befestigung der Anhänger darf nur geglühter oder verzinkter Eisendraht von wenigstens 0,5 mm Stärke oder kräftige Hanfschnur verwendet werden. Werden Tafeln oder Anhänger auf dem Expreßgut aufgenagelt, so muß dies durch mindestens vier breitköpfige Nägel geschehen. Wird die

---

*) Vorhandene Bestände an Beklebezetteln und Anhängern können von den Fabrikanten, Buchdruckereien und sonstigen Privatpersonen noch bis einschließlich 31. Aug. 1926 benutzt werden.

vollständige Bezeichnung auf dem Expreßgut selbst niedergeschrieben oder mit dauerhafter Farbe angebracht, so ist es außerdem durch den auffälligen Vermerk „Expreßgut" besonders zu kennzeichnen. Hat der Absender das Expreßgut nicht nach diesen Vorschriften oder nur undeutlich bezeichnet oder hat er unvorschriftsmäßige Beklebezettel, Tafeln oder Anhänger verwendet oder diese mit unvorschriftsmäßigen Befestigungsmitteln befestigt, so kann die Annahme zur Beförderung abgelehnt werden, wenn nicht die Eisenbahn die vorgeschriebene Bezeichnung gegen Berechnung der in der Anlage V Ziffer 16 vorgeschriebenen Gebühr übernimmt. Als ungenügende Bezeichnung ist es auch anzusehen, wenn ältere Bezeichnungen nicht entfernt sind, ferner wenn in Versandorten mit mehreren Bahnhöfen der Abgangsbahnhof oder bei Sendungen nach einem Ort mit mehreren Bahnhöfen ein bestimmter Empfangsbahnhof zwar in der Expreßgutkarte, nicht aber auch in der Bezeichnung des Stückes angegeben ist.

1. Expreßgut ist nicht Reisegepäck, sondern Gut im engeren Sinne; es wird ein Frachtvertrag abgeschlossen, wenn auch ohne Frachtbrief (Anm. 5). Es gilt sonach HGB., dem an sich der Begriff Expreßgut fremd ist, soweit die einzelnen Bestimmungen auf Expreßgut anwendbar sind (namentlich also §§ 453 und 471). Die Verbindung mit einem Personenbeförderungsvertrag fehlt. Über die Aufgabe von Gepäck zu Expreßguttarifen siehe oben § 30 Anm. 1. Zeitungen als Expreßgut siehe RGSt. 3 300. Es liegt hier ein Vertrag zugunsten Dritter vor (siehe § 42).

2. Vertrag wird abgeschlossen durch Übergabe des Gutes sowie einer Paketkarte und deren Annahme durch die Dienststelle.

3. Vgl. § 61 (8). Bescheinigung ist weder Duplikat noch Ausweispapier für den Empfänger (abw. Eger Anm. 161), sondern lediglich Quittung.

4. Expreßgutkarte vertritt den Frachtbrief; sie ihm gleichzustellen, ist nicht angängig (Rundnagel. BefGesch. S. 564; abw.

Staub § 426 Anm. 8; Kittel, EVO. § 40; Reindl 27 259). Mitteilungen, die nicht die Sendung betreffen, sind auf der Karte nach dem RPostGes. unzulässig (Fritsch S. 325 Anm. 82).

5. Ein Expreßgut-Vertrag kommt also nicht zustande (siehe aber EVO. § 54 Anm. 1 und § 96 Anm. 5.

6. Geschieht dies doch, wird ein Expreßgutvertrag abgeschlossen. Über die Beschränkung der Haftung bei echten Kostbarkeiten vgl. § 43 und EEE. 39 198, 205.

7. Nicht vorgeschrieben auf der Paketkarte, aber im Muster vorgesehen und wegen § 86 (1) 2 unbedingt zu verlangen (Rundnagel, BefGesch. S. 571).

8. Anl. VI (nicht abgedruckt) enthält: Badewannen, Blumen, Pflanzen, Bühneneinrichtungen, gewisse Fahrzeuge (Boote, Fahrräder, Kinderwagen, Kindersportwagen), Federn, Gestelle aus Holz, Packmittel, Hüte, Hutformen, Korbwaren, Sessel, Stühle, sämtliche Gegenstände, wenn sie unzerlegt sind.

§ 41.

Beförderung.

(1) Expreßgut wird wie Gepäck befördert.[1]) Wird für einzelne Züge die Beförderung beschränkt oder ausgeschlossen, so sind diese bekanntzumachen.

(2) Wird der Zug, mit dem das Gut befördert werden soll, nicht bei der Aufgabe vom Absender bezeichnet, so ist es mit dem nächsten geeigneten Zuge zu befördern.

Die Beförderung von Expreßgut mit einem bestimmten Zuge kann nur dann beansprucht werden, wenn es spätestens eine Viertelstunde vor dessen Abgang aufgeliefert wird. (Vergleiche auch Ausführungsbestimmung 6 zu § 43.)

1. D. h. grundsätzlich mit allen dem Personenverkehr dienenden Zügen.

§ 42.

Auslieferung.

(1) Der Empfänger ist berechtigt,[1]) auf der Bestimmungsstation die Auslieferung des Expreßguts bei der Abfertigungsstelle zu verlangen, sobald nach Ankunft des Zuges, womit es zu befördern war, die zur ordnungsmäßigen Bereitstellung erforderliche Zeit verstrichen ist.[2])

(2) Holt der Empfänger das Gut nach Ankunft des Zuges nicht ab und ist das Gut nicht bahnlagernd gestellt, so wird es nach dem Tarife der Empfangsbahn dem Empfänger angemeldet oder zugeführt. Zur Selbstabholung bestimmtes Gut ist dem Empfänger stets anzumelden. Die Anmeldung oder Zuführung muß innerhalb der Fristen erfolgen, die in den §§ 78 und 79 für Eilgut vorgesehen sind.[3])

1. Expreßgut wird dem Empfänger nur auf solchen Stationen zugeführt, wo Einrichtungen hierfür von der Eisenbahn vorgesehen sind. Die Gebühren für die Zuführung werden durch Schalteraushang bekanntgegeben.

2. Der Nachweis der Berechtigung zur Empfangnahme des Gutes kann verlangt werden. Der Empfang ist auf der Expreßgutkarte zu bescheinigen, soweit nicht die Eisenbahn für einzelne Stationen eine Empfangsbescheinigung in einer anderen Form vorschreibt.

3. Bei bahnlagernd gestelltem Expreßgut unterbleibt die Benachrichtigung nur dann, wenn der Empfänger schriftlich oder der Absender in der Expreßgutkarte ausdrücklich darauf verzichtet hat, oder wenn sie nach den Umständen des Falles unausführbar ist. Auf den Beginn der Abnahmefrist ist die Benachrichtigung ohne Einfluß.

4. Wird eine Sendung nicht innerhalb 24 Stunden nach der Anmeldung oder, wenn das Gut „bahnlagernd" gestellt ist,

nicht innerhalb 24 Stunden nach Ankunft des Zuges in den bekanntgemachten Dienststunden in Empfang genommen, so ist für je auch nur angefangene 24 Stunden nach Ablauf der Abholungsfrist und für jedes Stück Lagergeld gemäß Anlage V Ziffer 18 zu entrichten. Der Lauf der Abholungsfrist ruht während der Sonn- und Festtage. Für die Art der Benachrichtigung über die Ankunft des Gutes, für den Zeitpunkt, in dem die Benachrichtigung als bewirkt anzusehen ist, gilt § 79 Absatz (1), (3) und (4) der EVO. nebst Ausführungsbestimmungen. Die Gebühren für die Zustellung der Benachrichtigungen sind in der Anlage V Ziffer 17 festgesetzt.

5. Dem Antrage des Absenders auf Erbringung des Auslieferungsnachweises wird gegen Vorauszahlung der in der Anlage V Ziffer 19 festgesetzten Gebühr und gegen Ersatz der etwa erwachsenen Post-, Telegramm- und Fernsprechgebühren entsprochen. Die Gebühr wird auf Antrag erstattet, wenn das Gut infolge eines von der Eisenbahn zu vertretenden Verschuldens innerhalb der tarifmäßigen Lieferfrist auf der Bestimmungsstation nicht eingegangen ist.

1. Vertrag zugunsten Dritter (BGB. § 328).

2. D. h. die tatsächliche Verspätung des Zuges hat niemals Lieferfristüberschreitung zur Folge. Da Expreßgut wie Gepäck zu befördern ist (§ 41), wird man die Vorschrift des § 34 (2), wonach bei Unterwegsumladungen Beförderung erst mit dem nächsten geeigneten Zug verlangt werden kann, anwenden müssen (siehe § 43 AusfBest. 3 c).

3. Bez. der Ablieferungshindernisse vgl. § 43 AusfBest. 4.

§ 48.

Weitere Vorschriften.

Der Tarif muß einheitlich bestimmen, ob und inwieweit für das Expreßgut neben den hierfür zu treffenden besonderen Vorschriften die Bestimmungen für Reisegepäck (Abschnitt IV) oder für Güter (Abschnitt VIII) gelten.[1])

1. Soweit nicht im Abschnitt V besondere Bestimmungen getroffen sind, gelten für die Beförderung [2]) von Expreßgut die Bestimmungen über die Beförderung von Reisegepäck (Abschnitt IV).

2. Sind Zoll-, Steuer- oder Polizeivorschriften vor der Ablieferung an den Empfänger zu erfüllen, so gelten sinngemäß die Bestimmungen für Güter im § 65 EVO. nebst Ausführungsbestimmungen.

3. Die Lieferfrist läuft ab:

a) bei Sendungen, die „bahnlagernd" gestellt sind, oder deren Empfänger sich alsbald nach Ankunft des Zuges zur Empfangnahme meldet, nach Ankunft des Zuges, mit welchem die Beförderung zu geschehen hat, und nach Ablauf der Zeit, welche erforderlich ist, um das Gut ordnungsgemäß auszuladen und zur Abholung bereitzustellen;

b) bei Sendungen, die dem Empfänger anzumelden oder zuzuführen sind, nach Ankunft des Zuges, mit welchem die Beförderung zu geschehen hat, und nach Ablauf der in § 42 Absatz (2) für die Anmeldung oder Zuführung festgesetzten Fristen; [3])

c) bei einer Sendung, die unterwegs von einem Zug auf einen anderen überzugehen hat, mit der Ankunft des anschließenden oder des nächstfolgenden, zur Beförderung freigegebenen Zuges am Bestimmungsorte.

4. Wird die Annahme von Expreßgut am Bestimmungsorte verweigert, erfolgt die Abnahme der dem Empfänger angemeldeten oder der „bahnlagernd" gestellten Sendungen nicht binnen drei Tagen, oder ist bei den Gütern, die dem Empfänger anzumelden oder zuzuführen sind, die Anmeldung

oder Zuführung nicht möglich, so hat die Bestimmungsstation dem Absender durch Vermittlung der Versandstation die Ursache des Hindernisses ohne Verzug mitzuteilen und seine Anweisung einzuholen. In keinem Falle darf das Gut ohne ausdrückliches Einverständnis des Absenders zurückgesandt werden. Die erwähnte Frist von drei Tagen beginnt dann, wenn das Gut „bahnlagernd" gestellt ist, mit der Ankunft des Zuges, womit die Beförderung erfolgt ist, bei der Anmeldung mit dieser. Die Kosten der Benachrichtigung hat der Absender zu ersetzen. Die Gebühr für die Benachrichtigung ist aus der Anlage V Ziffer 20 zu ersehen. Unabhängig von den Gebühren für die Benachrichtigungen (Unbestellbarkeitsmeldungen) sind für die Ausführung der Anweisung des Absenders von diesem die in der Anlage V Ziffer 21 enthaltenen Gebühren zu entrichten. Im übrigen ist bei Ablieferungshindernissen nach Maßgabe des § 81 EVO. Absatz (2) bis (5) zu verfahren. Für den Verkauf unanbringlicher Expreßgüter durch die Eisenbahn und die Vorbereitung eines nicht vollzogenen Verkaufs werden außer den baren Auslagen die in der Anlage V Ziffer 23 festgesetzten Gebühren berechnet.

5. Für den Verlust von Expreßgut[4]) sowie bei Überschreitung der Lieferfrist[5]) haftet die Eisenbahn nach den Vorschriften der Haftung für den Verlust und Überschreitung der Lieferfrist von Gütern (Abschnitt VIII der EVO.).

6. Der Absender kann auf der Expreßgutkarte das Interesse an der Lieferung angeben. Die Angabe muß spätestens eine halbe Stunde vor Abgang des Zuges, womit die Beförderung geschehen soll, bei der Gepäckabfertigung gegen Zahlung der in der Anlage V Ziffer 8 enthaltenen Gebühr erfolgen.

7. (1) Expreßgut kann von dem Absender vor der Auslieferung zurückgenommen oder einem anderen Empfänger am Bestimmungsort überwiesen oder nach einem anderen Orte weitergesandt werden.[6])

(2) Die Rückbeförderung oder Weitersendung kann aber nur verlangt werden, wenn zwischen der Station, von der die Rückbeförderung oder Weiterbeförderung stattfinden soll, und der neuen Bestimmungsstation Expreßgutverkehr nach den Ausführungsbestimmungen 1, 3 b und 3 c zu § 40 zulässig ist.

(3) Jede derartige Verfügung muß sich auf die sämtlichen, auf eine Expreßgutkarte aufgelieferten Stücke erstrecken und daher für alle Stücke die gleiche sein.

(4) Die Verfügungen können durch Vermittlung der Versandstation oder unmittelbar bei der Bestimmungsstation erfolgen. Die Kosten trägt der Absender. Ihre Höhe ergibt sich aus der Anlage V Ziffer 22.

(5) Die Rückbeförderung oder Weitersendung erfolgt unter Frachtberechnung. Die Rückerstattung eines Teiles der bereits im voraus bezahlten Fracht findet auch dann nicht statt, wenn das Expreßgut auf einer vor dem Bestimmungsorte liegenden Zwischenstation zur Rückbeförderung oder Weitersendung gekommen ist. Dagegen wird, wenn die Sendung auf der Versandstation noch nicht abgegangen war, bei der Zurückziehung die Fracht von der Annahmestelle gegen Quittung erstattet.

1. Demgemäß gelten EVO. Abschn. I, II und V sowie nach den Bestimmungen des Tarifs die Abschn. IV und VIII (siehe AusfBest. 1 und 5). Aus Abschn. IV müssen solche Vorschriften ausscheiden, die Abweichungen zuungunsten des Publikums enthalten und den Eigentümlichkeiten des Expreßgutverkehrs nicht gerecht werden (HGB. § 471; siehe oben § 40 Anm. 1); z. B. EVO. § 32 (6), §§ 33, 34 (1), (5), (6); ferner §§ 53, 61; wohl aber §§ 84 ff.

2. Wegen der Haftung siehe AusfBest. 5.

3. Siehe Rundnagel, BefGesch. S. 571. Erfolgt die Zuführung oder Anmeldung verspätet, haftet Eisenbahn, als wenn

erst durch diese Zuführung oder Anmeldung die Lieferfrist gewahrt würde, nicht schon durch rechtzeitige Bereitstellung. Stimmt also mit § 42 (1) nicht überein. Gültigkeit ist zweifelhaft.

4. §§ 84 ff. EVO. Die frühere Bestimmung, daß die Eisenbahn nicht hafte, wenn das Expreßgut nicht innerhalb acht Tagen nach Ankunft des Zuges abgeholt wird, ist gestrichen (siehe Reindl, EEE. 27 259, 28 430; Krüger 30 11 ff., 148 ff.). Wegen Anwendung des § 86 (1) 2 siehe oben § 40 Anm. 7.

5. § 94 EVO.

6. Nachträgliche Verfügungen. Man beachte die Abweichungen von § 73 EVO. Verfügungsrecht endet erst mit der Auslieferung; Weitersendung ist auch Rücksendung; auch Zurückhalten auf der Versandstation oder Anhalten unterwegs ist gestattet. Zu folgern aus (2) und (5).

VI.

Beförderung von Leichen.[1])

§ 44.

Auflieferung.

(1) Leichen[2]) werden nach dem Ermessen der Eisenbahn mit den dem Personenverkehr oder dem Güterverkehr dienenden Zügen befördert; die Benutzung von Schnellzügen kann versagt werden.

(2) Leichensendungen müssen auf der Anfangsstation des Zuges mindestens 6 Stunden, auf anderen Stationen mindestens 12 Stunden vor der Abfahrzeit angemeldet werden.[3])

(3) Jede Leiche muß in einem widerstandsfähigen Metallbehälter luftdicht verschlossen und dieser in einen hölzernen Behälter so fest eingesetzt sein, daß er sich darin nicht verschieben kann.[4])

(4) Bei der Aufgabe ist der Eisenbahn ein Leichenpaß nach dem Muster der Anlage A[6]) zu übergeben,[6]) der bei Auslieferung der Leiche dem Empfänger ausgefolgt wird. Bei Leichensendungen aus ausländischen Staaten, mit denen eine Vereinbarung wegen gegenseitiger Anerkennung der Leichenpässe abgeschlossen ist, genügt ein Leichenpaß der zuständigen ausländischen Behörde. Die zur Ausstellung von Leichenpässen befugten in- und ausländischen Behörden werden besonders bekanntgemacht.[7]) Der Leichenpaß gilt für den ganzen Beförderungsweg.

(5) Leichen sind mit Eilfrachtbrief aufzuliefern.

(6) Das Verladen hat der Absender zu besorgen.

(7) Leichensendungen dürfen nicht mit Nachnahme belastet werden.

(8) Die Fracht ist bei der Aufgabe zu entrichten. Wer Leichen unter unrichtiger Bezeichnung aufliefert, hat[8]) den Frachtunterschied von der Aufgabe- bis zur Bestimmungsstation nachzuzahlen und das Vierfache der Gesamtfracht als Frachtzuschlag zu entrichten.[9])

1. Ob Leichen mit den dem Personenverkehr dienenden Zügen befördert werden dürfen, entscheidet die der Aufgabestation vorgesetzte Eisenbahnverwaltung.

2. Über die Behörden, die zur Ausstellung von Leichenpässen befugt sind, erteilen die Versandstationen auf Verlangen Auskunft.

3. Die Abfertigung der mit Eilfrachtbrief aufgelieferten Leichen erfolgt je nach Anweisung der Verwaltung bei der Gepäck- oder Eilgutabfertigung der Abgangsstation. Von dieser Stelle wird auch die Wagenbestellung angenommen.

4. Die Eilfrachtbriefe unbegleiteter Leichen [vergleiche § 46 (1)] sind mit der vollen Anschrift des Empfängers zu

versehen, damit dieser von dem Eintreffen der Sendung ohne Verzug benachrichtigt werden kann.

5. Bei der Auflieferung von Leichen nach Orten mit mehreren Bahnhöfen ist im Eilfrachtbrief der Bahnhof zu bezeichnen, nach dem die Sendung befördert werden soll.

6. Leichen dürfen nicht bahnlagernd gestellt werden und werden zur Verwahrung nicht angenommen.

7. Wird die Beförderung einer Leiche mit einem Eil- oder Schnellzuge gewünscht, hat der Absender oder unterwegs der Begleiter den Antrag in den Eilfrachtbrief unter „Zulässige oder vorgeschriebene Erklärungen" aufzunehmen und unterschriftlich zu vollziehen.

8. Für Angabe des Interesses an der Lieferung wird die in der Anlage V Ziffer 8 festgesetzte Gebühr erhoben.

9. Inwieweit die Abfertigung von Leichen nach und von einzelnen Stationen ausgeschlossen oder beschränkt ist, ist bei der Gepäckabfertigung, wenn aber die Abfertigung bei der Eilgutabfertigung erfolgt, bei dieser zu erfahren.

10. Für jede Leiche, auch wenn mehrere mit einem Frachtbrief aufgegeben und in einem Wagen verladen werden, wird an Fracht für das Tarifkilometer erhoben:

bei Beförderung mit Personen- oder Güterzügen	0,50	Reichsmark,
bei Beförderung mit Eil- oder Schnellzügen	0,75	„ ,
in beiden Fällen unter Zuschlag einer Abfertigungsgebühr von	7,50	„

für die Leiche.

Wird eine Leiche teils mit Güter- oder Personenzügen, teils mit Eil- oder Schnellzügen befördert, so werden der für die Gesamtentfernung zum Güter- oder Personenzugsatze berechneten Fracht 0,25 Reichsmark für jedes Tarifkilometer der Eil- oder Schnellzugstrecke hinzugerechnet.

11. (1) Die Fracht für Leichen wird nach den in den Tarifteilen II enthaltenen Entfernungen berechnet. Bei der Beförderung über Verbindungsbahnen zu erhebende Gebühren enthält die Anlage I.

(2) Wird die durchgehende Abfertigung in Stationsverbindungen verlangt, für die Entfernungen in den Tarifteilen II nicht vorgesehen sind, oder wünscht der Absender einen abweichenden Bahnweg, so wird die Gesamtstreckenlänge durch Zusammenrechnung von Teilentfernungen ermittelt. Die Abfertigungsgebühr wird auch in diesem Falle nur einmal erhoben.

12. Wenn Leichen vor dem Abgange des Zuges vom Absender zurückgenommen werden, so wird für jeden Eisenbahnwagen die in der Anlage V Ziffer 25 a festgesetzte Gebühr erhoben. Werden die bereitgestellten Wagen nicht innerhalb der für den Güterverkehr festgesetzten Frist beladen, so werden für die Fristüberschreitung die in der Anlage V Ziffer 25 festgesetzten Gebühren erhoben.

HGB. §§ 425 bis 471; JÜP. Art. 3; JÜG. Art. 4.
Literatur: Rundnagel, BefGesch. §§ 160 ff.

1. Unterscheiden: a) Beförderung zur Beisetzung (§ 44), b) Versendung zu wissenschaftlichen Zwecken [§ 47 (2)].

2. Leichen gelten im Falle zu Anm. 1 a nicht als Gut im Sinne des Abschn. VIII der EVO.; dagegen sind sie wohl als „Gut“ im Sinne der frachtrechtlichen Bestimmungen des HGB. anzusehen (vgl. Dernburg, Bürgerl. Recht II 2, § 326 Anm. 2; Rundnagel, BefGesch. § 29 S. 116; EEE. 22 37; andererseits Eger Anm. 167 [der sie des Sarges wegen als Gut ansehen will]; Kittel Anm. 1; Senckpiehl S. 26). Es können jedenfalls im Falle zu a nur die Bestimmungen der Abschn. I, II und VI sowie des HGB. (§§ 425 ff.) gelten, mit den Abweichungen, die sich

durch die Natur des zu befördernden Gegenstandes von selbst ergeben (Pfandrecht!). Neu ist die Abfertigung auf Eilfrachtbrief. Nunmehr also Vertrag zugunsten des Empfängers.

3. Bei Tod infolge ansteckender Krankheit (Pest, Cholera, Pocken, Scharlach) ist Überführung erst ein Jahr nach dem Tode zugelassen (Pr. MinErl. von 1888).

4. Abweichungen darf die Eisenbahn nicht zulassen (siehe EVO. § 47).

5. Der Leichenpaß lautet: Die nach Vorschrift eingesargte Leiche de.. am ....ten .... 19.... zu .... an .... (Todesursache) verstorbenen ....jährigen .... (Name, Vor- und Zuname) soll mittels Eisenbahn von .... über .... nach .... zur Bestattung gebracht werden. Nachdem zu dieser Überführung dem Begleiter .... die Genehmigung erteilt worden ist, werden sämtliche Behörden, deren Bezirke durch diesen Leichentransport berührt werden, ersucht, denselben ungehindert und ohne Aufenthalt weitergehen zu lassen. Ort, Datum, Siegel, Unterschrift.

6. Ohne diesen muß Annahme verweigert werden (siehe AAB. § 38).

7. Im Zentralblatt für das Deutsche Reich.

8. Außer einer etwaigen strafrechtlichen Verfolgung.

9. Obligatio ex lege, aber nur für Absender. § 60 Abs. 1 EVO. (Zahlungspflicht auch ohne Verschulden) ist wohl versehentlich nicht aufgenommen; daher BGB. §§ 339 ff. (siehe Rundnagel, BefGesch. S. 495; Kittel S. 92). (Leichen als Reisegepäck: EVO. § 30 Abs. 4; Leichen als Handgepäck: Bestrafung aus BBO. § 82.)

§ 45.

Beförderung.

(1) Leichen sind in bedeckten Wagen zu befördern.[1]) Die Beiladung von Gütern, die nicht zur Leiche gehören, ist verboten. Mehrere Leichen, die gleichzeitig von der-

selben Versandstation nach derselben Bestimmungsstation aufgegeben werden, können zusammen in einen Wagen verladen werden.[2]) Leichen, die in rings umschlossenen Leichenfuhrwerken aufgeliefert werden, dürfen in offenen Wagen befördert werden.

(2) Jeder Sendung ist ein Begleiter beizugeben, der eine Fahrkarte zu lösen und denselben Zug zu benutzen hat.[3]) Begleitung ist nicht erforderlich, wenn der Bestimmungsort eine Eisenbahnstation ist und der Absender bei der Aufgabestation die schriftliche oder telegraphische Erklärung des Empfängers hinterlegt, daß er die Sendung sofort nach Empfang der Nachricht von ihrem Eintreffen abholen lassen werde. Bei Sendungen an Beerdigungs- und an Leichenverbrennungsanstalten ist diese Erklärung nicht erforderlich.

(3) Leichen dürfen unterwegs nicht ohne Not umgeladen werden. Sie sind möglichst schnell und ohne Unterbrechung zu befördern. Läßt sich auf einer Station ein längerer Aufenthalt nicht vermeiden, so ist der Wagen mit der Leiche tunlichst auf ein abseits liegendes Gleis zu stellen. Wird die Beförderung einer unbegleiteten Leiche mit den in Aussicht genommenen Zügen unmöglich, so hat die Station, wo das Hindernis eintritt, dem Empfänger kostenfrei telegraphisch mitzuteilen, mit welchem Zuge die Beförderung erfolgt.

1. Zur Leiche gehörige Gegenstände [4]) werden bis zu einem Höchstgewichte von 500 kg in dem Wagen, in welchem die Leiche verladen ist, unentgeltlich mitbefördert.[5]) Eine Haftpflicht für diese Gegenstände übernimmt die Eisenbahnverwaltung nicht.

2. Begleiter von Leichen haben, wenn sie in den Wagen Platz nehmen, in welchen die Leichen verladen sind, Fahr-

karten der im Zuge befindlichen niedrigsten Wagenklasse, sonst Fahrkarten der zu benutzenden Wagenklasse zu lösen.

HGB. § 459; JÜ. Art. 3; JÜG. Art. 4.

1. Vgl. hierzu EVO. § 47 Abs. 2.

2. Nicht erforderlich derselbe Absender oder derselbe Empfänger.

3. Ausnahme EVO. § 47 Abs. 2. Bestimmung hat polizeilichen Charakter. Die Begleitung hat nicht die Bedeutung der EVO. § 86 Abs. 1 (2); so Rundnagel, Haftung § 19 S. 161; Eger Anm. 176; a. M. Staub § 459 Anm. 11.

4. Kränze, Leuchter.

5. Kein selbständiger Vertrag, sondern Nebenleistung zum Hauptvertrag. Will der Absender ein größeres Gewicht aufgeben oder der Eisenbahn die Haftpflicht zuweisen, muß er einen besonderen Frachtvertrag (Eil- oder Frachtbrief, Frachtberechnung!) abschließen.

§ 46.

Auslieferung.

(1) Die Ankunft einer unbegleiteten Leiche am Bestimmungsort ist dem Empfänger auf seine Kosten ohne Verzug durch Telegramm, Fernsprecher oder besonderen Boten mitzuteilen.[1])

(2) Die Auslieferung von Leichen kann zu dem im § 34 Abs. 2 bestimmten Zeitpunkte verlangt werden.[2])

(3) Über die Empfangnahme der Leiche hat der Empfänger eine Bescheinigung auszustellen.

(4) Der Empfänger hat innerhalb sechs Stunden nach Ankunft des Zuges auf der Bestimmungsstation die Sendung auszuladen und abzuholen. Geschieht dies nicht, so kann die Leiche der Ortspolizeibehörde überwiesen werden. Kommt die Leiche nach 6 Uhr abends

an, so wird die Frist vom nächsten Morgen 8 Uhr ab gerechnet. Bei Überschreitung der Abholungsfrist ist die Eisenbahn berechtigt, das tarifmäßige Wagenstandgeld zu erheben.

Bei nicht rechtzeitiger Abholung oder Entladung von Leichen werden für die Fristüberschreitung die in der Anlage V Ziffer 25 festgesetzten Gebühren erhoben.

1. Gegen Erstattung der Auslagen (BGB. § 683).

2. Zunächst vom Empfänger, an den der Eilfrachtbrief gerichtet ist; sodann wohl auch vom Begleiter, wenn dieser aus den Papieren als solcher zu ersehen ist, nicht aber vom Absender. Haftung für Verzögerung nur bei Verschulden (EEE. 22 37).

§ 47.

Ausnahmebestimmungen.

(1) Für die Beförderung von Leichen nach dem Bestattungsplatze des Aufgabeorts [1]) kann die Eisenbahn mit Genehmigung der Landesaufsichtsbehörde [2]) abweichende Bestimmungen erlassen.[3])

(2) Bei Leichen, die von Polizeibehörden, Strafanstalten, Krankenhäusern oder dergleichen an öffentliche höhere Lehranstalten gesandt oder von diesen weiterversandt werden, ist Begleitung nicht erforderlich. Sie dürfen in dicht verschlossenen Kisten aufgeliefert und in offenen Wagen befördert werden. Güter von fester Beschaffenheit (Holz, Metall oder dergleichen) oder in fester Verpackung (Kisten, Fässern oder dergleichen) dürfen beigeladen werden, es ist aber Fürsorge zu treffen, daß die Leichenkisten nicht beschädigt werden. Von der Beiladung sind ausgeschlossen: Nahrungs- und Genußmittel sowie deren Rohstoffe, ferner die in der Anlage C aufgeführten Gegenstände. Von der Bei-

bringung eines Leichenpasses kann mit Genehmigung der Landesaufsichtsbehörde abgesehen [3]) werden. Solche Leichen sind auf Frachtbrief abzufertigen.[4])

† Die im Absatz 2 bezeichneten Leichen werden zum Satze von 0,40 Reichsmark für den Wagen und das Tarifkilometer als Eilgut befördert, auch wenn eine Beiladung geeigneter Güter nicht möglich ist. Sie werden auf Eilfrachtbrief bei den Eilgutabfertigungen abgefertigt. Eine Abfertigungsgebühr wird nicht erhoben. Die Fracht wird nach den Entfernungen des Gütertarifs berechnet. Die Mindestgebühr für eine Sendung beträgt 6,40 Reichsmark.

Für diese Sendungen sind Leichenpässe nicht erforderlich.

1. Daß beide in derselben Gemarkung liegen, wird nicht verlangt (z. B. Berlin, Ahrensfelde, Stahnsdorf).

2. Jetzt Reichsverkehrsministerium.

3. Soweit Exklusivberechtigungen der Kirchengemeinden bestehen, darf die EVO. oder die besonders erlassenen Bestimmunge der Eisenbahn sie nicht aufheben (RG. 23 22).

4. Auf die Beförderung nach Abs. 2 ist EVO. Abschn. VIII anzuwenden, soweit nicht die Eigentümlichkeiten dieses Frachtgutes einzelne Bestimmungen ausschließen (Rundnagel, BefGesch. § 164; Sendpiehl, EisTrGesch. S. 147; aber 194!).

§ 47a.

Weitere Vorschriften.

Im übrigen gelten für die Beförderung von Leichen sinngemäß die Vorschriften für die Beförderung von Gütern (Abschnitt VIII EVO.).

Soweit nicht im Abschnitt VI besondere Bestimmungen getroffen sind, gelten für die gleichen Nebenleistungen der Eisenbahn die im Nebengebührentarif des Deutschen Eisenbahngütertarifs, Teil I Abt. B, festgesetzten Gebühren.

VII.
Beförderung von lebenden Tieren.

1. Auf die Beförderung von Tieren sind anzuwenden: EVO. Abschn. I und II, ferner: Abschn. III (Tiere als Handgepäck, § 27), Abschn. IV [Tiere als Reisegepäck, § 30 (3)], Abschn. V (Tiere als Expreßgut, §§ 40 ff.), Abschn. VII (Lebende Tiere, §§ 48 ff.), Abschn. VIII (Tote Tiere, §§ 53 ff.); siehe JÜG. Art. 4 § 1 (4).

2. Da Abfertigung von lebenden Tieren (Abschn. VII) nur noch auf Eil- oder Tierfrachtbrief erfolgt [§ 48 (9)], liegt auch hier ein — allerdings besonders gearteter — Eisenbahnfrachtvertrag vor.

3. Die Haftung der Eisenbahnen für Verlust, Beschädigung und Minderung regelt Abschn. VIII.

4. Die Haftung der Eisenbahnen für Unfälle der Begleiter regelt sich nach den allgemeinen Grundsätzen (siehe oben Einl. zu Abschn. III; ZVDEisV. 69 392; EEE. 22 45).

5. Die allgemeine Polizei ist nicht zuständig zum Erlaß von Vorschriften über die Beförderung von Tieren auf Haupt- und Nebenbahnen (Kammergericht v. 14. April 1916 in EEE. 34 79).

6. Begleiter siehe § 48 Anm. 14.

§ 48.
Auflieferung.

(1) Die Eisenbahn hat bekanntzumachen, mit welchen Zügen Tiere befördert werden.[1]) Die Beförderung einzelner Stücke kann abgelehnt werden,[2]) wenn im Zuge kein geeigneter Raum vorhanden ist, es sei denn, daß die Tiere mindestens 24 Stunden vorher[3]) angemeldet worden sind.

I. Über die Züge, mit denen je nach Art und Richtung der Sendungen von der Versandstation aus die Beförderung in der Regel stattfindet, geben die Dienststellen auf den Stationen Auskunft.

II. 1. Bei Zügen, die im allgemeinen für die Beförderung von Tieren oder für die Beförderung der in Betracht kommenden Tierart nicht bestimmt sind, kann die Eisenbahn auf Antrag des Absenders — auf Unterwegsstationen auch des Begleiters — nach ihrem Ermessen die Beförderung von Tieren gegen Zahlung eines Zuschlags [4]) (vergl. Abschnitt B) [17]) zulassen. Der Antrag ist in den Tierfrachtbrief an der hierfür vorgesehenen Stelle aufzunehmen und unterschriftlich zu bestätigen.

2. Der Zuschlag wird nicht erhoben, wenn die Eisenbahn Tiersendungen, deren fahrplanmäßige Beförderung sich verzögert oder durch den planmäßigen Ausfall von Güterzügen infolge der Sonntagsruhe unterbrochen wird, auf Strecken, für die Beförderung in zuschlagpflichtigen Zügen nicht beantragt ist, mit solchen Zügen befördert.

III. Wird von der Eisenbahn auf Antrag zugelassen, daß auf einer Station ein fahrplanmäßig durchfahrender Zug Tierwagen einstellt, so wird die im Nebengebührentarif (Abschnitt C) [17]) festgesetzte Gebühr erhoben.

IV. Tiere in Käfigen, Kisten, Säcken und dergl. werden bei den Eilgutabfertigungen zur Beförderung als Eilgut oder beschleunigtes Eilgut angenommen.

(2) An Sonn- und Festtagen [5]) werden Tiere nicht angenommen. Ausnahmen sind durch Aushang an den Abfertigungsstellen bekanntzumachen.

(3) Die Beförderung kranker Tiere kann abgelehnt werden.[3])

(4) Zur Beförderung wilder Tiere ist die Eisenbahn

nur verpflichtet,[2]) wenn die von ihr im Interesse der Sicherheit vorzuschreibenden Bedingungen erfüllt sind.

V. Fremdländische (auch die im Tarif nicht genannten) Tiere, insbesondere wilde Tiere,[6]) werden zur Beförderung angenommen, wenn die Gefahr einer Beschädigung von Menschen, Tieren und Gütern durch die Art und Weise der Verpackung oder Verladung nach dem Ermessen der Versandstation ausgeschlossen ist.[7]) Größere Raubtiere werden nur in dauerhaften Behältnissen — Käfigen, Kästen, Kisten oder in besonders eingerichteten Fahrzeugen — aus starkem, hartem Holz mit fest verankerten Gitterstäben und durch Blechbeschläge oder Eisenklammern befestigten Ecken zur Beförderung angenommen; die Gitter müssen mit Lattenverschlägen verkleidet oder mit fest angeschlossenen Holzwänden oder Holzrahmen mit Drahtgeflecht versehen sein. Behältnisse für Bären, mit Ausnahme ganz junger Tiere, müssen ferner innen vollständig mit Blech ausgeschlagen sein. Bei Einzelsendungen von Raubtieren sind die Behältnisse außen mit der Bezeichnung „Raubtier" in auffallender Schrift zu versehen. Wegen der Beförderungsgebühren für Schaustellungen wilder Tiere in Sonderzügen vergl. Ausführungsbestimmungen zu § 4.

(5) Die Tiere müssen rechtzeitig, einzelne Stücke mindestens eine Stunde vor Abgang des Zuges, auf die Station gebracht werden.

VI. 1. Die Bestellung von Wagen zur Verladung von lebenden Tieren ist — in der Regel schriftlich — an die Versandstation zu richten. In der mit Tag und Unterschrift zu versehenden Bestellung sind Anzahl und Gattung der Wagen — bedeckte oder offene, Stallungs-, Vieh- oder mehrbödige Wagen —, die Bestimmungsstation, der Tag sowie tunlichst sowohl die Stunde der Verladung wie Zahl und Gattung der zu verladenden Tiere und die Größe der Wagen anzugeben.

2. Das Verlangen auf ausschließliche Benutzung eines Wagens zur Beförderung lebender Tiere hat der Absender bei der Wagenbestellung zu erklären. Späterem Verlangen nachzukommen ist die Eisenbahn nicht verpflichtet. Ebenso ist die Eisenbahn nicht verpflichtet, eine Zurückziehung des Antrags nach der Ladebereitstellung des Wagens anzuerkennen.

3. Die Stellung eines mehrbödigen Wagens oder eines Wagens zur ausschließlichen Benutzung ist durch Eintragung des Wortes „ja“ an den im Tierfrachtbrief und im Abschnitt zum Tierfrachtbrief hierfür vorgesehenen Stellen zu beantragen.

(6) Der Absender muß das Einladen der Tiere und ihre sichere Unterbringung im Wagen besorgen, auch die erforderlichen Befestigungsmittel beschaffen.[3])

VII. Tiere in einzelnen Stücken (ausgenommen Schweine), die in Viehsammelwagen, Stückgutkurs- oder Gepäckwagen befördert werden, sind mit Tafeln oder Anhängern aus Pergament, Leder, Blech oder Holz zu versehen. Tafeln oder Anhänger aus Papier oder Pappe sind nicht zugelassen. Die Tafeln oder Anhänger müssen in dauerhafter Weise die genaue Anschrift des Empfängers, ferner den Namen der Versand- und Bestimmungsstation sowie den Tag der Auflieferung enthalten. In Orten mit mehreren Bahnhöfen hat der Absender auch den Versandbahnhof in der Bezeichnung der einzelnen Tiere anzugeben. Hat der Bestimmungsort mehrere Bahnhöfe und hat der Absender einen bestimmten Bahnhof im Frachtbrief vorgeschrieben, so hat er diesen Bahnhof auch in der Bezeichnung der einzelnen Stücke anzugeben. An Stelle der Anschrift des Empfängers können auch Zeichen und Nummern angegeben werden.

Schweine müssen durch Aufbrennen von Zeichen und Nummern oder Stempeln mit Eisenlack oder sonstigen schnelltrocknenden haltbaren Farbstoffen auf dem Rücken oder durch Ätzen oder Einbrennen an den Ohren gekennzeichnet werden. Anilin- oder sonstige leichtverwischbare Farben dürfen nicht verwendet werden.

Die Kennzeichen sind im Frachtbrief anzugeben. Die Zahl der Stücke ist auf den Tafeln oder Anhängern zu vermerken. Hat der Absender die Tiere nicht nach diesen Vorschriften oder nur undeutlich oder unvollständig bezeichnet oder hat er unvorschriftsmäßige Tafeln oder Anhänger verwendet, so kann die Annahme zur Beförderung abgelehnt werden.[8])

VIII. Für alle außergewöhnlichen, d. h. nicht als natürliche Abnutzung anzusehenden Beschädigungen, die durch Tiere an den Eisenbahnfahrzeugen oder Bahnanlagen bei der Ein-, Um- oder Ausladung oder während der Beförderung angerichtet werden, haftet der Absender,[9]) sofern nicht ein Verschulden der Eisenbahn vorliegt. Durch den Eintritt in den Frachtvertrag geht die Haftung auf den Empfänger über.

IX. Für einzelne Stücke Kleinvieh stellt die Eisenbahn bahneigene Käfige sowie zum Offenhalten der Wagentüren (vergl. § 2 (5) der Anlage B zu § 49 EVO.) und zur Trennung von Tieren verschiedener oder derselben Gattung in demselben Wagen (vergl. § 3 (4) a. a. O.) Vorlegebäume, Lattengitter oder Bretterverschläge, soweit vorrätig, gegen eine Leihgebühr[10]) zur Verfügung (vergl. Abschnitt C).[17])

X. Das während der Beförderung zur Fütterung der Tiere erforderliche Futter und die zu der Wartung notwendigen Geräte sowie das vor der Verladung der Tiere benutzte Geschirr, auch wenn es ihnen während der Bahnfahrt abgenommen ist, und das Handgepäck der Viehbegleiter werden unentgeltlich im Viehwagen mitbefördert (vergl. § 28 EVO.).[11]) Diese Sachen sind von den Viehbegleitern selbst zu beaufsichtigen. Sonstiges Gepäck oder Güterstücke dürfen, soweit nicht von den Eisenbahnen Ausnahmen zugelassen werden, von dem Absender in den mit Vieh beladenen Wagen nicht untergebracht werden, sind vielmehr behufs regelrechter Abfertigung der Versandstation zu übergeben. Bei der Aufgabe als Eilgut sind derartige Güter auf Antrag tunlichst mit den zur Beförderung des Viehes benutzten Zügen zu befördern. Wenn unzulässigerweise Gepäck oder Güterstücke mitgeführt werden, so ist hierfür die tarifmäßige Eilgutfracht für die Beförderungsstrecke, aber wenn die Einladestation nicht nachgewiesen werden kann, die Eilgutfracht für die ganze von der Viehsendung zurückgelegte Strecke und als Frachtzuschlag das Doppelte der Eilgutfracht zu entrichten.[12])

(7) Die Eisenbahn ist berechtigt, Begleitung der Tiersendungen zu fordern.[2]) Bei kleinen Tieren, die in tragbaren, gut verschlossenen Behältern aufgegeben werden, kann Begleitung nicht verlangt werden.

XI. 1. Bei Aufgabe von zehn Stück Großvieh und mehr m u ß[13]) Begleitung gestellt werden; für je drei Wagen eines Absenders nach derselben Bestimmungsstation ist mindestens ein Begleiter zu stellen. Bei Aufgabe von weniger als zehn Stück Großvieh oder von Kleinvieh (Schweinen, Kälbern bis zu sechs Monaten, Schafen, Ziegen, Gänsen usw.) kann von der Beigabe eines Begleiters nach dem Ermessen der Versandstation abgesehen werden.

2. Wenn mehrere Wagen von verschiedenen Sendungen e i n e s Absenders nach derselben Bestimmungsstation unterwegs in einem Zuge vereinigt werden, so kann die Zurückziehung so vieler Begleiter zugelassen werden, daß auf jeden verbleibenden Begleiter nicht mehr als drei Wagen entfallen. Der Fahrgeldunterschied wird nachträglich auf Antrag erstattet.

3. Ist die erforderliche Anzahl von Begleitern nicht vorhanden, so kann die Eisenbahn diese stellen. Hierfür werden

die im Nebengebührentarif (Abschnitt C)[17]) festgesetzten Gebühren erhoben.

4. Die Haftpflicht der Eisenbahn für Verlust oder Beschädigung wird nicht geändert, falls von der Beigabe eines Begleiters abgesehen wird. Die Eisenbahn haftet insbesondere nicht für den Schaden, für den sie bei Begleitung nicht aufzukommen gehabt hätte.

5. Bei Sendungen lebender Tiere, die auf Tierfrachtbrief befördert werden, ist die Anzahl der beigegebenen Begleiter an der hierfür vorgesehenen Stelle des Frachtbriefs anzugeben.

(8) Die Begleiter[14]) haben die Tiere während der Beförderung zu warten. Der Aufsichtsbeamte hat den Begleitern auf Verlangen einen Platz im Packwagen oder in einem Personenwagen anzuweisen.[15]) Ist zur Abwendung von Betriebsgefahren ihre Gegenwart im Viehwagen notwendig, so müssen sie sich auf Verlangen des Aufsichtsbeamten oder des Zugführers darin aufhalten.

XII. 1. Zu jeder Sendung, und wenn zwei ein- oder zweibödige Wagen statt eines rechtzeitig bestellten mehrbödigen Wagens gestellt werden, zu jedem Wagen, wird ein Begleiter zugelassen. Für jeden der hiernach zugelassenen oder nach der Ausführungsbestimmung XI 1 zu stellenden Begleiter ist für die der Frachtberechnung zugrunde gelegte Entfernung das Fahrgeld der 4. Klasse Personenzug zu zahlen, wenn sie im Viehwagen, im Packwagen oder in der niedrigsten Klasse des Zuges fahren, sonst das Fahrgeld der benutzten Klasse.

2. Über diese Zahl hinaus werden Begleiter zur Fahrt in den Güter-, Eilgüter- und Viehzügen zugelassen, soweit Platz vorhanden ist. Für jeden dieser Begleiter ist, wenn sie im Viehwagen oder im Packwagen fahren, für die der Fracht-

berechnung zugrunde gelegte Entfernung das Fahrgeld der 4. Klasse Personenzug, wenn jedoch Personenwagen gestellt werden, das Fahrgeld der benutzten Klasse zu zahlen.

3. Für Tiere in Käfigen, Kisten, Säcken und dergl. wird Begleitung nur mit Genehmigung der Versandstation zugelassen.

XIII. Wenn sich Stroh, Heu oder andere leicht entzündliche Stoffe in den Viehwagen befinden, so ist das Rauchen darin verboten und dürfen brennende Zigarren, Zigaretten oder Tabakspfeifen beim Einsteigen nicht mitgenommen werden.

(9) Tiere sind mit Tierfrachtbrief [16]) nach dem Muster der Anlage G [17]) bei Verpackung in Käfigen, Kisten, Körben, Säcken oder anderen Behältern mit Eilfrachtbrief aufzuliefern.

XIV. Die Dienststelle, bei der Sendungen aufzuliefern sind, wird von der Versandbahn bestimmt.

XV. 1. Im Frachtbrief hat der Absender die Stückzahl, Gattung und — soweit zur Frachtberechnung erforderlich — das Alter und das Gewicht der Tiere anzugeben, ferner bei Beförderung in Viehsammelwagen, Stückgutkurswagen und Gepäckwagen die Kennzeichen der Tiere (vergl. Ausführungsbestimmung VII).

2. Als Fahrausweis der Begleiter dienen nach näherer Bestimmung der Eisenbahnverwaltungen entweder die besonderen Fahrscheine oder Fahrkarten.

XVI. Der Preis der Vordrucke, die bei Aufgabe von Zuchttieren, Wanderschafherden und Weidetieren zu verwenden sind (siehe die Anlagen I, II und III), sowie die Verkaufspreise für andere Vordrucke und die Gebühren für deren Ausfüllung und Abstempelung sind im Nebengebührentarif (Abschnitt C) [17]) festgesetzt.

XVII. Wegen

a) der Gebühren für die Ausführung nachträglicher Verfügungen (§§ 73 und 81 EVO.),

b) der Gebühren für die Vorbereitung der Beförderung und das Wiederausladen bei Beförderungshindernissen (§ 74 EVO.)

siehe den Nebengebührentarif (Abschnitt C).[17])

XVIII. Bei unbegleiteten Tiersendungen kann der Absender im Frachtbriefe vorschreiben, daß er oder der Empfänger benachrichtigt wird, wenn ein Tier in der Zeit von der Annahme zur Beförderung bis zur Ablieferung beschädigt oder getötet wird oder verendet.

Das Verfügungsrecht des Absenders und des Empfängers wird durch die Frachtbriefvorschrift nicht berührt.

Die Verpflichtung zur Abgabe der Benachrichtigung tritt ein, sobald die Eisenbahn die Beschädigung oder den Tod des Tieres entdeckt. Eine besondere Verpflichtung der Eisenbahn, dafür zu sorgen, daß diese Kenntnis erlangt werde, wird durch diese Bestimmung nicht begründet.

Der Absender kann vorschreiben, wie die Benachrichtigung erfolgen soll; mangels einer Vorschrift erfolgt sie nach Wahl der Eisenbahn.

Die Barauslagen werden nachgenommen.

Eine Verpflichtung, die Verfügung des benachrichtigten Absenders oder Empfängers abzuwarten, wird durch die Frachtbriefvorschrift und die Benachrichtigung nicht begründet.

XIX. Wegen der Gebühr für Angabe des Interesses an der Lieferung siehe den Nebengebührentarif (Abschnitt C).[17])

(10) **Vorausbezahlung der Fracht kann gefordert werden.**

XX. Die Fracht ist vorauszubezahlen, sofern nicht der Absender den Frachtbetrag hinterlegt. Die Verwaltung der

Versandbahn kann jedoch gestatten, daß Tiersendungen ohne Sicherheitsleistung oder gegen Hinterlegung einer allgemeinen Sicherheit in Frachtüberweisung zur Beförderung angenommen werden.

1. Amtliche Tierfahrpläne Das amtliche Tierkursbuch wird zurzeit nicht mehr herausgegeben (früher Erl. des REisAmtes v. 13. April 1875). Pr. Erl., betr. Fischsendung, siehe EVBl. 90 235. Viehsendungen bei Zugverspätungen EVBl. 92 9. Dafür enthält das Güterkursbuch eine Zusammenstellung der günstigsten Zugverbindungen.

2. Einschränkung von EVO. § 3 Abs. 1 Ziff. 3 (siehe auch (3), (4) VII).

3. Vor Beginn der Beförderung, d. h. Abfahrt des Zuges: dies gilt auch für die Unterwegsstationen.

4. 50 v. H. der Fracht für die Tarifentfernung der zuschlagpflichtigen Strecken.

5. Die gesetzlichen, d. h. die als allgemeine bürgerliche Feiertage staatlich anerkannten Festtage (vgl. RGStB. § 366 Nr. 1; EVO. § 63 Abs. 3, § 75 Abs. 8).

6. Wild, nicht im Sinne von § 960 BGB., sondern des täglichen Lebens = gefährlich (Kittel § 49 Anm. 5).

7. Nach Erfüllung dieser Bedingungen ist aber die Eisenbahn zur Beförderung verpflichtet. Eger (Anm. 188 S. 188) trägt daher Bedenken, ob AAB. V. („nach dem Ermessen") gültig ist; das ist zu bejahen, da es ganz selbstverständlich ist, daß zunächst die Versandstation über die Erfüllung der Bedingung entscheiden muß.

8. Vgl. wegen der Haftungsbeschränkung EVO. § 86 Abs. 1 Ziff. 3. Wegen der Prüfung der Beschaffenheit des Wagens siehe EEE. 22 121 und EVO. § 86 Anm. 16. Über die Verladung und Beförderung lebender Tiere auf Eisenbahnen vgl. Anl. B (abgedruckt S. 396 ff.).

9. Haftung auch ohne Verschulden. Bestimmung gilt nicht für Personenschäden oder Beschädigung mitverladener Tiere

und nur im Verhältnis zwischen den am Frachtvertrag Beteiligten und der Eisenbahn. Sonst BGB. § 833. Empfänger haftet nach Eintritt in den Frachtvertrag; Absender müßte auch nach Eintritt des Empfängers weiterhaften, doch ist es sehr fraglich, ob bei der Fassung der Bestimmung diese Auslegung sich halten läßt (vgl. dazu z. B. § 60 Abs. 4). Gewollt ist sie jedenfalls.

10. Trotzdem ist der Vertrag keine Leihe (BGB. § 598), sondern erweiterter Beförderungsvertrag.

11. Alle diese Gegenstände gelten also als „Handgepäck"; die Eisenbahn haftet für dieses nur in dem Umfange wie für sonstiges Handgepäck, also nicht für Schäden, die aus mangelnder Beaufsichtigung durch die Eisenbahn oder deren Bedienstete entstehen.

12. Obligatio ex lege; vgl. EVO. § 44 Anm. 13.

13. Abweichungen sind weder der Versand- noch den Unterwegsstationen gestattet; wird das Fehlen eines Begleiters festgestellt, hat die betreffende Station entweder einen neuen Begleiter auf Kosten des Absenders zu stellen oder bis zur Gestellung eines Begleiters durch den Absender die Beförderung zu verweigern.

14. Siehe oben Einl. zu Abschn. VII Anm. 4. Begleiter ist Vertreter des Absenders. Seine Aufgabe ist hauptsächlich: schädigende äußere Einwirkungen fernzuhalten (ZVDEisV. 22 553), Füttern, Tränken, Ausladen erkrankter Tiere (EEE. 18 344, 32 311), Beleuchtung des Wagens (EEE. 22 121, 15 108), auch Verhindern des Entweichens. Es ist nicht seine Aufgabe, Diebstähle zu verhindern (EEE. 30 187) oder dafür zu sorgen, daß die Eisenbahnbediensteten ihre Pflicht tun (EEE. 14 169), z. B. den Wagen in den richtigen Zug stellen (EEE. 17 115, 15 108, 27 89, 28 163). Über nachträgliche Verfügungen siehe Arch. f. Eis. 12 1623. Eisenbahn hat nicht nachzuprüfen, ob Anordnung des Begleiters dem wirklichen oder mutmaßlichen Willen des Absenders entspricht. Für Verschulden der Begleiter haftet Absender (§ 278 BGB.), gegebenenfalls Schadensausgleich (§ 254 BGB.) (siehe auch Kundnagel-Sperber § 19).

15. Maßgebend ist also das Verlangen der Begleiter, abgesehen vom Falle des Satzes 3. Die Haftung der Eisenbahn ist verschieden, ob sich der Begleiter in dem einen oder anderen Wagen aufhält (vgl. EVO. § 86).

16. Neueingeführt: Beförderung auf Beförderungsschein ist nicht mehr zugelassen.

17. Hier nicht abgedruckt.

§ 49.

Beförderung.

(1) Der Absender darf den Beförderungsweg vorschreiben. Solche Vorschriften muß die Eisenbahn beachten, sie kann aber die Fracht für den vorgeschriebenen Weg verlangen.

I. Die Vorschrift ist in den Frachtbrief aufzunehmen, und zwar in den Tierfrachtbrief und in den Abschnitt zum Tierfrachtbrief an den hierfür vorgesehenen Stellen, in den Eilfrachtbrief unter „Zulässige oder vorgeschriebene Erklärungen", und in beiden Fällen unterschriftlich zu bestätigen. Die Fracht wird für den vorgeschriebenen Weg nach näherer Bestimmung der Tarifteile II erhoben.

(2) Die näheren Bestimmungen über die Beförderung von lebenden Tieren sind in der Anlage B enthalten.[1])

II. Als leicht entzündliche Stoffe im Sinne des § 3 (6) der Anlage B sind anzusehen und daher nicht zu verwenden: Stroh, Spreu und grasartige Streu; dagegen darf mit Wasser besprengtes Sägemehl, mit oder ohne Zusatz von Sand, sowie Torfstreu, wenn sie vorher mit Wasser mäßig angefeuchtet ist, verwendet werden. Zu den offenen Wagen im Sinne dieser Bestimmung gehören auch solche Wagen, die zwar eine feste

Decke haben, deren Wände aber aus Latten bestehen (mehrbödige Wagen).

III. Die in § 6 (1) Satz 2 der Anlage B vorgeschriebene Fütterung und Tränkung der Tiere liegt dem Absender ob. Er hat bei der Auflieferung unbegleiteter Sendungen eine in den Frachtbrief aufzunehmende Erklärung darüber abzugeben, wo und wie er die Fütterung und Tränkung vornehmen will. Wenn er die Erklärung nicht abgibt oder wenn die Verpflegung nicht rechtzeitig vorgenommen wird, so wird die Eisenbahn die Fütterung und Tränkung auf Gefahr und Kosten des Absenders veranlassen. Unterbleibt die Fütterung oder Tränkung oder wird die Verpflegung nicht sachgemäß ausgeführt, so haftet die Eisenbahn für den daraus entstandenen Schaden nicht.[2])

IV. Der Station, auf der die Fütterung oder Tränkung stattfinden soll, wird die Sendung auf Antrag des Absenders oder Begleiters telegraphisch vorgemeldet. Unbegleitete Sendungen werden stets telegraphisch vorgemeldet. Wegen der Gebühr für das Telegramm siehe den Nebengebührentarif (Abschnitt C).

V. Auf Wunsch des Absenders wird auf geeigneten Stationen zum Tränken der Tiere in den Wagen Wasser am Zuge bereit gehalten oder zum Überspritzen der Tiere abgegeben, wenn der Zugaufenthalt zum Tränken oder zum Erfrischen der Tiere genügend Zeit bietet. Für die Verabreichung des Wassers werden die im Nebengebührentarif (Abschnitt C) ersichtlichen Gebühren erhoben. Die zum Tränken oder zum Erfrischen der Tiere geeigneten Stationen sind bei den Abfertigungsstellen zu erfragen.

1. Siehe unten S. 396 ff.

2. Selbst bei Verschulden, nicht aber bei Vorsatz (§ 276 Abs. 2). (Nichtfütterung bei Streik!)

§ 50.

Auslieferung.

(1) Tiersendungen sind nach Ankunft auf der Bestimmungsstation mit tunlichster Beschleunigung zur Abnahme bereitzustellen.[1]) Meldet sich nach Eintreffen unbegleiteter Tiersendungen auf der Bestimmungsstation kein zum Empfange Berechtigter, so ist der Empfänger unverzüglich, jedenfalls aber innerhalb der für Eilgut festgesetzten Frist [§ 79 (2)], zu benachrichtigen.[2]) Der Empfänger hat die Tiere spätestens zwei Stunden nach der Bereitstellung auszuladen und abzutreiben.[3]) Diese Frist beginnt, wenn der Empfänger benachrichtigt werden muß, frühestens zwei Stunden nach der Benachrichtigung [§ 79 (3)].[4]) Nach Ablauf der Frist kann die Eisenbahn auf Gefahr und Kosten des Verfügungsberechtigten die Tiere in Verpflegung geben[5]) oder, wenn sie deren ferneren Aufenthalt im Wagen oder auf dem Bahnhofe gestattet, das tarifmäßige Standgeld erheben.[6]) Die Frist ruht während einer zoll- oder steueramtlichen oder polizeilichen Abfertigung, soweit diese nicht durch den Absender, Empfänger oder Begleiter verzögert wird.

(2) Der Frachtbrief ist dem Empfänger gegen Bescheinigung über den Empfang der Sendung auszuhändigen.

I. Wird von der Eisenbahn auf Antrag zugelassen, daß auf einer Station ein fahrplanmäßig durchfahrender Zug Tierwagen abstellt, so wird die im Nebengebührentarif (Abschnitt C) festgesetzte Gebühr erhoben.

II. Die Dienststelle, die die Sendungen ausliefert, wird von der Empfangsbahn bestimmt.

III. Für die Desinfektion [7]) der Eisenbahnwagen, die zur Beförderung von Pferden, Maultieren, Eseln, Rindvieh, Schafen, Ziegen, Schweinen, lebendem Geflügel, fremdländischen oder wilden Tieren verwendet sind und der bei der Beförderung benutzten Gerätschaften, werden die aus dem Nebengebührentarif (Abschnitt C) ersichtlichen Gebühren erhoben. Diese Gebühren sind stets zugleich mit der Fracht zu zahlen.

IV. Das Standgeld ist im Nebengebührentarif (Abschnitt C) festgesetzt.

1. Ordnungsvorschrift. Haftung bei Lieferfristüberschreitung. Behinderung der Entladung infolge seuchenpolizeilicher Vorschriften siehe Calmberg, ZVDEisV. 11 249.

2. Haftung der Eisenbahn bei Verschulden, dann auf vollen Schadensersatz (Rundnagel, BefGesch. S. 490).

3. D. h. aus dem für öffentliche Entladezwecke bestimmten Teil des Bahnhofs zu entfernen.

4. D. h. nach dem Zeitpunkt, in dem die Benachrichtigung als bewirkt gilt (§ 79 (3) EVO.).

5. Ohne vorherige Benachrichtigung (abw. von § 81 EVO.). Verwahrungsvertrag. Haftung der Eisenbahn für Sorgfalt eines ordentlichen Kaufmanns (HGB. § 347).

6. Unter Fortdauer der Haftung aus dem Frachtrecht.

7. Desinfektionsvorschriften siehe Kundmachung 7 des Deutsch. Eis.Verk.Verbandes, Viehseuchengesetz vom 26. Juni 1909 (RGBl. S. 519), das an die Stelle der alten Gesetze vom 23. Juni 1880 / 1. Mai 1894 treten soll (RGBl. 1894 S. 410), und Gesetz, betr. Beseitigung von Ansteckungsstoffen bei Tierbeförderung, vom 25. Febr. 1876 (RGBl. S. 163). Ein Tierseuchenanzeiger (früher vom REisAmt) wird nicht mehr herausgegeben. Anordnungen und Verbote des Viehseuchengesetzes fallen unter StGB. § 328 (EEE. 20 214).

§ 51.

Lieferfrist.

(1) Die Lieferfrist [1]) ist durch den Tarif festzusetzen.

(2) Die Lieferfrist beginnt mit der auf die Annahme folgenden Mitternacht. Sie ist gewahrt, wenn vor ihrem Ablaufe die Tiere auf der Bestimmungsstation zur Abnahme bereitgestellt sind.[2])

(3) Der Lauf der Lieferfrist ruht außer in den Fällen des § 75 Abs. 7 auch für die Dauer des Aufenthalts auf den Tränkstationen und für die Dauer der ärztlichen Viehbeschau.

(4) Die Auslieferung der mit Personenzügen beförderten Pferde und Hunde kann zu dem im § 34 Abs. 2 bestimmten Zeitpunkte verlangt werden. Müssen die Pferde [3]) jedoch unterwegs auf einen anderen Zug übergeben, so kann ihre Weiterbeförderung erst mit dem nächsten Personenzuge verlangt werden.

Die Lieferfrist der mit Tierfrachtbrief aufgelieferten Sendungen beträgt bis auf weiteres: [4])

bei einer Entfernung bis zu 150 Tarifkilometern zwei Tage,
bei größeren Entfernungen für weitere angefangene je 300 Tarifkilometer zwei weitere Tage.

Wird vom Absender gemäß § 49 (1) EVO. ein besonderer Weg vorgeschrieben, so gelten die Tarifentfernungen über den vorgeschriebenen Weg.

1. Begriff siehe unten § 75 Anm. 1.

2. Benachrichtigung des Empfängers ist also zur Wahrung der Frist nicht erforderlich (abw. EVO. § 43 AusfBest. 2 b).

3. Nicht also andere Tiere.

4. Keine Abfertigungsfrist.

§ 52.

Weitere Vorschriften.

Im übrigen gelten für die Beförderung von Tieren sinngemäß die Vorschriften für die Beförderung von Gütern (Abschnitt VIII EVO.).

I. Wegen des Verfahrens bei Überlastung eines mit Tieren beladenen Wagens vergl. § 60 (1) EVO.

II. Erleiden Tiersendungen deshalb eine Verzögerung, weil die zur Erfüllung etwa bestehender Zoll-, Steuer- oder Polizeivorschriften erforderlichen Begleitpapiere ohne Verschulden der Eisenbahn fehlen oder unzulänglich sind, so wird für den hierdurch entstehenden Mehraufenthalt das Standgeld oder Wagenstandgeld nach dem Nebengebührentarif (Abschnitt C) erhoben.

III. Die Gebühren für die Mitwirkung der Eisenbahn bei der zollamtlichen Abfertigung und der Untersuchung durch den Grenztierarzt, die Ladegebühren, die Gebühr für die vorübergehende Unterbringung von Tieren in bahneigenen überdeckten Räumen und die Gebühren für bare Auslagen der Eisenbahn sind im Nebengebührentarif (Abschnitt C) festgesetzt.

VIII.

Beförderung von Gütern.

1. „Gut" im Sinne des Abschn. VIII ist nur „Gut" im engsten Sinne, es umfaßt daher nicht Reisegepäck, Expreßgut, Leichen (aber § 47 Anm. 2) und lebende Tiere. Zu unterscheiden: Stückgut und Wagenladungen; gewöhnliches Frachtgut und Eilgut (beschleunigtes Eilgut siehe § 67).

2. Frachtvertrag ist Werkvertrag (Staub § 425 Anm. 1; BGB. 631 ff.); bestritten ist, ob er auch eine Geschäftsbesorgung zum

Gegenstand hat (BGB. § 675) (siehe Düringer-Hachenburg S. 814; Rundnagel-Sperber § 1 S. 2). Dies ist zu verneinen, es sei denn für diejenigen Geschäfte, die als Nebenleistungen aus dem Frachtvertrage entstehen (§ 65! § 69 EVO.). Zugleich ist er ein Vertrag zugunsten Dritter (BGB. § 328) (siehe Rundnagel, BefGesch. S. 141; RG. 73 148; Hellwig, Vertr. auf Leistungen S. 152, 477; EEE. 1 132, 4 412, 19 298; a. A. Eger, EVO. Anm. 384; Blume, JÜ. Art. 15 S. 103), dies auch, wenn Absender und Empfänger identisch sind, nicht aber wenn Eisenbahn Empfänger ist (siehe Kittel § 56 Anm. 3). Vertragsparteien sind zunächst Eisenbahn und frachtbriefmäßiger Absender (RG. 99 245). Tod des Absenders läßt Frachtvertrag unberührt (§ 672 BGB.), derjenige des Empfängers verhindert dessen Eintritt in den Frachtvertrag. Konkurs des Absenders beendet an sich, wenn das Gut zur Konkursmasse gehört, den Frachtvertrag (§ 23 Abs. 2 KonkO.). Eisenbahn hat aber Beförderung oder Verwahrung fortzusetzen (BGB. § 674). Verfügungsrecht des Absenders geht auf den Konkursverwalter über. Im Konkurs hat Eisenbahn Absonderungsrecht (HGB. § 440; KonkO. § 49); die nach der Konkurseröffnung entstandenen Ansprüche muß Eisenbahn als Konkursgläubiger geltend machen (KonkO. § 27). Neben die gesetzlichen Vorschriften tritt das Vertragsrecht der Tarife (siehe DEGT. Teil I Abt. A u. B). Der Dienstgutbeförderung liegt ein Frachtvertrag nicht zugrunde (ZVDEisV. 21 649).

3. Frachtvertrag ist Formalvertrag; Frachtbrief muß ausgestellt werden (siehe § 55); Ausnahme nur nach EVO. § 55 Abs. 5; Beförderung auf besonderen Schein (z. B. Milch). Beförderung von Arzneikisten ohne Begleitpapier ist kein Frachtvertrag im Sinne der EVO.

4. Frachtvertrag ist Realvertrag (§ 61 EVO.). Abschluß durch Hingabe von Gut und Brief sowie Annahme durch Abfertigung an ordentlicher Annahmestelle, d. s. Güter- und Eilgutabfertigung, Güternebenstelle. Ohne Gut oder Brief kein Vertrag, auch kein Landfrachtvertrag, es sei denn, es liege eine Ausnahme gemäß EVO. § 55 Abs. 5 vor (EEE. 33 73; Rundnagel, BefGesch. § 96

S. 309; a. A. Eger Anm. 211); vgl. aber EEE. **34** 99. Anrollen ist Landfrachtvertrag (Gruchot **65** 1 ff.).

5. Zahl der Briefe ergibt Zahl der selbständigen Frachtgeschäfte; Zahl der Güter auf einem Brief beschränkbar; aber nur Ordnungsvorschrift (EVO. § 56 Abs. 2).

6. Erfüllungsort ist der Ablieferungsort (RG. **9** 52; EEE. **5** 64, **21** 390; JW. **05** 147; ZVDEisV. **06** 169). Bei Beförderungsverweigerung gilt Recht des Ortes des Auslieferungsversuches (RG. **48** 122 u. **57** 145).

7. Entgeltlichkeit ist keine Voraussetzung für den Eisenbahnfrachtvertrag; Schienentransport ebenfalls nicht (Fährdampfer, Überführung zwischen Bahnhöfen und Stadt; bei Güternebenstellen) (§ 63 Abs. 10 EVO); Staub § 453 Anm. 6.

8. Über die Rechtsstellung des dinglich Berechtigten zum rollenden Gut siehe Jacoby EEE. **33** 119; Leutke, Verf.Recht d. Frachtgeschäft. Dem Eigentümer neben den Vertragsansprüchen noch außervertragliche (z. B. dingliche) Ansprüche zu geben, ist nicht angängig. RG. vertritt den entgegengesetzten Standpunkt (siehe **102** 38, **105** 302, aber auch 77 317, **92** 8). Dagegen Rundnagel-Sperber S. 15 Anm. 10; Isaac JW. **22** 574; Senckpiehl **23** 179. Ist der dinglich Berechtigte am Frachtvertrag nicht beteiligt, stehen ihm die Rechte aus §§ 985 ff., 858 ff. BGB. zu.

9. Die Haftung der Eisenbahn für Verlust, Beschädigung oder Transportverzögerung ist entweder

a) vertraglich (EVO. §§ 84 ff., 94),

b) außervertraglich, und zwar

α) aus unerlaubter Handlung (BGB. 823 ff.). Über das Verhältnis zwischen Vertrags- und Deliktshaftung siehe Rundnagel-Sperber § 3, namentlich S. 12 und 13, und EVO. § 96 Anm. 6;

β) auf Grund von Landesgesetzen (EG. z. BGB. Art. 105). Hier ist vor allem das PrEisGes. v. 3. Nov. 1838 § 25 zu erwähnen (RG. **70** 176). Den § 25 will das RG. auch auf die in Postwagen verladenen Güter angewendet wissen (siehe RG. **92** 8; Gorden EEE. **29** 29).

γ) als Folge verfassungsmäßiger Vertretung (BGB. §§ 31, 89), die auch für die Deutsche Reichsbahn-Gesellschaft gültig bleiben. Als solche Vertreter gelten der Präsident oder die Dezernenten der Reichsbahndirektionen, nicht aber Betriebsbeamte (EEE. **20** 179), Bahnmeister (RG. **55** 229), Bahnhofsvorsteher (EEE. **20** 253; siehe auch EEE **23** 423);

δ) als Folge der Übertragung von Hoheitsrechten, z. B. die Bahnpolizei (EG. z. BGB. Art. 77; siehe Preuß. Beamtenhaftungsgesetz v. 1. Aug. 1909, RVerf. Art. 131, Reichsgesetz v. 22. Mai 1910.)

10. Der Frachtvertrag endet durch Erfüllung, d. h. regelmäßig durch Übergabe von Gut und Frachtbrief an den Empfänger (Ablieferung § 76). Gerät der Empfänger nach der Ablieferung in Verzug (Nichtentladung ihm zugewiesener Wagenladung), haftet Eisenbahn nur für Vorsatz und grobe Fahrlässigkeit (BGB. § 300). Bei Annahmeverzug des Empfängers vor Ablieferung ist nach EVO. § 81 zu verfahren. Eisenbahn haftet nach Frachtrecht weiter, bis sie eine Handlung vornimmt, die als Ablieferung anzusehen ist [vgl. EVO. § 76 (1)]; siehe Rundnagel-Sperber § 9; RG. **102** 206; EEE. **26** 114. Bezüglich des vom Empfänger auf dem Güterboden nach Ablieferung ohne Vorwissen der Eisenbahn zurückgelassenen Gutes entsteht kein Verwahrungsvertrag. Eisenbahn haftet nicht (vgl. v. d. Leyen, JW. **26** 797, **21** 1318; Arch. f. Eis. **21** 999); siehe ferner ZVDEisV. **21** 787, **22** 213; RG. **98** 32, **99** 245; Staub 453 Anm. 1; RG. **102** 206 und unten EVO. § 84 (1) Ablieferung!

§ 53.

Durchgehende Beförderung.

Die Eisenbahn ist verpflichtet, Güter zur Beförderung von und nach allen für den Güterverkehr eingerichteten [2]) Stationen und Güternebenstellen anzunehmen,[3]) ohne daß es für den Übergang von einer Bahn auf die andere einer Vermittelungsadresse bedarf.[4])

HGB. § 453; JÜ. Art. 1; JÜG. Art. 5.

Literatur: Coermann, Der Beförderungszwang der Eisenbahn; EEE 22 204; JW. 87 355.

1. EVO. § 3 (für das eigene Bahngebiet; aber auch für den Personenverkehr). Bei verschuldeter Ablehnung Klage auf Annahme oder Schadensersatz (EEE. 20 350).

2. Einschränkungen der Abfertigungsbefugnisse, z. B. für Sprengstoffe; Einrichtung von Stationen nur für Personen- oder nur für Güterverkehr; nur für Stückgut- oder Ladungsverkehr oder den Verkehr der angeschlossenen Werke u. a. m.

3. Keine Verpflichtung aus EVO. zur Annahme nach Stationen außerhalb des Deutschen Reiches (vgl. aber EVO. § 1, AB. JÜG. Art. 1, 5; RG. 18 171) oder die innerhalb des Deutschen Reiches nicht der EVO. unterstehen (siehe oben § 1 Anm. 3).

4. Gleichviel, ob die Bahnen untereinander im Verbandsverkehr stehen; das Bestehen durchgehender Tarife ist sonach nicht erforderlich, ebensowenig gleiche Spurweite. Verhältnis der Eisenbahnen untereinander siehe EVO. § 100.

§ 54.

Von der Beförderung ausgeschlossene oder nur bedingungsweise zur Beförderung zugelassene Gegenstände.

(1) Von der Beförderung ausgeschlossen sind:[1])

A. die dem Postzwang unterliegenden Gegenstände;

I. Die einschlägigen Bestimmungen des Gesetzes über das Postwesen des Deutschen Reiches lauten wie folgt:

§ 1 (Ges. vom 28. Oktober 1871). Die Beförderung

1. aller versiegelten, zugenähten oder sonst verschlossenen Briefe,
2. aller Zeitungen politischen Inhalts, die öfter als einmal wöchentlich erscheinen,

gegen Bezahlung von Orten mit einer Postanstalt nach anderen Orten mit einer Postanstalt des In- oder Auslandes auf andere Weise als durch die Post ist verboten. Hinsichtlich der politischen Zeitungen erstreckt dieses Verbot sich nicht auf den zweimeiligen Umkreis ihres Ursprungsorts.

Wenn Briefe und Zeitungen (Nr. 1 und 2) vom Auslande eingehen und nach inländischen Orten mit einer Postanstalt bestimmt sind oder durch das Gebiet des Deutschen Reiches transitieren sollen, so müssen sie bei der nächsten inländischen Postanstalt zur Weiterbeförderung eingeliefert werden.

Unverschlossene Briefe, die in versiegelten, zugenähten oder sonst verschlossenen Paketen befördert werden, sind den verschlossenen Briefen gleichzuachten. Es ist jedoch gestattet, versiegelten, zugenähten oder sonst verschlossenen Paketen, die auf andere Weise als durch die Post befördert werden, solche unverschlossene Briefe, Fakturen, Preiskurante, Rechnungen und ähnliche Schriftstücke beizufügen, die den Inhalt des Pakets betreffen.

§ 1 a. Die §§ 1 usw. dieses Gesetzes finden auch Anwendung auf verschlossene und solchen gleichzuachtende Briefe, die innerhalb der Gemeindegrenzen ihres mit einer Postanstalt versehenen Ursprungsortes verbleiben.

B. soweit nicht im Absatz (2) A Ziffer 1 Ausnahmen zugelassen sind:

1. explosionsgefährliche Gegenstände: *)
   a) Sprengstoffe,**) [1])
   b) Munition,
   c) Zündwaren und Feuerwerkskörper,

---

*) Zu den explosions*gefährlichen* Gegenständen im Sinne dieses Paragraphen gehören alle explosions*fähigen* Substanzen; vgl. jedoch Anm. **).

**) Explosionsfähige Substanzen, die nicht Schieß- oder

d) verdichtete und verflüssigte Gase,

e) Stoffe, die in Berührung mit Wasser entzündliche oder die Verbrennung unterstützende Gase entwickeln;

2. selbstentzündliche Stoffe.[3])

(2) Bedingungsweise sind zur Beförderung zugelassen: [4])

A. nach den in der Anlage C[5]) enthaltenen Vorschriften:

1. die in der Anlage C unter I und II aufgeführten explosionsgefährlichen Gegenstände und selbstentzündlichen Stoffe (Absatz (1) B); [6])

2. die in der Anlage C unter III bis VI aufgeführten brennbaren Flüssigkeiten, giftigen, ätzenden und fäulnisfähigen Stoffe.[7])

Solche Gegenstände dürfen miteinander oder mit anderen Gegenständen nur dann zusammengepackt werden, wenn dies in der Anlage C zugelassen ist.

B. außerdem:

1. Gold- und Silberbarren, Platina, Geld,[8]) Münzen und Papiere mit Geldwert,[9]) auch amtliche Wertzeichen,[10]) Dokumente, Edelsteine, echte Perlen, besonders wertvolle Spitzen und besonders wertvolle Stickereien sowie andere Kostbarkeiten,[11]) ferner Kunstgegenstände,[12]) wie Gemälde, Bildwerke, Gegenstände aus Erzguß, Kunstaltertümer.

Die Beförderungsbedingungen für diese Gegenstände hat der Tarif zu bestimmen.[4])

Sprengzwecken dienen, durch Flammenzündung nicht zur Explosion gebracht werden können und gegen Stoß und Schlag nicht empfindlicher sind als Dinitrobenzol, gehören nicht zu den Sprengstoffen im Sinne dieses Paragraphen.

II. (1) Gold- und Silberbarren, Platina, Geld und Münzen mit Geldwert aus edlen Metallen, Papiere mit Geldwert, auch amtliche Wertzeichen, Dokumente, Edelsteine und echte Perlen, Waren aus Gold, Silber oder Platina, auch in Verbindung mit Edelsteinen oder echten Perlen, ferner Kunstgegenstände, wie Gemälde, Bildwerke, Gegenstände aus Erzguß und Kunstaltertümer, im Einzelwerte von mehr als 5000 Reichsmark sowie andere Kostbarkeiten sind, soweit sie vorstehend namentlich aufgeführt sind, unter diesen Namen, soweit sie nicht genannt sind, unter ihrer tarifarischen oder handelsüblichen Benennung mit dem Zusatz „Kostbarkeit“ [13]) oder — unbeschadet der Ausführungsbestimmung zu § 89 (2) EVO. — unter Angabe des Wertes im Frachtbrief in der Spalte „Inhalt“ zu bezeichnen. Bei Kunstgegenständen im Einzelwert von mehr als 5000 Reichsmark muß die Inhaltsangabe lauten: „Kunstgegenstände im Einzelwert von mehr als 5000 Reichsmark.“

(2) Die unter (1) genannten Gegenstände werden nur als Eilgut oder als beschleunigtes Eilgut zur Beförderung angenommen und dürfen nicht bahnlagernd gestellt werden. Wenn die Gegenstände nicht in einer unbedingt sicheren, den Vorschriften des § 62 EVO. in jeder Hinsicht entsprechenden Verpackung aufgegeben werden, muß der Absender, wenn nicht die Annahme des Gutes abgelehnt wird, das Fehlen oder die Mängel der Verpackung gemäß § 62 (2) EVO. anerkennen. Bei Aufgabe als Eilgut darf das einzelne Stück nicht weniger als 20 kg und bei Aufgabe als beschleunigtes Eilgut nicht weniger als 10 kg wiegen.

Über die Annahme der in den Anlagen C und II verzeichneten Gegenstände als Eilgut gelten diese Anlagen.

(3) Die unter (1) genannten Gegenstände können auch mit anderen Gütern zusammengepackt aufgegeben werden.

In diesem Falle sind für die ganze Sendung die vorstehend unter (2) genannten Bestimmungen anzuwenden.

Sofern die Gegenstände Umzugsgut darstellen und zusammen mit den zugehörigen Umzugsgütern in Wagenladungen aufgegeben werden, brauchen sie nicht als Kostbarkeiten im Frachtbrief bezeichnet zu werden. Sie unterliegen in diesem Falle nicht den unter (2) genannten Vorschriften. Diese Bestimmung ist jedoch nur anzuwenden, wenn der Wagen mit gut schließenden Schlössern gesichert ist. Möbelwagen müssen außerdem durch eiserne Vorlegestangen verschlossen sein.

(4) Auf Antrag des Absenders findet die Beförderung in besonderen Wagen mit den von der Eisenbahn zu bestimmenden Zügen statt. In diesem Falle obliegt das Einladen dem Absender, das Ausladen dem Empfänger; Auflieferung als „Stückgut" ist ausgeschlossen.

Auf Antrag des Absenders kann auch die Beförderung in einem Abteil eines Personenwagens zugelassen werden. Das Einladen obliegt dann ebenfalls dem Absender, das Ausladen dem Empfänger.

Der Antrag ist im Frachtbriefe unter „Zulässige oder vorgeschriebene Erklärungen" zu setzen.

(5) Bei Beförderung in besonderem Abteil eines Personenwagens muß mindestens ein Begleiter, bei Beförderung in besonderen Wagen auf Verlangen der Eisenbahn für jeden Wagen ein Begleiter gestellt werden, der in dem Abteil oder Wagen fahren und das Abteil oder den Wagen unter Verschluß halten kann. Weitere Begleiter können auf Verlangen des Absenders zugelassen werden.

(6) Die Beförderung in Sonderzügen unterliegt besonderer Vereinbarung zwischen dem Absender und der Eisenbahn.

(7) Für Geld und Münzen mit Geldwert aus unedlen Metallen gelten die allgemeinen Beförderungsbedingungen.

2. Gegenstände, deren Verladung oder Beförderung nach der Anlage oder dem Betrieb einer beteiligten Bahn außergewöhnliche Schwierigkeit verursacht.

Ihre Beförderung kann die Eisenbahn von besonders zu vereinbarenden Bedingungen abhängig machen.[4]) [14])

3. Eisenbahnfahrzeuge, die auf eigenen Rädern befördert werden sollen.

Sie müssen sich in lauffähigem Zustande befinden. Lokomotiven, Tender, Dampf- und Kraftwagen müssen von einem sachverständigen Beauftragten des Absenders begleitet sein.

III. (1) Eisenbahnfahrzeuge, die auf eigenen Rädern befördert werden sollen, werden zur Beförderung nur angenommen, wenn ihre Lauffähigkeit von einer Eisenbahnverwaltung geprüft worden und durch einen Prüfungsvermerk an den Fahrzeugen oder in einer besonderen Bescheinigung bestätigt ist.

(2) Die Beladung der Eisenbahnfahrzeuge bedarf besonderer Genehmigung. Für die verladenen Gegenstände ist die tarifmäßige Fracht zu zahlen.

(3) Eisenbahnfahrzeuge, die auf eigenen Rädern befördert werden sollen, werden nicht als Eilgut angenommen. Ausgenommen hiervon sind Privatkühlmaschinenwagen ohne Laderaum, wenn sie gleichzeitig mit beladenen Kühlwagen als Eilgut aufgeliefert werden und zu deren Versorgung mit Kälte während der Beförderung bestimmt sind.

(4) Das Schmieren der Lokomotiven, Tender, Dampf- und Kraftwagen liegt dem Begleiter ob.

(5) Anderen Eisenbahnfahrzeugen kann ein Begleiter beigegeben werden. Dieser hat das Schmieren zu besorgen. Ist kein Begleiter beigegeben, so übernimmt die Eisenbahn das Schmieren auf Kosten des Absenders.

(6) Die Begleiter von Eisenbahnfahrzeugen werden frei befördert und haben auf oder in den begleiteten Fahrzeugen Platz zu nehmen. Ausnahmsweise kann ihnen der zeitweilige Aufenthalt im Packwagen oder in einem Wagen 3. Klasse vom Zugführer gestattet werden.

HGB. §§ 462, 467; JÜ. Art. 2, 3; JÜG. Art. 3, 4.

1. Ausgeschlossen sind selbstverständlich auch die Güter, deren Beförderung „nach gesetzlicher Vorschrift oder aus Gründen der öffentlichen Ordnung" verboten ist (siehe EVO. § 96 Anm. 1; Rundnagel-Sperber § 12). Ausgeschlossen heißt, sie dürfen nicht zur Beförderung angenommen werden. Werden ausgeschlossene oder nur bedingungsweise zugelassene Güter ohne Erfüllung der gegebenen Bedingungen trotzdem angenommen, so ist der Vertrag gültig. (Abweichung von der in der zweiten Auflage vertretenen Ansicht siehe unten § 96 Anm. 5.)

2. Gesetz gegen den verbrecherischen und gemeingefährlichen Gebrauch von Sprengstoffen v. 9. Juni 1884 (RGBl. S. 61); RStrGB. § 367 Ziff. 5; RG. i. EEE. 5 138.

3. Aller Art, z. B. getrocknete Krabben, geteerte Netze. Entscheidung nach pflichtmäßigem Ermessen der Versandstation. Dagegen Beschwerde an Aufsichtsstelle.

4. Die Bedingungen sind enthalten:

a) in der Anlage C für die Güter unter (2) A 1 u. 2,

b) in den Tarifen für die Güter unter (2) B 1,

c) sind besonders zu vereinbaren für die Güter (2) B 2.

5. Anlage C ist hier nicht abgedruckt, da sie ständig Änderungen unterliegt. Sie wird veröffentlicht im RGBl. (muß!) und im Reichsanzeiger (soll!). Sie ist bei den Güterabfertigungen besonders käuflich.

6. Die nicht aufgeführten fallen unter Abs. 1 B 1 und 2.

7. Die nicht aufgeführten Güter werden bedingungslos angenommen, wenn sie nicht unter Abs. 1 B 2 fallen.

8. Auch Papiergeld; außer Kurs gesetztes Geld ist kein Geld mehr.

9. Wertpapiere im weiteren Sinne sind alle Urkunden, die entweder Wertträger sind oder unmittelbar zum Beweis von Rechten dienen, auch wenn sie unverläuflich sind, z. B. Kreditpapiere, Staatspapiere, Kupons, Hypothekenbriefe, Schuldurkunden (Rundnagel, BefGesch. § 65 S. 226; Düringer-Hachenburg § 429 Anm. 19; a. A. Eger, Frachtrecht I Anm. 45 III).

10. Briefmarken mit Sammelwert fallen nicht hierunter (EEE. 24 129).

11. Zum Begriff „Kostbarkeiten" vgl. JW. 20 782; Goltermann, EEE. 27 203; Arch. f. Eis. 21 670; RGZ. 13 36, 75 190, 101 87, 102 258, 105 202; Starck, JW. 21 1304, 22 89; Senckpiehl, Kostbarkeiten im Frachtrecht 1922; dazu Sommerfeld, JW. 22 375; RGZ. VII 513 v. 21. April 1922; Drucker, Kostbarkeitsbegriff 1911. Das JÜG. kennt den Begriff nicht mehr. (Haftungsbeschränkung siehe Art. 34.)

Kostbarkeiten im Sinne des Frachtrechts sind Güter, die im Verhältnis zu ihrem Umfang und Gewicht einen außerordentlich und, verglichen mit anderen Gütern gleichen Umfangs und Gewichts, einen ungewöhnlich hohen Wert haben (siehe BGB. §§ 372, 702). Ob dieser Wert sich auf den Stoff, die Bearbeitung oder andere Umstände (Seltenheit, Mode, Liebhaberei) gründet, ist gleichgültig. Nicht erforderlich ist allgemeine Seltenheit oder Luxuseigenschaft; auch das Vorliegen eines besonderen, in der Art der Ware liegenden Merkmals — nämlich daß sie nicht zu den gewöhnlichen Handelsgütern gehört — ist nicht Voraussetzung für den Kostbarkeitsbegriff (siehe Z. f. intern. Tr. 22 77; abw. Eger, JÜ. S. 29; Senckpiehl, TrGesch. S. 212). Senckpiehl (siehe EisTrGesch. 213; Kostbarkeiten S. 27 ff.; siehe auch EEE. 29 313) will demgemäß alle Gebrauchs- und Verbrauchsgüter ausschließen, ebenso alle Pflanzen und solche Gegenstände, die der Wissenschaft, der Technik und dem Gewerbe dienen. Die allgemeine Verkehrsanschauung ist nur insofern maßgebend, als nach übereinstimmender Anschauung von Absender und Eisenbahn für bestimmte Güter Ausnahmen geschaffen werden können (vgl. Sperber, ZVDEisV. 22 211).

Streitig ist, ob bei der Beurteilung der Eigenschaften eines Frachtgutes dieses als Ganzes zu betrachten ist. Das RG. hat dies in ständiger Rechtsprechung bejaht (RG. 100 110), und zwar nicht nur dann, wenn der Inhalt des Frachtstückes eine einheitliche Warengattung bildet (z. B. Fensterleder, Entsch. I 671 v. 24. Juni 1922) — bei derartigen Sendungen soll es auf gesonderte Betrachtung des Gewichts der Ware und der Verpackung nicht ankommen —, sondern auch dann, wenn das Frachtgut neben Nichtkostbarkeiten auch einzelne Kostbarkeiten enthält, z. B. Schmuck in einem Anzug (RG. 100 110; ZVDEisV. 21 176, 22 120; RG. in EEE. 40 35; wegen Umzuggutes vgl. AAB. III Abs. 3). Das Ergebnis dieser Rechtsprechung ist unbefriedigend und nicht haltbar (vgl. Jahrb. d. Deutschen Rechts 1921 S. 284; Warneyer 1922 Nr. 44). Die Rechtsprechung wendet sich auch dem ab (RG. 106 369; ZVDEisV. 23 209). Starck (JW. 21 1304) verlangt beim Zusammenpacken von Kostbarkeiten und Nichtkostbarkeiten einen besonderen Frachtbrief für die Kostbarkeiten; dagegen mit Recht Senckpiehl, JW. 22 89; abzulehnen ist ferner die Unterscheidung zwischen absoluten und relativen Kostbarkeiten (Bietzker, Hans. Gew.Z. 21 81). Über Kostbarkeitsfrage und Inflation vgl. Staub. § 429 Anm. 20; RG. 99 251, 100 112, 101 84, 102 258; EEE. 38 63. Als Endergebnis ist festzustellen, daß eine durch Geldentwertung hervorgerufene Preissteigerung keinem Gut die Eigenschaft als Kostbarkeit verleihen kann. Als Kostbarkeiten wurden anerkannt: Ölgemälde (RG. 13 38), Felle (RG. 102 257, 104 97), Kleider (ZVDEisV. 21 254, 415), Seide (RG. 100 110, 101 167, 102 257), Pelze (RG. 75 191), Spitzen (RG. 94 115), Rohseide (JW. 19 681; EEE. 37 340), Boas (EEE. 28 96, 30 67), Teppiche (EEE. 24 8), Manuskripte (EEE. 31 211), Kaschmir (EEE. 37 204), Damenstrümpfe (EEE. 38 63). (Die beiden letzten Entscheidungen sind abzulehnen!) Die Eigenschaft als Kostbarkeit wurde verneint bei Filmen (EEE. 29 244, 313, 443; 33 88; 30 23; Arch. f. Eis. 19 305; ZVDEisV. 20 107, 21 177); abw. RG. 94 119; ZVDEisV. 20 107, 21 177, photographischen Apparaten (ZVDEisV. 21 177), Zigarren (RG. 101 84), Kleidern (Arch. 21 968).

12. Kunstgegenstände müssen nach der Art ihrer Herstellung der darstellenden Kunst oder dem Kunstgewerbe angehören und in concreto Kunstwert haben (siehe Rundnagel-Sperber S. 138); letzteres Erfordernis verneint die herrschende Meinung (Staub § 429 Anm. 20; siehe auch RG. 18 37); die Verkehrssitte muß den Maßstab bilden. Die Bezeichnung im Frachtbrief muß erkennen lassen, daß es sich um Gegenstände mit Kunstwert handelt (nicht genügend, z. B. Denkmalsgipsstudien [EEE. 17 357; ZVDEisV. 61 172]; § 254 BGB. wäre zum mindesten hier am Platze); vgl. noch EEE. 24 8; siehe EVO. § 96 Anm. 2. Filme können Kunstgegenstände sein (siehe EEE. 29 244, 443, 30 23).

13. Die Bezeichnung „Kostbarkeit" wird durch genaue Beschreibung der Sendung nicht entbehrlich (EEE. 30 116).

14. Die Bedingungen können beliebig sein, auch hinsichtlich der Haftung (siehe Rundnagel, BefGesch. S. 306; RG. 18 170); abweichend hinsichtlich der Haftung Eger Anm. 209; Staub § 453 Anm. 13; Coermann, EEE. 22 313.

§ 55.

Frachtbrief; seine Form.

(1) Jede Sendung muß [1]) von einem Frachtbriefe [2]) begleitet sein, der für gewöhnliches Frachtgut dem Muster der Anlage D,[3]) für Eilgut dem Muster der Anlage E [3]) zu entsprechen hat.*)

Vordrucke, die nur als Duplikate verwendet werden,

---

*) Die nach der Verordnung v. 1. Nov. 1924 (RGBl. II S. 425) am 30. Juni 1925 ablaufende Frist für die Verwendung der noch vorhandenen einseitig bedruckten Frachtbriefe im Ausmaß von 380×300 mm wird bis zum 31. Dez. 1926 verlängert. Frachtbriefe dieser Größe dürfen bis zum genannten Zeitpunkt auch dann verwendet werden, wenn in der Bemerkung am oberen Rande die Worte „sowie das Ladegewicht" zwischen „Eigentumsmerkmale" und „des Wagens" fehlen. Die durch Verordnung

dürfen, sofern sie im Typendrucke die Überschrift „Frachtbriefduplikat" tragen, um die Hälfte in der Weise verkleinert sein, daß die Rückseite mit der rechten Seite des Musters bedruckt ist.

(2) Zu den Frachtbriefen ist weißes Schreibpapier in der vom Reichseisenbahnamte **) festgesetzten Beschaffenheit zu verwenden.[4]) Alle Güterabfertigungsstellen sind verpflichtet, Frachtbriefe zu den im Tarife festzusetzenden Preisen zu verkaufen.

(3) Die Frachtbriefe [5]) müssen [1]) zum Nachweise, daß sie den Vorschriften entsprechen, den Prüfungsstempel einer inländischen Eisenbahn [6]) tragen. Die Stempelung der nicht für Rechnung der Eisenbahn gedruckten Frachtbriefe erfolgt gegen eine im Tarife festzusetzende Gebühr; sie kann abgelehnt werden, wenn nicht gleichzeitig mindestens 100 Frachtbriefe vorgelegt werden.[7])

Die Preise der Frachtbriefe und die Gebühr für die Stempelung der nicht für Rechnung der Eisenbahn gedruckten Frachtbriefe sind im Nebengebührentarif (Teil I Abteilung B) festgesetzt.

(4) Die stark umrahmten Teile des Musters sind für die Eintragungen der Eisenbahn, die übrigen für die Eintragungen des Absenders bestimmt (vergl. jedoch § 56 Absatz (1) f.).[8])

---

v. 25. Febr. 1922 (RGBl. S. 231) vorgeschriebene Verwendung besonderer Frachtbriefe im Verkehr nach und von Ostpreußen wird hierdurch nicht berührt.

Verkleinerte, doppelseitig bedruckte Frachtbriefe dürfen nach handschriftlicher Ergänzung (Anfügung des Wortes „Duplikat" hinter dem Worte „Frachtbriefe") als Frachtbrief-Duplikate benutzt werden.

(5) Für regelmäßig wiederkehrende Sendungen zwischen bestimmten Orten*) und für Sendungen, die zur Weiterbeförderung über See bestimmt sind, kann die Landesaufsichtsbehörde nach Zustimmung des Reichseisenbahnamts*) Abweichungen von den vorstehenden Bestimmungen genehmigen.

HGB. § 426; JÜ. Art. 6; JÜG. Art. 6.

1. Zwingend; jeder ohne Übergabe eines Frachtbriefs geschlossene Beförderungsvertrag ist kein Eisenbahnfrachtvertrag im Sinne des Abschn. VIII EVO. [Ausnahme siehe (5)]; abw. EEE. 25 374. Die Nichtbeachtung der sonstigen Formvorschriften der Abs. 1 bis 3 (Verwendung unrichtigen Musters, Papiers, Fehlen des Prüfungsstempels, Herstellung des roten Eilgutrandes mit Buntstift) beeinflußt die Gültigkeit des Vertrags nicht; sie gibt der Eisenbahn aber das Recht und dem Beamten die innerdienstliche Pflicht, die Annahme zu verweigern (siehe Kittel § 55 Anm. 1).

2. Der Frachtbrief ist seiner geschichtlichen Entwicklung nach eine der Sendung beigefügte Mitteilung des Absenders an den Empfänger (offener Brief). Diese Form besaß er früher nach dem Muster der EVO. und besitzt er noch heute im internationalen Verkehr: „Sie empfangen die nachstehend verzeichneten Güter." Im neuen Muster der EVO. ist diese Fassung geändert, so daß nunmehr der Frachtbrief mehr die Form eines Begleitpapiers zeigt. Der Frachtbrief ist Urkunde (RStrGB. § 267; RGSt. 3 169; EEE. 23 181), ferner ist er Vertragsurkunde im Sinne des BGB. § 126 und zugleich Beweisurkunde (EEE. 7 397, 18 343), d. h. er liefert Beweis dafür, daß die in ihm enthaltenen Erklärungen von dem Aussteller abgegeben sind. Er ist kein Legitimationspapier. Ob er auch den Beweis für seinen Inhalt liefert, ist Tatfrage (EEE. 7 397, 18 343); nach RGSt. 32 23 wird der Frachtführer Eigentümer des Frachtbriefs (siehe Sendpiehl, SpedSchiff.

*) Siehe Fußanmerkung auf S. 23 (jetzt Reichsverkehrsministerium).

12 29); das widerspricht der geschichtlichen Entwicklung. Da, wo der Absender die Wahl hat zwischen deutschem und internationalem Recht (siehe EVO. § 1, AAB. zu b), vollzieht er diese durch die Übergabe des entsprechenden Musters (siehe AAB. § 9 Ziff. 2); das gleiche gilt für die Unterscheidung von Fracht- und Eilgut. Eine dem gewählten Muster nicht entsprechende Frachtbriefangabe ist ungültig (vgl. § 56 Anm. 1). Bezüglich der strafrechtlichen Seite vgl. EEE. 23 181 und § 56 Anm. 1. Frachtbrief der Reichsbahn ist öffentliche Urkunde, ebenso seine einzelnen wichtigen Eintragungen (RGSt. 3 168; Stenglein, Lexikon 2 1190, 1469, 1528; EEE. 43 1, 77).

3. Die Muster sind wegen ihrer allgemeinen Zugänglichkeit nicht abgedruckt. Für Schnellzugsgut gibt es noch kein besonderes Muster. Meist wird die Form einer deutlich sichtbaren Aufschrift: „Schnellzugsgut" oder „beschleunigtes Eilgut" gewählt (siehe AAB.).

4. Siehe VO. d. RVerkMin. v. 10. April 1926 (RMinBl. Nr. 15). Danach ist vorgeschrieben: weißes Normalpapier 4 a mit vorschriftsmäßigen Wasserzeichen (vgl. Din.-Blatt 827, zu beziehen durch Beuth-Verlag, Berlin SW 19). Aufbrauchen alter Bestände wird voraussichtlich bis 30. Sept. 1927 zugelassen werden. Für Duplikate, die als solche durch Aufdruck kenntlich sind, ist die Beschaffenheit des Papiers freigegeben. Größe beider 420 × 297 mm.

5. Auch die Duplikate; siehe die VO. d. RVerkMin. in Anm. 4.

6. Auch einer Eisenbahn, die nicht an der Beförderung beteiligt ist; nicht aber einer Kleinbahn, die der EVO. nicht untersteht.

7. Vertrauenswürdigen Druckereien wird vertraglich das Recht eingeräumt, für Private Briefe mit amtlichem Stempel zu versehen (siehe EVBl. 01 119). Stempelung ohne Genehmigung siehe StGB. § 360 Ziff. 4, 5 (EVBl. 78 274). Betrug?

8. Wegen der Haftung siehe EVO. § 57 Anm. 4.

9. Z. B. Milch, Arzneiwaren (siehe Einl. zu Abschn. VIII).

§ 56.

Inhalt des Frachtbriefs.

(1) Der Absender hat [1]) in den Frachtbrief einzutragen: [2])

a) den Namen und den Wohnort dessen, an den das Gut abgeliefert werden soll (des Empfängers); [3])

I. Der Frachtbrief darf nur an einen Empfänger gerichtet sein.

II. Frachtbriefe, die an die Güterabfertigung der Bestimmungsstation gerichtet sind, werden nur angenommen, wenn die Berechtigung zur Benutzung dieser Anschrift nachgewiesen wird oder aus dem Tarif hervorgeht. Vergl. im besonderen die Bestimmungen über die Beförderung der Privatwagendecken und der nicht der Eisenbahn gehörenden Ladegeräte in Abschnitt V der Allgemeinen Tarifvorschriften (Teil I Abteilung B).

b) die Eisenbahnstation oder Güternebenstelle, bis zu der das Gut befördert werden soll (Bestimmungsstation); [4])

III. Bei Wagenladungen kann der Absender ohne Verbindlichkeit für die Eisenbahn im Frachtbrief unter „Zulässige oder vorgeschriebene Erklärungen" die gewünschte Entladestelle der Bestimmungsstation bezeichnen.

c) den Bestimmungsort, wenn dieser ein anderer ist als die Bestimmungsstation;

d) die Bezeichnung der Sendung [5]) nach ihrem Inhalte,[6]) bei Stückgut auch Anzahl, Art der Verpackung und Adresse (oder statt dieser das Zeichen und die Nummer) [7]) der Frachtstücke. Die Eisenbahn kann auch bei Wagenladungen die Bezeichnung des Inhalts nach Anzahl und Verpackungsart verlangen, wenn die Beschaffenheit der Ladung es zuläßt. Die in der Anlage C aufgeführten Gegenstände sind mit der dort gebrauchten Bezeichnung zu benennen;[*])

IV. (1) Der Inhalt der Frachtstücke ist im Frachtbrief genau zu bezeichnen. Für die in den Allgemeinen Tarifvorschriften und in der Gütereinteilung (Teil I Abteilung B) aufgeführten Güter sind die dort gebrauchten, für alle übrigen die handelsgebräuchlichen Benennungen anzuwenden. Die hochwertigen Felle: Biber, Seehund (Seal), Blaufuchs, Chinchilla, Hermelin, Marder, Nerz, Otter, Persianer, Seeotter, Silberfuchs, Skunks und Zobel sind als solche im Frachtbrief zu bezeichnen. Frachtbriefe mit allgemeinen Bezeichnungen, wie „Ätherische Öle“, „Chemikalien“, „Kalisalze“, „Kaufmannsgut“, „Künstliche Düngemittel“, „Meßgut“, „Steuergut“, „Teerabfälle“ usw. werden zurückgewiesen. Bei Frachtstücken, die als Stückgut aufgegeben werden und Gegenstände verschiedener Art, jedoch keine Gegenstände enthalten, die nach den Bestimmungen der Eisenbahnverkehrsordnung von der Beförderung ausgeschlossen oder nur bedingungsweise zur Beförderung zugelassen oder die in der Anlage II oder im Verzeichnis der sperrigen Stückgüter (Teil I Abteilung B) genannt sind, genügt eine allgemeine Bezeichnung des Inhalts oder die Angabe des hauptsächlichen Inhalts mit einem Zusatz, der erkennen läßt, daß das Frachtstück außer den angegebenen Gegenständen noch andere enthält. Die ermäßigte Eilgutklasse und die ermäßigte Stückgutklasse werden auf solche Sendungen nicht angewendet.

(2) Die Bezeichnungen „Drogen“, „Chemische Präparate zum wissenschaftlichen Gebrauch“ und „Pharmazeutische Präparate“ werden als Inhaltsangabe zugelassen, wenn der Absender im Frachtbriefe erklärt, daß die Frachtstücke keinen

Gegenstand enthalten, der nach den Bestimmungen der Eisenbahnverkehrsordnung von der Beförderung ausgeschlossen oder nur bedingungsweise zur Beförderung zugelassen ist. Für regelmäßige Sendungen solcher Güter ist auch die Hinterlegung einer allgemeinen Erklärung nach Anlage I bei der Versandstation statthaft. Auf diese Erklärung ist bei jeder einzelnen Sendung im Frachtbriefe Bezug zu nehmen.

(3) Will der Absender der tarifmäßigen oder handelsgebräuchlichen Bezeichnung des Gutes noch eine andere Benennung oder eine besondere Inhaltsangabe beifügen, wie z. B. bei geschlachtetem Geflügel die Angabe der Art und Zahl der Stücke, so hat er diese Angaben in der Frachtbriefspalte „Inhalt" in Klammern oder auf die Rückseite des Frachtbriefes zu setzen.

e) das Gewicht der Sendung [vergl. jedoch § 58 Abs. (2) und (3)] oder statt dessen eine den Vorschriften der Versandbahn entsprechende Angabe; [9])

f) bei Gütern, die er selbst verladen hat, die Nummer, die Eigentumsmerkmale und das Ladegewicht des Wagens; [10])

g) im Falle der Vorausbezahlung der Fracht den Freivermerk; [11])

V. Bei Gütern, die eingestanzte oder aufgezeichnete Zeichen und Nummern tragen, wie z. B. Stahlflaschen oder Privatwagendecken, sind die eingestanzten oder aufgeschriebenen Bezeichnungen — abgesehen von Marken oder Herkunftsbezeichnungen — im Frachtbrief anzugeben.

VI. Ist im Frachtbrief das Ladegewicht des verwendeten Wagens nicht angegeben, so trägt es die Versandgüterabfertigung ein.

VII. Vergl. § 69 nebst Ausführungsbestimmungen.

h) den etwaigen Antrag auf Ausstellung eines Frachtbriefduplikats [12]) oder Aufnahmescheins; [13])

VIII. Die Ausstellung eines Frachtbriefduplikats ist durch Eintragung des Wortes „ja" an der im Frachtbrief hierfür vorgesehenen Stelle zu beantragen. Ob Aufnahmescheine ausgestellt werden und in welcher Form die Ausstellung eines Aufnahmescheines zu beantragen ist, ist in den Tarifteilen II bestimmt.

i) die etwaige Angabe des Interesses an der Lieferung [14]) und der auf dem Gute lastenden Nachnahme; [15])

k) das etwaige Verlangen, daß das Gut bahnlagernd zu stellen ist.[16]) Bei den in der Anlage C aufgeführten Gegenständen ist ein solches Verlangen unzulässig;

IX. Vergl. auch § 54 Ausf.-Best. II (2).

l) die genaue Bezeichnung der zur Erfüllung [17]) der Zoll-, Steuer- oder Polizeivorschriften beigegebenen Begleitpapiere [§ 65 Abs. (1)];

m) bei Sendungen, die einer zoll- oder steueramtlichen Abfertigung unterliegen, die zu berührende Abfertigungsstelle, wenn er eine solche zu bezeichnen wünscht [§ 67 Abs. (2)]; [18])

n) den Ort und den Tag der Ausstellung;

o) die Unterschrift [19]) mit Namen oder Firma unter Angabe der Wohnung. Die Beifügung der Telegrammadresse und Fernsprechnummer ist gestattet.

X. Auf Antrag des Absenders übernehmen die Güterabfertigungen die Ausfüllung der Frachtbriefe gegen die im Nebengebührentarif (Teil I Abteilung B) festgesetzte Gebühr; vergl. die Ausf.-Best. zu § 57.

(2) Die Eisenbahn [20]) kann verlangen, daß jeder Wagenladung ein besonderer Frachtbrief beigegeben wird.

XI. Jeder Wagenladung ist ein besonderer Frachtbrief beizugeben, soweit nicht in den Tarifteilen II Ausnahmen zugelassen sind.

(3) Mehrere Gegenstände dürfen in denselben Frachtbrief aufgenommen werden, wenn sie nach ihrer Beschaffenheit ohne Nachteil zusammengeladen werden können und keine Zoll-, Steuer- oder Polizeivorschriften entgegenstehen.

(4) Den vom Absender aufzuladenden oder vom Empfänger abzuladenden Gütern sowie den nach § 54 Abs. (2) bedingungsweise zur Beförderung zugelassenen Gütern sind besondere, andere Gegenstände nicht umfassende Frachtbriefe beizugeben. Eine Ausnahme hiervon ist nur statthaft, wenn die Gegenstände der Anlage C nach den dort getroffenen Vorschriften mit anderen Gütern zusammengepackt aufgegeben werden oder anderen Gütern beigeladen werden dürfen. In dem gemeinsamen Frachtbriefe müssen dann aber die nur bedingungsweise zugelassenen Güter besonders aufgeführt und durch Hinzufügung des Wortes „(bedingungsweise)" gekennzeichnet sein.

(5) Reicht der für die Beschreibung der Güter vorgesehene Raum auf der Vorderseite des Frachtbriefs nicht aus, so ist die Rückseite zu benutzen; nötigenfalls sind dem Frachtbriefe gleichgroße Blätter anzuheften und dann besonders zu unterzeichnen. Im Frachtbrief ist auf sie zu verweisen. Wird das Gesamtgewicht einer solchen Sendung angegeben, so ist es im Frachtbrief an der hierfür vorgesehenen Stelle einzutragen. Bei Gütern verschiedener Tarifklassen ist, wenn getrennte

Frachtberechnung verlangt wird, das Gewicht für jede Tarifklasse besonders anzugeben.

(6) Der Absender darf im Frachtbriefe vorschreiben,[21]) daß die Güter auf der Bestimmungsstation nachgezählt und nachgewogen werden; hierfür ist die tarifmäßige Gebühr zu bezahlen [vergl. jedoch § 77 Abs. (2)].

XII. Der Antrag auf Nachzählung oder Nachwägung auf der Bestimmungsstation ist im Frachtbriefe unter „Zulässige oder vorgeschriebene Erklärungen" zu setzen.

(7) Bei Aufgabe von Gütern nach einem Bestimmungsorte, wo keine für den Güterverkehr eingerichtete Eisenbahnstation oder Güternebenstelle vorhanden ist, kann der Absender im Frachtbrief über die Weiterbeförderung des Gutes von der Bestimmungsstation bis zum Bestimmungsorte Verfügung [22]) treffen [vergl. § 76 Abs. (9)].

(8) Auf die Rückseite des Frachtbriefs darf die Firma des Ausstellers gedruckt werden. Auch können dort die Sendung betreffende Vermerke für den Empfänger nachrichtlich angebracht werden, zum Beispiel „Von Sendung des N. N.", „Im Auftrage des N. N.", „Zur Verfügung des N. N.", „Zur Weiterbeförderung an N. N.", „Für Dampfer N. N.", „Versichert bei N. N.", „Zur Ausfuhr nach N. N.". [23]) Für die Eisenbahn sind diese Vermerke unverbindlich.

(9) Die Aufnahme anderer Erklärungen [24]) in den Frachtbrief und die Beifügung anderer Schriftstücke zum Frachtbriefe [25]) sind unzulässig, soweit es nicht durch diese Ordnung oder — mit Genehmigung der Landesaufsichtsbehörde nach Zustimmung des Reichs-Eisenbahnamts *) — im Tarife vorgeschrieben oder für

*) Siehe Fußanmerkung oben S. 28.

stattbaft erklärt ist. Die Erklärungen und Schriftstücke dürfen nur das Frachtgeschäft betreffen.

XIII. Vorschriften in den Frachtbriefen über die Verladungs- oder Beförderungsweise, z. B. „Tonnen aufrecht zu stellen" oder „Gut vor Sonne zu schützen", sind für die Eisenbahn nicht verbindlich.

XIV. Die Vorschrift, auf einer Station vor der im Frachtbriefe angegebenen Bestimmungsstation das Gut auszuladen oder den Wagen auszusetzen, ist unzulässig.

(10) Alle Eintragungen im Frachtbriefe müssen in deutscher Sprache geschehen;[26]) sie dürfen auch durch Druck oder Stempel bewirkt werden.[27])

XV. Alle Eintragungen im Frachtbriefe müssen mit deutscher oder lateinischer Schrift geschehen und deutlich sein. Die handschriftlichen Eintragungen müssen mit Tinte geschrieben sein. Frachtbriefduplikate dürfen auch gepaust sein.

XVI. Versiegelte, verschlossene oder überklebte Frachtbriefe werden nicht angenommen. Frachtbriefe mit geänderten Eintragungen können zurückgewiesen werden. Werden sie angenommen, so muß der Änderung die Unterschrift des Absenders beigesetzt sein. Änderungen von Ziffern müssen in Buchstaben wiederholt werden.

HGB. §§ 426, 455; JÜ. Art. 6; JÜG. Art. 6.

Literatur: Staub §§ 425, 426, 453; Gerstner, JÜ. S. 110.

1. Die Erfordernisse gründen sich auf HGB. § 426. HGB. sagt „soll" enthalten, EVO. ungenau „hat"; trotzdem bewirkt Fehlen einer oder mehrerer Angaben nicht Nichtigkeit des Frachtvertrags, es sei denn, daß es sich um eine wesentliche Angabe handelt; als solche wird anzusehen sein: Empfänger, Bestimmungsstation, Bezeichnung der Sendung, Absender (EEE. 24 90; DJZ. 12 1234), wohl kaum Ort und Tag der Ausstellung.

2. Nicht vorgeschrieben ist: Versandstation, Bestimmungsbahn, Ausnahmetarife, Eil- oder Frachtgut, Beförderungsweg (siehe EVO. § 67 Abs. 2).

3. Einzelperson, juristische Person oder Firma. Bei Vollkaufmann genügt Angabe der im Handelsregister eingetragenen Firma (Literatur: Rundnagel, BefGesch. § 32 S. 125 Anm. 3). Unzulässig ist: an A. und B. (Ausnahme vorstehend bei Kaufleuten), an A. für B., an Order des A., an den Inhaber oder Vorzeiger des Duplikats u. ä. Deutsche Bezeichnung kann nicht verlangt werden, wenn z. B. in gemischtsprachigen Bezirken Firma in fremder Sprache eingetragen ist; siehe aber Abs. 10. Empfänger und Absender können identisch sein. Bezüglich Sendungen an Güterabfertigungen siehe AAB. II.

4. Mit allen Unterscheidungsmerkmalen und nur einer „Großbahn" (Haupt- oder Nebenbahn). Soll das Gut nach einer Kleinbahn weitergesandt werden, ist an der dafür vorgeschriebenen Stelle einzutragen: „Nach Station A., zur Weiterbeförderung mit der Kleinbahn nach B." Wird versehentlich durchgehender Frachtbrief von Großbahn nach Kleinbahn angenommen, siehe darüber EVO. § 1 Anm. 3. Man wird wohl Gültigkeit des Vertrages bis zur Übergangsstation annehmen können (siehe auch § 76 Anm. 24).

5. Im Frachtbrief selbst, nicht in den sonstigen Begleitpapieren (siehe EEE. 22 378); gebräuchliche Abkürzungen sind gestattet. Angaben über Menge und Gewicht sind bis zur Feststellung der Unrichtigkeit maßgebend (EEE. 23 149).

6. Siehe EVO. § 58. HGB. sagt „Beschaffenheit"; „eine Kiste", „ein Kollo" genügt also nicht, wohl aber „eine leere Kiste", „leere Fässer"; wie genau der Inhalt zu bezeichnen ist, darüber enthält EVO. nichts, abgesehen von den Gütern der Anlage C. Im übrigen soll sich die Bezeichnung möglichst der Aufzählung in den Allgemeinen Tarifvorschriften und der Güterklasseneinteilung (DEGT. I B) anschließen oder wenigstens sonst handelsgebräuchliche oder übliche Benennung anwenden. Benennung muß so genau sein, daß sie dem Beamten bei sorgfältiger

Prüfung eine genügende Unterlage für die Anwendung der entsprechenden Tarifstelle bietet. Bezüglich der Benennung der Hölzer vgl. RGEntsch. **64** 123. Im Verkehr mit dem Ausland möglichst Inhaltsbezeichnung gemäß RGes., betr. Statistik des Warenverkehrs, v. 7. Febr. 1906 (EVO. § 65); bezüglich Sammelladungen vgl. AAB. § 10 Ziff. 21 (vgl. EEE. **23** 137, **24** 291, **23** 251, 257, **25** 147).

7. Siehe EEE. **19** 55. Über Zeichen und Nummer vgl. JW. **02** 29 Nr. 24.

8. Unrichtige Angabe siehe EVO. §§ 57 u. 60 auch Haftbefreiung der Eisenbahn siehe EEE. **22** 246. Über die Gültigkeit des Frachtvertrags bei unrichtiger Inhaltsangabe siehe Wilhelmy, ZVDEisV. **23** 135. Da Inhalt der Sendung wohl ein wesentlicher Teil beim Vertragsabschluß ist (nicht nur bei den Gegenständen des § 96), wird man Wilhelmy zustimmen müssen; a. A. OLG. Hamburg a. a. O. Über nachträgliche Berichtigung der Inhaltsangabe siehe Nottebohm, ZVDEisV. **25** 1348; EVO. § 57 Anm. 1, § 60 Anm. 15.

9. Siehe EVO. § 58; EEE. **19** 44; bei unrichtiger Angabe siehe § 60.

10. Vgl. EVO. § 55 Abs. 4. Der Zusatz „das Ladegewicht“ ist durch EVO. v. 20. Nov. 1920 (RGBl. **20** 1899) eingeführt (siehe EVO. § 59).

11. Vgl. EVO. § 69; über Teilfrankaturen siehe AAB. § 10 Ziff. 29.

12. Siehe EVO. § 61 (5).

13. Siehe EVO. § 61 (7).

14. Siehe EVO. § 92.

15. Siehe EVO. § 72.

16. Siehe EVO. § 79 (5). EEE. **41** 45 sieht ein solches Verlangen schon in dem Vermerk „Bahnstation“ in Spalte „Erklärungen“. Das ist wohl zu weitgehend.

17. D. h. der vor Ablieferung an den Empfänger zu erfüllenden (EVO. § 65).

18. Wegevorschrift auch in diesem Falle gleichgültig [EVO. § 67 (2) und § 49 (1)] (siehe Reindl, ZVDEisV. 98 1165, 99 213, 681, 449; RG. 18 171).

19. Unterschrift bedeutet „eigenhändige Unterschrift"; zugelassen ist aber Unterzeichnung mit dem Namen des Vertretenen durch einen bevollmächtigten Vertreter (Plenarentscheidung RG. 74 69). Für diese Vollmacht ist eine Form nicht vorgeschrieben; sie kann auch nachträglich erfolgen. Erfolgt sie nicht, so wird nicht etwa der Unterschreibende Absender; denn als Absender gilt nur derjenige, der im Frachtbrief als solcher bezeichnet ist (unrichtig EEE. 23 76, 34 99) RG. 99 245, nicht etwa der, der den Frachtvertrag tatsächlich abgeschlossen hat (richtig RGEntsch. in Zeitschr. f. Kleinbahnen 29 325 u. 99 245). Der ohne Vollmacht mit fremdem Namen Unterschreibende haftet der Eisenbahn nach § 179 BGB. (Erfüllung oder Schadensersatz; siehe Kommentar d. RGRäte zum BGB. § 179 Anm. 1; Verkehrsrundschau 22 51 (siehe Anm. 27). Rollkutscher sind grundsätzlich nicht Vertreter des Absenders; sie sind also zur Abänderung von Frachtbriefen nicht bevollmächtigt. Doch siehe oben RG. 74 69. Als Absender wird auch hier (siehe Anm. 3) nur eine Person oder Firma zugelassen; also nicht Spediteur A. für Firma B. oder Firma A. und Spediteur B. (siehe EEE. 10 173, 19 144, 21 127, 23 10). Schriftgetreue Nachbildung wird nicht verlangt (siehe Staub, HGB. § 426 Anm. 14; siehe auch unten Abs. 10). Beifügung von reklameartigen Zusätzen (z. B. Geschäftsumfang, Preismedaillen) unstatthaft. Firmen unterzeichnen lediglich mit der Firma, Prokuristen mit Zusatz p. p., Handlungsbevollmächtigte „In Vollmacht" oder „Als Bevollmächtigter". Fälschung des Absenders strafrechtlich verfolgbar (siehe EEE. 31 280).

20. D. h. die Verwaltung, nicht die Dienststelle; Verstoß macht Frachtvertrag nicht ungültig. Bestimmung ist undurchführbar, wenn Ladung aus unteilbaren Gegenständen besteht, die mehr als einen Wagen beanspruchen (z. B. Langholz).

21. Aufhebung nur durch nachträgliche Verfügung des Absenders. Einschränkung EVO. § 77 (2). Gegenwart des Emp-

fängers kann nicht vorgeschrieben werden (siehe auch EEE. 30 102; vgl. EVO. §§ 61 (4) [Absender!], 97 (3) [Empfänger!], 82 u. 97 (2) [beide!], 58 (2), (3); siehe auch EEE. 24 141).

22. D. h. nicht jede beliebige; regelmäßig: Übergabe an Kleinbahn oder Spediteur; vgl. Rundnagel, BefGesch. S. 317; fehlt die Verfügung, dann EVO. 76, 78, 79.

23. Nicht zulässig ist z. B. Rechnungsaufstellung.

24. Siehe EEE. 23 3 zugelassen; sind Erklärungen in §§ 56, 58, 59, 62, 64, 65, 66, 67, 75, 79, 80, 81, 86 u. 89; nicht zugelassen sind namentlich Eintragungen, die mit den Bestimmungen der EVO. im Widerspruch stehen; z. B. Änderung der Haftpflicht, Beförderung von Eilgut in Güterzügen usw.

25. Z. B. der sog. Ursprungsfrachtbriefe, es sei denn, daß der Tarif dies zuläßt, z. B. bei Reexpeditionen.

26. Bezüglich der Adresse vgl. oben Anm. 3. Stationsname muß unter allen Umständen deutsch sein. Verstoß hat Zurückweisung, nicht aber Nichtigkeit zur Folge (Düringer-Hachenburg, HGB. S. 916).

27. Auch von dritter Hand geschrieben oder lithographiert (a. M. Eger Anm. 239 S. 236; vgl. Rundnagel, Bef.Gesch. § 97 Anm. 7; EEE. 25 128). Verwendung gedruckter Briefe durch Unbefugte vgl. Sendpiehl, BefGesch. S. 221. Duplikate dürfen auch gepaust sein.

§ 57.

Haftung für die Angaben im Frachtbriefe.[1])

Der Absender haftet der Eisenbahn für die Richtigkeit [2]) und die Vollständigkeit [3]) der in den Frachtbrief [4]) aufgenommenen Angaben und Erklärungen und trägt alle Folgen [5]), die aus unrichtigen, ungenauen [6]) oder ungenügenden Eintragungen [7]) entspringen.[8])

Die Haftung des Absenders ändert sich nicht, wenn die Güterabfertigung auf seinen Antrag den Frachtbrief ausfüllt.

HGB. § 426; JÜ. Art. 7; JÜG. Art. 7.

1. Frachtbrief ist einseitige Erklärung des Absenders über den von ihm beabsichtigten Frachtvertrag (vgl. § 55 Anm. 2 EVO.); daher Haftung des Absenders für seine Angaben, auch ohne Verschulden; bei konkurrierendem Verschulden § 254 BGB.; siehe RGEntsch. 37 11; Düringer-Hachenburg § 426 V; Berufung auf eigenen Irrtum oder den seiner Leute bei der Ausstellung ist daher nicht zugelassen. Hiervon zu trennen ist die Frage der Beweiskraft. Angaben des Frachtbriefes liefern Beweis gegen Eisenbahn nur dann, wenn diese Nachprüfung vorgenommen hat oder dazu verpflichtet war (vgl. EVO. § 58) (EEE. 25 194, 24 372, 21 164 u. 251). Gegenbeweis offen (EEE. 21 265). Angabe eines Bahnhofs ohne nähere Bezeichnung und Annahme des Frachtbriefes ist an sich noch kein Verschulden der Eisenbahn (vgl. Senckpiehl, Verkehr 21 Nr. 1). Doch kann Annahme eines Frachtbriefs mit als falsch von der Annahmestelle erkannter Bestimmungsstation wohl als Fahrlässigkeit angesehen werden (siehe RG. I v. 11. Nov. 1921 — I 74/22 —; siehe AAB. § 10 Ziff. 13 und EEE. 32 65). Meist wird in diesem Falle BGB. § 254 anwendbar sein (EEE. 40 126; siehe RG. 37 10; EEE. 16 14, 19 10, 12 119, 26 253). Falsche Gewichtsangabe ist nicht maßgebend für Frachtvertrag; bei unrichtiger Bezeichnung des Gutes verliert Absender das Recht auf Anwendung des zutreffenden Tarifs (siehe RG. 98 95; EEE. 34 107; falsch: JW. 24 1200). Dies gilt namentlich dann, wenn Ausnahmetarife bestimmte Formalien vorschreiben (Staub § 453 Anm. 5; VerkRundschau 22 55); verlangt wird häufig Angabe des Verwendungszwecks; fehlt dieser, ist erhöhter Tarif anzuwenden. Nachträglicher Nachweis des richtigen Verwendungszwecks ist nicht zuzulassen, es sei denn, daß der Tarif etwas anderes bestimmt. (Abweichend: Flegenheiner, VerkRundschau 22 105; siehe auch RG. 84 237). Eine Fragepflicht der Eisenbahn besteht nicht; auch § 812 BGB. ist nicht anwendbar, denn Fracht ist auf Grund der Angabe im Frachtbrief richtig berechnet. Auch § 70 EVO. hilft nicht, denn der Tarif ist richtig angewendet (siehe auch Verhandlungen der

Ständigen Tarifkomm. Nr. 117/1922). Über nachträgliche Berichtigung des Frachtbriefs siehe EEE. **13** 65, **20** 18, **23** 237, ZVDEisV. **14** 424 und Nottebohm ebendort **25** 1348; siehe EVO. § 55 Anm. 5, § 56 Anm. 8.

2. Vgl. § 56 EVO. Anm. 6. Verlangt wird nicht Übereinstimmung mit dem Tarif; Eisenbahn muß sich aber auf Grund der Angaben ein richtiges Bild von dem Inhalt des Frachtvertrages machen. Inwieweit die Eisenbahn eine Prüfungspflicht hat, ist streitig (vgl. Rundnagel, Haftung § 14 S. 83; BefGesch. § 99 S. 320 Anm. 6); bejaht gegen die herrschende Meinung EEE. **24** 290, **23** 114; RG. **37** 12.

3. Vervollständigung oder Änderungen durch Dritte, namentlich Eisenbahnbedienstete, gehen dann nicht zu seinen Lasten, wenn er keine Kenntnis von ihnen hat oder ihnen nicht zustimmt (Literatur bei Rundnagel, BefGesch. § 99 Anm. 4); siehe EEE. **13** 65. Bezüglich der Kutscher siehe EVO. § 56 Anm. 19.

4. D. h. außerhalb des stark umrahmten Teils (aber Wagennummer und Ladegewicht; EVO. § 55 Abs. 4).

5. Doch müssen diese Folgen im ursächlichen Zusammenhang stehen mit der Unrichtigkeit der Angaben (RG. **104** 345). Es fallen hierunter: Frachtunterschied (siehe EEE. **21** 9, **23** 137, 237, **24** 291, **25** 120), Frachtzuschlag, Ersatz des der Eisenbahn oder Dritten, alleinige Tragung des ihm selbst entstandenen Schadens, strafrechtliche Folgen, Zollstrafen usw.; zum Teil abweichend Rundnagel, Haftung S. 86 Anm. 14; siehe Anm. 9. Senckpiehl (Der Verkehr Nr. 39/1922) will als „Folgen" nur diejenigen anerkennen, die von der Eigenart des Gutes herrühren, nicht aber falsche Frachtberechnung. Eine derartige Unterscheidung entbehrt jeder Begründung. Streitig ist, ob Absender auch für die durch seine Angaben verursachten Folgen des Verlustes, der Beschädigung und der Lieferfristüberschreitung haftet. Dies ist unter Hinweis auf die erschöpfende Regelung der §§ 456 HGB., 84 EVO. zu verneinen (Rundnagel, BefGesch. § 136 Anm. 7; RG. **14** 345, **15** 152, **20** 78, **37** 11; RG. EEE. **40** 2; Rundnagel-Sperber S. 67 Anm. 14).

6. Die Ungenauigkeit darf aber nicht auf unklarer Fassung der Tarife fußen (siehe EEE. 21 15 u. 78, 19 55, 20 178). Diese hat Eisenbahn zu vertreten.

7. Falsche Inhaltsangabe zwecks Erschleichung der Beförderung ist, da nur Vermögensgefährdung vorliegt, kein Betrug (RGSt. 9 168).

8. Daß im Falle unvollständiger oder unrichtiger Frachtbriefangabe ein Frachtvertrag nicht zustande kommt, ist dem Gesetz nicht zu entnehmen (RG. 104 345). Demgemäß ist sogar ein Frachtvertrag und Haftung der Eisenbahn angenommen worden, wenn Absender das Gut falsch bezeichnet hat (Zigarren als Papier) oder gar nicht im Frachtbrief aufgeführt hat (Kognak in Pferdefutter); siehe EEE. 40 2. Letzteres ist unrichtig.

§ 58.

Prüfung des Inhalts der Sendung. Feststellung von Anzahl und Gewicht.

(1) Die Eisenbahn ist berechtigt,[1]) die Übereinstimmung der Sendung mit dem Frachtbriefe nach Stückzahl, Gewicht und Inhalt jederzeit zu prüfen. Gebühren dürfen hierfür nicht erhoben werden.[2]) Zur Prüfung des Inhalts ist der Verfügungsberechtigte [3]) einzuladen, wenn sie nicht auf Grund polizeilicher Maßregeln stattfindet, die der Staat im Interesse der Sicherheit oder der öffentlichen Ordnung zu ergreifen berechtigt ist. Erscheint der Berechtigte nicht, so sind zwei Zeugen zuzuziehen.[4]) Etwa entstehende Auslagen sind der Eisenbahn zu ersetzen,[5]) wenn die Frachtbriefangaben sich als unrichtig erweisen.

Soweit die Tarife für ein Gut bei Verwendung zu bestimmten Zwecken oder bei Erfüllung besonderer Bedingungen Frachtermäßigungen oder andere Vergünstigungen gewähren, kann die Eisenbahn auch nach der

Ablieferung des Gutes den Nachweis der Richtigkeit der Frachtbriefangabe fordern. Der Nachweis ist auf Verlangen der Eisenbahn durch Vorlage der Geschäftsbücher oder sonstiger Unterlagen der am Frachtvertrage Beteiligten zu führen.

(2) Bei Stückgütern, die von der Eisenbahn verladen werden [§ 59 Abs. (1)], ist diese verpflichtet, Anzahl und Gewicht bei der Annahme gebührenfrei festzustellen.[6]) Dem Absender oder dessen Beauftragten steht frei, der Feststellung beizuwohnen.[7]) Die Eisenbahn kann von der Verwägung absehen oder — bei gleichartigen Stücken — Probeverwägungen vornehmen, wenn der Absender das Gewicht in den Frachtbrief eingetragen und die Nachwägung im Frachtbriefe nicht verlangt hat.

(3) Bei allen anderen Sendungen[8]) ist die Eisenbahn auf Antrag des Absenders im Frachtbriefe verpflichtet, das Gewicht und die Stückzahl[9]) festzustellen, es sei denn, daß die vorhandenen Wägevorrichtungen nicht ausreichen oder die Beschaffenheit des Gutes oder die Betriebsverhältnisse dies nicht gestatten. Das Gewicht[10]) hat die Eisenbahn auch ohne Antrag festzustellen, wenn es im Frachtbriefe nicht angegeben ist. Für diese Feststellungen ist die tarifmäßige Gebühr zu zahlen.[11]) Ist die Feststellung des Gewichts auf der Versandstation nicht angängig, so erfolgt sie auf einer anderen Station.[12])

I. Der Antrag auf Feststellung des Gewichts oder der Stückzahl ist im Frachtbriefe unter „zulässige oder vorgeschriebene Erklärungen" zu setzen.[13])

(4) Der Absender kann bei der Aufgabe verlangen, daß ihm Gelegenheit geboten werde, der Feststellung

der Stückzahl und des Gewichts beizuwohnen, wenn sie auf der Versandstation erfolgt. Stellt er ein solches Verlangen nicht oder versäumt er die ihm gebotene Gelegenheit, so hat er die tarifmäßige Gebühr nochmals zu zahlen, wenn die Feststellung auf seinen Antrag wiederholt wird.

(5) Die Eisenbahn kann die Verwägung der Wagenladungsgüter auf der Gleiswage vornehmen und der Gewichtsberechnung das an den Eisenbahnwagen angeschriebene Eigengewicht zugrunde legen. Jedoch ist einem Antrage des Verfügungsberechtigten auf Verwägung des leeren Wagens zu entsprechen, wenn es die Betriebsverhältnisse gestatten. Ob und welche Gebühr zu erheben ist, hat der Tarif zu bestimmen.

II. Ergibt die ohne Antrag des Verfügungsberechtigten vorgenommene bahnamtliche Nachwägung von Wagenladungen auf der Gleiswage keine größere Abweichung von dem im Frachtbrief angegebenen Gewicht als 2 v. H., so wird das im Frachtbrief angegebene Gewicht als richtig angenommen.

III. Ergibt die von dem Verfügungsberechtigten beantragte Feststellung des Eigengewichts eines Wagens keine größere Abweichung von dem angeschriebenen Eigengewicht als 2 v. H., so wird Wägegeld erhoben.

IV. Die Bestimmungen II und III gelten auch bei den vom Absender verladenen Stückgutsendungen.

(6) Die Feststellung des Gewichts und der Stückzahl hat die Eisenbahn auf dem Frachtbriefe zu bescheinigen.[14]) Erfolgt die Feststellung auf der Versandstation, so ist die Bescheinigung auch auf das Frachtbriefduplikat oder auf den Aufnahmeschein zu setzen.

V. Die Feststellung des Gewichts oder der Stückzahl wird von der Eisenbahn handschriftlich oder durch Stempel bescheinigt.[15]) Wird das Gewicht durch Probeverwägung ermittelt, so ist dies in der Bescheinigung auszudrücken.

VI. Das Wägegeld und die Zählgebühr sind im Nebengebührentarif (Teil I Abteilung B) festgesetzt.

JÜ. Art. 7; JÜG. Art. 7.

Literatur: Sendtpiehl, Die Pflicht der Eisenbahn zur Verwiegung der Stückgüter, EEE. **22** 303; Loening, Haftung der Eisenbahn bei bahnamtlicher Gewichtsfeststellung, EEE. **41** 1; RG. **106** 266; Sendtpiehl, Die Haftung von Eisenbahn, Post und Spediteur S. 77; Reindl, ZVDEisV. **00** 223.

1. Berechtigt ist jede an der Beförderung beteiligte Verwaltung, jedoch nur zwischen Annahme und Ablieferung, nicht auch später (EEE. **16** 38, **34** 107; Ausnahme letzter Satz des Abs. 1). Äußere Untersuchung; auch auf Tragfähigkeit des verwendeten Wagens (EEE. **22** 17; innere Untersuchung Satz 3; a. A. EEE. **24** 58).

2. Wohl aber Auslagen, z. B. Zeugengebühren.

3. D. i. der Absender oder Empfänger, vgl. hierzu EVO. § 99 Anm. 3 (EVO. §§ 73, 76), auch Vertreter; Einladung obligatorisch, sonst Verfahren nicht wirksam.

4. Auch nicht beteiligte Eisenbahnbedienstete.

5. Von dem aus dem Frachtvertrag Berechtigten, nötigenfalls aus dem Gut.

6. Die Verpflichtung zur Verwiegung ist nur eine Nebenverpflichtung; sie erfolgt lediglich zum Zwecke der Frachtberechnung (§ 70) und zur Sicherung des Beweises über das Gewicht des Gutes bei beendeter Beförderung (§§ 77, 97 EVO.). Daher stellt ein Versehen bei der Gewichtsfeststellung auch nur dann eine Verletzung der durch den Frachtvertrag begründeten Verpflichtung dar, wenn durch dieses Versehen der Zweck des Vertrages, die rechtzeitige Beförderung des Gutes, beeinträchtigt wird. Daher bei rechtzeitiger und richtiger Beförderung nur Rückzahlung zuviel gezahlter Fracht (§ 70 EVO.), nicht Haftung für sonstige Schäden; also auch dann nicht, wenn z. B. nach Bahngewicht ver-

kauft ist; dies selbst bei Gewichtsfeststellung gegen Gebühr; auch nicht, wenn dadurch Zollschwierigkeiten entstehen (arg. e. EVO. § 61 Abs. 4); siehe Sendpiehl, EEE. **22** 303, **26** 410, **29** 317, **32** 296; SeuffArch. **69** 279, **76** 193. Abweichend: Sendpiehl, Haftung S. 77; Reindl. a. a. O. für den Fall des Verschuldens bei entgeltlicher Verwiegung, während Staub S. 1479 und Rittel, EVO. § 58 Anm. 4, Haftung auch bei unentgeltlicher Verwiegung annehmen. Verwiegung bildet keinen besonderen Werkvertrag, für dessen nicht ordnungsmäßige Erfüllung die Bahn nach § 633 ff. BGB. haftet. Auch § 831 a. a. O. ist nicht anwendbar. RG **106** 266 bejaht Haftung, wenn Eisenbahn wußte, daß infolge eines Fehlers der Wage das Gewicht falsch war, und dies dem Absender nicht mitteilte (vgl. dazu Loening, EEE. **41** 1). Bei Abweichungen der Gewichtsfeststellungen im Versand und Empfang muß Eisenbahn beweisen, daß sie das ihr zur Beförderung übergebene Gut vollständig abgeliefert hat (siehe EEE. **14** 357, **20** 175, 317, **17** 207, **11** 114, **13** 46). An diesen Grundsätzen ändert sich nichts, wenn etwa Angestellte des Versenders oder Empfängers auf das Bahninteresse verpflichtet sein sollten, was namentlich im Zuckerrüben- und Kohlenverkehr üblich ist. Dadurch wird das Gewicht nur dann zu einem bahnamtlichen, wenn dies vertraglich vereinbart ist, aber es darf hierbei nicht der amtliche Wiegestempel aufgedrückt werden (siehe hierüber VerkRundschau **25** 336). Nicht hierher gehört die Verwiegung außerhalb des Frachtvertrages (z. B. Verwiegung von Vieh auf bahnamtlicher Wage für jedermann). Werkvertrag; Haftung nach BGB. §§ 631 ff., 278 bei Verschulden.

7. Einladung nicht vorgeschrieben.

8. Die vom Absender verladenen, also hauptsächlich die Wagenladungen.

9. Je nach Antrag, eins oder beides; nur das tatsächlich Festgestellte liefert Beweis. AAB. II § 7.

10. Nicht auch die Stückzahl.

11. Ist das Gewicht angegeben, muß Nachwiegung gebührenfrei erfolgen, es sei denn, daß sie beantragt ist.

12. D. h. jede auf dem Beförderungswege liegende, einschl. der Bestimmungsstation, nach Wahl der Eisenbahn.

13. Siehe EEE. **40** 33.

14. Fälschung § 267 StGB. (RGSt. **3** 169).

15. Gegenbeweis auch bei plombierten Sendungen (EEE. **21** 265; Rundnagel S. 347 Anm. 9).

§ 59.

Beladung der Wagen. Ladegewicht. Tragfähigkeit.

(1) Ob die Güter durch die Eisenbahn oder durch den Absender zu verladen sind, hat der Tarif zu bestimmen,[1]) soweit nicht diese Ordnung Vorschriften darüber enthält oder eine besondere Vereinbarung zwischen dem Absender und der Eisenbahn im Frachtbriefe getroffen ist.[2])

I. Welche Güter durch die Eisenbahn und welche durch den Absender zu verladen sind, ist im Abschnitt II der Allgemeinen Tarifvorschriften (Teil I Abteilung B) bestimmt.

(2) Für die Beladung der Wagen ist das daran vermerkte Ladegewicht maßgebend.[4]) Eine Belastung bis zu der an den Wagen angeschriebenen Tragfähigkeit ist zulässig, wenn nach der natürlichen Beschaffenheit des Gutes nicht zu befürchten ist, daß die Belastung infolge von Witterungseinflüssen während der Beförderung die Tragfähigkeit überschreiten werde. Eine die Tragfähigkeit überschreitende Belastung — Überlastung — ist in keinem Falle gestattet. Bei außerdeutschen Wagen, die nur eine, die zulässige Belastung kennzeichnende, dem Ladegewichte der deutschen Wagen entsprechende Anschrift tragen,

darf die angeschriebene Gewichtsgrenze bis zu 5 v. H. überschritten werden.

II. (1) Bei Überlastung eines Wagens wird das Übergewicht von der Eisenbahn abgeladen. Für das auf dem Wagen verbleibende Gewicht wird die Fracht von der Versand- bis zur Bestimmungsstation berechnet. Die Fracht für das abgeladene Gewicht wird für die durchlaufenen Strecken nach den Tarifsätzen berechnet, die von der Versandstation bis zur Unterwegsstation für die Hauptsendung gelten. Der abgeladene Teil wird auf Lager genommen und dem Absender zur Verfügung gestellt.[5])

Falls es von einer Unterwegsstation abgenommen ist und nach der Bestimmung des Absenders weitergesandt werden soll, ist es als besondere Sendung zu behandeln und die tarifmäßige Fracht zu erheben. Verlangt der Absender dagegen die Rückbeförderung des Übergewichts nach der Versandstation, so wird die Fracht für die Rückbeförderung nach den Tarifsätzen berechnet, die von der Versandstation bis zur Unterwegsstation für die Hauptsendung gelten.

(2) Dem Absender kann die Zuladung des abgenommenen Übergewichts zu einer anderen, von derselben Versandstation kommenden, die Unterwegsstation berührenden Ladung gestattet werden, wenn die Verwägung ausdrücklich oder durch Unterlassung der Gewichtsangabe im Frachtbriefe beantragt war, jedoch mangels einer geeigneten Wägevorrichtung nicht ausgeführt werden konnte. Der Absender muß dann den zweiten Wagen um dasjenige Gewicht, das er auf der Unterwegsstation zuladen will, weniger belasten und das Anhalten auf der Unterwegsstation im Frachtbriefe beantragen. Die Fracht wird in diesem Falle für die ganze Ladung, also einschließlich des unterwegs zuzuladenden Teils, von der Versand- bis zur Bestimmungsstation berechnet.

(3) Für das Ab- und Aufladen des Übergewichts werden die tarifmäßigen Gebühren berechnet. Erleidet der Wagen durch das Auf- und Abladen Aufenthalt, so wird das tarifmäßige Wagenstandgeld erhoben.

(4) Für die Einlagerung des abgeladenen Übergewichts wird erhoben:

a) Platzgeld für das auf einer Unterwegsstation abgenommene Übergewicht, wenn es im Freien lagert und die Verwägung der Sendung ausdrücklich oder durch Unterlassung der Gewichtsangabe im Frachtbriefe beantragt war, jedoch mangels einer geeigneten Wägevorrichtung auf der Versandstation nicht ausgeführt werden konnte;

b) Lagergeld in allen anderen Fällen.

III. (1) Muß eine Wagenladung ohne Verschulden des Absenders umgeladen oder anderweit verladen werden, so wird dies durch die Eisenbahn kostenlos bewirkt und ein etwa entladener Teil der Sendung ohne besondere Frachtberechnung weiterbefördert. Ist jedoch die Umladung oder anderweite Verladung vom Absender durch mangelhafte Verladung veranlaßt, so hat der Absender oder Empfänger die Kosten zu tragen. Ein etwa abgeladener Teil der Sendung ist nach der Ausführungsbestimmung II (1), (3) und (4) b zu behandeln.

(2) Enthält der umzuladende Wagen Güter, deren Umladung besondere Sorgfalt oder Sachkenntnis erfordert (z. B. lose verladenes Obst, unverpacktes Glas, Porzellan oder Steingut, Bier in Eispackung und dergl.), so ist die Eisenbahn berechtigt, vom Absender Anweisung über die Umladung einzuholen.[6])

(3) Der Absender kann die Umladung übernehmen und haftet[7]) dann für die ordnungsmäßige Ausführung nach § 86 (1) Ziffer 3. Hat der Absender die Umladung durch mangelhafte Verladung veranlaßt, so kann er den Ersatz seiner Kosten

nicht verlangen; andernfalls werden ihm die tarifmäßigen Ladegebühren als Entschädigung gewährt.

(4) Ist die Umladung oder anderweite Verladung vom Absender durch mangelhafte Verladung veranlaßt, so wird für den Aufenthalt, den der Wagen erleidet, das tarifmäßige Wagenstandgeld erhoben.

IV. Die Ladegebühren, das Lagergeld, Platzgeld und Wagenstandgeld sind im Nebengebührentarif (Teil I Abteilung B) festgesetzt.

IÜ. Art. 7; IÜG. Art. 14; Haftung siehe EVO. § 86 (3).

1. Reihenfolge: a) EVO.; daß dies zulässig ist, siehe Rundnagel-Sperber § 20; b) Vereinbarung (schriftlich im Frachtbrief) zwischen Eisenbahn und Absender; c) Tarifvorschriften.

2. Dem Absender liegt die Verladung ob: bei Wagenladungen, bei lebenden Tieren [§ 48 (6)], bei gewissen Stückgütern der Anl. C, endlich in besonderen Fällen [EVO. § 62 (6), § 63 (11)]. Eisenbahn kann Selbstverladung verlangen — Form nicht vorgeschrieben — bei Stückgütern, die einzeln mehr als 500 kg wiegen oder in gewöhnliche gedeckte Wagen nicht verladen werden können (DEGT. I B §§ 44 ff.); EEE. 20 335, 28 185. Für die Entladung siehe § 76 (6).

3. Hat Absender verladen, haftet er für seine Leute, auch für den in seinem Auftrage verladenden Spediteur (RG. 66 402). Bedient sich der Absender hierbei der Leute der Eisenbahn, gelten sie als seine Leute; das gleiche gilt, wenn Eisenbahn Geräte stellt. Hier Haftung nur für außervertragliches Verschulden (BGB. § 823 ff.) (siehe EEE. 20 351), es sei denn, daß etwa eine Vermietung der Geräte (z. B. des Ladekrans) vorliegt (EEE. 2 235, 25 381; siehe Rundnagel-Sperber § 20 Anm. 9).

4. Fehlt dies, muß der Absender es feststellen lassen (BVO. § 42)

5. Siehe EVO. § 74 (4).

6. Wegen der Lieferfrist siehe § 75 (7).

7. Richtiger: die Eisenbahn haftet nicht [§ 86 (3)].

§ 60.

Frachtzuschläge.[1])

(1) Bei unrichtiger [2]) Angabe des Inhalts,[3]) des Gewichts oder der Stückzahl einer Sendung oder des Ladegewichts des verwendeten Wagens, bei Wagenüberlastung sowie bei Außerachtlassung der Sicherheitsvorschriften in Anlage C sind ohne Rücksicht darauf, ob ein Verschulden des Absenders vorliegt oder nicht,[4]) Frachtzuschläge zu entrichten, für die folgende Bestimmungen gelten: [5])

a) Wenn die im § 54 Absatz (1) B und Absatz (2) A aufgeführten Gegenstände unter unrichtiger Inhaltsangabe zur Beförderung aufgegeben oder wenn die Sicherheitsvorschriften in Anlage C außer acht gelassen werden, beträgt der Frachtzuschlag für jedes Kilogramm Rohgewicht des Versandstücks, worin ein solcher Gegenstand enthalten war,[6])

bei den gemäß § 54 (1) B von der Beförderung ausgeschlossenen sowie bei den in Anlage C unter Ia aufgeführten Sprengstoffen: 12 Reichsmark,*)

bei den in Anlage C unter Ib, Ic und Id aufgeführten Munitionsgegenständen, Zündwaren und Feuerwerkskörpern, verdichteten und verflüssigten Gasen: 8 Reichsmark,*)

bei den in Anlage C unter Ie aufgeführten Stoffen, die in Berührung mit Wasser entzündliche oder die Verbrennung unterstützende Gase entwickeln,

---

*) Unter Einrechnung der Verkehrssteuer betragen die Frachtzuschläge 12,90 Reichsmark, 8,60 Reichsmark, 4,30 Reichsmark, 0,60 Reichsmark und 1,10 Reichsmark.

sowie bei den unter II aufgeführten selbstentzündlichen Stoffen und den unter III aufgeführten brennbaren Flüssigkeiten: 4 Reichsmark,*)

bei den in Anlage C unter IV, V und VI aufgeführten giftigen, ätzenden und fäulnisfähigen Stoffen: 0,50 Reichsmark.*)

b) In anderen Fällen unrichtiger Inhaltsangabe beträgt der Frachtzuschlag, wenn sie keine Frachtverkürzung herbeiführen kann, eine Reichsmark*) für den Frachtbrief, sonst das Doppelte des Unterschieds zwischen der infolge der unrichtigen Angabe entstandenen und der richtig berechneten Fracht von der Aufgabe- bis zur Bestimmungsstation. Sind Güter verschiedener Tarifklassen zu einer Sendung vereinigt und kann ihr Einzelgewicht ohne besondere Schwierigkeit festgestellt werden, so ist der Ermittlung des Frachtzuschlags getrennte Frachtberechnung zugrunde zu legen, sofern sie sich billiger stellt.[7]) Mindestens wird eine Reichsmark *) erhoben.

c) Bei unrichtiger Angabe der Stückzahl oder des Gewichts einer vom Absender verladenen Sendung oder bei unrichtiger Angabe des Ladegewichts des verwendeten Wagens beträgt, wenn hierdurch eine Frachtverkürzung herbeigeführt werden kann, der Frachtzuschlag das Doppelte des Unterschieds zwischen der infolge der unrichtigen Angabe entstandenen und der richtig berechneten Fracht von der Aufgabe- bis zur Bestimmungsstation.

d) Bei Überlastung eines Wagens beträgt der Frachtzuschlag das Sechsfache der Fracht von der Aufgabe-

---

*) Siehe Anmerkung S. 238.

bis zur Bestimmungsstation für das Gewicht, das die im § 59 Abs. (2) festgesetzten Belastungsgrenzen übersteigt. Diese Bestimmung gilt sinngemäß auch für Gegenstände, deren Fracht nicht nach dem Gewichte berechnet wird. Ist zum Beispiel die Fracht nach der Ladefläche zu berechnen, so wird der Frachtzuschlag derart ermittelt, daß die nach der Ladefläche des verwendeten Wagens berechnete Fracht als Fracht für das zulässige höchste Belastungsgewicht angesehen, danach die Fracht für das Übergewicht berechnet und der gefundene Betrag sechsfach genommen wird.

e) Die unter a bis d festgesetzten Frachtzuschläge werden nebeneinander erhoben, wenn gegen mehrere dieser Vorschriften gleichzeitig verstoßen wird.[8]) Trifft unrichtige Inhaltsangabe, die eine Frachtverkürzung herbeiführen kann,[9]) mit unrichtiger Angabe der Stückzahl oder des Gewichts der Sendung oder des Ladegewichts des verwendeten Wagens zusammen und handelt es sich nicht um Gegenstände der im § 54 Abs. (1) B und Abs. (2) A genannten Art, so beträgt der Frachtzuschlag das Doppelte des Unterschieds zwischen der Fracht für den angegebenen Inhalt und die angegebene Stückzahl, das angegebene Gewicht oder das angegebene Ladegewicht einerseits und der Fracht für den ermittelten Inhalt und die ermittelte Stückzahl, das ermittelte Gewicht oder das ermittelte Ladegewicht andererseits.

Außerdem ist der Frachtunterschied nachzuzahlen [10]) und der entstandene Schaden zu ersetzen,[11]) auch sind die durch andere gesetzliche oder polizeiliche Bestimmungen vorgesehenen Strafen verwirkt.[12])

(2) Der Tarif muß einheitlich die Grundsätze bestimmen, nach denen etwa von Erhebung der im Abs. (1)

festgesetzten Frachtzuschläge aus Billigkeit abgesehen wird oder geringere Zuschläge erhoben werden.[13])

I. Die Eisenbahn kann von Erhebung der Frachtzuschläge absehen oder geringere Zuschläge erheben,

wenn der Verstoß gegen die Vorschriften auf entschuldbarem Versehen beruht, ein Schaden für die Eisenbahn nicht oder nicht in Höhe des Frachtzuschlags entstanden, und eine erhebliche Gefährdung der Betriebssicherheit nicht herbeigeführt worden ist,

wenn die Höhe des Zuschlags eine unverhältnismäßige Härte in sich schließt, oder

wenn andere Billigkeitsgründe vorliegen.

(3) Ein Frachtzuschlag darf nicht erhoben werden:

a) bei unrichtiger Gewichtsangabe oder bei Überlastung, wenn die Eisenbahn zur Verwägung verpflichtet war; [14])

b) bei einer während der Beförderung eingetretenen Gewichtszunahme ohne Überlastung, wenn der Absender nachweist, daß die Gewichtszunahme auf Witterungseinflüsse zurückzuführen ist;

c) bei einer während der Beförderung durch Witterungseinflüsse verursachten Überlastung, wenn der Absender nachweist, daß er bei der Beladung des Wagens das angeschriebene Ladegewicht nicht überschritten hat.

II. Wird einer der in Absatz (3) b und c aufgeführten Gründe für Nichterhebung des Frachtzuschlags geltend gemacht, aber der erforderliche Nachweis vom Absender nicht bis zur Einlösung des Frachtbriefs erbracht, so ist die Eisenbahn berechtigt, Hinterlegung in Höhe des Frachtzuschlags zu fordern.

(4) Der Frachtzuschlag ist verwirkt, sobald der Frachtvertrag abgeschlossen ist (§ 61).[15]) Zur Zahlung des Zuschlags ist der Absender verpflichtet. Hat der Empfänger den Frachtbrief und das Gut angenommen, so haftet er gemäß § 76 Abs. (4) neben dem Absender als Gesamtschuldner für den Zuschlag.[16])

(5) Der Anspruch auf Zahlung oder Rückzahlung des Frachtzuschlages verjährt in einem Jahre.[17]) Die Verjährung [18]) beginnt bei Ansprüchen auf Zahlung des Frachtzuschlags mit der Zahlung der Fracht oder, wenn eine Fracht nicht zu zahlen war, mit der Auflieferung des Gutes; bei den Ansprüchen auf Rückzahlung beginnt sie mit der Zahlung des Zuschlags. Gehemmt oder unterbrochen wird die Verjährung gemäß den Bestimmungen im § 71 Abs. (2).

JÜ. Art. 7; JÜG. Art. 7; EVO. § 17 (2), (6), § 27 (5), § 44 (7).

Vgl. Vorschriften über die Erhebung von Frachtzuschlägen (Anh. B zu A. AbfV. Teil II). Baumgart, (EEE. 22 333; Schmitt, ebendort 195 423); Schmitt, Der Frachtzuschlag im Eisenbahnfrachtrecht 1905.

1. Frachtzuschläge waren ursprünglich privatrechtliche Vertragsstrafen (Konventionalstrafen). Nunmehr (seit 1899) enthält die EVO. Rechtsvorschriften; die Verpflichtung zur Zahlung gründet sich auf Gesetz; es besteht eine reine obligatio ex lege (Rundnagel S. 361; Fritsch S. 339 Anm. 118; Blume, BernFracht. Art. 7 S. 67); a. A. Eger Anm. 249 und die herrschende Meinung (vgl. RG. 47 38; Schmitt a. a. O. § 4), die allerdings sich zum größten Teil auf das alte Recht stützt; aber auch sie erklärt fast alle Bestimmungen des BGB. über die Vertragsstrafe (§§ 339 ff.) für unanwendbar (vgl. Senckpiehl S. 233), mit alleiniger Ausnahme des § 341 Abs. 3 (vgl. hierzu EEE. 22 16, 125, 168; Rundnagel S. 361). Daß eine Herabsetzung durch das Gericht (BGB. § 343) nicht stattfinden darf, ist fast unbestritten (a. A. Schmitt a. a. O. § 6).

Innerhalb des Vereins Deutscher Eisenbahnverwaltungen erhält den Betrag die entdeckende Verwaltung; sonst wohl Ausgleich unter mehreren Verwaltungen (siehe JÜG. Art. 47); vgl. ZVDEisV. **01** 309, **09** 134; EEE. **16** 305, **20** 53.

2. Nicht schon, wie früher, „ungenauer". Literatur bei Rundnagel S. 356 Anm. 2; namentlich: EEE. **5** 400, **14** 345, **24** 291, **25** 119, **29** 278; RG. **67** 276. Unrichtigkeit muß sich auf frachtwichtige Punkte erstrecken (siehe EEE. **22** 176). Hierzu kann Herkunftsort und Verwendungszweck gehören, wobei nicht nötig ist, daß die unrichtige Verwendung bereits bei der Aufgabe beabsichtigt war (RG. **84** 237); vgl. auch EVO. § 57 Anm. 1. Nach EEE. **21** 9 muß die Bezeichnung nach der allgemeinen Verkehrsanschauung als falsch erscheinen; die Unrichtigkeit gegenüber dem Tarife soll nur in besonderen Fällen entscheidend sein; ebenso RG. **67** 287; dies wird mit Recht von Blume (JÜ. S. 66) angefochten. A. M. Kittel § 60 Anm. 1. Bei falscher Angabe eines Teils der Ladung (außer Abs. 1 Satz 2) wird Frachtzuschlag für die ganze Sendung erhoben (EEE. **23** 152). Bezüglich Kostbarkeiten vgl. EEE. **25** 120.

3. Ebenso wenn verkehrsüblicher Benennung irreführende Zusätze beigefügt werden (siehe RG., EEE. **32** 213). Maßgebend ist die Angabe auf dem Frachtbrief, nicht dem Frachtstück (RG., EEE. **14** 345), oder den Zollpapieren (EEE. **22** 378).

4. Die Tatsache der falschen Angabe oder der Außerachtlassung genügt; nicht erforderlich ist der Eintritt eines Schadens (siehe Abs. 2) (EEE. **16** 305) oder Verschulden des Absenders (die entgegenstehenden Entscheidungen des RG. gründen sich auf altes Recht; siehe Schmitt, EEE. **22** 330; Absender braucht nicht einmal Kenntnis von der z. B. durch seinen Auftraggeber oder seine Leute herbeigeführten Unrichtigkeit zu haben (ZVDEisf.V. **05** 434). Irrtum des Absenders oder Unkenntnis des Absenders befreit ihn nicht (RG. **47** 33; vgl. EEE. **1** 244, **2** 436). Ob Mitverschulden der Eisenbahn befreit, ist strittig; jedenfalls entfällt der Zuschlag, wenn die Eisenbahn die falsche Angabe wider Treu und Glauben selbst veranlaßt hat (Dernburg, BR. II § 103;

ROHG. **23** 304); nach herrschender Meinung entfällt er auch dann, wenn die Eisenbahn bei der Annahme zur Beförderung die wirkliche Beschaffenheit der Güter usw. gekannt hat (siehe Rundnagel S. 359; Eger Anm. 255; EEE. **22** 331; RG., EEE. **22** 74; ZVDEisV. **01** 309, **05** 29). Abweichend, und wohl richtiger, OLG. Celle, EEE. **41** 134. Kennen müssen steht hierbei der Kenntnis nicht gleich (EEE. **17** 331, **16** 305); also ist Frachtzuschlag auch bei unverpacktem Gute nicht ausgeschlossen (RG. **67** 276). Zur Klarstellung der Frachtbriefangaben ist Eisenbahn nicht verpflichtet (EEE. **33** 75); Düringer-Hachenburg verlangt, daß Eisenbahn wenigstens auf offensichtliche Irrtümer und Unrichtigkeiten aufmerksam macht (S. 959 Anm. 3). Dies geht zu weit.

5. Grund für Neuregelung waren namentlich die Betriebsgefährdungen (Begr.; EEE. **25** 172).

6. Also einschl. Verpackung und der anderen darin verpackten Gegenstände (nötigenfalls muß Abs. 2 eintreten); anders bisher auf Grund der alten Fassung die herrschende Meinung (siehe Baumgart, EEE. **22** 334).

7. Siehe EEE. **23** 152.

8. Über die Berechnung des Frachtzuschlages siehe ZVDEisV. **01** 389, **10** 1411; EEE. **20** 357.

9. Nicht „herbeigeführt hat" (EEE. **31** 358).

10. Siehe EVO. § 70 (EEE. **26** 1).

11. Haltung für Verschulden (Senckpiehl, EEE. **26** 351). Schaden, der der Eisenbahn an Personal, eigenen oder Dritten gehörigen, ihr anvertrauten Sachen entstanden ist; Dritte haben keinen Anspruch gegen den Schädigenden aus EVO. § 60 (1) Abs. 2.

12. Z. B. Betrug (EEE. **1** 199, **3** 777; RGSt. **9** 168, **15** 267, **8** 242; JW. **91** 234), Urkundenfälschung (EEE. **1** 334), Transportgefährdung, Polizei-, Post-, Zollstrafen usw. Diese öffentlich-rechtlichen Strafen können nur den Absender treffen, oder auch nur dessen Leute oder Auftraggeber. Voraussetzung für strafrechtliches Einschreiten ist Verschulden; nicht so bei Zoll- und polizeilichen Übertretungen (siehe Senckpiehl, EEE. **26** 352; RG. **15** 151).

13. Vgl. §§ 16 Abs. 6, 27 Abs. 5. Nicht ganz unbedenkliche Abweichung von § 6 EVO.

14. Siehe EVO. § 58 Abs. 2 ff. Antrag allein genügt nicht. Die Verpflichtung zur Verwägung entfällt trotz des vom Absender gestellten Antrags nach § 58 Abs. 3. Dies bedeutet eine Härte für den Absender (Abs. 2 muß aushelfen).

15. Annahme zur Beförderung, nicht nur gemäß EVO. § 64, auch dann, wenn Eisenbahn Gut nicht hätte annehmen dürfen (RG. 47 40). Ob eine Beförderung ganz oder teilweise ausgeführt, ob das Gut noch vorhanden, ist gleichgültig. Streitig ist, ob nachträgliche Berichtigung der Inhaltsangabe befreit. Rundnagel S. 363 verneint dies; a. A. EEE. 28 114. Man wird dem Absender das Recht des Rücktritts vom Vertrage wohl nicht streitig machen können, vorausgesetzt, daß Unrichtigkeit seiner Angabe noch nicht entdeckt ist (siehe Düringer-Hachenburg III § 455; siehe oben § 56 Anm. 8). Über Anfechtung unrichtiger Angaben siehe Schmitt, EEE. 22 330; RG. 47 40.

16. Eger Anm. 258 sieht hierin einen Verstoß gegen § 471 HGB.; hiergegen mit Recht Rundnagel S. 360 Anm. 17. Empfänger wird durch Eintritt in den Frachtvertrag Gesamtschuldner. Nicht erforderlich ist, daß bei Ablieferung des Gutes die Nachforderung des Frachtzuschlages vorbehalten worden war (abweichend Senckpiehl S. 234; EEE. 22 17, 125, 168; ZVDEisV. 05 29; Schmitt § 11).

17. Es sei denn, daß Anspruch durch Urteil, Anerkenntnis oder Vergleich festgestellt ist (BGB. § 218).

18. Über Verjährung siehe EVO. §§ 71, 98.

§ 61.

Abschluß des Frachtvertrages.

(1) Der Frachtvertrag [1]) ist abgeschlossen, sobald die Abfertigungsstelle [2]) das Gut mit dem Frachtbriefe [3]) zur Beförderung [4]) angenommen hat.[5]) Als Zeichen der Annahme ist dem Frachtbriefe der Tagesstempel

der Abfertigungsstelle aufzudrücken.[6]) Mit diesem Stempel ist auch jedes der nach § 56 Abs. (5) dem Frachtbrief etwa angefügten Blätter zu versehen.

I. Der Absender kann bei Übergabe des Frachtbriefs die Anweisung erteilen, das Gut von einem Dritten zur Beförderung anzunehmen. Für die — auch nur versuchte — Ausführung dieser Anweisung wird außer den etwa erwachsenden baren Auslagen die im Nebengebührentarif (Teil I Abteilung B) festgesetzte Gebühr erhoben. Die Ausführung der Anweisung kann abgelehnt werden.

(2) Die Abstempelung hat nach vollständiger Auflieferung des im Frachtbriefe verzeichneten Gutes[7]) und nach Entrichtung der vom Absender vorauszubezahlenden Beträge[8]) unverzüglich, auf Verlangen des Absenders in seiner Gegenwart, zu erfolgen.

(3) Der abgestempelte Frachtbrief dient als Beweis für den Frachtvertrag.[9])

(4) Bei den vom Absender verladenen Gütern dienen die Angaben des Frachtbriefs über das Gewicht und die Anzahl der Stücke nur dann als Beweis gegen die Eisenbahn, wenn sie die Stücke nachgewogen oder nachgezählt und dies im Frachtbrief beurkundet hat.

(5) Die Eisenbahn ist verpflichtet, auf Verlangen des Absenders die Annahme des Gutes unter Angabe des Tages, an dem es zur Beförderung angenommen ist, auf einem ihr mit dem Frachtbriefe vorgelegten Frachtbriefduplikate,[10]) das als solches zu bezeichnen ist, zu bescheinigen. Die Ausstellung eines Duplikats ist auf dem Frachtbriefe durch Stempelaufdruck zu beurkunden.

(6) Das Duplikat hat nicht die Bedeutung des Frachtbriefs oder eines Ladescheins.

(7) Bei Gütern, die nicht in ganzen Wagenladungen aufgegeben werden, kann mit Zustimmung des Absenders an Stelle des Duplikats ein Aufnahmeschein ausgestellt werden, der dieselbe rechtliche Bedeutung wie das Duplikat hat.[11])

II. Die Gebühr für die Ausstellung von Aufnahmescheinen ist im Nebengebührentarif (Teil I Abteilung B) festgesetzt. Vergl. auch Ausf.-Best. VIII zu § 56.

(8) Auf Verlangen des Absenders ist die Annahme des Gutes auch in anderer Form, zum Beispiel durch Unterstempelung eines Eintrags in einem Quittungsbuch oder dergleichen, zu bescheinigen.[12]) Eine solche Bescheinigung hat nicht die Bedeutung eines Frachtbriefduplikats.

HGB. §§ 455, 471; JÜ. Art. 8; JÜG. Art. 8.

Literatur: Boethke, Frachtbriefduplikat, EEE. 26 427; Nottebohm, Frachtvertrag u. unrichtige Inhaltsangabe, ZVDEisB. 24 69.

1. Siehe Vorbem. zu Abschn. VIII. Zahl der Frachtbriefe ergibt Zahl der Verträge (EEE. 34 217).

2. Auch die Güternebenstelle [§ 63 (10)], nicht aber der anrollende Fuhrunternehmer, auch nicht der amtliche.

3. Frachtbrief muß die wesentlichen Erfordernisse enthalten (siehe EVO. § 56 Anm. 1).

4. Also nicht zur Verwahrung nach EVO. § 64.

5. Vorher entsteht kein frachtrechtliches Verhältnis zwischen Eisenbahn und Absender (EEE. 14 178). Beförderung von Stückgut zur Annahmestelle, d. h. dem Raum in oder vor der Annahmeluke, ist Sache des Absenders; von da zur Wage Sache der Eisenbahn; letzteres fällt unter Landfrachtrecht (siehe EEE. 23 375; RG. 14 351, 66 402). Annahme bei Wagenladungen: Absender muß den fertig geladenen Wagen dem Annahmebediensteten zur Beförderung übergeben und den Frachtbrief einliefern (EEE. 22 356, 26 174).

6. Annahmestempel bezeugt, nicht erzeugt den Frachtvertrag. Gegenbeweis (Bestehen des Vertrags trotz Fehlens des Stempels [EEE. **16** 16] und Nichtabschluß trotz Abstempelung [EEE. **10** 131, **22** 162, 356, **24** 203, **31** 224, **34** 99; RG. **2** 36]) zugelassen.

7. Bei Auflieferung mehrerer Stücke auf einen Frachtbrief Vertragsabschluß erst nach Annahme aller Teile (EEE. **33** 73).

8. Zahlung der Freibeträge wird häufig versäumt. Frachtvertrag kommt trotzdem zustande; Eisenbahn muß Vorsorge treffen, daß Zahlung sichergestellt wird (siehe EVO. § 63 Anm. 5).

9. Gegenbeweis gegen Frachtbrief ist zulässig. Vgl. EEE. **2** 25, 27, **19** 157, 328, **23** 357, **24** 372; unrichtig **32** 62.

10. Duplikat: vgl. Rundnagel, BefGesch. § 101; Staub § **454** S. 1485; Hellwig, Verträge zugunsten Dritter, S. 493. Duplikat ist als solches bezeichnete zweite Ausfertigung des Frachtbriefes; doch ist bestritten, ob die Bezeichnung als „Duplikat" wesentlich ist (siehe RG., EEE. **40** 34). Es ist Beweispapier für die Aufgabe des Gutes und Sperrpapier hinsichtlich des Verfügungsrechts des Absenders; bestritten, ob „steckengebliebenes Wertpapier" (siehe Z. f. HR. **39** 42; abweichend Kittel § 61 Anm. 5); im Hinblick auf HGB. § 455 bezeichnet das RG. (SpedSchiff **22** 1324) den Duplikatfrachtbrief als unvollkommenes Transportpapier. Bei Abweichungen gilt Angabe im Frachtbrief (Warneyers Jahrb. **09** 302; Boethke, EEE. **26** 427); Verfügungsrecht des Absenders geht nicht auf Inhaber des Duplikats über. Übergabe des Duplikates ist für Eigentums- und Besitzverhältnisse ohne Bedeutung (RG. **27** 85), es sei denn, daß besondere Umstände einen anderen Vertragswillen annehmen lassen (z. B. Vertrag „Netto Kasse gegen Frachtbriefduplikat"; siehe BGB. 929, 931; RG. **102** 96; Sped. u. Schiff. **22** 1324.) Häufig üblich Zahlung gegen Duplikatbrief (siehe hierüber Staub § 455 Anm. 6 S. 1487). Ist Duplikat erschlichen, liegt kein Frachtvertrag vor. Das Duplikat kann nicht für kraftlos erklärt werden. Bei Verlust muß Absender Sicherheit leisten oder Genehmigung des Empfängers beibringen, wenn er verfügen will (siehe Staub § 455 Anm. 8 S. 1488); vgl. auch EVO. § 73 Abs. 6. Bei Abtretungen

vgl. BGB. § 402. Eisenbahn haftet, wenn Annahmebediensteter nicht mit der erforderlichen Sorgfalt Unikat und Duplikat vergleicht und dadurch ein Schaden entsteht (EVO § 5); ob auch gegenüber dem Absender, der das Duplikat ausgestellt hat, ist sehr zweifelhaft. Entweder liegt bei diesem Arglist vor, (dann exceptio doli) oder Mitverschulden (dann § 254 BGB., Teilung des Schadens). Die Einrede der Arglist des Absenders wirkt gegen jedermann, also auch den Empfänger, die Einrede des Mitverschuldens nur gegen Absender (siehe auch Zeitschr. f. Binnenschiffahrt 22 253; vgl. EEE. 41 120). Der Begriff der Aufnahmescheine ist dem HGB. fremd. Werden sie ausgestellt (siehe EVO. § 56 VII), so stehen sie dem Duplikat gleich. Das Quittungsbuch hat nur die Bedeutung einer Quittung; durch diese wird das Verfügungsrecht des Absenders nicht beeinflußt.

Ob die Ausfolgung des Frachtbriefduplikates nicht unter Umständen als Abtretung des Herausgabeanspruchs aufzufassen ist, vgl. Düringer-Hachenburg III § 455; EEE. 25 164; Staub S. 1486, § 455 Anm. 4 u. 6. Die Regel ist das aber nicht (siehe auch JW. 21 837).

11. Siehe EEE. 16 98, 25 427.

12. Quittung ist öffentliche Urkunde, siehe RG. i. EEE. 24 353 (ebenso das Duplikat), wenn sie von der Reichsbahn ausgestellt ist (EEE. 1 334, 3 48, 4 352).

§ 62.

Verpackung und Bezeichnung.

(1) Das Gut [1]) muß, soweit es seine Natur [2]) erfordert, gegen Verlust, Minderung oder Beschädigung sicher verpackt sein.[3])

(2) Ist dies nicht der Fall,[4]) so kann die Eisenbahn die Annahme des Gutes ablehnen oder verlangen, daß der Absender im Frachtbriefe [5]) das Fehlen oder die Mängel der Verpackung anerkennt.[6]) Pflegt ein Ab-

sender gleichartige der Verpackung bedürftige Güter unverpackt oder mit den gleichen Mängeln der Verpackung auf derselben Station aufzugeben, so kann er ein für allemal eine Erklärung nach dem Muster der Anlage F [7]) abgeben. In diesem Falle muß der Frachtbrief einen Hinweis auf die allgemeine Erklärung enthalten.

I. Der Preis des Vordrucks nach Anlage F ist im Nebengebührentarif (Teil I Abteilung B) festgesetzt.

II. Nur mit Anerkenntnis oder Erklärung nach Absatz (2) werden z. B. angenommen: unverpackte, nur verschnürte Felle, Zucker in losen Broten und gefüllte Fässer, deren Beschaffenheit wegen Schmutzes oder aus anderen Gründen nicht erkennbar ist, namentlich beschmutzte Öl- und Sirupfässer.

III. Sind gebrauchte Packmittel in anderen solchen enthalten, ohne in ihnen fest oder sicher verpackt zu sein, so wird auch ohne Anerkenntnis oder Erklärung nach Absatz (2) eine Gewähr für den Verlust des Inhalts nicht übernommen.

(3) Inwieweit die Eisenbahn für den Schaden haftet, der infolge eines im Frachtbrief anerkannten oder äußerlich nicht erkennbaren Mangels der Verpackung entsteht, ist in den §§ 86 und 84 bestimmt. Ist ein äußerlich erkennbarer Mangel der Verpackung nicht im Frachtbrief anerkannt,[8]) so ist die Eisenbahn von der Haftpflicht nur dann befreit, wenn der Absender arglistig handelt.[9])

(4) Die Verpackung muß ferner so beschaffen sein, daß das Gut bei ordnungsmäßiger Behandlung durch die Eisenbahn keinen Schaden verursachen kann. Anderenfalls ist die Eisenbahn berechtigt, wenn sie das Gut trotzdem zur Beförderung annimmt, ein Anerkenntnis im Frachtbriefe nach Maßgabe des Abs. (2)

zu verlangen. Für den Schaden, der aus so bescheinigten oder aus äußerlich nicht erkennbaren Mängeln der Verpackung entsteht, haftet der Absender.[10]) Ist ein äußerlich erkennbarer Mangel der Verpackung nicht anerkannt, so haftet der Absender nur, wenn er arglistig handelt.

(5) Die Eisenbahn kann verlangen, daß kleine Stückgüter (Kleineisenzeuge oder dergleichen), deren Annahme und Verladung nicht ohne erheblichen Zeitverlust möglich ist, durch Verbindung oder Verpackung zu größeren Einheiten zusammengefaßt werden.

(6) Den Eisenbahnen bleibt überlassen, für Güter, die nicht zu den in § 54 Abs. (2) A aufgeführten gehören, die aber wegen ihrer Eigenschaften Unzuträglichkeiten während der Beförderung herbeiführen können, mit Genehmigung der Landesaufsichtsbehörden nach Zustimmung des Reichs-Eisenbahnamts*) durch den Tarif einheitliche Vorschriften über die Verpackung und Verladung zu treffen.

IV. Vorschriften über die Verpackung und Verladung bestimmter Güter, über die Beladung der Wagen und über die Verladung von Fahrzeugen (auch fahrbaren Maschinen) auf offenen Wagen, sind in den Anlagen II,[11]) III und IV enthalten.

(7) Der Absender hat die Stückgüter haltbar, deutlich und in einer Verwechslungen ausschließenden Weise zu bezeichnen. Diese Bezeichnungen müssen mit den Angaben im Frachtbrief übereinstimmen. Ältere Bezeichnungen (Eisenbahnbeförderungszeichen, Postbeförderungszeichen sowie andere Zeichen, die mit den Eisenbahnbeförderungszeichen verwechselt werden könnten) müssen entfernt sein.[12])

---

*) Siehe Fußanmerkung auf S. 23.

V. (1) Die Stückgüter sind übereinstimmend mit den Angaben im Frachtbriefe entweder mit der Anschrift des Empfängers oder mit Buchstaben und Nummern oder mit Zeichen und Nummern, ferner mit dem Namen der Versandstation, dem Tage der Aufgabe und dem Namen der Bestimmungsstation zu versehen. In Orten mit mehreren Bahnhöfen hat der Absender auch den Versandbahnhof in der Bezeichnung des Gutes anzugeben. Hat der Bestimmungsort mehrere Bahnhöfe und hat der Absender einen bestimmten Bahnhof im Frachtbrief vorgeschrieben, so hat er diesen Bahnhof auch in der Bezeichnung des Gutes anzugeben.

Einfache Striche oder Kreuze sowie Zeichen, die nicht leicht wiedergegeben werden können, dürfen zur Bezeichnung der Güter nicht gebraucht werden. Die gleichzeitige Bezeichnung des Gutes sowohl mit der Anschrift des Empfängers als mit Buchstaben oder Zeichen und Nummern ist zulässig. Tragen Güter eingebrannte, eingestanzte oder mit Farbe dauerhaft angebrachte Buchstaben oder Zeichen und Nummern und werden sie außer mit diesen noch mit anderen Bezeichnungen versehen, so müssen im Frachtbriefe neben den letzteren auch die eingebrannten, eingestanzten oder mit Farbe fest angebrachten Bezeichnungen angegeben werden. Auch bei Auflieferung mehrerer gleichartiger Stücke auf einen Frachtbrief muß jedes Stück bezeichnet werden.

Die Bezeichnung ist auf dem Gute selbst oder auf einem an dem Gute dauerhaft befestigten Beklebezettel oder einer Tafel oder einem Anhänger aus halbarem Stoff nach den von der Eisenbahn festgesetzten und bekanntgegebenen Mustern *) anzubringen. Die Beklebezettel und Anhänger müssen hinsichtlich ihrer Beschaffenheit den von der Eisenbahn vor-

*) Vorhandene Bestände an Beklebezetteln und Anhängern können von den Fabrikanten, Buchdruckereien und sonstigen Privatpersonen noch bis einschl. 31. Aug. 1926 benutzt werden.

geschriebenen Mindestanforderungen genügen. Sie müssen für Frachtgut weißen Grund, für Eilgut weißen Grund mit einem 0,4 cm breiten roten Rande an den beiden Längsseiten aufweisen. Beschleunigtes Eilgut ist außerdem durch den auffälligen, in roter Farbe auszuführenden Vermerk „Beschleunigtes Eilgut“ besonders zu kennzeichnen. Soweit zur Befestigung der Anhänger nicht geglühter Draht vorgeschrieben ist, darf auch kräftige Hanfschnur verwendet werden. Für Metallanhänger darf nur geglühter oder verzinkter Eisendraht von wenigstens 0,5 mm Stärke verwendet werden. Werden Tafeln oder Anhänger auf dem Gute aufgenagelt, so muß dies durch mindestens vier breitköpfige Nägel geschehen. Bei Verwendung von Beklebezetteln, Tafeln oder Anhängern ist auf diesen die Zahl der Stücke zu vermerken. Wird die vollständige Bezeichnung auf dem Gute selbst niedergeschrieben oder durch Einbrennen oder Einstanzen oder mit Farbe angebracht, so sind Eilgut durch den auffälligen Vermerk „Eilgut“, beschleunigtes Eilgut durch den auffälligen Vermerk „Beschleunigtes Eilgut“ mit roter Farbe besonders zu kennzeichnen.

Bei den nachstehend aufgeführten Gütern sind noch folgende Vorschriften zu beachten:

a) Bei unverpackten Eisen-, Stahl-, Messing-, Blei- oder Zinkwaren (auch Stahlflaschen) ist die Bezeichnung, soweit sie auf dem Gute selbst angebracht wird, einzustanzen oder mit Öl-, Lack- oder Mennigfarbe auszuführen. Beklebezettel dürfen nur verwendet werden, wenn sie an einer gegen Abscheuern geschützten Stelle angebracht werden können. Werden zur Bezeichnung dieser Güter Tafeln oder Anhänger gewählt, so dürfen nur solche aus starkem Eisenblech, starker Pappe oder Karton verwendet werden. Anhänger aus Karton müssen durch Metallschutzrahmen gegen Abreißen hinreichend gesichert sein. Zur Befestigung sind Klammern oder geglühter Draht zu verwenden.

b) Bei eisernen Fässern, in denen Petroleum, Benzin, Öl oder andere fetthaltige Flüssigkeiten enthalten sind oder enthalten waren, sind die Anschrift des Empfängers oder die zur Bezeichnung gebrauchten Buchstaben (Zeichen) und Nummern auf einem dauerhaft befestigten Metallschild oder in mindestens 10 cm hohen Buchstaben, Zeichen oder Nummern mit schwarzer Öl- oder Lackfarbe auf dem einen Boden des Fasses anzubringen. Dieser Boden muß, wenn das Faß nicht verzinkt ist, mit heller Farbe gestrichen sein.

c) Bei hölzernen Fässern, in denen Petroleum, Benzin, Öl oder andere fetthaltige Flüssigkeiten, Sirup oder Teer enthalten sind oder enthalten waren, sind die Anschrift des Empfängers oder die zur Bezeichnung gebrauchten Buchstaben (Zeichen) und Nummern einzubrennen oder mit Farbe auf dem einen Boden oder auf einer an dem einen Boden dauerhaft befestigten Tafel aus Holz, Pappe oder anderem haltbaren Stoff anzubringen.

d) Auf Körben, namentlich Reisekörben, sowie auf Ballen darf die Bezeichnung nicht aufgeklebt, sondern sie muß, wenn nicht ein Anhänger benutzt wird, mit starkem Faden aufgenäht oder durch Farbe oder Druck angebracht sein.

e) Bei unverpackten trockenen Fellen und Häuten ist die Bezeichnung entweder mit Farbe auf der Innenseite oder auf einer an dem Gute dauerhaft befestigten Tafel oder einem Anhänger anzubringen. Bei gesalzenen oder grünen Fellen und Häuten sind Anhänger aus Metall oder Holz nach dem von der Eisenbahn festgesetzten und bekanntgegebenen Muster *) zu verwenden.

f) Bei gefüllten Säcken ist die Bezeichnung auf einer am Kopfende (Blume oder Kropf) befestigten Tafel oder einem Anhänger aus haltbarem Stoff nach dem von der Eisenbahn festgesetzten und bekanntgegebenen Muster *) anzubringen.

---

*) Siehe Anmerkung * auf S. 252.

(2) Bei Stückgütern, die in Seehafenplätzen aufgegeben werden, ist die Bezeichnung durch den Absender nicht erforderlich, wenn die Güter ohne dessen Mitwirkung unmittelbar aus den Seeschiffen in die Eisenbahnwagen übergeladen werden.

(3) Hat der Absender Stückgüter nicht nach diesen Vorschriften oder nur undeutlich bezeichnet, oder hat er unvorschriftsmäßige Beklebezettel, Tafeln oder Anhänger verwendet oder diese mit unvorschriftsmäßigen Befestigungsmitteln befestigt, so kann die Annahme zur Beförderung abgelehnt werden, wenn nicht die Eisenbahn die vorgeschriebene Bezeichnung gegen Berechnung der im Nebengebührentarif (Teil I Abteilung B) vorgesehenen Gebühr übernimmt. Als ungenügende Bezeichnung ist es auch anzusehen, wenn ältere Bezeichnungen, die mit den neuen Eisenbahnbeförderungsbezeichnungen nicht genau übereinstimmen, nicht entfernt sind, ferner wenn in Versandorten mit mehreren Bahnhöfen der Abgangsbahnhof oder bei Sendungen nach einem Ort mit mehreren Bahnhöfen ein bestimmter Empfangsbahnhof zwar im Frachtbriefe, nicht aber auch in der Bezeichnung des Gutes angegeben ist.

HGB. §§ 456, 459; IÜ. Art. 9; IÜG. Art. 12.

Literatur: Hamburger, EEE. **41** 21; Sendtpiehl, Die mangelhafte Verpackung und ihr Anerkenntnis, EEE. **42** 131; Sommerfeld, ZVDEisV. **21** 165; Derlien, Das Anerkenntnis mangelhafter Verpackung, Zeitschr. f. Verkehrswissensch. **26** 27 u. 89 ff.

1. Betrifft Stückgut (Verpackung) und Wagenladung (Bedeckung). Verpackung ist nur die äußere Schutzhülle; alles andere ist Gut (Fuld, EEE. **19** 170, **24** 341). Glasballons in Weidenkörben sind Gut; nur die Körbe sind Verpackung (EEE. **16** 123, **18** 189; vgl. auch EEE. **25** 292, **21** 161, **18** 159, **19** 193; Flüssigkeiten in „Behälterwagen" gelten als unverpackt; falsch: EEE. **21** 161.

2. Zweck der Verpackung ist Schutz gegen Verlust, Minderung oder Beschädigung nicht nur der Güter selbst, sondern auch anderer Güter, Personen oder Betriebsmittel.

3. Hierzu rechnet einmal die Empfänglichkeit für äußere Einwirkungen (Erschütterungen, Schrammen, Licht, Kälte, Umfallen), sodann die Gefährlichkeit für andere (Verbreitung von Feuchtigkeit, Geruch); endlich auch wirtschaftliche Eigenschaften (Wert, Anziehungskraft auf Dritte), Diebstahlsgefahr (ROHG. **6** 175; ZVDEisV. **22** 672; RG. **104** 49; JW. **22** 1308; Verk.-Rundschau **22** 323; EEE. **40** 37; Rundnagel **3** 85), Reiben, Schrammen, Anstoßen (EEE. **20** 37, **25** 10), Verstreuen, Verschütten (EEE. **23** 186, **26** 375; ferner JW. **23** 231, 507; EEE. **38** 147); vgl. auch RG. **15** 151; EEE. **19** 21 und Anl. C zu § 54. Abweichend Senckpiehl, Haftung S. 58; Roeder, EEE. **39** 241. Zu beachten ferner Zoll- und Steuervorschriften. Kostenfrage oder Handelsbrauch sind unbeachtlich (Starck, JW. **22** 569); siehe auch Anm. 4.

4. Ob ein Gut als mangelhaft verpackt anzusehen ist, hat die annehmende Eisenbahndienststelle nach billigem Ermessen unter Berücksichtigung der Zeit- und Eisenbahnverhältnisse, insbesondere der dem Eisenbahnbetriebe eigentümlichen Gefahren, zu entscheiden. Für Expreßgut siehe § 40 AB. 5; JW. **23** 231 u. 507. Einheitliche Vorschriften sind praktisch unmöglich. Der Auffassung der Verkehrskreise über Zulänglichkeit (Handelsbrauch) kommt keine ausschlaggebende Bedeutung zu. Die Eisenbahn kann in Zeiten unsicherer Verkehrsverhältnisse höhere Anforderungen an die Verpackung stellen, als sie es in früheren Zeiten getan hat. So braucht sie bei der seit dem Kriege und der Staatsumwälzung hervorgetretenen Unzuverlässigkeit eines Teils der Bahnangestellten und der gesunkenen Volksmoral eine Verpackung wollener Tücher in Packpapier nicht mehr als ordnungsmäßig anzusehen, auch wenn sie dadurch mit der Auffassung der Handelskreise in Widerspruch tritt und in früheren Zeiten sich mit einer solchen Verpackung begnügt hat (RGZ. v. 11. Nov. 1922; JW. **23** 231 u. 597).

Gegen Entscheidung der Dienststelle Beschwerde an vorgesetzte Aufsichtsstelle (Verkehrsamt, Reichsbahndirektion) sowie Klage auf Annahme einer bestimmten Sendung ohne Anerkenntnis oder auf Schadensersatz. Allgemeine Feststellungsklage, daß Eisenbahn nicht berechtigt ist, den Vermerk „Mangelhaft verpackt" zu verlangen, ist, da ein Vertragsverhältnis nicht besteht, nicht zugelassen (ZPO. §§ 256, 259; JW. **88** 135; RG. **18** 166; RG. I 842/22 v. 5. Dez. 1923; EEE. **41** 67.

Die Prüfung kann nur eine äußere sein; meist wird sie sich auf das „Sehen" beschränken (Rundnagel, Haftung § 16 S. 133 ff.). Hierbei ist Sorgfalt eines ordentlichen Frachtführers anzuwenden. Kenntnisse eines Fachmannes sind nicht zu verlangen (EEE. **12** 338, **19** 193, **24** 241); ebensowenig Beriechen, Behorchen, Befühlen (Senckpiehl S. 241); a. M. Staub (§ 456 S. 1562). Noch schwieriger ist die Prüfung bei Wagenladungen (siehe Rundnagel-Sperber S. 82).

5. Zwingend. Jede außerhalb des Briefes abgegebene Erklärung ist nichtig (RG. **1** 4). Wirkungslos ist auch ein einseitiger Vorbehalt der Eisenbahn bei der Annahme. Eisenbahn hat das Recht, trotz Anerkenntnisses Annahme zu verweigern (abweichend Senckpiehl S. 240).

6. Mängel sollen ihrer Art nach einzeln aufgeführt sein (Staub § 459 Anm. 5); z. B. „Unverpackt", „Nur in Papier verpackt", „Nur zum Teil mit Stroh umwickelt"; doch genügt auch ein in Spalte „Zulässige Erklärungen" enthaltener Hinweis wie: „Ohne Decken", „In Papier" (JW. **22** 915; EEE. **39** 111, **41** 65, **42** 73 u. 321) usw. und endlich die allgemeine Erklärung „Mangelhaft verpackt". Dagegen genügt nicht die bloße Bezeichnung der Verpackung in der Frachtbriefspalte „Art der Verpackung" (JW. **23** 241; Starck, VerkRundschau **22** 268); ferner genügt nicht „Ein Waggon", denn auch Wagenladungen bestehen oft aus verpackten Einzelstücken (siehe Derlien a. a. O. S. 34).

Das Anerkenntnis ist kein besonderer Vertrag, der neben dem Frachtvertrag einhergeht; abweichend Starck, JW. **22** 569, und Maier, EEE. **38** 263; mit Recht sieht Hamburger (EEE. **41** 25) in ihm nur eine Vorleistung des Absenders, durch die eine Tatsache bezeugt wird. Rundnagel-Sperber S. 87/88 sieht in ihm ein Beweissicherungszugeständnis (siehe auch EEE. 41 67). Gegenüber der Erklärung ist Nachweis, daß das Gut trotz des Anerkenntnisses ordnungsmäßig verpackt war, zulässig (siehe Derlien, a. a. O. S. 92; Starck, JW. 22 569 und 24 204; Rundnagel-Sperber S. 88; EEE. 30 183; Roeber, JW. 24 161); abweichend JW. 23 231; v. d. Leyen, ebendort; Brandis, JW. 22 1510. Nicht zu beweisen ist, daß die Abgabe des Anerkenntnisses unbillig und daher unverbindlich verlangt worden sei (vgl. JW. 23 231, 507; abweichend Hamburger a. a. O., Roeber a. a. O. und JW. 23 597). Da Anerkenntnis kein Rechtsgeschäft, ist Anfechtung wegen irriger oder erzwungener Abgabe nicht möglich (abweichend Rundnagel-Sperber S. 88 Anm. 15), auch praktisch wegen § 139 BGB. kaum von Wert.

Das Anerkenntnis muß besonders unterzeichnet sein, wenn es nicht offensichtlich vom Aussteller des Frachtbriefes herrührt.

7. Verkäufliche Drucksache (hier nicht abgedruckt).

8. Bei Verlust des Frachtbriefes hat Eisenbahn zu beweisen, daß das Anerkenntnis abgegeben war. A. M. Rundnagel, Bef.-Gesch. S. 441; wie hier Rundnagel-Sperber S. 88.

9. Arglist ist Täuschung über die verursachende Bedeutung des Tuns; sie ist mehr als Vorsatz. Gegen die Zulässigkeit dieser Ausnahme Rundnagel, BefGesch. S. 336 u. 440. Für Gültigkeit mit Recht Rundnagel-Sperber S. 82 Anm. 11 und die daselbst Angeführten. Liegt also bloßes Verschulden des Absenders vor (Vorsatz oder selbst grobe Fahrlässigkeit), ist ein Ausgleich des Schadens gemäß BGB. § 254 nicht möglich (siehe EEE. 19 193, 21 261; Staub § 456 Anm. 13; abweichend EEE. 34 274).

10. Aber nur nach BGB. §§ 276, 278 (siehe Senckpiehl, EEE. 26 352; RG. 15 151, 105 343).

11. Siehe unten S. 429.

12. Sonst Entfernung durch Eisenbahn (Signiergebühr!). Bei Verstoß gegen (7) kann Eisenbahn sich gegenüber Schadens-

anspruch auf BGB. § 254 (Verteilung des Schadens nach dem Grade des gegenseitigen Verschuldens) stützen.

§ 63.

Annahme.

(1) Die Eisenbahn ist nur insoweit verpflichtet, Güter zur Beförderung anzunehmen, als die Beförderung sofort erfolgen kann. Sofern zwingende Gründe des Betriebs oder das öffentliche Interesse es erfordern, ist die Eisenbahn berechtigt, die Annahme von Sendungen ganz oder zum Teil einzustellen oder die Reihenfolge in der Annahme und Beförderung der Güter zu bestimmen.[1])

(2) Die Güter müssen [2]) während der Dienststunden aufgeliefert werden, die von der Eisenbahn festzusetzen und durch Aushang bekanntzumachen sind.

(3) An Sonn- und Festtagen [3]) braucht die Eisenbahn keine Güter anzunehmen. Soweit Güter angenommen werden, ist dies durch Aushang an den Abfertigungsstellen bekanntzumachen.

I. An Sonn- und Festtagen wird Frachtgut nicht angenommen.

(4) Wird die Annahme einer durch die Eisenbahn zu verladenden Sendung vom Absender dadurch verzögert, daß er nicht alle zum Frachtbriefe gehörenden Güter binnen 24 Stunden [4]) aufliefert oder daß er den wegen Unrichtigkeit oder Unvollständigkeit beanstandeten Frachtbrief nicht binnen 24 Stunden [4]) nach Beginn der Auflieferung berichtigt übergibt oder bei Freivermerk die vorauszuzahlenden Frachtbeträge und Gebühren nicht innerhalb derselben Frist begleicht,

so kann die Eisenbahn für das eingelagerte [5]) Gut das tarifmäßige Lagergeld erheben.[6])

II. Zur Ansammlung von Wagenladungen oder zur vorübergehenden Niederlegung nach der Entladung kann die Lagerung von Gütern auf verfügbaren Plätzen der Bahnhöfe im Freien gestattet werden.[7]) In solchen Fällen wird statt des Lagergeldes Platzgeld erhoben.

Lagergeld und Platzgeld sind im Nebengebührentarif (Teil I Abteilung B) festgesetzt.

(5) Die Bereitstellung der Wagen [8]) für Güter, die der Absender zu verladen hat, muß unter Angabe des Gutes, des ungefähren Gewichts und der Bestimmungsstation für einen bestimmten Tag nachgesucht werden. Können die Wagen nicht bereitgehalten werden, so ist der Besteller, soweit tunlich, hiervon kostenfrei zu benachrichtigen.[9]) Werden schriftlich zugesagte Wagen [10]) nicht rechtzeitig gestellt, so hat die Eisenbahn die Kosten der vergeblich versuchten Auflieferung, mindestens aber den Betrag des Wagenstandgeldes für einen Tag zu erstatten. Wird ein Wagen vor der Bereitstellung [11]) wieder abbestellt, so hat der Besteller eine im Tarif festzusetzende Gebühr zu entrichten. Wird ein Wagen nach der Bereitstellung [11]) unbeladen zurückgegeben oder nach Ablauf der Beladefrist wegen Nichtbeladung dem Besteller wieder entzogen, so ist vom Zeitpunkt der Bereitstellung ab das tarifmäßige Wagenstandgeld zu zahlen [Abs. (6)]. Bei Bestellung eines Wagens kann die Eisenbahn eine Sicherheit in Höhe des tarifmäßigen Wagenstandgeldes für einen Tag verlangen.[12])

III. (1) Die Bestellung von Wagen ist in der Regel schriftlich an die Versandstation und, wenn dort eine besondere Güterabfertigung besteht, an diese zu richten, es sei denn, daß für Massengüter wie Kohlen, Erze usw. die Annahme und Ausführung der Wagenbestellung anderen Dienststellen übertragen ist.

(2) Bei der Bestellung ist anzugeben, wieviel Wagen, ob bedeckte oder offene, sowie ob großräumige Wagen gewünscht werden. Über die Stellung großräumiger Wagen vergl. Abschnitt IV der Allgemeinen Tarifvorschriften (Teil I Abteilung B). Für Güter, die in großräumige Wagen verladen werden sollen, sind in der Bestellung die in den Verzeichnissen der in großräumigen Wagen zu befördernden Güter (Teil I Abteilung B) gebrauchten Bezeichnungen anzuwenden. Sollen den in diesen Verzeichnissen genannten Gütern andere Güter in großräumigen Wagen beigeladen werden, so ist in der Bestellung das Gewicht der verschiedenen Güter genau anzugeben.

IV. Die Gebühr für die Abbestellung von Wagen und das Wagenstandgeld sind im Nebengebührentarif (Teil I Abteilung B) festgesetzt.

(6) Die Verladung durch den Absender hat in der Regel während der Dienststunden zu erfolgen; sie muß innerhalb der von der Eisenbahn durch Aushang bekanntzumachenden Frist vollendet sein.[13]) Wird die Frist überschritten oder wird der wegen Unrichtigkeit oder Unvollständigkeit beanstandete Frachtbrief nicht innerhalb der Ladefrist berichtigt übergeben oder werden bei Freivermerk die vorauszuzahlenden Frachtbeträge und Gebühren nicht innerhalb derselben Frist beglichen, so hat der Absender das tarifmäßige Wagenstandgeld zu zahlen. Für Sonn- und Festtage ist Wagenstandgeld nur dann zu zahlen, wenn die Ladefrist schon am Tage vorher, nachmittags 2 Uhr, abgelaufen ist. Folgen mehrere Sonn- und Festtage aufeinander, so ist nur für einen Tag Wagenstandgeld zu erheben. Die Eisen-

bahn kann, wenn die Ladefrist um mehr als 24 Stunden überschritten wird, auf Kosten und Gefahr des Absenders das Gut ausladen und auf Lager nehmen oder einem Spediteur oder öffentlichen Lagerhaus übergeben.

(7) Der Lauf der Fristen in den Abs. (4) und (6) ruht [14]) an Sonn- und Festtagen sowie für die Dauer einer zoll- oder steueramtlichen oder polizeilichen Abfertigung, soweit diese nicht durch den Absender verzögert wird.

(8) Wenn die ordnungsmäßige Abwicklung des Verkehrs durch Güteranhäufungen gefährdet wird, so ist die Eisenbahn berechtigt, nach Maßgabe des Bedarfs die Beladefristen und die lagerzinsfreie Zeit abzukürzen, das Wagenstandgeld und das Lagergeld sowie die Gebühr für die Abbestellung von Wagen zu erhöhen. Auch können die erleichternden Bestimmungen über die Berechnung des Wagenstandgeldes im Abs. (6) außer Kraft gesetzt werden. Hierfür gelten sinngemäß die Vorschriften im § 75 Abs. (4) über Festsetzung, Genehmigung und Veröffentlichung von Zuschlagfristen für außergewöhnliche Verkehrsverhältnisse.

(9) Die Eisenbahn kann die Stückgüter innerhalb des Stationsorts oder von benachbarten Orten gegen eine durch Aushang bekanntzumachende Gebühr selbst anfahren oder Rollfuhrunternehmer dafür bestellen.[15]) Die hierbei verwendeten Personen gelten als Leute der Eisenbahn im Sinne des § 5. Die Rollfuhrleute haben ihren Gebührentarif bei sich zu tragen und auf Verlangen vorzuzeigen.

(10) Den Absendern steht frei, von dieser Einrichtung Gebrauch zu machen oder die Güter selbst anzufahren oder sie durch andere Unternehmer anfahren zu lassen.[16])

(11) Für die Abfertigung von Gütern kann die Eisenbahn Güternebenstellen [17]) einrichten.

(12) Die Eisenbahn kann im Tarife vorschreiben, daß das Überladen von Gütern die auf der Versandstation von Schiffen unmittelbar auf die Eisenbahn übergehen sollen, gegen Zahlung der im Tarif oder durch Aushang bekanntzumachenden Gebühren von ihr selbst oder durch besondere Unternehmer ausgeführt wird. Die hierbei verwendeten Personen gelten als Leute der Eisenbahn im Sinne des § 5.

V. Die Stationen, auf denen Güter von Schiffen auf die Eisenbahn durch die Eisenbahn — selbst oder durch Unternehmer — übergeladen werden, sind in den Tarifteilen II genannt.

HGB. § 453 Abs. 2; JÜ. Art. 5; JÜG. Art. 14; EVO. § 3.

1. Satz 2 ist während des Krieges eingeführt. Die Bestimmung ist ungültig, soweit sie gegen HGB. §§ 453, 471 verstößt. Eisenbahn darf z. B. Annahme von Gut nicht verweigern, um sie anderen Transportmitteln zuzuführen (z. B. Lastkraftwagen- oder Kanalverkehr). Auch die Verweisung der Annahme auf die Ausgangsbahnhöfe großer Städte (richtungsweise Annahme) ist wohl kaum zulässig. Die ursprüngliche Fassung des Satzes 2 lautete: „Wenn es notwendig wird, die Annahme von Sendungen allgemein oder für bestimmte Versandbezirke oder für bestimmte Arten von Gütern einzustellen, weil zwingende Gründe des Eisenbahnbetriebes oder das öffentliche Interesse die sofortige Beförderung nicht gestatten, so bedarf es der Genehmigung der Landesaufsichtsbehörde." Gegen diese Fassung bestehen keine Bedenken.

2. Sollvorschrift: Gültigkeit des Frachtvertrages davon nicht abhängig. Amtlicher Rollfuhrmann oder bahnamtlich verpflichtete Kraftverkehrsgesellschaft kann auch außerhalb der Dienststunden aufliefern (siehe Rundnagel, BefGesch. S. 332; a. A. Eger Anm. 248).

3. Welche Festtage gelten, richtet sich nach den Anordnungen der zuständigen Behörden. Die Festtage werden durch Aushang in den Güterabfertigungen bekanntgemacht.

4. Nachtstunden rechnen mit; nicht aber Sonn- und Festtage (BGB. § 193).

5. Also nicht für das trotz Nichtbezahlung der Frankaturfracht bereits abbeförderte Gut (siehe EVO. § 61 Anm. 8).

6. Haftung der Eisenbahn als Verwahrer; Grad der Haftung bei entgeltlicher Verwahrung für jede Fahrlässigkeit (BGB. § 276), bei unentgeltlicher für Sorgfalt wie für eigene Sachen (BGB. § 690). Eisenbahn hat das Recht der Zurückweisung. Ein Verschulden des Absenders wird nicht verlangt. Läßt der Absender ohne Einverständnis der Eisenbahn Gut auf der Annahmerampe stehen, liegt kein Vertrag vor. Gegen Eisenbahn nur Klage aus ungerechtfertigter Bereicherung (vgl. EVO. § 64).

7. Derartiges Überlassen ist Miete.

8. Wagengestellung geschieht auf Grund eines dem Frachtvertrag vorangehenden Vertrages. Eisenbahn verpflichtet sich, Wagen zu stellen, Besteller nur dazu, für den Fall der Nichtbenutzung eine Entschädigung zu zahlen. Eine Verpflichtung zur Beladung wird vom Besteller eines Wagens nicht übernommen. Daher auch gegen ihn kein Schadensersatzanspruch etwa in Höhe des entgangenen Frachtgewinns (RG. **109** 150). Erfüllt ist der Vertrag mit der Gestellung des Wagens (Realvertrag) (siehe Eger Anm. 292; Rundnagel, Haftung § 2 S. 8; BefGesch. S. 344; ZVDEisV. **23** 665); Haftung also nur für Verschulden bei Vertragsschluß; abweichend Senckpiehl, TranspGesch. 56; Ammann, EEE. **26** 456, **42** 88; Voller a. a. O. **29** 239; Senckpiehl, Der Wagengestellungsvertrag, Sped. u. Schiff. **24** 83. Die Bestellung eines Wagens ist die Erklärung des Bestellers, demnächst einen Wagengestellungsvertrag abschließen zu wollen. Pflicht zum Abschluß eines Frachtvertrages ist nicht gewollt. Abbestellung ist Rücktritt vom Vertrag. Folgen der Nichtgestellung und der Nichtbeladung durch EVO. geregelt (siehe Senckpiehl § 34 S. 56 u. 247; RG. **66** 402; EEE. **23** 21, **26** 456, **29** 239, 328, **28** 391); Haftung des

Verladers für Beobachtung der Sorgfalt beim Verladen aus diesem Vertrage, auch für seine Leute (§ 278 BGB.). In der Gestellung von Wagen zur Beladung liegt kein Verwahrungsvertrag (EEE. 33 54); daher keine Haftung für Diebstahl zwischen Beladung und Abschluß des Frachtvertrages; Haftung nur nach den Grundsätzen der außervertraglichen Schadenszufügung (z. B. § 25 PrEisGes.; siehe auch EEE. 29 328); abweichend Sendpiehl, Z. f. VerkWiss. 22 42, unter Berufung auf RG. 66 402; nicht überzeugend; siehe auch EEE. 39 161, 40 105; abweichend nimmt RG. 42 88 Vertragsverhältnis an; daher Haftung wegen Vertragsverletzung, z. B. bei Rangierstoß beim Verladen.

9. Schadensersatz! Siehe EEE. 23 368.

10. EVO. § 80 (7). Allgemeine Äußerung (Wagen werde gestellt werden) genügt nicht; nicht erforderlich, daß Bestellung schriftlich erfolgt ist (a. A. EEE. 34 91).

11. D. h. Laderechtstellung auf dem Ladegleis. Vorhandensein auf dem Bahnhof oder gar Anrollen von einer anderen Station genügt nicht.

12. Draufgabe (BGB. §§ 336 ff.).

13. Wird die Ladefrist am Gestellungstage nicht benutzt, kann Eisenbahn den Wagen dem Besteller entziehen, da der Wagen nur für einen bestimmten Tag bestellt war [siehe (5)]. Das ausgeladene Gut darf Eisenbahn nicht einfach auf die Ladestraße werfen! Verwahrungsvertrag liegt nur vor, wenn Absender zustimmt (siehe Kittel § 63 Anm. 7).

14. D. h. Frist vor und nach der Unterbrechung wird zusammengezählt. Verzögerung des Absenders hat Eisenbahn zu beweisen.

15. Bahnamtliche Anrollung (vgl. EVO. § 78); Einrichtung steht im freien Ermessen der Eisenbahn; über Anfuhr von Wagenladungen enthält EVO. keine Bestimmung; Eger Anm. 299 nimmt daher an, sie sei verboten. Dagegen wohl mit Recht Rundnagel, BefGesch. S. 350.

Die Anfuhr liegt vor dem Abschluß des Frachtvertrages (EVO. § 61); Haftung der Eisenbahn, und zwar lediglich der Versandbahn (EVO. § 100 Abs. 2), nur für Verschulden nach Landfrachtrecht. Eisenbahn kann also vom Bahnroller angebrachte Güter zurückweisen, wenn sie nicht in Ordnung sind. Auch die Anrollbedingungen können von den eisenbahnfrachtrechtlichen Bedingungen abweichen; sogar hinsichtlich der Haftung.

Rollfuhrmann steht zum Absender in keinem Vertragsverhältnis (siehe Staub § 458 Anm. 3 und Angeführte; Rundnagel S. 350; EEE. 23 359, 26 258, 27 65, 28 192; RG. 66 406); a. M. Eger Anm. 299. Er und seine Leute sind Erfüllungsgehilfen, nicht Unterfrachtführer (a. A. Senckpiehl S. 246). Beförderung von der Güternebenstelle zur Eisenbahnabfertigung unterliegt dem Eisenbahnfrachtrecht; denn das Gut ist bereits angenommen (a. A. Senckpiehl S. 246).

16. Selbständiges Frachtgeschäft (HGB. § 425). Dieses Recht ist nicht beschränkbar (anders EVO. § 78 Abs. 2).

17. Also EVO. § 61 (1), (2), siehe dort Anm. 2.

§ 64.

Vorläufige Einlagerung des Gutes.[1])

(1) Güter, die nicht sofort befördert werden können, hat die Eisenbahn, soweit es die Räumlichkeiten gestatten [2]) gegen Empfangsbescheinigung einstweilen in Verwahrung zu nehmen. Dabei kann sie vorbehalten, daß die Annahme zur Beförderung erst erfolgt, wenn die Beförderung möglich ist.¶ Der Absender hat sein Einverständnis auf dem Frachtbriefe zu erklären [3]) und auf dem Duplikate zu wiederholen. In diesem Falle haftet die Eisenbahn bis zum Abschlusse des Frachtvertrags [4]) [§ 61 Abs. (1)] nach den Grundsätzen für entgeltliche Verwahrung.[5]) Die Verwahrung leicht

verderblicher Güter und der im § 54 Abs. (2) aufgeführten Gegenstände kann abgelehnt werden.

I. Leichtverderbliche Güter und die in § 54 (2) aufgeführten Gegenstände werden zur Verwahrung nicht aufgenommen.

II. Das Einverständnis des Absenders mit der Verwahrung ist im Frachtbrief unter „Zulässige oder vorgeschriebene Erklärungen" auszusprechen.

(2) Wenn die Eisenbahn Wagenladungsgüter, die nicht sofort befördert werden können, gleichwohl zur Beförderung annimmt,[6]) so ist sie mit Genehmigung der Landesaufsichtsbehörde berechtigt, mit dem Absender zu vereinbaren,[7]) daß die Lieferfrist von dem Tage an läuft, an dem die Absendung erfolgt.[8]) Der Absender hat sein Einverständnis auf dem Frachtbriefe zu erklären und auf dem Duplikate zu wiederholen. Die Eisenbahn ist verpflichtet, den Zeitpunkt der Absendung auf dem Frachtbriefe durch einen besonderen Stempel ersichtlich zu machen und diesen Zeitpunkt dem Absender ohne Verzug mitzuteilen.

HGB. § 453; JÜ. Art. 5 Abs. 2; JÜG. Art. 5.

Literatur: Eger Anm. 303; Rundnagel, BefGesch. § 111 S. 351; Gorden in EEE. **13** 75, **22** 312; Janzer in ZVDEisV. **64** 704; Sendpiehl in EEE. **21** 323, **22** 107. Über russische Otschereblagerung vgl. Blume, JÜ. Art. 5 Bem. II S. 50; Sommerfeld, ZVDEisV. **22** 6.

1. Verwahrungsvertrag (BGB. §§ 688 ff.). Formalvertrag (SpedSchiffZtg. **06** 11). Abschluß durch Übergabe des Gutes und eines ordnungsmäßigen, das Einverständnis (Satz 3) tragenden Frachtbriefes (RG. in SpedSchiffZtg. **14** 11; EEE. **21** 248, 356, **23** 54; vgl. EVO. § 63 Anm. 11 u. 12). Lediglich die Bereitstellung eines Eisenbahnwagens begründet bis zum Abschluß des

Frachtvertrags (§ 61) keine vertragliche Haftung: auch nicht dessen Plombierung durch einen Abfertigungsbeamten (Z. d. OLG. **40** 218, **13** 33; Hans. GerZtg. **20** 14; abweichend HGZ. **102** 207, § 63 Anm. 8). Selbständiger Vertrag, der dem Frachtvertrag vorangeht (RG. **1** 251, 253; Staub § 453 Anm. 13; RG. **2** 58); Hinterleger hat jederzeit Recht zur Rückforderung (BGB. § 695); keine Verpflichtung zum Abschluß des Frachtvertrages. Eisenbahn ist nicht Lagerhalter (HGB. § 416); so Kittel § 64 Anm. 1; Sendpiehl S. 251; Düringer-Hachenburg § 416 Anm. 2 und § 453 Anm. 13 (siehe auch Anm. 3).

2. Räume hierfür zu schaffen, ist Eisenbahn nicht verpflichtet.

3. Ohne dies kein Vertrag, sondern rein tatsächliches Verhältnis; aus diesem Haftung nur für ungerechtfertigte Bereicherung; nicht für Diebstahl (siehe EVO. § 63 Anm. 11, 12; EEE. **23** 54, **22** 356), außer bei Verschulden der Eisenbahn. EVO. § 5 ist nicht anzuwenden.

4. Zeitpunkt wichtig für Haftpflicht, Lieferfrist, Frachtsatz, Anspruch des Empfängers, Verjährung. Nötig: schlüssige Handlung der Eisenbahn (Verladung, Aufdrücken des Annahmestempels usw.); siehe RG. **2** 57; EEE. **27** 158; teilweise abweichend Sendpiehl S. 251.

5. Haftung der Eisenbahn nach §§ 276, 249, 690 BGB. Vorsatz, Fahrlässigkeit; Beweis, daß sie kein Verschulden trifft, liegt Eisenbahn ob (BGB. § 282). Sie hat Zurückbehaltungsrecht (BGB. § 273; HGB. §§ 369, 370). Verjährung nach BGB. § 194 (30 Jahre).

6. Also Frachtvertrag, nicht Verwahrungsvertrag. Freies Ermessen! Haftung aus § 84 EVO.

7. Ohne Vereinbarung kein Vertrag (siehe EEE. **22** 248, 394).

8. D. h. tatsächlich erfolgt ist; bei schuldhafter Verzögerung Haftung nach allgemeinen Grundsätzen (EEE. **25** 374 und Anm. 4).

§ 65.

Zoll-, Steuer-, Polizei- und statistische Vorschriften.[1])

(1) Der Absender [2]) ist verpflichtet, dem Frachtbrief alle Begleitpapiere beizugeben, die zur Erfüllung der Zoll-, Steuer- oder Polizeivorschriften [1]) vor der Ablieferung an den Empfänger [3]) erforderlich sind; sie sind im Frachtbriefe genau zu bezeichnen.[4]) Die Eisenbahn ist nicht verpflichtet, diese Papiere auf ihre Richtigkeit und Vollständigkeit zu prüfen.[5]) Der Absender haftet [6]) der Eisenbahn, sofern sie nicht ein Verschulden trifft,[7]) für alle Folgen, die aus dem Mangel, der Unzulänglichkeit oder der Unrichtigkeit der Papiere entstehen;[8]) auch hat er für die Dauer eines hierdurch verursachten Aufenthalts in der Beförderung das tarifmäßige Lager- oder Standgeld zu zahlen.[9])

I. Alle Waren, die zur Einfuhr nach oder zur Durchfuhr durch das deutsche Zollgebiet bestimmt sind, müssen von einer deutlich geschriebenen, dem Frachtbrief offen beigelegten Warenerklärung in doppelter Ausfertigung begleitet sein. Der Absender hat diese Erklärungen beizugeben und dies auf dem Frachtbriefe zu vermerken.

II. Güter, deren zoll- oder steueramtlicher Verschluß verletzt oder mangelhaft ist, werden nicht angenommen.

III. Güter mit Begleitscheinen des deutschen Zollgebietes, deren Frachtbriefe auf eine außerhalb des deutschen Zollgebietes gelegene Bestimmungsstation lauten, werden nur angenommen, wenn der Begleitschein auf das Ausgangszollamt gestellt ist.

IV. Bei Gütern, die unter Zoll- oder Steuerverschluß in offenen Wagen befördert werden sollen, hat der Absender für eine den zoll- oder steueramtlichen Vorschriften genügende Deckung der Wagen zu sorgen, es sei denn, daß die Zoll- oder Steuerverwaltung die Verwendung offener Wagen ohne Decken gestattet.

(2) Die Zoll-, Steuer- und Polizeivorschriften sind, solange das Gut unterwegs ist, gegen die tarifmäßigen Gebühren von der Eisenbahn zu erfüllen.[10]) Sie kann diese Aufgabe unter ihrer Verantwortlichkeit auf Kosten des Verfügungsberechtigten einem Spediteur übertragen.[11]) In beiden Fällen hat sie die Pflichten eines Spediteurs.

V. Die Preise der Vordrucke zu Zoll- und Steuerpapieren, die Gebühren für ihre Ausfüllung sowie für die Erfüllung der Zoll-, Steuer- und Polizeivorschriften durch die Eisenbahn sind im Nebengebührentarif (Teil I Abteilung B) festgesetzt.

(3) Wenn der Absender[12]) eine unzulässige oder unausführbare[13]) Art der Abfertigung beantragt hat, so hat die Eisenbahn die Abfertigung zu veranlassen, die sie als die vorteilhafteste für den Absender erachtet. Dieser ist hiervon zu benachrichtigen.

(4) Der Absender kann im Frachtbrief erklären, daß er selbst oder ein namhaft gemachter Bevollmächtigter der Zoll- oder Steuerbehandlung beiwohnen wolle. Auf Antrag und gegen Erstattung der Kosten ist der Absender oder sein Bevollmächtigter von der Ankunft des Gutes auf der Station, wo diese Behandlung stattfindet, zu benachrichtigen. Der Absender oder sein Bevollmächtigter ist berechtigt, die nötigen Aufklärungen über das Gut zu geben. Das Gut in Besitz zu nehmen oder die Zollbehandlung selbst zu betreiben, sind sie nicht befugt.

VI. (1) Die Erklärung des Absenders ist im Frachtbrief unter „Zulässige oder vorgeschriebene Erklärungen“ in folgender Form auszusprechen:

Der Zoll- / Steuer-behandlung in .... werde ich .... (genaue Wohnungsangabe) — wird......... in .... beiwohnen. [Ich beantrage Benachrichtigung von der Ankunft des Gutes auf dieser Station.]

Unterschrift.

(2) Wenn der Absender oder sein Bevollmächtigter der Zoll- oder Steuerbehandlung beiwohnen, können sie den Zoll- oder Steuerbetrag bezahlen und die Zoll- oder Steuerquittung übernehmen. Der Empfang der Quittung ist auf dem Frachtbrief in folgender Form zu bestätigen:

Zoll- / Steuer-quittung übernommen.

Unterschrift.

(3) Auf der Bestimmungsstation kann der Empfänger die zoll- oder steueramtliche Behandlung betreiben,[14]) wenn der Absender im Frachtbriefe nichts anderes bestimmt hat. Wird diese Behandlung weder durch den Empfänger noch gemäß einer Erklärung im Frachtbriefe durch den Absender oder einen Dritten betrieben, so hat die Eisenbahn sie zu veranlassen; auch kann die Eisenbahn damit unter ihrer Verantwortlichkeit auf Kosten des Verfügungsberechtigten einen Spediteur beauftragen.

VII. Die Vorführung von Gütern unter zoll- oder steueramtlichem Verschluß und von Gütern mit Begleitschein I

wird dem Empfänger oder dem Absender oder dem von diesem beauftragten Dritten nur gegen Sicherheitsleistung gestattet.

VIII. Güter, die auf einen von der Eisenbahn ausgewirkten Begleitschein II abgefertigt sind, werden nur ausgeliefert, wenn die Erledigung des Begleitscheins durch Vorlegung der Zoll- oder Steuerquittung nachgewiesen wird.

(6) Bei den über die Grenzen des deutschen Zollgebiets ein-, aus- oder durchzuführenden Gütern hat der Absender oder der Empfänger die nach den Bestimmungen über die Statistik des Warenverkehrs vorgeschriebenen Anmeldescheine zu beschaffen. Werden sie von der Eisenbahn beschafft, so sind hierfür die tarifmäßigen Gebühren zu entrichten. Anmeldescheine, die nicht den Stempel des Statistischen Amtes tragen, hat die Eisenbahn gegen die tarifmäßige Gebühr auf ihre Übereinstimmung mit dem vorgeschriebenen Muster zu prüfen und abzustempeln.

IX. Der Preis der Anmeldescheine für die Statistik, die Gebühren für ihre Ausfüllung oder Abstempelung sowie für die Erfüllung der statistischen Vorschriften durch die Eisenbahn sind im Nebengebührentarif (Teil I Abteilung B) festgesetzt.

HGB. § 427; JÜ. Art. 10; JÜG. Art. 13, 15.

Literatur: Blume, Arch. f. Eis. **13** 1201; ZVDEisV. **05** 256, **1241** 548; Fuld, EEE. **21** 304; Bechtold, Haftung der Eisenbahn für Zölle und Zollaufforderungen, ZVDEisV. **26** 510.

1. Zusammenstellung sämtlicher Zoll- usw. Vorschriften in der Kundmachung 6 des Eisenbahnverkehrsverbandes. Vereinszollgesetz v. 1. Juli 1869; Zollbegleitschein- und Niederlage-Regulativ v. 1. Febr. 1870; Eisenbahnzollordnung v. 21./23. Dez. 1912 (Zentrbl. f. d. Deutsche Reich 1913 S. 31); Ges., betr. Statistik des Warenverkehrs, v. 7. Febr. 1906 und 15. Jan. 1919; Ges., betr.

Neuregelung der statistischen Gebühr, v. 18. Juli 1922 (RGBl. I S. 671) und AusfBest. dazu (RMinBl. 22 460); siehe auch die Polizeivorschriften über die Beförderung von bestimmten Gütern; Reblaus v. 3. Nov. 1881 (RGB. 82 125); Sprengstoffe v. 9. Juni 1884 (RGBl. S. 61); Ges., betr. Fleischbeschau, v. 3. Juni 1900 (RGBl. S. 547); Weinzollordnung v. 17. Juli 1909 (Zentrbl. f. d. Deutsche Reich S. 333); Ges., betr. Absatz von Kalisalzen, v. 25. Mai 1910 (RGBl. S. 775); Branntwein v. 8. April 1922 (RGBl. I S. 405); Essigsäure v. 15. Juli 1909; Zucker v. 27. Mai 1896. 6. Jan. 1903; Salz v. 12. Okt. 1867; Schaumwein v. 9. Mai 1902; Tabak v. 15. Juli 1909; Zigaretten v. 3. Juni 1906, 15. Juli 1909; Zündwaren und Beleuchtungsmittel v. 15. Juli 1905; Spielkarten v. 9. Juli 1923.

2. Nicht der Eigentümer (unrichtig Kittel § 65 Anm. 1).

3. Die Verpflichtung der Beigabe der erforderlichen Papiere besteht bis zur Ablieferung. Werden z. B. die Gesetze während der Beförderung geändert, sind die neuen Papiere nachzuliefern. Wird Zollbehandlung unterwegs erforderlich, hat Eisenbahn im Zweifel sie vorzunehmen (ROHG. 24 206).

4. Siehe EVO. § 56 Anm. 17. Eisenbahn ist beweispflichtig, daß ihr die im Frachtbrief aufgeführten Papiere nicht übergeben sind (RG. 11 212, 15 376). Pflicht, die Papiere zu verwahren, siehe EEE. 10 192.

5. Über Beweislast siehe Düringer-Hachenburg § 427 S. 828.

6. Auch ohne Verschulden (EEE. 14 105; ROHG. 24 213), z. B. Änderung der Ausfuhrgesetzgebung während der Beförderung.

7. „Alleiniges Verschulden!" BGB. § 254 (bei beiderseitigem Verschulden) ist nicht ausgeschaltet (Staub S. 1194 Anm. 5; RG. 77 317). Die herrschende Meinung verlangt aber, daß Eisenbahn den Absender auf den Mangel der Papiere, der ihr bekannt ist, aufmerksam macht (siehe Rundnagel, Bef. 373; EEE. 24 41; JW. 05 16). Kein Verschulden, wenn Zollfolgen sich auf bahnamtliche Verwiegung gründen (EEE. 22 203). Unrichtig EEE. 14 109 (siehe oben § 58 Anm. 6); siehe auch Z. f. int. EisTransp. 23 271.

8. Für den Frachtvertrag ist der Inhalt der Zoll- usw. Papiere gleichgültig (EEE. **22** 378). An Folgen können entstehen: Kosten, Gebühren, auch Zollstrafen (VerZollGes. §§ 59, 94, 134, 143; RG. **20** 78, **15** 51); Konfiskation siehe EEE. **24** 41; Ausladung ROHG. **13** 6, **16** 30 (EEE. **2** 461, **4** 41, 82, 177, 391).

9. Handgeld und zollamtliche Untersuchung siehe Wertheimer, BerlR. **4** 378.

10. Klarierungsmonopol (RG. **67** 214). Pflicht ist nicht abwälzbar (EEE. **21** 254, **43** 102); siehe aber (5).

11. Nebenverpflichtung aus dem Frachtvertrag, wenn Eisenbahn diese Übertragung wählt; keine Pflicht hierzu. Ansprüche gegen Eisenbahn fallen daher unter EVO. § 97 (1); abw. EEE. **29** 47. Eisenbahn hat Sorgfalt eines ordentlichen Spediteurs anzuwenden (RG. **38** 26; EEE. 14 46). Eisenbahn hat aber auch die Rechte! Siehe EEE. **18** 34. Abweichend Kittel (§ 65 Anm. 4), der ihr die Rechte als Frachtführer beläßt. Bedeutung dieser Bestimmung zweifelhaft; soll wohl nur die Haftung für diese Tätigkeit verringern (z. B. BGB. § 278, nicht EVO. § 5; HGB. §§ 407 ff.). Haftung für Verlust, Beschädigung und Lieferfristüberschreitung bleibt unverändert (Literatur siehe Rundnagel, BefGesch. S. 374 Anm. 12).

12. Anträge des Empfängers hat sie nicht zu beachten (EEE. **14** 46).

13. Z. B. Verzollung nach Rein- statt nach Rohgewicht, von Holz nach Festmetern statt nach Gewicht (Begr.), Abweichung, nur um eine günstigere Abfertigung zu erreichen, ist nicht gestattet (a. M. Blume, Arch. f. Eis. **13** 1207).

14. Recht des Empfängers erstreckt sich nicht auf polizeiliche oder statistische Vorschriften. Bestritten ist, ob Eisenbahn berechtigt ist, dem Empfänger das Gut zwecks Vornahme der Verzollung zu überlassen, auch wenn sie den Zollbegleitschein beantragt hat und die Abfertigung auf einem Amte erfolgen muß, das nicht mit der Empfangsabfertigung in räumlicher Verbindung steht, die Überführung aber durch den Empfänger erfolgt. Dies wird meist verneint, wohl kaum mit Recht.

§ 66.

Verwendung bedeckter oder offener Wagen.

(1) Der Absender ist, wenn nicht Bestimmungen dieser Ordnung [1]) oder Zoll-, Steuer- oder Polizeivorschriften [2]) oder zwingende Gründe des Betriebs entgegenstehen, berechtigt, im Frachtbriefe zu verlangen:

1. daß Güter in bedeckten [3]) Wagen befördert werden, für die der Tarif offene [3]) Wagen vorsieht;
2. daß Güter in offenen Wagen befördert werden, für die der Tarif bedeckte Wagen vorsieht.

(2) Im ersteren Falle kann die Eisenbahn eine im Tarife festzusetzende höhere Fracht erheben.

(3) Ob [4]) und unter welchen Bedingungen Decken für offene Wagen mietweise [5]) überlassen werden, hat der Tarif zu bestimmen.

Die Bestimmungen über die Beförderung der Güter in bedeckten oder offenen Wagen, über die Frachtberechnung für Güter, die auf Verlangen des Absenders in bedeckten Wagen befördert werden, und über die Überlassung von Wagendecken finden sich in Abschnitt III der Allgemeinen Tarifvorschriften (Teil I Abteilung B).

Die Deckenmiete, die Verzögerungsgebühr für verspätete Rückgabe von Decken und die Gebühr für Abbestellung von Decken sind im Nebengebührentarif (Teil I Abteilung B) festgesetzt.

JÜG. Art. 14.

1. Namentlich Anl. C (nicht abgedruckt).
2. Siehe EVO. § 65.
3. Siehe hierüber unten § 86 Anm. 5.

4. Eine Verpflichtung zur Deckenhergabe besteht nicht; regelmäßig Antrag des Absenders notwendig; Schriftlichkeit oder Abgabe im Frachtbrief ist nicht vorgeschrieben. Antrag ist nicht erforderlich, wenn Zoll- und Steuervorschriften Bedeckung verlangen. (Begr.) Siehe EGT. Abt. I B § 58.

5. Es hieße besser „gegen Gebühr"; es liegt kein Mietvertrag vor; Hergabe der Decken erfolgt innerhalb des Eisenbahnfrachtvertrags (Rundnagel, BefGesch. S. 338 ff.; EEE. **8** 324; abweichend Eger § 66 S. 313; Senckpiehl, TranspGesch. S. 257; EEE. **7** 14, **14** 49, **22** 294, **24** 141, **26** 89).

§ 67.

Art und Reihenfolge der Beförderung.

(1) Das Gut ist je nach dem gewählten Frachtbriefmuster als Frachtgut oder als Eilgut zu befördern. Im Tarife kann mit Genehmigung der Landesaufsichtsbehörden nach Zustimmung des Reichs-Eisenbahnamts *) einheitlich bestimmt werden, ob und unter welchen Bedingungen Eilgut zu beschleunigter Beförderung anzunehmen ist (beschleunigtes Eilgut, Schnellzugsgut).

I. Der Antrag auf beschleunigte Beförderung von Eilgut ist durch den Eintrag „Beschleunigtes Eilgut" im Frachtbrief unter „Zulässige oder vorgeschriebene Erklärungen" zu stellen. Die Bestimmungen über beschleunigtes Eilgut finden sich in Abschnitt I der Allgemeinen Tarifvorschriften (Teil I Abteilung B).

II. Das Verlangen, eine Sendung nur auf einem Teile der Beförderungsstrecke als Eilgut zu befördern, ist unzulässig.

III. Zur Beförderung als Eilstückgut werden nur solche Güter angenommen, die nach Form, Umfang, Gewicht und

---

*) Siehe oben S. 23 Anmerkung *.

sonstiger Beschaffenheit hierzu geeignet sind. Über die Annahme der in der Anlage C verzeichneten Gegenstände als Eilstückgut vergl. die Ausführungsbestimmungen zur Anlage C.

(2) Die Eisenbahn hat die Abfertigung [1]) vorzunehmen, die nach den Tarifen [2]) den billigsten Frachtsatz und, bei gleichen Frachtsätzen über mehrere Wege, die günstigsten Beförderungsbedingungen bietet.[3]) Verlangt der Absender die Abfertigung nach einem Tarife, der nicht den billigsten Frachtsatz bietet, so hat er die Anwendung dieses Tarifs im Frachtbrief ausdrücklich vorzuschreiben. Der Absender kann im Frachtbriefe das Zoll- oder Steueramt für die zoll- oder steueramtliche Abfertigung, bei Eilgütern auch den Beförderungsweg vorschreiben.[4]) Solche Vorschriften muß die Eisenbahn beachten, sie kann aber die Fracht für den vorgeschriebenen Weg verlangen.[5]) Andere Wegevorschriften sind ungültig.[6])

IV. Wird im Frachtbrief das Zoll- oder Steueramt für die zoll- oder steueramtliche Abfertigung, bei Eilgütern der Beförderungsweg vorgeschrieben, so wird die Fracht für den vorgeschriebenen Weg erhoben. Nur in die Zoll- und Steuerpapiere eingetragene Bezeichnung einer Zoll- oder Steuerabfertigungsstelle verpflichtet die Eisenbahn nicht.

V. Frachtbriefe mit unzulässigen Wege- oder Abfertigungsvorschriften werden dem Absender oder seinem Beauftragten zur Streichung dieser Vorschriften und unterschriftlichen Bestätigung der Streichung zurückgegeben. Ist die Rückgabe nicht tunlich, so streicht die Versandstation jene Vorschriften und bemerkt dazu: „Von Amts wegen gestrichen".

(3) Die Güter sind in der Reihenfolge zu befördern, in der sie zur Beförderung angenommen wurden, wenn nicht zwingende Gründe des Eisenbahnbetriebs

oder das öffentliche Interesse[7]) eine Ausnahme rechtfertigen. Eine Zuwiderhandlung gegen diese Vorschriften begründet den Anspruch[8]) auf Ersatz des daraus entstehenden Schadens.[9])

HGB. § 453; IÜ. Art. 5; IÜG. Art. 5.

1. Hierzu gehört auch die Wegeleitung (Instradierungsrecht der Eisenbahnen). Schulz (**VerkR. 22** 408) verlangt Leitung über beförderungsberechtigten (Tarifbildungs-?) Weg. Dies ist unrichtig, widerspräche auch sehr oft den Interessen der Beteiligten, z. B. bei Berechnung über Nebenbahnen.

2. Durchgehende Tarife. Eisenbahn braucht von Amts wegen keine Umabfertigung vorzunehmen, um einen billigeren Frachtsatz zu erreichen (RG. **18** 172; EEE. **15** 255, **19** 153, **21** 83, **23** 237). Sie hat keine größere Aufmerksamkeit anzuwenden als der Absender (EEE. **24** 2).

3. EEE. **22** 270, **24** 239. Schadensersatzpflicht bei Verschulden (EEE. **21** 374, **23** 352). Über Verjährung EEE. **21** 298.

4. Nicht aber der Weg dorthin, außer da, wo er auch sonst den Beförderungsweg vorschreiben kann (Eilgut, Tiere). Vorschrift muß deutlich im Frachtbriefe vermerkt sein; daß sie an der vorgeschriebenen Stelle steht, wird nicht unter allen Umständen verlangt (ZVDEisV. **04** 1063).

5. Absender kann nicht Anwendung eines direkten Frachtsatzes verlangen, wenn er eine vom Leitungsweg abweichende Beförderung vorschreibt (abweichend RG., EEE. **33** 68; siehe auch **22** 270).

6. Zusicherungen auf Einhaltung eines bestimmten Weges sind rechtlich unbeachtlich; abweichend EEE. **41** 256.

7. Mobilmachung, Feuersbrunst, Versorgung der Großstädte mit Nahrungsmitteln, Düngemittel zur Bestellzeit.

8. Frachtvertrag muß abgeschlossen sein (Teubner, ZVDEisV. **07** 263; abweichend Eger Anm. 325). Haftung nach allgemeinen Rechtsgrundsätzen, d. h. nur bei Verschulden (Staub § 453 Anm. 15;

Coermann, EEE. 22 326; abweichend Eger Anm. 322; EEE 20 350, 21 47). Der letzte Satz besagt allerdings dann etwas Selbstverständliches.

9. Auch des entgangenen Gewinns. Beweislast für Eintritt und Höhe des Schadens trifft den Absender.

§ 68.

Berechnung der Fracht, Nebengebühren und Auslagen.

(1) Die tarifmäßigen Beträge für Fracht [1]) und für die in dieser Ordnung oder im Tarife zugelassenen Nebengebühren [2]) sind von der Eisenbahn in den Frachtbrief einzutragen.[3])

I. Für die Berechnung der Fracht ist der am Tage der Abfertigung, bei Umbehandlungen [3a]) der am Tage der Umbehandlung geltende Tarif maßgebend. Die Grundsätze für die Frachtberechnung, die Gütereinteilung und den Nebengebührentarif enthält Teil I Abteilung B.

(2) Außer diesen Beträgen darf die Eisenbahn nur bare Auslagen [4]) in Rechnung stellen, zum Beispiel von ihr bezahlte Aus-, Ein- oder Durchgangsabgaben, Kosten für Überführung, Ausgaben für notwendige Ausbesserungen oder für andere Arbeiten zur Erhaltung des Gutes.[5]) Auch diese Beträge sind unter Beifügung der Beweisstücke im Frachtbrief ersichtlich zu machen.

II. Die baren Auslagen werden in Reichsmarkbeträgen, auf volle 10 Reichspfennig abgerundet, erhoben.

(3) Die Eisenbahn darf für bare Auslagen die tarifmäßige Gebühr (Provision) erheben; ausgenommen sind die von der Eisenbahn verauslagten Rollgelder.[6])

die Fracht, die Nebengebühren und die Beträge für Porto und Frachturkundenstempel.[7])

III. Die Gebühr für bare Auslagen ist im Nebengebührentarif (Teil I Abteilung B) festgesetzt.

IV. Die Gebühren für bare Auslagen und für Nachnahmen (vergl. § 72, Ausf.-Best. IV) werden getrennt berechnet. Erwachsen für eine Sendung auf mehreren Stationen bare Auslagen, so wird die Gebühr von jeder Station gesondert berechnet.

V. Bei Umbehandlung einer Sendung oder bei Änderung der Bestimmungsstation auf nachträgliche Verfügung des Absenders wird die Gebühr für bare Auslagen nicht nochmals erhoben.

VI. Frei sind auch die Gebühren für Ausfüllung der Frachtbriefe und für Zeichnung der Frachtstücke, wenn der Rollfuhrunternehmer die Ausfüllung oder Zeichnung im Namen der Eisenbahn besorgt.

VII. Für die von der Eisenbahn entrichteten Zoll- oder Steuerbeträge wird keine Gebühr erhoben, wenn der Absender den voraussichtlichen Betrag bei der Versandstation hinterlegt hat und diese einer deutschen Verwaltung untersteht.

VIII. Die von der Eisenbahn verauslagten Gebühren für die Statistik des Warenverkehrs sind frei.

JÜ. Art. 11; JÜG. Art. 9; EVO. §§ 6, 9.

Literatur: Reindl, ZVDEisV. **99** 545; Blume, Z. f. int. Eis.-Transp. **13** 280, 310.

1. Fracht ist Beförderungspreis; Eisenbahn berechnet ihn und setzt den Betrag in den Frachtbrief ein; dieser Betrag ist maßgebend unter der Voraussetzung, daß er dem Tarif entspricht. Ist dies nicht der Fall, ist er für beide Teile unverbindlich (Rundnagel, BefGesch. S. 163, 363; ROHG. **9** 73, **21** 181, 185, **22** 295). Kommen

Fehler vor, siehe EVO. § 70. **Beweislast hat der, der einen billigeren Tarif verlangt (EEE. 23 372; auch 13 100, 14 325).**

2. Vergütungen für besondere Leistungen, die nicht unmittelbar zur Beförderung gehören (Wiegen, Zählen, Deckenmiete, Nachnahmegebühr usw.), siehe die Entscheidungen bei Rundnagel, BefGesch. S. 291 Anm. 2.

3. Ordnungsvorschrift. Frachtbrief besagt: „Für den Frachtvertrag gelten EVO. und die in Betracht kommenden Tarife." **Beträge müssen also gezahlt werden, auch wenn sie versehentlich** nicht eingetragen sind [siehe EVO. §§ 70, 76 (4); ROHG. **21** 184; EEE. **43** 209].

3 a. Siehe RG. **110** 324 und **102** 94.

4. Das sind Zahlungen an Dritte für Absender oder Empfänger, die die Eisenbahn den Umständen nach für erforderlich halten durfte (BGB. §§ 677, 683; ROHG. **20** 180). **Hierzu gehören auch die Barvorschüsse** und namentlich die Zölle. **Barauslagen sind keine Gebühren, wohl aber die Auslagenprovision; daher Rückzahlung** eingehobener Barauslagen nicht auf Grund des Frachtvertrages, sondern als ungerechtfertigte Bereicherung (BGB. §§ 812 ff.; siehe EVO. § 70 Anm. 1). Verjährung gemäß BGB. § 195). Bezüglich der Nacherhebung von Auslagen (namentlich bei Zöllen) gilt: Zahlungspflichtig ist der Absender gemäß seinem Freivermerk und dann, wenn Empfänger nicht in den Frachtvertrag eintritt. Bestritten ist, ob er auch dann herangezogen werden kann, wenn die Einziehung vom Empfänger ohne Verschulden der Eisenbahn unmöglich ist. Dies wird zu bejahen sein, wenn die Auslage auf seine Anweisung (z. B. Verzollung) oder in seinem Interesse (z. B. Reparatur) entstanden ist (siehe hierüber Blume, Arch. f. Eis. **13** 1216; EEE. **15** 232, 249, **18** 34). **Eine nachträgliche Erstattungspflicht des Empfängers besteht infolge der (bewußten) Abweichung** der §§ 435 und 436 HGB. [ebenso EVO. § 76 (1) und (4) (Fracht b r i e f und Fracht v e r t r a g)] nur dann, wenn aus dem Frachtbrief zwar der Vorgang, der die Auslage verursacht hat, nicht aber die Höhe der Auslage ersichtlich ist (siehe hierzu Denkschrift zum Entwurf eines HGB. 1897 S. 280; ROHG. **20** 409; abw. RG.,

JW. 69 502; siehe ferner RG. 71 342; EEE. 1 304, 13 324, 24 348; aber auch 25 149). Verjährung für zulässige Nachforderung BGB. § 196 Ziff. 3; EEE. 25 273. Zu prüfen wäre im Einzelfall, ob ungerechtfertigte Bereicherung des Empfängers vorliegt (siehe EEE. 25 278; ferner 1 304, 13 324, 24 348; aber auch 25 149). Diese Regelung ist unerwünscht (siehe unten EVO. § 70 Anm. 1 und § 76 Anm. 12).

5. Keine Auslagen sind z. B. Ansprüche aus Beschädigung des Wagens durch das Gut (EEE. 29 64, 163), Forderungen aus anderen Frachtverträgen (EEE. 32 54).

6. D. h. die Kosten für die von der Eisenbahn (ihre Leute, bahnamtliche Anrollung) bewirkte Anfuhr. (Eine bahnamtliche Anrollung gibt es neuerdings nur noch in Ausnahmefällen.) Die von den sog. Bahnspediteuren nachgenommenen Kosten für die Anfuhr ihrer Privatkundschaft sind gebührenpflichtig (Begr.).

7. Frachturkundenstempel wird nicht mehr verwendet [früher RG. v. 15. Juli 1917 (RGBl. S. 833)]; aufgehoben durch RG. vom 20. März 1923 (RGBl. I S. 208).

§ 69.

Zahlung der Fracht.

(1) [1]) Bei Gütern, die nach dem Ermessen der Versandbahn schnell verderben oder deren Wert die Fracht nicht sicher deckt, kann Vorausbezahlung der Fracht verlangt werden.[2]) Die Eisenbahn ist ferner berechtigt, bei Sendungen, die zu ermäßigten Frachtsätzen (Ausnahmetarifen) befördert werden sollen, im Tarife zu bestimmen, ob die Fracht bei Aufgabe des Gutes zu bezahlen oder ob sie auf den Empfänger zu überweisen ist.[3])

I. Für Güter, die schnell verderben oder deren Wert die Fracht nicht sicher deckt, muß die Fracht vorausbezahlt werden, sofern nicht dem Absender von der Verwaltung der

Versandbahn[4]) die Überweisung gestattet worden ist. Als solche Güter sind z. B. anzusehen:

Ballons gebrauchte, leere, in Körben,
Christbäume (Weihnachtsbäume),
Eis,
Fische, frische,
Fleisch, frisches,
Geflügel, geschlachtetes,
Gemüse, frisches,
Girlanden,
Hefe,
Kisten, gebrauchte, leere,
Körbe, gebrauchte, leere,
Kränze,
Obst, frisches, bei Aufgabe in der Zeit vom 1. Oktober bis zum 30. April,
Pflanzen, lebende,
Seeschaltiere,
Wildbret,
Zweige, frische.

II. Ob für Sendungen, die nach den Ausnahmetarifen abgefertigt werden sollen, die Fracht vorauszubezahlen ist, bestimmen die Tarifteile II.

(2) [1]) In allen anderen Fällen hat der Absender die Wahl,[5]) ob er die Fracht bei Aufgabe des Gutes bezahlen oder auf den Empfänger überweisen will. Es ist gestattet, auf die Fracht einen beliebigen Teil anzuzahlen.[6])

III. Der Teil der Fracht, der angezahlt werden soll, muß in einer bestimmten Summe angegeben werden.

(3) Will der Absender die Fracht bezahlen, so hat er dies im Frachtbrief an der vorgeschriebenen Stelle zu erklären (Freivermerk).[7])

(4) Fügt der Absender dem Freivermerke keine Einschränkung bei, so verpflichtet er sich zur Bezahlung der ganzen Fracht einschließlich aller Nebengebühren und Auslagen, die auf der Versandstation bis zur Annahme des Gutes erwachsen (unbeschränkter Freivermerk).

(5) Auf Nebengebühren und Auslagen, die erst nach der Annahme des Gutes zur Beförderung erwachsen, bezieht sich der Freivermerk nicht. Will der Absender die Zahlung auch dieser Kosten übernehmen, so hat er es im Frachtbriefe besonders zu erklären.

IV. Es ist gestattet, Nebengebühren oder Auslagen ohne die Fracht vorauszubezahlen.

V. Der Freivermerk hat wie folgt zu lauten:

1. wenn er unbeschränkt sein soll: „Frei“,
2. wenn ein Teil der Fracht angezahlt werden soll: „Frei .... (Zahl in Buchstaben) Reichsmark Reichspfennig“,
3. wenn Nebengebühren oder Auslagen, die von dem unbeschränkten Freivermerk getroffen werden, ausgenommen werden sollen, oder
4. Nebengebühren oder Auslagen, die von dem unbeschränkten Freivermerk nicht getroffen werden, vorausbezahlt werden sollen, oder
5. Nebengebühren oder Auslagen ohne die Fracht vorausbezahlt werden sollen: „Frei“ mit einem Zusatz, in dem die Nebengebühren oder Auslagen bezeichnet werden, z. B.:

   zu 3: „Frei ausgenommen Nachnahmegebühr“,

   zu 4: „Frei einschließlich Zoll“, „Frei einschließlich aller Nebengebühren und Auslagen“, zu 5: „Frei Gebühr für Angabe des Interesses an der Lieferung“, „Frei Zoll“.[8])

VI. Es ist nicht gestattet, in dem Freivermerk die Stempelgebühr für Frachturkunden auszuschließen.[9])

(6) Die vom Absender übernommenen Beträge hat die Versandstation außer im Frachtbrief auch im Duplikat oder im Aufnahmeschein einzeln aufzuführen.

(7) Wenn der nach dem Freivermerke des Absenders zu zahlende Betrag bei der Aufgabe des Gutes nicht berechnet werden kann, so ist die Versandstation berechtigt, die Hinterlegung einer diesem Betrage voraussichtlich entsprechenden Sicherheit zu verlangen. Ebenso kann für die vom Absender übernommenen Zollkosten und dergleichen Sicherheit verlangt werden.[10])

VII. Die Hinterlegung einer Sicherheit für Freibeträge, deren Höhe bei der Aufgabe des Gutes nicht berechnet werden kann, sowie für die vom Absender übernommenen Zollkosten usw. wird verlangt. Die Abrechnung erfolgt nach Feststellung der zu zahlenden Beträge.

IÜ. Art. 12; IÜG. Art. 17.

Literatur: Boethke, Die Frachtforderung der Eisenbahn (EEE. 24 302).

1. Abs. 1 enthält die Ausnahme, Abs. 2 den Grundsatz. Weitere Ausnahmen (Frankaturzwang siehe EVO. § 32 Abs. 4 [Gepäck]; § 40 AusfBest. 6 [Expreßgut]; § 44 Abs. 7 [Leichen]; § 48 Abs. 11 [Tiere]). Privatwagendecken (DEGT. I Abt. B § 56).

2. Aber nur bei der Auflieferung (EEE. 17 333).

3. Richtiger: überwiesen werden darf.

4. Im Bereich der ehemaligen Preußisch-Hessischen Eisenbahn: Verkehrsamt, gegebenenfalls gegen Sicherheit.

5. Die Wahl geschieht gemäß (3). Die Verpflichtung zur Frachtzahlung bleibt bestehen, auch wenn Absender Gut vor Beginn oder Beendigung der Beförderung zurücknimmt (BGB. § 649); doch läßt Eisenbahn hiervon Ausnahmen zu (vgl. EVO. § 73, AusfBest. V). Literatur: Frachtforderung bei unterwegs eingetretenem Untergang siehe Reindl, ZVDEisV. 03 1233, 04 68; Boethke, EEE. 25 302, 404.

6. Nachträgliche Frankierung (EVO. § 73 Abs. 1).

7. Zahlt Absender trotz Freivermerks nicht, ist das Gut zurückzuweisen; geschieht dies versehentlich nicht, kommt trotzdem ein Frachtvertrag zustande; Empfänger muß dann zahlen (EVO. § 76 Anm. 4).

8. Vorschrift: „Frei Fracht", „Frei Haus", „Frei einschließlich Rollgeld" sind nicht zugelassen (siehe AAB. § 18 Ziff. 11).

9. Frachturkundenstempel ist aufgehoben (siehe § 68 Anm. 7).

10. Frankaturvorschüsse; keine Hinterlegung im Rechtssinn, sondern Vorschußzahlung: Verjährung läuft von Abrechnung ab (EEE. 16 135, 19 204.)

§ 70.

Ansprüche wegen unrichtiger Frachtberechnung.[1])

(1) Ist der Tarif unrichtig angewendet [2]) worden [3]) oder sind Fehler bei Berechnung [4]) der Fracht oder der Nebengebühren vorgekommen, so ist das zuwenig Geforderte nachzuzahlen, das zuviel Erhobene zu erstatten.[5]) [6]) Der Verpflichtete oder der Berechtigte ist unverzüglich zu benachrichtigen.

(2) Die Nachzahlung hat der Absender zu leisten, wenn der Frachtbrief nicht eingelöst wird. Erfolgt die Einlösung, so haftet er für die Nachzahlung nur nach Maßgabe seines Freivermerkes. Im übrigen ist der Empfänger zur Nachzahlung verpflichtet [§ 76 Abs. (4)].[7])

(3) Zur Empfangnahme erhobener Mehrfracht und zur Geltendmachung von Frachterstattungsansprüchen ist berechtigt, wer die Mehrzahlung an die Eisenbahn geleistet hat.[8])

Bei Geltendmachung dieser Ansprüche ist der Frachtbrief vorzulegen. Ist die Mehrfracht durch den Absender gezahlt, so kann dieser die Erstattung des Unterschiedsbetrags auch auf Grund des etwa ausgestellten Duplikatfrachtbriefs beantragen. In diesem Falle kann jedoch die Eisenbahn bei der endgültigen Erledigung des Erstattungsanspruchs die Vorlage der Urschrift des Frachtbriefs verlangen, um auf ihm die Erledigung zu beurkunden.

(4) Für die gerichtliche Geltendmachung der Frachterstattungsansprüche gegen die Eisenbahn bewendet es bei den Vorschriften des § 100.[9]) [10])

HGB. § 407; IÜ. Art. 12; IÜG. Art. 18.

Literatur: Reindl, ZVDEisV. 99 545; EEE. 21 318; DJZ. 03 100; Schmidt, EEE. 22 195, 328, 423; Epstein, EEE. 22 320; ZVDEisV. 02 386, 553, 627; Neugebauer, JW. 24 399; Rundnagel, BefGesch. § 114, namentlich S. 363 Anm. 3.

1. Sog. Frachterstattungsanträge. An sich Anspruch aus ungerechtfertigter Bereicherung, der aber durch EVO. § 70 zum Vertragsanspruch wird; so Begr. und Sendpiehl S. 266, auch Rundnagel, BefGesch. S. 242 Anm. 4 und S. 364; abweichend Eger Anm. 338, der sogar diese Regelung für ungültig hält. § 70 gilt nur für Fracht und Gebühren; nicht für Auslagen, wohl aber für die Provision hierfür (siehe EVO. § 68 Anm. 4).

2. Z. B. unrichtige Güterklassifikation (EEE. 15 33); Nichtanwendung eines Ausnahmetarifs; falsche Berechnung infolge eines Wiegefehlers (EEE. 22 305; Sendpiehl); Anwendung eines noch nicht oder nicht mehr geltenden Tarifs (EEE. 21 387) (siehe auch Reindl, ZVDEisV. 99 546; vgl. ferner EEE. 24 291;

20 59, **23** 47); Nichtanwendung direkter Sätze (EEE. **20** 59, **21** 128); ungerechtfertigte Erhebung von Nebengebühren (EEE. **21** 114) oder Frachtzuschlägen (EEE. **22** 16, 34, **23** 134, 196); hierbei geht ungenaue oder unklare Fassung des Tarifs zuungunsten der Eisenbahn (EEE. **21** 30, 78), unklare Deklaration zuungunsten des Absenders (EVO. § 57; EEE. **20** 3, 64, **21** 352, 376, **22** 295); abweichend Rundnagel, BefGesch. S. 366 Anm. 23. Druckfehler im Tarif EEE. **2** 236; RG. **6** 100; EEE. **31** 318 (siehe oben § 6.

3. Nicht hierunter fallen: Ansprüche auf anderweite Frachtberechnung, weil Deklaration im Frachtbrief unrichtig oder das Gewicht falsch angegeben war (Reindl, EEE. **25** 13; ZVDEisV. **99** 545; siehe Sendpiehl, EEE. **22** 305). Eine rechtliche Verpflichtung zur Frachterstattung besteht bei vorsätzlich oder fahrlässig falscher Inhaltsangabe überhaupt nicht (EVO. § 57). Dies gilt selbst für entschuldbaren Irrtum; auch § 812 BGB. ist nicht anwendbar, denn die Eisenbahn hat nur das erhalten, was ihr auf Grund der §§ 56, 57 EVO. zustand. Ob bei nachträglichem Nachweis tatsächlicher Unrichtigkeit der Frachtbriefangabe eine Erstattung aus Billigkeitsgründen möglich ist, wird teils unter Hinweis auf § 6 EVO. verneint [siehe auch EVO. §§ 16 (7), 27 (5), 60 (2)], teils wird nachträgliche Berichtigung zugelassen (siehe hierüber Protokolle der Ständigen Tarifkommission, 117. und 128. Sitzung). Endlich gehören nicht hierher Nachforderungen infolge Versehens bei der Einziehung richtig berechneter Fracht, bei Rückzahlungen auf Grund tarifarischer Vorschriften (z. B. bei nachträglichem Nachweis der Verwendung oder Ausfuhr; siehe Reindl, ZVDEisV. **99** 545; EEE. **22** 74, **23** 296; RG. **64** 284). Nicht hierher gehört schließlich der Anspruch auf nachträgliche Bewilligung einer billigeren Abfertigungsart (Sendpiehl S. 267; EEE. **24** 70, 329).

4. Rechenfehler siehe EEE. **19** 55, **22** 176. Wiegefehler siehe Sendpiehl, EEE. **22** 305.

5. Beweispflichtig ist der Fordernde (siehe EEE. **13** 100; abweichend Sendpiehl S. 266).

6. Über Haftung für Auskunft siehe Goltermann, EEE. 41 171, und oben § 6 Anm. 4. Eisenbahn haftet an sich für Verschulden bei Anwendung der Tarife (siehe EEE. 24 184; Sendtpiehl S. 268); ein Irrtum des tarifierenden Beamten ist aber an sich noch nicht als ein Verschulden der Verwaltung anzusehen, denn dann wäre § 70 EVO. nicht verständlich (EEE. 9 196, 25 135, 24 348). Gegenüber dem Nachzahlungsanspruch der Eisenbahn wegen unrichtiger Frachtberechnung kann nicht eingewendet werden, daß der an sich nachzuzahlende Betrag von der Eisenbahn wieder aus dem Gesichtspunkt des Schadensersatzes zu erstatten wäre (RGUrt. v. 18. Okt. 1922, ZVDEisV. 22 595; EEE. 43 209; siehe Rundnagel, BefGesch. S. 364; Reindl, ZVDEisV. 20 546, 26 363; abweichend Sendtpiehl S. 268; siehe auch EEE. 24 184). Auf BGB. § 823 kann der Anspruch nicht gestützt werden, da keines der dort genannten Rechtsgüter verletzt ist (EEE. 24 184, 19 214).

7. Auch bei Freivermerk des Absenders (EEE. 22 425).

8. Absender als Empfänger. Über Teilfrankaturen siehe ZVDEisV. 20 548. Wem kommt eine spätere Ermäßigung zugute? Wohl dem, dem sie der Tarif zugedacht hat (z. B. dem Verwender der Düngemittel!) (siehe Burger, EEE. 20 20). Aktiv berechtigt ist jede Eisenbahn bezüglich der ihr selbst zustehenden, die Empfangsbahn für alle Forderungen (HGB. § 441), endlich die Versandbahn, soweit der Absender zahlungspflichtig ist (EEE. 20 53, 21 61, 25 149).

9. Siehe EEE. 20 53, 21 61, 25 149.

10. Verzinsungspflicht ist bei Erstattung aus Rechts-, nicht aus Billigkeitsgründen für beide Teile zu bejahen. Ist der Frachtbeteiligte Kaufmann, folgt dies aus HGB. § 353; sonst aus BGB. § 284; Zinsenlauf also im ersteren Fall von Fälligkeit (Zahlung der Fracht) ab, im letzteren nach Mahnung (siehe Rottebohm, ZVDEisV. 22 765; Reindl, ebendort 20 545; Blume, Arch. f. Eis. 14 981; EEE. 32 77; aber auch RG. 54 27, 72 52; EEE. 32 47).

§ 71.

Verjährung[1]) der Ansprüche wegen unrichtiger Frachtberechnung.

(1) Ansprüche der Eisenbahn auf Nachzahlung zuwenig erhobener Fracht oder zuwenig erhobener Gebühren sowie Ansprüche gegen die Eisenbahn auf Erstattung zuviel erhobener Fracht oder Gebühren verjähren [1]) in einem Jahre, sofern der Anspruch auf eine unrichtige Anwendung des Tarifs oder auf Fehler bei der Berechnung gestützt wird. Die Verjährung beginnt mit dem Ablaufe des Tages, an dem die Zahlung erfolgt ist.[2])

(2) Die Verjährung des Anspruchs auf Erstattung wird durch die schriftliche [3]) Anmeldung des Anspruchs [4]) bei der Eisenbahn [5]) gehemmt.[6]) Ergebt auf die Anmeldung ein abschlägiger Bescheid, so läuft die Verjährungsfrist von dem Tage ab weiter, an dem die Eisenbahn ihre Entscheidung dem Anmeldenden schriftlich bekanntmacht und ihm die der Anmeldung etwa angeschlossenen Beweisstücke zurückstellt.[7]) Weitere Gesuche, die an die Eisenbahn oder an die vorgesetzten Behörden gerichtet werden, hemmen die Verjährung nicht. Wegen der Unterbrechung der Verjährung bewendet es bei den allgemeinen gesetzlichen Vorschriften.[8])

HGB. § 470; JÜ. Art. 12; JÜG. Art. 45.

1. Siehe hierüber EVO. § 98 Anm. 1; bei Anerkenntnis, Vergleich oder gerichtlichem Urteil tritt die regelmäßige Verjährungszeit (30 Jahre) (BGB. § 195) ein.

2. Siehe EEE. 28 60, 24 263; bei Frachthinterlegung [§ 69 (7)] von der endgültigen Verrechnung ab (EEE. 16 135). Ohne

Zahlung kein Beginn der Verjährung aus § 71. Ist der Frachtanspruch selbst verjährt, ehe ein Anspruch aus § 71 erhoben wird, fällt auch dieser unter die Verjährung; ist er aber vor Ablauf erhoben, läuft die Frist des § 71 selbständig (Düringer-Hachenburg S. 965 Anm. 3).

3. Auch zu Protokoll.

4. Durch den dazu Berechtigten (siehe EVO. § 99).

5. Bei der zuständigen [siehe EVO. § 100 (3)]. Nicht erforderlich, daß der Anspruch bei der für die Erledigung zuständigen Dienststelle eingereicht wird (Kittel § 71 S. 146). Anmeldung und Bescheid sind empfangsbedürftige Willenserklärungen; wer sich auf den Eingang beim Gegner beruft, muß ihn beweisen.

6. Weitere Hemmungsgründe siehe BGB. § 202.

7. Beides muß geschehen.

8. BGB. §§ 208 bis 217.

§ 72.

Nachnahme nach Eingang.[1]) Barvorschuß.[2])

(1) Der Absender [3]) kann [4]) das Gut bis zur Höhe des Wertes [5]) mit Nachnahme nach Eingang belasten.

I. Ob eine Nachnahme in der angegebenen Höhe zulässig ist, entscheidet die Versandabfertigung.

(2) Als Bescheinigung über die Belastung mit Nachnahme dient der abgestempelte Frachtbrief, das Duplikat oder die sonst zugelassene Bescheinigung über die Auflieferung des Gutes. Auf Verlangen sind außerdem besondere Nachnahmescheine gebührenfrei auszuhändigen.[6])

(3) Die Eisenbahn hat, sobald die Nachnahme bezahlt ist,[7]) den Absender zu benachrichtigen [8]) und ihm die Nachnahme auszuzahlen.[9]) Ist die Auszahlung im Tarife vom Ablauf einer bestimmten Frist abhängig

gemacht, so ist keine besondere Benachrichtigung erforderlich.

II. (1) Nachnahmen im Betrage von 150 Reichsmark oder mehr, Nachnahmen auf Frachtgüter (nicht auch Eilgüter), für die nach § 69 (1) Vorausbezahlung der Fracht verlangt werden kann, und Nachnahmen auf bahnlagernde Güter werden erst ausgezahlt, wenn die Versandstation die Anzeige der Bestimmungsstation über die Zahlung der Nachnahme durch den Empfänger erhalten hat.

(2) Alle anderen Nachnahmen werden, falls die Bestimmungsstation nicht Einspruch erhoben hat, nach Ablauf einer mit dem Tage der Aufgabe beginnenden Frist ausgezahlt, die bei einer Beförderungsstrecke bis zu 500 Tarifkilometern 2 Wochen, bei einer längeren Beförderungsstrecke sowie bei allen Sendungen durch polnisches Gebiet 3 Wochen beträgt. Vor Ablauf dieser Frist werden sie ausgezahlt, wenn die Versandstation die Anzeige der Bestimmungsstation über die Zahlung der Nachnahme durch den Empfänger erhalten hat oder der Absender eine Einzahlungsbenachrichtigung der Bestimmungsstation nach dem in Anlage V vorgeschriebenen Vordruck vorlegt.

(3) Die in Abs. 2 erwähnte Einzahlungsbenachrichtigung wird dem Absender von der Bestimmungsstation durch die Post übersandt, wenn er im Frachtbrief unter „Zulässige oder vorgeschriebene Erklärungen" folgenden Antrag gestellt hat:

„Ich beantrage Benachrichtigung von der Einzahlung der Nachnahme durch die Bestimmungsstation."

Die Einzahlungsbenachrichtigung ist nicht zulässig bei den in Absatz 1 aufgeführten Sendungen.

Die Gebühr für die Benachrichtigung ist im Nebengebührentarif (Teil I Abteilung B) festgesetzt.

(4) Ist das Gut ohne Einziehung der Nachnahme ausgeliefert worden, so hat die Eisenbahn dem Absender den Schaden [10]) bis zum Betrage der Nachnahme [11]) zu ersetzen, vorbehaltlich ihres Anspruchs gegen den Empfänger.[12])

(5) Die Eisenbahn kann einen Barvorschuß gewähren, wenn er nach dem Ermessen der Versandstation durch den Wert des Gutes sicher gedeckt wird.

III. Barvorschüsse werden bis zur Höhe von 20 Reichsmark für eine Sendung gewährt, wenn sie nach dem Ermessen der Versandstation durch den Wert des Gutes sicher gedeckt sind.

Auf Güter, wofür nach § 69 (1) Vorausbezahlung der Fracht verlangt werden kann, und auf bahnlagernde Güter werden keine Barvorschüsse gewährt.

(6) Der Betrag der Nachnahme und des etwa gewährten Barvorschusses ist vom Absender in den Frachtbrief an der hierfür vorgesehenen Stelle mit Buchstaben einzutragen.[13]) Dieser Eintrag ist auch bei einer Abweichung von einem Eintrag in Ziffern maßgebend.

(7) Für die Belastung einer Sendung mit Nachnahme oder mit Barvorschuß darf die Eisenbahn die tarifmäßige Gebühr (Provision) [14]) erheben.

IV. Die Gebühr für Nachnahmen ist im Nebengebührentarif (Teil I Abteilung B) festgesetzt.

V. Bei Umbehandlung einer Sendung oder bei Änderung der Bestimmungsstation auf nachträgliche Verfügung des Absenders wird die Nachnahmegebühr nicht nochmals erhoben.

HGB. §§ 426, 441; JÜ. Art. 13, 15; JÜG. Art. 19.

1. Sog. Wertnachnahme; Geldbetrag, den die Eisenbahn nach Vereinbarung mit dem Absender Zug um Zug gegen Aushändigung des Gutes vom Empfänger einziehen und dem Absender abliefern soll. Kein besonderer Vertrag (etwa Auftrag) (Blume, JÜ. Art. 13 I) oder Geschäftsbesorgungsvertrag (Kittel § 72 Anm. 2), gehört vielmehr zum Frachtvertrag.

2. Vorweggenommene Aushändigung des einzuziehenden Geldbetrages (siehe Anm. 1) kein Darlehen (EEE. 17 39, 21 140; abweichend Rundnagel, BefGesch. S. 370); für die Eisenbahn ist er Auslage im Sinne EVO. § 68. Deckung durch Pfandrecht (EVO. § 76).

3. D. h. der frachtbriefmäßige (RG. 99 245); siehe oben § 56 Anm. 19.

4. Bei der Aufgabe (EEE. 20 17) oder durch nachträgliche Anweisung (EVO. § 73) (EEE. 21 65).

5. Des gemeinen Wertes am Versandort (Eger Anm. 344; abweichend Rundnagel, BefGesch. S. 369; Senckpiehl S. 272). Wert ist zu mindern um die erwachsenden Frachtbeträge und die etwa eintretende Einbuße an Gut. Unbegründete Ablehnung macht schadensersatzpflichtig.

6. Siehe EEE. 21 65, 182.

7. Über Zahlungspflicht des Empfängers siehe EVO. § 76 (4); EEE. 17 311, 20 50, 20 6. Nachnahme ist auch einzuziehen, wenn ein Teil der Sendung in Verlust geraten ist (abweichend EEE. 25 125).

8. Bei verspäteter Benachrichtigung Schadensersatz.

9. Haftung für unrichtige Auszahlung siehe EEE. 21 182, auch (4). Überbringer des quittierten Nachnahmescheins gilt als zur Empfangnahme berechtigt (EEE. 21 182; abweichend Eger Anm. 346). BGB. § 370.

10. Wenn ein solcher tatsächlich entstanden ist (EEE. 20 18, 23 261).

11. Beweispflichtig dafür, daß Schaden hinter dem Betrage der Nachnahme zurückbleibt, ist Eisenbahn.

12. Siehe EEE. 20 6, 26 146.

13. Sollvorschrift. Bei Verstoß kann Eisenbahn Frachtbrief zurückweisen; wird er aber angenommen, gilt die Nachnahmebelastung (Rundnagel, BefGesch. S. 319); siehe Entsch. Anm. 10.

14. Gebühr ist auch fällig bei nachträglicher Zurückziehung der Nachnahme (EVO. § 73).

§ 73.

Nachträgliche Verfügungen des Absenders.[1])

(1) Der Absender [2]) kann verfügen,[3]) daß das Gut auf der Versandstation zurückgegeben,[4]) unterwegs angehalten,[5]) auf der Bestimmungsstation zurückgehalten oder an einen andern Empfänger [6]) oder an einem andern Orte ausgeliefert [7]) oder nach der Versandstation zurückgesandt werde.[8]) Ebenso kann der Absender verfügen, daß eine Nachnahme nach Eingang [9]) nachträglich aufgelegt, erhöht, gemindert oder zurückgezogen, sowie daß die Sendung [10]) fracht- und gebührenfrei abgeliefert werde. Die Eisenbahn darf die Ausführung solcher Verfügungen nur dann ablehnen oder hinausschieben oder die Verfügung in veränderter Weise ausführen, wenn durch ihre Befolgung der regelmäßige Güterverkehr gestört werden würde.[11]) Sie hat in diesem Falle den Absender unverzüglich zu benachrichtigen.

(2) Verfügungen anderer Art können durch den Tarif einheitlich zugelassen werden.[12])

I. Der Absender ist berechtigt, neben der Rücksendung des Gutes die Streichung der Angabe des Interesses an der Lieferung in der „Nachträglichen Verfügung“ zu beantragen.

(3) Die Verfügungen müssen sich auf die ganze Sendung [13]) beziehen. Sie sind schriftlich [14]) unter

Verwendung eines von der Eisenbahn durch den Tarif einheitlich festzusetzenden Musters bei der Versandstation [15]) einzureichen. Die Unterschrift darf auch durch Druck oder Stempel bewirkt werden.[16]) Die Versandstation hat die Verfügung so bald wie möglich, auf Wunsch des Absenders unter den im Tarif einheitlich festzusetzenden Bedingungen auch durch Telegramm oder Fernsprecher, weiterzugeben.

II. (1) Die Verfügung des Absenders muß für alle Teile der Sendung die gleiche sein.

(2) Die Weitergabe durch Telegramm oder Fernsprecher ist vom Absender in der „Nachträglichen Verfügung" zu beantragen.

(3) Die Gebühren der Weitergabe (Postgeld, Telegramm- und Fernsprechgebühren, Botenlöhne) hat der Absender auf Verlangen sofort zu entrichten.

(4) Für die nachträgliche Verfügung ist der Vordruck in Anlage VI zu verwenden. Der Verkaufspreis ist im Nebengebührentarif (Teil I Abteilung B) festgesetzt.

(4) Einem bei der Bestimmungsstation [17]) unmittelbar gestellten Antrage, die Sendung zurückzuhalten, kann vorläufig entsprochen werden. Der Absender hat jedoch die vorgeschriebene Verfügung innerhalb einer angemessenen Frist beizubringen.[18]) Andernfalls ist nach § 76 zu verfahren.

III. (1) Einem bei der Bestimmungsstation unmittelbar gestellten Antrage wird auf Kosten des Absenders vorläufig entsprochen, wenn kein Zweifel besteht, daß er vom Absender herrührt.

(2) Im übrigen bleiben nachträgliche Verfügungen des Absenders, die nicht durch Vermittlung der Versandstation gegeben werden, unbeachtet.

(5) Im Falle der Ausstellung eines Frachtbriefduplikats oder eines Aufnahmescheines steht dem Absender das Verfügungsrecht nur zu, wenn er diese Urkunden vorlegt und auch darin die Verfügungen einträgt.[19]) Befolgt die Eisenbahn die Verfügungen des Absenders, ohne die Vorlegung des Duplikats oder Aufnahmescheins zu verlangen, so ist sie für den daraus entstehenden Schaden dem Empfänger, dem der Absender die Urkunde übergeben hat,[20]) haftbar.[21]) Ist ein Frachtbriefduplikat oder ein Aufnahmeschein nicht ausgestellt, so kann die Eisenbahn verlangen, daß sich der Absender entsprechend ausweist.[22])

(6) Verweigert der Empfänger die Annahme des Gutes, so steht dem Absender das volle Verfügungsrecht auch dann zu, wenn er das Frachtbriefduplikat oder den Aufnahmeschein nicht vorweisen kann.[23])

(7) Verfügt der Absender, daß die Sendung unterwegs angehalten oder auf der Bestimmungsstation zurückgehalten wird, so ist die Eisenbahn berechtigt, für jede Verzögerung über 6 Stunden das tarifmäßige Stand- oder Lagergeld zu erheben. Beträgt die Verzögerung mehr als 24 Stunden, so kann die Eisenbahn das Gut auf Gefahr und Kosten des Absenders ausladen und auf Lager nehmen oder einem Spediteur oder öffentlichen Lagerhaus übergeben.

IV. **Bei Verzögerungen über 6 Stunden wird das im Nebengebührentarif (Teil I Abteilung B) festgesetzte Lager-, Platz- und Wagenstandgeld sowie das Standgeld für Eisenbahnfahrzeuge auf eigenen Rädern erhoben.**

(8) Die Eisenbahn kann, wenn die nachträgliche Verfügung nicht durch ihr Verschulden veranlaßt ist, für

deren Ausführung neben Erstattung der erwachsenden Frachtkosten, Nebengebühren und Auslagen eine im Tarife festzusetzende Gebühr verlangen.[24]) Bei leichtverderblichen Gütern sowie bei Sendungen, deren Wert die entstehenden Frachtkosten, Nebengebühren und Auslagen nicht deckt, kann Vorausbezahlung verlangt werden.

V. Für die Ausführung einer nachträglichen Verfügung des Absenders werden folgende Frachtbeträge neben den etwa erwachsenden Nebengebühren, Auslagen und Gebühren erhoben:

a) wenn das Gut auf einer Unterwegsstation angehalten und ausgeliefert wird, die Fracht bis zu dieser Unterwegsstation;

b) wenn das Gut von der Bestimmungsstation oder von einer Unterwegsstation nach der Versandstation zurück- oder nach einer anderen Station befördert wird, außer der Fracht für die Beförderung bis zur ursprünglichen Bestimmungsstation oder bis zu der Unterwegsstation, auf der das Gut angehalten wird, die Rückfracht bis zur Versandstation oder die Fracht bis zur neuen Bestimmungsstation.

VI. Für die — auch nur versuchte — Ausführung nachträglicher Verfügungen werden die im Nebengebührentarif (Teil I Abteilung B) festgesetzten Gebühren erhoben. Diese sind sogleich bei Übergabe der nachträglichen Verfügung vom Absender zu entrichten. Neben diesen Gebühren wird bei nachträglicher Auflegung oder Erhöhung von Nachnahmen die im Nebengebührentarif (Teil I Abteilung B) festgesetzte Nachnahmegebühr berechnet, bei Erhöhung für den zugesetzten Betrag besonders; bei nachträglicher Minderung oder Zurückziehung von Nachnahmen bleibt die bereits berechnete Gebühr unverändert.

(9) Das Verfügungsrecht des Absenders erlischt,[25]) wenn nach der Ankunft des Gutes[26]) am Orte der Ablieferung der Frachtbrief dem Empfänger übergeben[27]) oder wenn von dem Empfänger gemäß § 76 Abs. (2) Klage gegen die Eisenbahn erhoben wird. Die Eisenbahn hat dann nur die Anweisungen des Empfängers[28]) zu beachten;[29]) verletzt sie diese Verpflichtung, so ist sie dem Empfänger für das Gut verhaftet.[30])

HGB. §§ 433, 455, 471; JÜ. Art. 15; JÜG. Art. 21, 22.

Literatur: Hertzer, ZVDEisV. 07 981 ff.; Düringer-Hachenburg § 433 Anm. IV; AAB. II § 30; Leutke, Das Verfügungsrecht beim Frachtgeschäft; Reindl, EEE. 38 9. Wegen des Ruhens der Lieferfrist vgl. § 75 (7). Über Empfängeranweisungen siehe Anm. 27.

1. „Verfolgungsrecht"; „droit de suite", „right of stoppage". Da Frachtvertrag Werkvertrag, kann Absender jederzeit kündigen (BGB. § 649), d. h. er kann jede Verfügung über das Gut treffen, soweit dem nicht seine vertragliche Verpflichtung gegenüber der Eisenbahn als Frachtführer entgegensteht. EVO. beschränkt den Absender auf die im Abs. 1 aufgezählten und im Abs. 2 zugelassenen Fälle. § 471 HGB. steht dem nicht im Wege. Ob materiell, d. h. im Verhältnis zum Empfänger, zum eigentlichen Versender oder zum Gut, der Absender zur Verfügung berechtigt ist, hat Eisenbahn nicht zu prüfen (Staub § 433 Anm. 4; ROHG. 25 331). Die Anweisungen [EVO. §§ 74 (2), 81 (1)] gehören nicht hierher. Die Anweisungen sind empfangsbedürftige Willenserklärungen; Gefahr der Übersendung trägt der Verfügende (siehe ROHG. 25 331).

2. Also weder der Empfänger (siehe Abs. 9) noch der Inhaber des Duplikats, noch der Eigentümer (siehe EEE. 19 144, 21 65, 127); auch nicht unbevollmächtigte Angestellte des Absenders, z. B. Viehbegleiter (EEE. 29 304). Abtretung des Rechts des Absenders ist möglich; Duplikat ist an den neuen Gläubiger zu

übergeben (BGB. § 402); Anzeige an Eisenbahn (§ 409 a. a. O.) (siehe auch EEE. 25 164).

3. Auch mehrmalig (z. B. Ablieferung an mehrere Empfänger nacheinander); es können auch mehrere Anweisungen miteinander verbunden werden.

4. Umtausch ist nicht zulässig. Rückgabe bedeutet Kündigung des Frachtvertrags (BGB. § 649).

5. Soweit der Aufenthalt des Gutes zu ermitteln (EEE. 26 456).

6. Siehe aber Abs. 9, EEE. 20 314. Bei irrtümlicher Auslieferung an den alten Empfänger hat Eisenbahn Rückforderungsrecht aus § 812 BGB. (RGEntsch. 3 80; EEE. 1 133).

7. Auch Berichtigung einer ursprünglich falsch bezeichneten Bestimmungsstation (EEE. 16 14).

8. Dadurch wird an sich kein neuer Frachtvertrag abgeschlossen (EEE. 40 139, 41 50; a. M. Eger, EVO. Anm. 352). Rücksendung erfolgt grundsätzlich in der ursprünglichen Beförderungsart (Z. f. int. Transp. 06 253). Für die Rück- und Weitersendung ist der Tarif anzuwenden, der am Tage der Abfertigung gilt (siehe EVO. § 68 A B I); abweichend auf Grund der alten Bestimmung EEE. 41 50. Nur wenn Absender einen neuen Frachtbrief beifügt (notwendig bei Änderung der Beförderungsart; AAB. II § 30 Ziff. 15), ist neuer Frachtvertrag anzunehmen (Rundnagel, BefGesch. S. 388 Anm. 4; ZVDEisV. 04 459, 421; siehe auch AAB. II § 30 Ziff. 11 bis 13; abweichend EEE. 41 50).

9. Nicht Barvorschüsse; EVO. § 72 Anm. 9 (EEE. 21 65, 14 259, 17 125).

10. Teilfrankierung ist möglich, aber nur bezüglich der ganzen Sendung (siehe Abs. 3 Anm. 13).

11. Die Eisenbahn kann nicht gezwungen werden, ihre Rechte aus dem Werkvertrag schmälern zu lassen (siehe EEE. 26 453). Sendpiehl (S. 276) will diese Einschränkung nur auf die Anweisungen des Satzes 2 beschränken; aber gerade diese sind am wenigsten geeignet, zu stören (AAB. § 30 Ziff. 6; EEE. 26 453).

Ablehnung der Weiterabfertigung ohne Umladung in Zeiten von Verkehrsnot ist kein Verstoß gegen die Beförderungspflicht (RG. v. 21. März 1924).

12. Über Bedenken gegen diese einschränkende Art der Regelung siehe Eger Anm. 356 S. 361.

13. Auch bei Sammelgut (EEE. 18 161).

14. Nicht mündlich, telegraphisch oder durch Fernsprecher (EEE. 22 126). Anweisungen in anderer Form ist die Eisenbahn zurückzuweisen berechtigt (siehe EEE. 24 128, 25 253, 26 170).

15. Ausnahme Abs. 4, AusfBest. III Abs. 2.

16. Der Formvorschrift nicht entsprechende Anweisungen sind zurückzuweisen; werden sie angenommen, sind sie nicht nichtig. (Bestritten; siehe Rundnagel, BefGesch. S. 391 Anm. 19 bis 21.)

17. Nicht Unterwegsstation. Für Bestimmungsstation besteht keine rechtliche Verpflichtung; Anweisungen anderer Art als auf Zurückhaltung sind nicht zu beachten. Die Lieferfrist ruht nicht (§ 75 Abs. 7). Der Vorlegung des Duplikats bedarf es nicht.

18. D. h. durch Versandstation, gegebenenfalls unter Vorlegung des Duplikats; Recht des Absenders erlischt mit Ende der Frist oder Erhebung der Klage durch den Empfänger gemäß EVO. § 76 (2), § 73 (9); siehe Reindl, EEE. 38 11. Empfangsstation soll den Absender zur Abgabe der Erklärung durch Versandstation veranlassen (AAB. II § 30 Abs. 9). Dies ist aber nur innere Dienstvorschrift. Unterlassen macht Eisenbahn nicht haftbar. Abweichend EEE. 43 218.

19. Siehe § 61 EVO. Anm. 10. Händigt Absender das Duplikat dem Empfänger aus, so erwirbt dieser nicht das Verfügungsrecht (RG. in EEE. 13 160), es ist nur bis zur Ankunft des Gutes auf der Bestimmungsstation niemand verfügungsberechtigt (siehe EVO. § 74 Abs. 4). Mit der Ankunft entsteht das Recht des Empfängers, auch ohne daß es der Vorlegung des Duplikats bedarf. Frachtbriefadresse: „An den Inhaber des Frachtbriefduplikates“ ist unzulässig. Übergabe des Duplikats an den Empfänger bedeutet auch keineswegs Abtretung des Anspruchs des Absenders gegen die Eisenbahn (richtig Staub

§ 455 Anm. 4; a. A. JW. **19** 182). Besitz und Eigentum an der Ware gehen auf den Duplikatinhaber nicht über, da das Duplikat eben kein Traditionspapier ist (RG. **27** 85). Über Zahlung gegen Duplikatbrief vgl. Staub § 455 Anm. 6. Ist die Abstempelung des Duplikats gefälscht, haftet die Bahn nicht; ist sie erschlichen, haftet sie nicht nach Frachtvertrag, sondern nur nach BGB. (§§ 831, 839). Ausstellung nicht verlangten Duplikats kann die Eisenbahn schadensersatzpflichtig machen (ZVDEisV. **90** 304). Bei Verlust des Frachtbriefduplikats ist Kraftloserklärung nicht möglich (Senckpiehl S. 237; Staub § 456 Anm. 5; a. A. Eger Anm. 359). Absender bleibt nur der Weg übrig, durch gerichtliche einstweilige Verfügung die Auslieferung des Gutes zu verhindern. Fraglich ist, ob Zustimmung des Empfängers die Vorlage des Duplikats ersetzt; dessen Schadensersatzanspruch wird man jedenfalls die exceptio doli entgegenstellen können (vgl. Z. f. int. EisTransp. **95** 371; Düringer-Hachenburg § 455 Anm. 7). Sicherheitsleistung des Absenders genügt nicht (so Rundnagel S. 331; a. A. Staub § 455 Anm. 5; Senckpiehl S. 237; auch v. d. Leyen, Z. f. HandR. **39** 80). Abs. 5 bezieht sich auf Verfügungen aller Art (a. A. Rundnagel, BefGesch. S. 329).

20. Daß Empfänger noch im Besitz ist, wird nicht verlangt; nur darf der Absender nicht wieder Besitzer sein. Mittelbarer Besitz genügt (RG. v. 14. Febr. 1925 **110** 199). Über die rechtliche Bedeutung der Übergabe vgl. EEE. **37** 122.

21. Für allen Schaden, jedoch bei Verlust usw. nur im Rahmen der §§ 84 bis 88 EVO. (siehe Rundnagel, BefGesch. S. 145, 330 und 390; a. M. Düringer-Hachenburg § 455 Anm. 7; Eger Anm. 360); passiv legitimiert sind die in EVO. § 100 Abs. 3 aufgeführten Eisenbahnen (EEE. **21** 176).

22. An sich selbstverständlich.

23. Eger (Anm. 362) hält diese Vorschrift, weil wider HGB. § 471 Abs. 1 verstoßend, für nichtig. Dem ist nicht zuzustimmen; es handelt sich nicht um eine Einschränkung der Verpflichtung der Eisenbahn; außerdem ist eine Haftung dem Empfänger (Abs. 5) gegenüber rechtlich dann nicht zu begründen, wenn dieser es abgelehnt hat, in den Frachtvertrag einzutreten.

24. Hat die nachträgliche Verfügung eine Verringerung der Vertragsleistung zur Folge, hat Eisenbahn trotzdem Anspruch auf Fracht, jedoch unter Anrechnung des Ersparten (BGB. § 649) (siehe AusfBest. V).

25. Vorausgesetzt, daß es bis dahin nicht ausgeübt wurde, und zwar auch dann, wenn Absender das Duplikat in Händen hat.

26. Bei Teilverlust genügt Ankunft eines Teils des Gutes; bei Verlust des Frachtbriefes: Übergabe eines Ersatzbriefes; diese kann auch durch vertragliche Vereinbarungen ersetzt werden; z. B. bei Anschlußgleisbesitzern. Nicht erforderlich eine bestimmte Reihenfolge (erst Ankunft des Gutes, dann Frachtbriefübergabe). Aufforderung, den Frachtbrief einzulösen, ersetzt nicht dessen Übergabe (ROHG. 6 273, 14 294). Nach herrschender Meinung hat aber auch Auslieferung des Gutes ohne den (nicht vorhandenen) Frachtbrief die gleiche Wirkung (siehe Rundnagel, Haftung S. 28 Anm. 4; Staub, Einl. zu § 433; ROHG. 20 194). Das Gut muß aber tatsächlich angekommen sein (siehe § 76 Anm. 10). Zeitpunkt des Ankommensollens oder etwa Ablauf der Lieferfrist ersetzt dies nicht (a. A. Eger Anm. 365 und Angeführte). Streitig ist, ob das Erlöschen des Verfügungsrechts endgültig ist (so Eger Anm. 365; EEE. 15 112, 19 39, 24 253); richtiger ist wohl, daß das Recht des Absenders wiederauflebt, wenn der Empfänger von seinem Verfügungsrecht keinen Gebrauch macht (siehe Rundnagel S. 145; EEE. 19 278; Staub § 433 Anm. 6; ROHG. 6 276; EEE. 4 412). Verzicht auf seine Rechte durch Rückgabe des Frachtbriefes (ROHG. 6 273).

27. Durch die Übergabe des Frachtbriefs oder die Klageerhebung wird der Empfänger nicht schon Eigentümer (wichtig im Konkurs RG. 27 84).

28. Empfängeranweisungen (siehe § 76 II). HGB. gibt dem Empfänger das Recht, vor Ankunft des Gutes dem Frachtführer gegenüber Anweisungen zu erteilen zwecks Sicherstellung des Gutes. Diese Rechte sind in EVO. nicht übernommen (siehe Rundnagel, Bef.-

Gesch. S. 392; EEE. 19 279; Hellwig, Leistung an Dritte, § 69; a. M. Senckpiehl, EisTranspGesch. S. 276; Düringer-Hachenburg § 434 (4); Hertzer, ZVDEisV. 07 938). Empfänger kann nach EVO. nur Weisungen erteilen, die den Frachtvertrag nicht berühren; er kann z. B. allgemein oder im besonderen Fall einen Dritten (z. B. einen Spediteur) bevollmächtigen zur Empfangnahme, Quittungsleistung, Annahmeverweigerung (siehe AAB. II § 34 Ziff. 14); er bleibt aber immer noch Empfänger; das ist für künftige Reklamationen zu beachten. Der Empfänger kann außerdem die Rechte aus dem Frachtbrief abtreten (BGB. §§ 398 ff.) und endlich in bezug auf die einzelne Sendung Anweisung erteilen, immer innerhalb des Rahmens des bestehenden Frachtvertrages (z. B. Bereitstellung an einer bestimmten Entladestelle; Aushändigung an einen Dritten). Nicht hierher gehört die Weitersendung des Gutes auf neuen Frachtvertrag usw. (siehe AAB. II § 38). Der „Dritte" hat nicht das Recht weiterer Anweisungen nach EVO. § 73 Abs. 9, sondern nur das der Abtretung seiner Rechte nach BGB. Die Anweisung kann auch schon vor Ankunft des Gutes der Empfangsabfertigung zugehen; geht das Gut nicht innerhalb einer Woche ein, soll Empfangsstation die Anweisung zurücksenden (interne Ordnungsvorschrift!). Nicht zulässig sind Anweisungen, durch die der ursprüngliche Frachtvertrag geändert wird (z. B. Weitersendung auf Grund des alten Frachtbriefs) oder der Eisenbahn Handlungen übertragen werden sollen, die außerhalb des Frachtvertrages liegen (z. B. Verteilung der Sammelgüter). Eine derartige Verpflichtung kann nur auf Grund besonderer Vereinbarung übernommen werden.

29. Ist der Absender zugleich Empfänger, hat er die Wahl, ob er nach Abs. 1 oder Abs. 9 verfügen will.

30. Rundnagel (BefGesch. S. 146) schlägt vor, die Worte „für das Gut" wegzulassen. Dem wird zuzustimmen sein; Eisenbahn haftet wie oben Anm. 21 auch dem Empfänger gegenüber (siehe Staub § 433 Anm. 8; Düringer-Hachenburg ebendort Anm. 15; abweichend Eger, Frachtrecht 2 131; siehe auch RG. in JW. 07 12 und Arch. f. Eis. 07 1005).

§ 74.

Beförderungshindernisse.

(1) Wird die Beförderung eines aufgelieferten [1]) Gutes auf dem vom Absender in zulässiger Weise vorgeschriebenen oder auf dem von der Eisenbahn bestimmten Wege verhindert, so hat die Eisenbahn [2]) das Gut ohne Erhebung von Mehrfracht [3]) auf einem Hilfswege der Bestimmungsstation zuzuführen. Den Bahnen bleibt überlassen, gegeneinander Rückgriff zu nehmen.

(2) Ist kein Hilfsweg vorhanden,[4]) so hat die Eisenbahn den Absender um Verfügung zu ersuchen.[5]) Der Absender kann in diesem Falle [6]) auch vom Vertrage zurücktreten,[7]) muß dann aber der Eisenbahn, wenn sie kein Verschulden trifft,[8]) außer der Fracht für die etwa zurückgelegte Eisenbahnstrecke die tarifmäßigen Gebühren für die Vorbereitung der Beförderung und für das Wiederausladen entrichten.

Die im Falle des Rücktritts vom Frachtvertrage vom Absender zu zahlende Gebühr für die Vorbereitung der Beförderung und das Wiederausladen ist im Nebengebührentarif (Teil I Abteilung B) festgesetzt.

(3) Verfügt der Absender auf die Aufforderung der Eisenbahn über das Gut, legt aber das etwa ausgestellte Frachtbriefduplikat oder den Aufnahmeschein nicht vor, so darf er weder die Person des Empfängers noch den Bestimmungsort ändern.[9])

(4) Verfügt der Absender der Aufforderung ungeachtet nicht über das Gut, so ist damit nach den Vorschriften im § 81 zu verfahren.

(5) Wenn die Behinderung der Beförderung vor dem Eintreffen der Anweisung des Absenders aufhört,

so ist das Gut der Bestimmungsstation zuzuleiten, ohne daß Anweisungen abgewartet werden. Der Absender wird hiervon möglichst rasch benachrichtigt.

HGB. §§ 428, 455, 471; JÜ. Art. 18; JÜG. Art. 23.

Literatur: Rundnagel, BefGesch. § 49 S. 172 und § 120 S. 392; Eger, EEE. 27 38. Nicht zu verwechseln mit Ablieferungshindernissen (EVO. § 81).

1. Ist das Gut noch nicht aufgeliefert, kann Eisenbahn Annahme verweigern [EVO. §§ 3 (1), 63 (1)] oder von der Bezahlung der Fracht über den Beförderungsweg (Umweg) abhängig machen; daß das Gut schon rollt, ist nicht Voraussetzung für § 74.

2. Ohne Nachfrage beim Absender und ohne dessen Benachrichtigung (siehe Rundnagel S. 393; a. A. Eger Anm. 367). Benachrichtigung aus anderen Gründen [siehe EVO. § 65 (4)] bleibt aber bestehen.

3. Ohne Verpflichtung zur Erstattung einer etwaigen Minderfracht (Rundnagel S. 393; a. A. Eger Anm. 367). Für Auslagen gelten beide Vorschriften nicht. Ersatz der Mehrauslagen wird also die Eisenbahn verlangen können.

4. Fassung nicht gut; hierher gehört auch der Fall, daß das Beförderungshindernis selbst durch mögliche Umleitung nicht behoben werden kann, z. B. Ein-, Aus- und Durchfuhrverbote, Maßnahmen der Zoll- und Polizeibehörde (siehe EEE. 23 175, 26 125 ff.), Transportunfähigkeit des Gutes.

5. Mitteilung einer für den Absender bedeutsamen Tatsache; kein Vertragsangebot oder Aufforderung zur Abgabe eines solchen. Pflicht der Eisenbahn zur Mitteilung beruht auf dem Frachtvertrag.

6. D. h. solange das Hindernis dauert (siehe EEE. 11 316 ff.).

7. Rücktrittsrecht des Absenders, das der Eisenbahn nicht zusteht; Bestimmung ersetzt der § 636 BGB., doch bleibt § 649 BGB. (jederzeitiges Kündigungsrecht) bestehen (vgl. JW. 04 170; RG. 5 279, 42 115).

8. Mit dem Verschulden entfällt das Recht der Entschädigung. Dem Absender stehen die Rechte aus BGB. § 326 zu. Bei beiderseitigem Verschulden nur Kündigung nach BGB. § 649. Entschädigung der Eisenbahn nach § 649 oder § 254 BGB. (Verteilung nach dem Grade des Verschuldens).

9. Und auch nicht vom Vertrage zurücktreten.

§ 75.

Lieferfrist.

(1) Die Lieferfrist [1]) besteht aus einer Abfertigungsfrist und einer Beförderungsfrist.[2])

(2) Die Abfertigungsfrist wird ohne Rücksicht auf die Zahl der beteiligten Eisenbahnverwaltungen nur einmal berechnet.[3]) Die Beförderungsfrist wird nach der Gesamtentfernung zwischen der Versand- und der Bestimmungsstation berchnet.

(3) Die Eisenbahn kann mit Genehmigung der Landesaufsichtsbehörde [4]) Zuschlagsfristen festsetzen:

1. für die Beförderung von und nach Güternebenstellen,
2. für den Übergang auf Bahnen mit anderer Spurweite,[5])
3. für außergewöhnliche Verkehrsverhältnisse,[6]) wobei die Zuschlagsfristen ausnahmsweise vorbehaltlich der Genehmigung der Landesaufsichtsbehörde [4]) festgesetzt werden dürfen.

(4) Die Abfertigungs- und Beförderungsfristen [Abs. (1)] sowie die Zuschlagsfristen im Abs. (3) Ziffer 1 und 2 sind durch den Tarif [7]) festzusetzen. Die Zuschlagsfristen in Abs. (3) Ziffer 3 sind besonders zu veröffentlichen und treten nicht vor der Veröffentlichung in Kraft.[8]) Aus der Veröffentlichung muß zu

ersehen sein, ob die Genehmigung erteilt oder vorbehalten ist; wird die nachträgliche Genehmigung von der Landesaufsichtsbehörde [4]) versagt oder die Genehmigung nicht innerhalb acht Tagen nach Veröffentlichung der Zuschlagsfristen bekanntgemacht, so ist die Festsetzung wirkungslos.[9])

(5) Die Lieferfrist beginnt mit der auf die Annahme folgenden Mitternacht.[10]) Sie ist gewahrt, wenn vor ihrem Ablaufe das Gut [11]) dem Empfänger zugeführt ist.[12]) Für Güter, die nach den Bestimmungen der Empfangsbahn oder nach einer Verfügung des Empfängers nicht zugeführt werden, ist die Lieferfrist gewahrt, wenn vor ihrem Ablaufe der Empfänger von der Ankunft benachrichtigt (§ 79 (3)] und das Gut zur Auslieferung bereitgestellt ist.[13])

(6) Für bahnlagernd gestellte Güter, für die der Absender die Benachrichtigung des Empfängers nicht im Frachtbriefe vorgeschrieben hat, und für Güter, deren Empfänger auf die Benachrichtigung schriftlich verzichtet hat, ist die Lieferfrist gewahrt, wenn vor ihrem Ablaufe die Güter auf der Bestimmungsstation zur Auslieferung bereitgestellt sind.

(7) Der Lauf der Lieferfristen ruht für die Dauer der zoll- oder steueramtlichen oder polizeilichen Abfertigung,[14]) für die Dauer einer durch nachträgliche Verfügung des Absenders verursachten Verzögerung [15]) und für die Dauer einer ohne Verschulden der Eisenbahn eingetretenen Betriebsstörung [16]) oder einer von der zuständigen Stelle angeordneten Sperrmaßnahme,[17]) durch die der Beginn oder die Fortsetzung der Beförderung zeitweilig verhindert wird,[18]) ferner für die Dauer aller Aufenthalte, die durch Maßnahmen der Besatzungsbehörden der besetzten Gebiete oder infolge

von Kontrollmaßnahmen, die mit der Besetzung zusammenhängen, bei der Beförderung entstehen.[19])

(8) Für jeden der in den Lauf der Lieferfristen fallenden Sonntage und gesetzlichen Festtage [20]) wird die Lieferfrist um je einen Tag verlängert.

I. Die Lieferfristen betragen:

a) für beschleunigtes Eilgut:
1. Abfertigungsfrist . . . . ½ Tag,
2. Beförderungsfrist für je auch nur angefangene 300 Tarifkilometer . . . . ½ Tag;

b) für Eilgut:
1. Abfertigungsfrist . . . . 1 Tag,
2. Beförderungsfrist für je auch nur angefangene 300 Tarifkilometer . . . . 1 Tag;

c) für Frachtgut:
1. Abfertigungsfrist . . . . 2 Tage,
2. Beförderungsfrist bei einer Entfernung bis zu 100 Tarifkilometern . . . . 1 Tag,
bei größeren Entfernungen für weitere angefangene je 200 Tarifkilometer . . . . . 1 Tag.

II. Die Lieferfrist für beschleunigtes Eilgut gilt als gewahrt, wenn das Gut so schnell befördert wurde, wie es mit den dafür freigegebenen Zügen möglich war.

III. Die Lieferfrist beträgt das Doppelte der Sätze unter I

a) für Stückgutsendungen von Gütern, die nach den Bestimmungen der Anlage C zur Eisenbahnverkehrsordnung nur bedingungsweise zur Beförderung zugelassen sind, sowie von leeren Packmitteln und Behältern, in denen solche Güter enthalten waren

b) für Frachtstückgutsendungen von Gütern, die wegen ihrer Länge, Breite oder Höhe in gewöhnliche bedeckte Wagen nicht verladen werden können.

(9) Ist der letzte Tag der Lieferfrist ein Sonn- oder Festtag oder ein Werktag unmittelbar vor einem Sonn- oder Festtag, so läuft die Lieferfrist erst mit der entsprechenden Stunde des nächsten Werktages ab.

HGB. § 428; JÜ. Art. 14; JÜG. Art. 11; EVO. § 94.

1. Zeitraum, innerhalb dessen die Eisenbahn gewisse Erfüllungshandlungen vorzunehmen hat. Grundsätzlich sind dies Beförderung und Zuführung oder Benachrichtigung und Bereitstellung zur Abholung (Rundnagel, BefGesch. § 118; Rundnagel-Sperber S. 33); siehe unten (6). Lieferfrist bei Tieren siehe EVO. § 51; Haftung für Überschreitung siehe § 94.

2. Lieferfrist bildet aber ein einheitliches Ganzes. Ob z. B. die Abfertigungsfrist als solche überschritten worden ist, ist gleichgültig, wenn nur die Gesamtfrist gewahrt bleibt.

3. D. h. für den durchgehenden Frachtbrief; bei Änderung der Bestimmungsstation auf Grund nachträglicher Verfügung ist Abfertigungsfrist doppelt zu berechnen (EEE. **31** 340). Reexpedition ist Neuaufgabe.

4. Reichsverkehrsministerium.

5. siehe EEE. **17** 160.

6. EEE. **25** Sonderheft, **26** 38, **27** 181; z. B. Eisgang, Güterandrang infolge Versagens der Schiffahrt, Ausstände von Nichteisenbahnern (z. B. der Rollkutscher), Krieg (EEE. **21** 57).

7. Früher enthielt EVO. Höchstfristen; diese erklärte der Tarif zu tarifmäßigen. Für die Zeit vom August 1914 bis Ende April 1922 bestanden keine festen Lieferfristen; nach HGB. § 428 galt „eine den Umständen nach angemessene Frist" (siehe Rundnagel-Sperber S. 37 Anm. 19). Jetzige Fassung wurde eingeführt durch VO. des RVerkMin. v. 23. März 1922 (RGBl. I S. 282) und 27. Dez. 1922 (RGBl. 1923 II S. 1).

8. Abweichung von EVO. § 6 (5). Für die laufenden Frachtverträge gelten aber noch die zur Zeit des Abschlusses bestehenden Fristen (siehe Eger Anm. 274; EEE. **17** 319, **25** Sonderheft, **32** 297).

9. Siehe EEE. 25 28.

10. Epstein, EEE. 24 203; maßgebend ist die tatsächliche Auflieferung, nicht die Angabe des Tagesstempels (abweichend Eger Anm. 376; EEE. 24 24). Vereinbarungen über den Beginn der Lieferfristen sind ungültig (siehe Senckpiehl S. 282; EEE. 10 85, 14 145, 15 52).

11. Nicht erforderlich Übergabe des Frachtbriefs (EEE. 21 375).

12. Siehe EVO. § 78 Anm. 5.

13. Das kann auch im Eisenbahnwagen sein (EEE. 31 209).

14. EEE. 25 145, 29 77.

15. Auch bei nachträglicher Bestimmung des Entladebahnhofs (EVO. § 73; EEE. 21 128).

16. Betriebsstörung ist jedes Ereignis, das den Betrieb als solchen, d. h. den technischen Gebrauch der Betriebsmittel auf einzelnen Bahnhöfen, Strecken oder Bezirken unterbricht (RG. 87 244; EEE. 21 395); Brückeneinsturz, Tunnelstörung, auch höhere Gewalt. Nicht hierunter fällt Störung einzelner Beförderungshandlungen, z. B. Laufunfähigkeit des Wagens (EEE. 27 45) oder Betriebserschwernisse, z. B. große Güteranhäufungen, starke Kälte (EEE. 17 347, 25 28, 21 57; RG. 87 244; abweichend Eger Anm. 378; dagegen Starck, EEE. 40 9). Unrichtig Senckpiehl (EisTranspGesch. S. 283), der nur Betriebsstörungen anerkennt, die auf höhere Gewalt zurückzuführen sind; dagegen mit Recht Rundnagel, BefGesch. S. 383 Anm. 19. Eisenbahn hat zu beweisen, daß Voraussetzungen des Abs. 7 vorliegen (Kittel Anm. 13; EEE. 24 343). Zeitpunkt des Eintritts der Störung ist unerheblich (ZVDEisV. 14 381). Rundnagel-Sperber S. 39 rechnet Streik oder passive Resistenz der eigenen Bediensteten, wenn sie kraft eigener Entschließung angewandt werden, hierher. Dem ist nicht beizutreten; siehe oben EVO. § 3 Anm. 13.

17. D. h. allgemeine Verfügungen, durch die der Beginn oder die Fortsetzung der Beförderung bereits angenommener Güter für eine bestimmte Station, Strecke oder ganzes Gebiet von der zuständigen Stelle (Reichsbahndirektion, Generalbetriebsleitung) verboten wird. Nicht hierher gehören einstweilige Maßnahmen

betrieblicher Dienststellen (Zugleitungen, Stationen), z. B. Rückhaltsperren, Abrufverfahren. Die Befreiung von der Haftung gilt auch für die Güter, die durch besondere Genehmigung von der Sperrmaßnahme ausgenommen worden sind, nicht aber für diejenigen Güter, die trotz bestehender Annahmesperre versehentlich angenommen wurden. Annahmesperre fällt nicht unter Abs. (7).

18. Aber auch nur für die Dauer der tatsächlichen Behinderung; die angeordneten Sperrfristen sind also Höchstfristen. Abweichend Rundnagel-Sperber S. 40 Anm. 25.

19. Verlängerung infolge Prüfung der Inhaltsangabe? Ja, wenn diese unrichtig war (siehe EEE. 31 209).

20. Auch wenn die Festtage nur in einem Teil der durchfahrenen Strecke Geltung haben, und selbst dann, wenn sie für den einzelnen Fall nicht beförderungshindernd waren.

§ 76.

Ablieferung.[1])

(1) Die Eisenbahn ist verpflichtet, am Orte[2]) der Ablieferung dem Empfänger[3]) gegen Zahlung der durch den Frachtvertrag begründeten Forderungen[4]) und gegen Empfangsbescheinigung[5]) den Frachtbrief und das Gut zu übergeben. Der Übergabe des Gutes an den Empfänger steht gleich die Übergabe an die Zoll- oder Steuerverwaltung[6]) in deren Abfertigungsräumen oder Niederlagen, wenn diese nicht unter Verschluß der Eisenbahn stehen,[7]) sowie die nach dieser Ordnung[8]) zulässige Hinterlegung bei einem Spediteur oder in einem öffentlichen Lagerhause.[9])

I. Dem Antrage des Absenders auf Erbringung des Ablieferungsnachweises wird gegen Vorauszahlung der im Nebengebührentarif (Teil I Abteilung B) festgesetzten Gebühr und gegen Ersatz der etwa erwachsenen Post-, Telegramm- und

Fernsprechgebühren entsprochen. Die Gebühr wird auf Antrag erstattet, wenn das Gut infolge eines von der Eisenbahn zu vertretenden Verschuldens innerhalb der tarifmäßigen Lieferfrist auf der Bestimmungsstation nicht eingegangen ist.

(2) Der Empfänger ist nach Ankunft [10]) des Gutes am Orte der Ablieferung berechtigt,[11]) die durch den Frachtvertrag [12]) begründeten Rechte [13]) gegen Erfüllung der sich daraus ergebenden Verpflichtungen [14]) im eigenen Namen gegen die Eisenbahn geltend zu machen, ohne Unterschied, ob er hierbei in eigenem oder in fremdem Interesse handelt.[15]) Er ist insbesondere berechtigt, von der Eisenbahn die Übergabe des Frachtbriefs und die Auslieferung des Gutes zu verlangen,[16]) wenn nicht der Absender der Eisenbahn eine nach § 73 noch zulässige entgegenstehende Verfügung erteilt hat.

II. (1) Außer den durch den Frachtvertrag begründeten Anweisungen [§ 76 (2) und 73 (9)] kann der im Frachtbrief bezeichnete Empfänger Anweisung erteilen,

1. daß das Gut mit dem Frachtbrief gegen Zahlung der Fracht und der sonst auf dem Gute haftenden Beträge auf der Bestimmungsstation einem Dritten ausgeliefert wird,
2. daß ihm der Frachtbrief gegen Zahlung der Fracht und der sonst auf dem Gute haftenden Beträge, das Gut aber auf der Bestimmungsstation einem Dritten ausgeliefert wird,
3. daß ihm der Frachtbrief, das Gut aber gegen Zahlung der Fracht und der sonst auf dem Gute haftenden Beträge auf der Bestimmungsstation einem Dritten ausgeliefert wird,

4. daß das Gut nach Zahlung oder gegen Nachnahme der Fracht und der sonst auf dem Gute haftenden Beträge mit neuem Frachtbrief von der Bestimmungsstation nach einer anderen Station gesandt wird.

(2) Für die — auch nur versuchte — Ausführung dieser Anweisungen wird außer den etwa erwachsenden baren Auslagen die im Nebengebührentarif (Teil I Abteilung B) festgesetzte Gebühr erhoben. Die Ausführung der Anweisungen kann abgelehnt werden.[17])

(3) Als Ort der Ablieferung im Sinne der Abs. (1) und (2) gilt, vorbehaltlich der Festsetzungen im § 78 Abs. (1), die vom Absender bezeichnete Bestimmungsstation oder Güternebenstelle auch dann, wenn im Frachtbrief ein anderer Bestimmungsort angegeben ist.

(4) Durch Annahme des Frachtbriefs und des Gutes[18]) wird der Empfänger[19]) verpflichtet, der Eisenbahn nach Maßgabe des Frachtbriefs[20]) Zahlung zu leisten (vergleiche jedoch § 70 Abs. (2)].

(5) Die Empfangsbahn hat bei der Ablieferung alle durch den Frachtvertrag begründeten Forderungen, wie Fracht, Nebengebühren, Nachnahmen, Zollgelder und andere Auslagen, einzuziehen. Auch hat sie erforderlichenfalls das Pfandrecht an dem Gute geltend zu machen.[21])

(6) Ob die Güter durch die Eisenbahn oder durch den Empfänger auszuladen sind,[22]) hat der Tarif zu bestimmen, soweit nicht diese Ordnung Vorschriften darüber enthält.

III. Welche Güter durch die Eisenbahn und welche Güter durch den Empfänger auszuladen sind, ist in Abschnitt II der Allgemeinen Tarifvorschriften (Teil I Abteilung B) festgesetzt.

(7) Der Eisenbahn steht frei, Stückgüter, die von ihr auszuladen sind, dem Empfänger auf seine Kosten zuzuführen (§ 78) oder ihn von der Ankunft zu benachrichtigen.[23]) Auf den Stationen, wo Stückgüter dem Empfänger zugeführt werden, ist dies durch Aushang an den Abfertigungsstellen bekanntzumachen. Von der Ankunft anderer Güter ist der Empfänger zu benachrichtigen [vergleiche jedoch § 79 Abs. (5)].

(8) Die Eisenbahn kann im Tarife vorschreiben, daß das Überladen von Gütern, die auf der Bestimmungsstation vom Eisenbahnwagen unmittelbar in Schiffe übergehen sollen, gegen Zahlung der im Tarif oder durch Aushang bekanntzumachenden Gebühren von ihr selbst oder durch besondere Unternehmer ausgeführt wird. Die hierbei verwendeten Personen gelten als Leute der Eisenbahn im Sinne des § 5.

IV. Die Stationen, auf denen Güter von der Eisenbahn in Schiffe durch die Eisenbahn — selbst oder durch Unternehmer — übergeladen werden, sind in den Tarifteilen II genannt.

(9) Ist im Bestimmungsorte keine Güterabfertigungs- oder Güternebenstelle vorhanden, hat die Eisenbahn auch keine allgemeinen Einrichtungen für die Weiterbeförderung der Güter dorthin getroffen [§ 78 Abs. (1)], und hat weder der Absender noch der Empfänger für die unmittelbare Weiterbeförderung gesorgt, so hat die Eisenbahn wegen der Weiterbeförderung die Pflichten des Spediteurs [§ 85 Abs. (1)].[24])

(10) Bei der Ablieferung dürfen außer der Empfangsbescheinigung weitere Erklärungen, namentlich

über tadellose oder rechtzeitige Ablieferung, nicht verlangt werden. Vom Empfänger abzuholende Güter sind ihm, wenn die Eisenbahn sie auszuladen hat, auf den Güterböden, sonst auf den Entladeplätzen zur Verfügung zu stellen.[25]) Der Empfänger hat den eingelösten [26]) Frachtbrief vorzuzeigen.

HGB. §§ 435, 436, 440, 441, 468; JÜ. Art. 16, 17, 20, 21; JÜG. Art. 16, 17, 20, 25; EVO. § 84.

Literatur: v. d. Leyen, Z. f. HandR. 16 86; Rundnagel-Sperber § 5; Senckpiehl, Ablieferung im Frachtrecht (Z. f. VerkWiss. 1922 Heft 4/5); Ritter, Verpflichtung der Eisenbahn zum Vorzeigen der Güter (ZVDEisV. 08 430); Senckpiehl, Frachtführerpfandrecht (EEE. 25 205); Clasen, Hans. RZtg. 24 435); Schließfächer siehe RG. 103 147; ferner: 94 74, 63 337; EEE. 39 135; Rundnagel, EEE. 23 306.

1. Aufgabe des Gewahrsams aus dem Frachtvertrag mit Einwilligung des Empfangsberechtigten, so daß dieser die tatsächliche Gewalt über das Gut ausüben kann (ROHG. 14 294; RG. 52 399; v. d. Leyen, JW. 26 797). Zweiseitiger Akt; einseitige Aufgabe genügt nicht (ROHG. 8 29), also auch nicht bloßes Überstellen des Gutes (Ladung) auf ein Gleis, es sei denn, daß dies besonders vereinbart ist (siehe EEE. 18 201; ROHG. 8 27; RG. 17 335); Privatanschlußverträge (ZVDEisV. 20 386; Spelling, JurRundsch. 25 938). Übergabe des Frachtbriefs genügt nicht (Arch. f. Eis. 92 153; RG. 27 84; abweichend JW. 21 1918); sie ist aber zur Ablieferung begrifflich nicht einmal erforderlich (Arch. f. Eis. 13 538); ebensowenig genügt Aufforderung zur Abholung des Gutes; gilt auch für bahnlagernde Sendungen. Auch die Quittung des Empfangsberechtigten ersetzt nicht die Ablieferung. Da sie vor Aushändigung des Gutes abgegeben werden muß, ist Gegenbeweis zulässig (EEE. 32 54, 41 399; anscheinend unrichtig RG. 102 206); daß der Empfangsberechtigte das Gut in Besitz nimmt, ist nicht verlangt [BGB. § 854 (2); Hans. GerZtg. 04 47].

Eisenbahn kann Gewahrsam auch weiterhin behalten, z. B. im Falle der EVO. § 81 (3) (Verwahrungsvertrag) sowie ferner bei Neuaufgabe des Gutes mittels neuen Frachtbriefes (siehe Senckpiehl, Haftung 41; RG. 102 92; ROHG. 14 295; JW. 21 1318; siehe EVO. § 97 Anm. 2). Weitersendung auf Grund des ursprünglichen Frachtbriefs auf Anweisung des Empfängers ist nicht zuzulassen (RG. 102 93).

Als Ablieferung gilt auch Hinterlegung [EVO. § 81 (3), (4), (5)]. Lagerung bahnlagernd gestellter Güter ist Nebenverpflichtung aus dem Frachtvertrag; also keine Ablieferung (Düringer Hachenburg § 429 II 3 b); siehe EVO. § 84 Anm. 8 ff.

2. Siehe unten (7); bezüglich Anschlußgleise siehe Privatanschlußbedingungen § 16 (1) und Soelling, oben Anm. 1. Im Falle der Zuführung ist Ort der Ablieferung die Behausung des Empfängers (Rundnagel, BefGesch. S. 400; Senckpiehl, Z. f. VerkWiss. 22 55).

3. Eisenbahn muß Empfangsberechtigung prüfen (RG. 103 147). Empfangsberechtigt ist, wer als Empfänger im Frachtbrief benannt (§ 56) oder nachträglich bezeichnet ist (§ 73; EEE. 1 51); an seine Stelle können seine Leute treten (BGB. § 278) oder ein Bevollmächtigter (ROHG. 4 14, 14 1, 15 141, 25 330; RG. 1 132, 19 134, 337, 94 44, 103 146; EEE. 30 134); mündliche Bevollmächtigung genügt. Da Frachtbrief kein Legitimationspapier, genügt dessen Vorzeigen nicht, die Ablieferung des Gutes zu verlangen [siehe (10)] oder die an einen Nichtberechtigten erfolgte zu rechtfertigen (siehe Anm. 5); der Vorzeiger der vom Berechtigten quittierten Benachrichtigungskarte ist empfangsberechtigt (BGB. § 370; abweichend EEE. 32 54). Die Praxis handelt allerdings anders; meist wird die Legitimation des Frachtbriefvorzeigers an der Ausgabeluke des Güterschuppens nicht nochmals geprüft. Hat Empfänger Benachrichtigungskarte schuldhaft in unrechte Hände gelangen lassen, haftet er für den daraus entstandenen Schaden. Vgl. hierzu Rottebohm, ZVDEisV. 22 561, dessen rechtlichen Ausführungen jedoch nicht beizutreten ist. Über Auslieferung an Nichtberechtigte siehe Goltermann, EEE. 30 158 und EEE. 31 185

und VerkRundsch. **25** 478; Brandis und v. d. Leyen, JW. **22** 1307 sowie unten § 84 Anm. 9. Wird Frachtgut irrtümlich an einen Dritten ausgeliefert, und hat dieser den Umständen nach annehmen müssen, daß es für ihn nicht bestimmt sei, haftet er für den Schaden (EEE. **39** 41). Rückgabepflicht als solche folgt aus BGB. § 812.

4. Auch wenn Absender zwar den Freivermerk ausgefüllt, aber nicht gezahlt hat; siehe EVO. § 69 Anm. 7. Erfüllung Zug um Zug; Ablieferung kann Eisenbahn verweigern, bis Fracht, Nachnahme, Zölle usw. bezahlt sind (RG. **36** 2; ROHG. **14** 272).

5. Deren Echtheit Eisenbahn zu prüfen hat; abweichend VerkR. **22** 246. Da die Empfangsbescheinigung vor der Ablieferung auszustellen ist (siehe Rottebohm, ZVDEisV. **22** 561), ist Gegenbeweis gegen ihre Richtigkeit selbstverständlich zugelassen.

6. Auf dem Empfangsbahnhof, nicht etwa unterwegs (siehe Rundnagel-Sperber § 7, ROHG. **2** 254, **8** 26; Arch. f. Eis. **08** 971; RG. **67** 336; EEE. **1** 270, **4** 163, 434). Eisenbahn muß den Empfänger naturgemäß instand setzen, die Herausgabe des Gutes von der Zollverwaltung zu fordern (Benachrichtigung, Übergabe der Papiere usw.).

7. Bei Mitverschluß der Eisenbahn liegt Ablieferung nicht vor; abweichend RG. **67** 335. Über die Haftung der Zollbehörde und der Eisenbahn wegen Verletzung aus § 59 VerZollGes. siehe RG. **67** 335; EEE. **23** 14.

8. Siehe z. B. EVO. § 81.

9. Auch wenn Eisenbahn das Gut selbst auf Lager nimmt (Senckpiehl S. 286; a. M. EEE. **27** 190).

10. Siehe § 73 Anm. 26. Vor Ankunft kein Recht (RG., EEE. **11** 302); ist also das Gut vorher abhanden gekommen, entfällt das Recht des Empfängers (JurRundsch. **26** 755 und bei Staub § 435 Anm. 1; unrichtig Eger Anm. 384; EEE. **16** 339). Literatur bei Rundnagel, BefGesch. S. 157 Anm. 22. Ankunft eines Teiles des Gutes verschafft dem Empfänger Gläubigerstellung (Rundnagel S. 157 und Anm. 25 daselbst), und zwar bezüglich des ganzen Gutes. Wird das Gut versehentlich weitergesandt, behält der

Empfänger seine Rechte (ROHG. **11** 293). Ablauf der Lieferfrist genügt nicht.

11. Nicht verpflichtet; daher keine Klage des Frachtführers auf Abnahme (EEE. **17** 219; JW. **00** 339; EEE. **21** 62). Das Vertragsverhältnis zwischen Eisenbahn und Absender bleibt trotzdem bestehen (siehe oben Einleitung zu Abschn. VIII Anm. 3, § 73 Anm. 4). Nur sind die Rechte des Absenders zugunsten des Empfängers ausgeschlossen (siehe ROHG. **6** 275). Ob der Empfänger dem Absender gegenüber zur Abnahme verpflichtet ist, bestimmt das zwischen ihnen bestehende Vertragsverhältnis.

12. Siehe unten Anm. 21. Unterschied zwischen (2) [„Frachtvertrag"] und (4) [„Frachtbrief"] entspricht dem HGB. (§§ 435, 436); er ist beabsichtigt (siehe Denkschrift zum Entwurf eines HGB. 1897; ROHG. **20** 409). Maßgebend ist der Frachtvertrag, keine Skripturobligation (ROHG. **7** 217, **8** 196), und zwar zur Zeit des Rechtserwerbs (Düringer-Hachenburg § 435 S. 873; RG. **13** 75); Dominus negotii ist aber immer noch der Absender (Rundnagel, BefGesch. S. 154); das ist für die Auslegung maßgebend (RG. **13** 76).

13. Ablieferung; Entschädigungsforderung wegen Beschädigung, Minderung und Lieferfristüberschreitung; nicht aber wegen Verlustes (siehe Anm. 10); auch Schadensersatz, z. B. wenn Eisenbahn einem Konkurrenten vertragswidrig über die Sendung Mitteilung gemacht hat.

14. Zahlung der Fracht (ROHG. **20** 410, **21** 181; EEE. **22** 295), wenn Absender die Sendung als „frei" bezeichnet hat (siehe oben Anm. 4); Frachtzuschlag (EEE. **2** 436); Lagergeld (RG. **15** 76). Wegen des Nachzolls vgl. EEE. **24** 348 (JW. **09** 502).

15. Über den Grundsatz des Handelsrechts, daß der für fremde Rechnung, aber im eigenen Namen Handelnde auch den Schaden seiner Auftraggeber geltend machen kann siehe Rundnagel-Sperber S. 147 und die dort Anm. 4 Angeführten; ferner JW. **00** 256; RG. **58** 39.

16. Ein vorheriges Besichtigungsrecht des Empfängers wird mit Recht als unvereinbar mit dem Eisenbahnbetrieb verneint; es widerspräche auch dem Grundsatz der Leistung Zug um Zug.

Bei Wagenladungen steht sie dem Empfänger frei, bezieht sich aber nur auf Unverletztheit des Plombenverschlusses u. ä., bei Stückgütern ist sie unausführbar (siehe Rundnagel S. 398 und Zit. Anm. 7 bis 10; Staub § 438 Anm. 3; a. A. Eger Anm. 385). Empfänger kann Besichtigung durch EVO. § 83 erreichen.

17. Für die Gültigkeit dieser Bestimmung RG. 110 324.

18. D. h. Wechsel der Verfügungsgewalt und der Aufbewahrungspflicht mit Zustimmung oder nachträglicher Genehmigung des Empfängers. Annahme nur zur Besichtigung genügt nicht (siehe JW. 09 309). Annahme unter Vorbehalt wäre nur wirksam bei Zustimmung der Eisenbahn; Abfuhr durch den allgemein hierzu bevollmächtigten Spediteur (EEE. 19 337, 23 274, 23 306) ersetzt Annahme. Empfänger muß in der Lage sein, das Gut ordnungsgemäß in Besitz zu nehmen. Wird er darin gestört, dann Haftung bis zur vollendeten Ablieferung nach Eisenbahnfrachtrecht, sonst nur bei Verschulden (§ 278 BGB; § 5 EVO.); siehe EEE. 33 302 (Betreten der Gleise), 33 320 (Entladung) und S. 402 (Zugang zur Entladestelle). Gesicherter Zu- und Abgang siehe EEE. 43 93. Bloße Avisierung genügt nicht (v. d. Leyen, Z. f. HandR. 16 86). Nachträgliche Rückgabe von Gut und Brief hebt die eingetretene Wirkung nicht auf; es ist nur Anfechtung wegen Irrtums, Täuschung (z. B. über die Beschaffenheit des Gutes) möglich.

19. Zahlungspflicht des Absenders ist nirgends festgelegt; wohl weil selbstverständlich.

20. Siehe oben Anm. 12. Da aus § 70 hervorgeht, daß keine reine Skripturobligation beabsichtigt ist, kann dies nicht heißen, Empfänger habe nur den ziffernmäßig im Frachtbrief verzeichneten Betrag zu zahlen. Die Verpflichtung des Empfängers umfaßt alles, was aus dem nach Maßgabe des Frachtbriefs abgeschlossenen Frachtvertrag tarifmäßig geschuldet wird (siehe EEE. 22 295; ROHG. 21 181; [Frachtzuschläge] RG. 15 76; [Lagergeld] JurZ. 08 366; EEE. 24 348; [Nachzoll] Arch. f. Eis. 98 145. Die Entscheidungen sind nicht einheitlich (EEE. 25 374, 26 189, 22 295, 39 129; siehe RG. 71 342; ROHG. 34 385). Im Frachtbrief muß

wenigstens ein Anhalt gegeben sein, aus dem die Höhe der Zahlung sich tarifmäßig errechnen läßt (z. B. der Vermerk „Verzollt", der Wiegestempel). Die Behauptung, der Empfänger habe alle aus dem Frachtvertrag begründeten Forderungen zu tragen, findet im Gesetz keine Stütze.

21. Schulz, Pfandrecht (ZVDEisV. **26** 172); siehe ferner HGB. §§ 440, 441; JÜ. Art. **20** 21, 22. Literatur: siehe Rundnagel § 54 S. 186 ff.; Sendkpiehl, EEE. **25** 204 ff. und Sped. u. Schiffztg. **25** 3; Staub, HGB. § 440 Anm. 1 ff. Beispiele bei Cosack § 122 S. 448 und Rundnagel § 55 S. 190. Empfangsbahn ist letzter Frachtführer. Das Pfandrecht entsteht als gesetzliches Pfandrecht; es steht der Eisenbahn an dem Frachtgut zu für Forderungen aus demselben Frachtvertrag (RGEntsch. **74** 400), und zwar für alle Ansprüche (Fracht, Zölle, Auslagen, Nachnahmen, eigener Schaden, die einer oder mehreren an der Beförderung beteiligten Eisenbahnen zustehen, auch wenn sie sich nicht aus dem Frachtbrief ergeben (ROHG. **15** 200, **20** 190, **24** 288; RGEntsch. **74** 400). Das Pfandrecht dauert über die Ablieferung hinaus, wenn es innerhalb dreier Tage, den Tag der Ablieferung nicht mitgerechnet (BGB. § 187), gerichtlich geltend gemacht wird und das Gut noch im Besitz des Empfängers ist. Pfandverkauf muß dem Empfänger angedroht werden (BGB. §§ 1228, 1234); Realisierungsfrist eine Woche (HGB. § 368 und BGB. § 1234); wegen Benachrichtigung vgl. BGB. §§ 1235, 1241 (HGB. § 440 und EVO. § 81); Ablösungsrecht BGB § 1249. Über die Rangordnung mehrerer Pfandrechte vgl. HGB. § 443. Belastung mit Nachnahme schließt das Pfandrecht nicht aus (EEE. **26** 414). Neben dem Pfandrecht steht dem Frachtführer noch das Zurückbehaltungsrecht des § 273 BGB. und das kaufmännische des § 369 HGB. zu. Das JÜ. kennt nur Faustpfand.

22. Im Gegensatz zu § 59 (1) fehlt Hinweis darauf, daß Eisenbahn und Absender Vereinbarungen (im Frachtbrief) über Entladung treffen können [siehe EVO. § 86 (1) 3]. Vereinbarungen zwischen Eisenbahn und Empfänger, daß jener die der Eisenbahn obliegende Entladung selbst vornimmt, bedürfen keiner Form, wohl aber umgekehrt die Abmachung, daß die Eisenbahn die an sich dem Empfänger obliegende Entladung übernimmt. Stellt die Eisenbahn bei Gütern, die der Empfänger auszuladen hat, ohne schriftlichen Antrag Kran und Kranwärter [DEGT. I B § 50 (3)], so gelten diese als Leute des Empfängers, nicht als Erfüllungsgehilfen der Eisenbahn. Diese haftet also nur bei Verschulden für Gestellung des Kranes oder der Auswahl des Wärters (Arch. f. Eis. **20** 468; RG. **97** 17).

23. Über Zustellung durch die Post siehe § 79 Anm. 7.

24. Fassung unklar. Entweder enthält Frachtbrief endgültigen Bestimmungsort, der nicht Großbahnstation ist, als Ort der Ablieferung; dann hätte er nicht angenommen werden dürfen (EVO. § 56 (1)]. Ist dies versehentlich doch geschehen, gilt Frachtvertrag bis zur letzten Bahnstation (§ 56 Anm. 4). Als Nebenverpflichtung aus dem Frachtvertrag hat Eisenbahn dann für die Weitersendung wie ein Spediteur zu sorgen (siehe Rundnagel-Sperber § 6 S. 24). Ist aber richtig als Ort der Ablieferung die Eisenbahnstation und nur als Bestimmungsort eine Nichteisenbahnstation angegeben, so wird in der Praxis der Empfänger benachrichtigt und zur Abholung aufgefordert, oder es besteht bahnamtliche Zurollung. Damit erübrigt sich die sehr bestrittene Lösung des Abs. (9); siehe hierüber Rundnagel-Sperber S. 25; Eger Anm. 395; EEE. **25** 5; siehe auch EVO. § 56 Anm. 4.

25. Vor Einlösung des Briefes hat der Empfänger kein Recht auf das Gut; also auch kein Recht auf Besichtigung; siehe EVO. § 83; Reindl, ZVDEisV. **03** 1423; abweichend Hertzer, ebendort **03** 881; Ritter **08** 429, **09** 755.

26. Empfänger hat also vorzuleisten (EEE. **30** 53; RG. **71** 344; ROHG. **21** 377).

§ 77.

Nachzählung und Nachwägung auf der Bestimmungsstation.

(1) Der Empfänger kann bei der Ablieferung [1]) verlangen, daß die Güter in seiner Gegenwart auf dem

Bahnhofe nachgezählt [2]) und nachgewogen werden; er hat hierfür die tarifmäßige Gebühr zu zahlen [vergleiche auch § 56 Abs. (6)].

I. Für die Gewichtsermittelung oder Feststellung der Stückzahl der angekommenen Güter wird das im Nebengebührentarif (Teil I Abteilung B) bestimmte Wägegeld oder die Zählgebühr erhoben.

(2) Die Eisenbahn ist verpflichtet, die beantragte Nachwägung und Nachzählung vorzunehmen, es sei denn, daß die vorhandenen Wägevorrichtungen nicht ausreichen [3]) oder die Beschaffenheit des Gutes oder die Betriebsverhältnisse dies nicht gestatten. Wird die Nachwägung abgelehnt, so kann der Empfänger das Gut auf der nächsten geeigneten Wage [4]) in Gegenwart eines Bevollmächtigten der Eisenbahn nachwägen. Er hat die hierdurch entstehenden Kosten einschließlich der Entschädigung für den Bevollmächtigten zu zahlen.

(3) Für die Verwägung von Wagenladungsgütern gelten die Vorschriften des § 58 Abs. (5).

II. Ergibt die auf Antrag des Absenders oder Empfängers auf der Bestimmungsstation vorgenommene Nachwägung von Wagenladungen auf der Gleiswage keine größere Abweichung von dem der Frachtberechnung zugrunde gelegten Gewicht als 2 v. H., so wird das der Frachtberechnung zugrunde gelegte Gewicht als richtig angenommen. Diese Bestimmung gilt auch bei den vom Absender verladenen Stückgutsendungen. Die Ausführungsbestimmung III zu § 58 findet Anwendung.

(4) Wird bei der Nachzählung oder Nachwägung eine Minderzahl oder ein Mindergewicht festgestellt, die von der Eisenbahn zu vertreten,[5]) aber noch nicht anerkannt sind, so darf die Eisenbahn für die Fest-

stellung keine Gebühren erheben und hat dem Empfänger die ihm verursachten Kosten [6]) zu ersetzen.

EVO. § 56 (6); JÜ. Art. 8.

1. Zeitpunkt wesentlich; Verlangen formlos; auch bei der Zuführung durch bahnamtliche Rollfuhrunternehmer. Rechte und Pflichten ergeben sich aus dem Frachtvertrag (nicht etwa besonderen Werkvertrag); so Senckpiehl S. 289.

2. Siehe EEE. **30** 102.

3. Bei Stückgut wird das selten zutreffen; doch genügen bei Wagenladungen nicht etwa bloße Betriebsunannehmlichkeiten.

4. Z. B. Fuhrwerkswage, Dezimalwage (EEE. **18** 305), aber nach Einlösung des Frachtbriefs (siehe AAB. § 36 Ziff. 4).

5. Der Eisenbahn bleibt der Gegenbeweis offen, daß die erste Verwiegung unrichtig war (EEE. **25** 194 f.).

6. D. h. nur die nachgewiesenen notwendigen Kosten (siehe Kittel, EVO. § 77 Anm. 3).

§ 78.

Zuführung.

(1) Die Eisenbahn kann [1]) die Stückgüter [2]) innerhalb des Stationsorts oder nach benachbarten Orten gegen eine durch Aushang bekanntzumachende Gebühr selbst zuführen [3]) oder Rollfuhrunternehmer [4]) dafür bestellen [§ 76 Abs. (7) und (9)].[5]) Die hierbei verwendeten Personen gelten als Leute der Eisenbahn im Sinne des § 5.[6]) Die Rollfuhrleute haben ihren Gebührentarif bei sich zu tragen und auf Verlangen vorzuzeigen.

Auch wenn für die Zuführung von beschleunigtem Eilgut Rollfuhrunternehmer bestellt sind, ist die Eisenbahn berechtigt, an Stelle der Zuführung Benachrichtigung eintreten zu lassen.

(2) Auch auf den Stationen, wo die Eisenbahn für die Zuführung sorgt, sind die Empfänger berechtigt,

ihre Güter selbst abzuholen oder sie durch andere als die von der Eisenbahn bestellten Fuhrunternehmer abholen zu lassen. Wollen sie von diesem Rechte Gebrauch machen, so haben sie es der Abfertigungsstelle vor der Ankunft des Gutes schriftlich anzuzeigen. Die Eisenbahn kann jedoch im allgemeinen Verkehrsinteresse mit Genehmigung der Landesaufsichtsbehörde [1]) dieses Recht vorübergehend oder, wenn besondere Verhältnisse es erfordern,[2]) auch dauernd beschränken oder aufheben.[3])

(3) Müssen Güter nach Räumen der Zoll- oder Steuerverwaltung gebracht werden, die außerhalb der Bahnhöfe liegen, so kann dies die Eisenbahn gegen Erstattung der Kosten selbst besorgen oder unter ihrer Verantwortung auf Kosten des Verfügungsberechtigten durch einen Spediteur besorgen lassen, auch wenn der Empfänger sich die Selbstabholung vorbehalten hat.

(4) Die Fristen, innerhalb deren die Güter dem Empfänger von der Eisenbahn zugeführt werden, sind durch Aushang an den Abfertigungsstellen bekanntzumachen.

JÜ. Art. 19; JÜG. Art. 16; EVO. § 63 (8), § 76 (7).

1. Eine Verpflichtung besteht nicht; Beschwerde an Aufsichtsinstanz.

2. Der während des Krieges eingeführte Zusatz „und Ladungen" ist weggefallen.

3. D. h. in die Behausung schaffen; diese wird Ablieferungsort (Senckpiehl, Z. f. VerkWiss. 22 55). Die Weiterbeförderung innerhalb des Hauses, also in der Regel vom Erdgeschoß eines Wohnhauses oder der Anlieferungsstelle eines Geschäftes, wenn sie im Erdgeschoß liegt, nach dem Keller, Boden, höheren Stockwerk, Lager, fällt nicht mehr unter die „Zuführung". Abrollen durch bahnamtlichen Rollfuhrmann fällt unter Eisenbahnfracht-

recht; Weiterbeförderung innerhalb des Hauses ist meist den Angestellten überlassen; es gilt Landfrachtrecht (siehe Rundnagel, BefGesch. S. 400; abweichend Senckpiehl, Sped. u. SchiffZtg. 06 587, 08 526).

4. Bahnamtlicher Rollfuhrunternehmer ist nicht nachfolgender Frachtführer, sondern Erfüllungsgehilfe. Es entsteht kein Vertragsverhältnis zwischen ihm und Empfänger; dieser kann sich nur an Eisenbahn halten (Rundnagel, BefGesch. S. 350, 401; Senckpiehl S. 294; RG. in ZVDEisV. 22 709; abweichend Eger Anm. 404).

5. Lieferfrist endet mit der Zuführung. Verspätete Zuführung innerhalb der Gesamtlieferfrist bedingt keine Haftung der Eisenbahn (Kittel § 79 Anm. 4; EEE. 25 385, 19 239; RG. 89 338). Annahmeverzug des Empfängers verwandelt die Bringschuld nicht in eine Holschuld (Staub § 435 Anm. 5); selbstverständlich Gebühr für doppelte Zurollung sowie Zahlung der Kosten für Aufbewahrung (BGB. § 304).

6. Sofern Rollfuhrmann nicht auf Grund privater Vollmacht (Vollmachtspediteur) handelt (RG. 66 406); über das Pfandrecht des Spediteurs siehe EEE. 22 371.

7. Jetzt Reichsverkehrsministerium.

8. Z. B. wenn örtliche Verhältnisse die bauliche Erweiterung der Güterschuppen nicht gestatten (z. B. im Wuppertal).

9. Eisenbahn kann Vollmachten nur für bestimmte Zeiträume (z. B. für ein Kalenderjahr) oder nur zu bestimmten Terminen (1. Januar, 1. Juli) annehmen.

§ 79.

Benachrichtigung des Empfängers von der Ankunft.

(1) Die Benachrichtigung [1]) über die Ankunft des Gutes [§ 76 Abs. (7)] geschieht [2]) nach Wahl der Eisenbahn durch die Post, durch Fernsprecher, durch Tele-

gramm [3]) oder schriftlich durch besonderen Boten unter Angabe der Frist, innerhalb deren das Gut abzunehmen ist.[4]) Auf schriftlichen Antrag des Empfängers kann die Abfertigungsstelle eine besondere Art der Benachrichtigung mit ihm vereinbaren.

I. Wollen die Empfänger für den Einzelfall oder ein für allemal mit der Eisenbahn die Art der Benachrichtigung vereinbaren, so haben sie dies durch eine schriftliche Erklärung bei der Güterabfertigung rechtzeitig zu beantragen. Erklärungen, die ein für allemal abgegeben werden, sind nach dem Vordruck der Anlage VII auszustellen.

(2) Die Benachrichtigung hat bei Frachtgut nach der Ankunft, spätestens aber sofort nach der Bereitstellung, bei Eilgut binnen 2 Stunden nach der Ankunft zu erfolgen. Bei Eilgut, das an Werktagen nach 6 Uhr abends, an Sonn- und Festtagen nach 12 Uhr mittags ankommt, kann die Benachrichtigung erst am folgenden Morgen verlangt werden.[5])

(3) Die Benachrichtigung gilt als bewirkt:[6])

a) bei Zustellung durch die Post [7]) vier Stunden, durch Telegramm eine Stunde nach der Aufgabe,
b) bei Zustellung durch Fernsprecher mit der Aufgabe,
c) bei anderer Zustellung mit der Aushändigung.

(4) Ausgefertigt wird die Benachrichtigung unentgeltlich, für die Zustellung kann die Eisenbahn den Ersatz ihrer Auslagen verlangen.[8])

II. Die Gebühren für die Zustellung der Benachrichtigung sind im Nebengebührentarif (Teil I Abteilung B) festgesetzt.

(5) Die Benachrichtigung unterbleibt, wenn der Empfänger schriftlich darauf verzichtet, und bei bahn-

lagernd gestellten Gütern, wenn der Absender sie im Frachtbriefe nicht ausdrücklich vorgeschrieben hat.

III. Bei bahnlagernd gestellten Gütern unterbleibt die Benachrichtigung nur dann, wenn der Empfänger schriftlich oder der Absender im Frachtbrief ausdrücklich darauf verzichtet hat oder wenn sie nach den Umständen des Falles unausführbar ist. Auf den Beginn der Abnahmefrist [§ 80 (3) EVO.] ist die Benachrichtigung ohne Einfluß.

(6) Ist eine Wagenladung wegen Laufunfähigkeit des Wagens unterwegs umgeladen worden, so muß das dem Empfänger bei der Benachrichtigung mitgeteilt werden.[8])

IÜ. Art. 19.

Literatur: Hertzer, Die verspätete Zustellung des Avises (EEE. 19 274).

1. Benachrichtigung ist empfangsbedürftige Willenserklärung; sie gilt als bewirkt, wenn sie dem Empfänger zugeht (BGB. § 130).

2. Benachrichtigungspflicht (EEE. 26 149).

3. Neu.

4. Siehe EEE. 29 322; ohne Fristangabe wirkungslos. Ausdruck ungenau; Empfänger ist ja noch nicht verpflichtet, abzunehmen.

5. Verschuldete Verspätung verpflichtet zum Schadensersatz (EEE. 19 210, 239, 20 320, 23 355, 33 289, 296), aber nicht vor Ablauf der Lieferfrist (EEE. 25 385); oben § 78 Anm. 5.

6. Gegenbeweis unzulässig (Sped. u. SchiffZtg. 21 936).

7. Post gehört nicht zu den Leuten der Eisenbahn (§ 5 EVO.), § 278 BGB. also nicht anzuwenden; siehe oben § 5 Anm. 6; (Sommerfeldt, VerkRundschau 22 429; EEE. 30 132, 147; 16 64, 24 280; ZVDEisV. 03 741; abweichend EEE. 29 273, 30 40, 33 418; Hertzer 19 274).

8. Porto, Botenlohn, Fernsprechgebühr, nicht Kosten der Benachrichtigungskarte.

9. Bei Unterlassung gegebenenfalls Schadensersatz.

§ 80.

Fristen für die Abnahme der nicht zugerollten Güter.

(1) Die von der Eisenbahn auszuladenden Güter [1]) sind innerhalb der im Tarife festzusetzenden Frist während der Dienststunden [§ 63 Abs. (2)] abzunehmen. Die Frist beginnt mit der Benachrichtigung von der Ankunft des Gutes und muß mindestens 24 Stunden [2]) betragen.

(2) Die Frist, innerhalb deren die vom Empfänger auszuladenden Güter abzunehmen sind, ist durch Aushang an der Abfertigungsstelle oder durch den Tarif bekanntzumachen. Die Frist beginnt mit der Benachrichtigung über die Ankunft des Gutes.[3]) Sind die zu entladenden Wagen nicht rechtzeitig bereitgestellt, so beginnt die Entladefrist erst mit dem Zeitpunkte der Bereitstellung. Die Eisenbahn kann verlangen, daß die Güter während der Dienststunden ausgeladen und abgefahren werden.

(3) Sind die Güter bahnlagernd gestellt, und hat der Absender im Frachtbriefe die Benachrichtigung des Empfängers nicht ausdrücklich vorgeschrieben oder hat der Empfänger auf die Benachrichtigung schriftlich verzichtet oder ist die Benachrichtigung nicht möglich, so beginnt die Abnahmefrist mit der Bereitstellung des Gutes.

I. (1) Die Dauer der Abnahmefristen ist in den Tarifteilen II festgesetzt.

(2) Für die Neuaufgabe beladener Wagen auf der Bestimmungsstation durch den Empfänger zur Weiterbeförderung ohne Umladung wird nur die einfache Entladefrist standgeldfrei gewährt; bei Überschreitung dieser Frist wird das im Nebengebührentarif (Teil I Abteilung B) festgesetzte Wagenstandgeld erhoben. In gleicher Weise wird bei Weitersendung durch den Absender verfahren; nur wird in diesem Falle die Entladefrist bereits von Eingang der Sendung, nicht erst von der etwa erfolgten Benachrichtigung des Empfängers an berechnet.

(4) An Sonn- und Festtagen braucht die Eisenbahn keine Güter auszuliefern. Soweit Güter ausgeliefert werden, ist dies durch Aushang in den Abfertigungsstellen bekanntzumachen.

(5) Der Lauf der Abnahmefristen ruht während der Sonn- und Festtage, ferner während einer zoll- oder steueramtlichen oder polizeilichen Abfertigung, soweit sie nicht durch den Absender oder den Empfänger verzögert wird.

(6) Wird das Gut nicht innerhalb der festgesetzten Fristen abgenommen, so ist das tarifmäßige Lager- oder Wagenstandgeld [4]) verwirkt. Auch kann die Eisenbahn die vom Empfänger nicht rechtzeitig ausgeladenen Güter auf seine Gefahr und Kosten ausladen [vergleiche auch § 81 Abs. (6)].[5]) Für Sonn- und Festtage ist Wagenstandgeld nur dann zu zahlen, wenn die Entladefrist schon am Tage vorher, nachmittags 2 Uhr, abgelaufen ist. Folgen mehrere Sonn- und Festtage aufeinander, so ist nur für einen Tag Wagenstandgeld zu erheben.

II. Das Lager-, Platz- und Wagenstandgeld sowie das Standgeld für Eisenbahnfahrzeuge auf eigenen Rädern ist im Nebengebührentarif (Teil I Abteilung B) festgesetzt.

(7) Meldet sich der benachrichtigte Empfänger zur Abnahme des Gutes und kann es ihm nicht innerhalb einer Stunde nach seinem Eintreffen bereitgestellt werden, so hat die Eisenbahn ihm die Kosten der vergeblich versuchten Abholung zu ersetzen.[4]) Auf Verlangen des Empfängers hat die Eisenbahn die vergeblich versuchte Abholung auf dem Frachtbriefe zu bescheinigen.

(8) Wenn die ordnungsmäßige Abwickelung des Verkehrs durch Güteranhäufungen gefährdet wird, so ist die Eisenbahn berechtigt, nach Maßgabe des Bedarfs die Entladefristen und die lagerzinsfreie Zeit abzukürzen sowie das Wagenstandgeld und das Lagergeld zu erhöhen. Auch können die erleichternden Bestimmungen über die Berechnung des Wagenstandgeldes im Abs. (6) außer Kraft gesetzt werden. Hierfür gelten sinngemäß die Vorschriften im § 75 Abs. (4) über Festsetzung, Genehmigung und Veröffentlichung von Zuschlagsfristen für außergewöhnliche Verkehrsverhältnisse.

1. EVO. § 76; grundsätzlich also Stückgüter.

2. Durchgehend gerechnet, und zwar Tages- und Nachtstunden; nicht etwa Dienststunden.

3. EVO. § 79.

4. Siehe Senckpiehl, EEE. 25 (Jub.-Heft) S. 111; Goudefroy, Streik und Standgeld, Z. f. VerkWiss. 22 Nr. 20; „Verkehr" 22 303, 430; Seybold, VerkRundschau 22 Nr. 14/15; Senckpiehl, Sped. u. SchiffZtg. 22 Nr. 20, 23; „Verkehr" 22 351, 466; RG. 105 70; ZVDEisV. 22 724; Wertheimer, Rechtliche Natur des Wagenstandgeldes EEE. 43 265; Dr. Schultz, ZVDEisV. 26 361. Standgeld ist nicht abgestellt auf Verletzung einer Verbindlichkeit

der Frachtberechtigten, nicht auf Verschulden, setzt keinen Verzug voraus, ist weder Schadensersatz noch Vertragsstrafe, sondern eine durch Gesetz und Vertrag ein für allemal fest normierte Vergütung für die Dauer der Wagenbenutzung.

5. Haftung dem Empfänger gegenüber nach BGB. § 688 für Vorsatz und grobe Fahrlässigkeit (siehe Staub § 429 Bem. 9; Düringer-Hachenburg § 429 Bem. III; EEE. 24 407); a. A. Rundnagel-Sperber § 9 S. 31 und BefGesch. S. 406; Senckpiehl S. 298 und Eger Anm. 421, die Weiterhaftung nach Frachtrecht fordern; das ist nicht richtig, denn Verzug eines der am Frachtvertrag Beteiligten muß der andere gegen sich gelten lassen (siehe § 81 Anm. 24).

6. Ohne daß ein Verschulden vorliegen muß, und nur in Höhe der nachgewiesenen Selbstkosten (siehe Rundnagel, Haftung § 10 S. 56; EEE. 23 355; ZVDEisV. 08 269). Wartet der Empfänger länger, und wird das Gut dann ausgeliefert, kein Ersatz (siehe Rundnagel S. 407; a. A. Eger Anm. 422). Ansprüche wegen etwaiger Lieferfristüberschreitung werden dadurch nicht berührt. Vorschrift gilt nicht, wenn Empfänger nicht zu benachrichtigen war (Rundnagel, BefGesch. S. 407; a. A. Eger, EVO. § 80 S. 429).

§ 81.

Ablieferungshindernisse. Verzögerung der Abnahme.[1])

(1) Ist der Empfänger des Gutes nicht zu ermitteln [2]) verweigert er die Annahme [3]) oder löst er den Frachtbrief nicht innerhalb der von der Eisenbahn im Tarife festzusetzenden Frist ein, oder ergibt sich ein sonstiges Ablieferungshindernis,[4]) so hat die Bestimmungsstation unverzüglich [5]) den Absender [6]) durch die Versandstation von der Ursache des Hindernisses zu benachrichtigen [7]) und seine Anweisung einzuholen [vergl. auch § 73 Abs. (6)].[8]) Der Absender kann im

Frachtbriefe vorschreiben, daß er auf seine Kosten unmittelbar telegraphisch oder durch die Post benachrichtigt werde; er ist in diesem Falle unter den im Tarife festzusetzenden Bedingungen berechtigt, seine Anweisung gleichfalls unmittelbar an die Bestimmungsstation zu richten. Der Absender kann unter den im Tarife festzusetzenden Bedingungen im Frachtbrief auch vorschreiben, daß ihm das Gut bei Eintritt eines Ablieferungshindernisses ohne vorherige Benachrichtigung zurückgeschickt werde. Sonst darf das Gut nur zurückgeschickt werden, wenn es der Absender infolge der Benachrichtigung verlangt.

Die Eisenbahn kann, wenn das Ablieferungshindernis nicht durch ihr Verschulden veranlaßt ist, neben Erstattung der erwachsenen Frachtkosten, Nebengebühren und Auslagen für die Benachrichtigung des Absenders und für die Ausführung seiner Anweisungen eine im Tarif festzusetzende Gebühr verlangen.

I. Der Frachtbrief ist einzulösen:

a) bei leichtverderblichen Gütern innerhalb der im § 80 bezeichneten Abnahmefristen;

b) bei anderen bahnlagernd gestellten Stückgütern, von deren Ankunft der Empfänger nicht benachrichtigt worden ist oder nicht benachrichtigt werden konnte [§ 80 (3)], innerhalb fünf Tagen nach ihrer Bereitstellung;

c) sonst innerhalb zweier Tage nach Ablauf der im § 80 bezeichneten Abnahmefristen.

II. (1) Die Gebühren für Unbestellbarkeitsmeldungen sind im Nebengebührentarif (Teil I Abteilung B) festgesetzt.

(2) Für die Ausführung der Anweisungen des Absenders werden die im Nebengebührentarif (Teil I Abteilung B) festgesetzten Gebühren erhoben.

III. (1) Der Antrag auf unmittelbare Benachrichtigung durch die Bestimmungsstation oder auf Rücksendung des Gutes ohne Benachrichtigung ist unter „Zulässige oder vorgeschriebene Erklärungen" wie folgt zu stellen:

„Bei Ablieferungshindernis unmittelbare telegraphische Benachrichtigung durch die Bestimmungsstation auf meine Kosten"

oder

„Bei Ablieferungshindernis unmittelbare briefliche Benachrichtigung durch die Bestimmungsstation auf meine Kosten"

oder

„Bei Ablieferungshindernis Rücksendung ohne vorherige Benachrichtigung".

(2) Einem Antrag auf frachtfreie Auslieferung wird nur dann entsprochen, wenn der auf der Sendung haftende Betrag bei der Bestimmungsstation eingezahlt ist oder dieser die Zahlung an die Versandstation nachgewiesen wird.

(2) Hat der Empfänger die Annahme des Gutes verweigert und ist der Absender von dem Hindernis benachrichtigt, so darf das Gut nur mit seiner Zustimmung nachträglich abgeliefert werden.[9]) In allen übrigen Fällen wird das Gut dem nachträglich zur Annahme bereiten Empfänger abgeliefert, wenn nicht inzwischen eine andere Verfügung des Absenders auf der Bestimmungsstation eingetroffen ist.[10])

(3) Ist die Benachrichtigung des Absenders nicht tunlich [11]) oder ist der Absender mit der Erteilung der Anweisung säumig [12]) oder ist die Anweisung nicht ausführbar, so hat die Eisenbahn das Gut auf Gefahr und Kosten des Absenders auf Lager zu nehmen;[13]) sie hat in diesem Falle für die Sorgfalt eines ordent-

lichen Kaufmanns einzustehen.[14]) Die Eisenbahn ist jedoch auch berechtigt,[15]) unanbringliche Güter unter Nachnahme der darauf lastenden Kosten und Auslagen bei einem Spediteur oder in einem öffentlichen Lagerhause für Rechnung und Gefahr des Verfügungsberechtigten zu hinterlegen.[16]) [17])

(4) Die Eisenbahn ist ferner berechtigt:[18])

a) Güter, die nicht abgeliefert werden können, wenn sie schnellem Verderben unterliegen oder nach den örtlichen Verhältnissen weder einem Spediteur übergeben noch eingelagert werden können, sofort,

b) Güter, die nicht abgeliefert werden können und die vom Absender nicht zurückgenommen werden, vier Wochen nach Ablauf der lagerzinsfreien Zeit, wenn aber ihr Wert durch längeres Lagern unverhältnismäßig vermindert würde oder wenn die Lagerkosten in keinem Verhältnisse zum Werte des Gutes stehen würden,[18]) schon früher

ohne Förmlichkeit bestmöglich zu verkaufen.[19]) Von dem bevorstehendem Verkaufe sind der Absender und der Empfänger zu benachrichtigen,[20]) es sei denn, daß dies untunlich ist. Die Eisenbahn kann, wenn sie den Verkauf selbst vornimmt, außer den baren Auslagen eine im Tarife festzusetzende Gebühr erheben.

IV. Für den Verkauf unanbringlicher Güter durch die Eisenbahn und die Vorbereitung eines nicht vollzogenen Verkaufs werden außer den baren Auslagen die im Nebengebührentarif (Teil I Abteilung B) festgesetzten Gebühren berechnet.

(5) Von der Hinterlegung und vom erfolgten Verkaufe des Gutes hat die Eisenbahn den Absender und

den Empfänger unverzüglich zu benachrichtigen, es sei denn, daß dies untunlich ist; unterläßt sie es, so ist sie zum Schadensersatze verpflichtet. Dem Absender ist der Verkaufserlös nach Abzug der Auslagen und Gebühren zur Verfügung zu stellen.

(6)[21]) Wird der Frachtbrief vom Empfänger eingelöst, das Gut aber nicht innerhalb der für die Abnahme festgesetzten Frist abgenommen, so ist der Empfänger nochmals zur Abnahme aufzufordern und zu benachrichtigen, daß das Gut auf seine Gefahr und Kosten lagere. Für die Lagerung solcher Güter, für ihre Überweisung an einen Spediteur oder an ein öffentliches Lagerhaus, sowie für ihren Verkauf gelten sinngemäß die Vorschriften der Absätze (3) bis (5). Im Falle des Verkaufs ist der Erlös nach Abzug der Kosten[22]) dem Empfänger zur Verfügung zu stellen.[23]) [24])

HGB. §§ 437, 373; JÜ. Art. 24; JÜG. Art. 24.

Literatur: Sped. u. SchiffZtg. **06** 228, 242, 252, 266 (Muschweck).

1. § 81 unterscheidet zwischen Annahme (Abs. 1 bis 5; Absender hat noch das Verfügungsrecht) und Abnahme (Abs. 6). Die Rechte des Absenders sind erloschen (Begr.). HGB. spricht von Annahme. Unterschied rechtlich bedeutungslos (Lehmann, DJZ. **02** 491; Rundnagel-Sperber S. 161).

2. § 242 BGB.; § 346 HGB.; mangelnde Adresse; Ableben, mangelnde Verfügungsfähigkeit (siehe EEE. **9** 83, **21** 115); nicht bei Konkurs. Umfangreiche Ermittelungen nach dem Empfänger anzustellen, ist Eisenbahn nicht verpflichtet. In der Regel genügt Aufgabe des Benachrichtigungsschreibens zur Post unter der im Frachtbrief angegebenen Adresse; kommt das Schreiben als unbestellbar zurück, wird die Eisenbahn weitere eigene Nachforschungen in der Regel nicht anzustellen haben.

3. D. h. den Eintritt in den Frachtvertrag (siehe EEE. **15** 168, **20** 349). Auch Annahmeverzug gehört hierher, ferner Nichtabholung bahnlagernder Güter (EVO. § 79 Abs. 5). Rückzahlung der Nachnahme siehe EEE. **32** 196.

4. Nach Ankunft des Gutes auf der Bestimmungsstation; sonst EVO. § 74. Beispiele: Krieg, Ansprüche Dritter, Verweigerung der Frachtzahlung usw. (siehe EEE. **24** 41; ROHG. **2** 417, 238, **20** 377), Verbot der Auslieferung durch einstweilige Verfügung, Verlust des Benachrichtigungsschreibens durch die Post (EEE. **23** 261), Pfändung des Anspruchs auf Herausgabe des Gutes. Das Hindernis braucht kein dauerndes zu sein.

5. Ohne schuldhaftes Zögern (BGB. § 121); RG. **26** 347.

6. Den frachtbriefmäßigen Absender, auch wenn er nicht mehr im Besitze des Duplikates ist; dessen Besitz ist aber wichtig bei Erteilung der Anweisungen (EVO. § 73 Abs. 5 und 6; EEE. **43** 217).

7. Gefahr der Übermittelung trägt Absender (siehe EEE. **23** 261); wird die Benachrichtigung schuldhaft unterlassen, Schadensersatz (ROHG. **20** 347, **21** 115).

8. Wenn dies möglich (Gefahr im Verzuge, Aufenthalt unbekannt; siehe Coermann, EEE. **16** 181, **23** 235).

9. Nachträgliche Annahmebereitschaft des Empfängers ist bei Verzicht nur mit Zustimmung des Absenders möglich. Nur wenn die Benachrichtigung des Absenders noch nicht abgesandt ist, wird man wohl den Verzicht widerrufen lassen können (Reindl **21** 398 ff.; Rundnagel, EEE. **21** 398; abw. Senckpiehl **21** 204).

10. Satz 2 ist die Regel, Satz 1 die Ausnahme (Eger Anm. 428).

11. Siehe EEE. **17** 344.

12. In einer nach Lage der Dinge gebotenen Frist.

13. Vertragspflicht; das Lagern kann aber auch im Eisenbahnwagen erfolgen, nur muß der Beginn des Lagervertrages genügend nach außen hervortreten; z. B. Anzeige an den Verfügungsberechtigten, Umstellen auf ein Nebengleis (siehe Gorden, EEE. **28** 140). Von da ab haftet sie als Verwahrer (BGB. §§ 688 ff.)

(siehe EEE. **21** 157). Z. B. keine Haftung für Frostschäden. Für Haftung aus der Lagerung gilt Verjährung aus BGB. § 196 Abs. 1 Ziff. 1, nicht Ziff. 3 und Abs. 2.

14. Siehe Sendpiehl, EEE. **21** 107; EEE. **21** 157.

15. Aber nicht verpflichtet.

16. Eisenbahn kann auch ihr Pfandrecht durch Verkauf realisieren (§ 76 Abs. 5 Anm. 23); auch hat sie das Recht aus EVO. § 83 (EEE. **23** 176).

17. Durch Hinterlegung wird der Frachtvertrag beendet; streitig ist, ob die Eisenbahn den Verwahrungsvertrag im Namen des Verfügungsberechtigten oder im eigenen Namen abschließt; ersteres ist anzunehmen (Sendpiehl, Lagergeschäft S. 389, EEE. **30** 97). Also keine Haftung der Eisenbahn für die Kosten der Lagerung und auch nicht für die Kosten, die vor der Lagerung entstanden und vom Lagerhalter durch Nachnahme erhoben sind (Fracht, Wagenstandgeld) (OLG. Naumburg v. 16. April 1923 — 8 U 257/23 —); abw. Sendpiehl a. a. O. S. 201. Auch erlangt der Verfügungsberechtigte einen Anspruch unmittelbar gegen den Verwahrer (siehe EEE. **17** 399, **30** 97; RG. **100** 163). Hinterlegung von Nachnahmesendungen siehe EEE. **31** 237.

18. Siehe EEE. **28** 186, **16** 243, **19** 15, **20** 258.

19. Siehe EEE. **17** 309, **19** 254 und **31** 247. Literatur auch bei Grünberg, Unanbringliche Güter, EEE. **32** 3.

20. Benachrichtigung ist nicht erforderlich, wenn Absender Eisenbahn mit dem bahnamtlichen Verkauf beauftragt und sich nicht Benachrichtigung ausbedingt (VerkRundschau **22** 222).

21. Über die Entstehungsgeschichte des Abs. 6 siehe Rundnagel S. 413. Kein Verwahrungsvertrag; Eisenbahn haftet nur für grobes Verschulden. Ob solches bei Verschwinden ganzer Stücke vom Güterboden gegeben, ist Tatfrage (vgl. v. d. Leyen, JW. **21** 1318; siehe Einl. zu Abschn. VIII Anm. 13).

22. Und der Verkaufsgebühr (siehe Rundnagel S. 413; a. M. Eger Anm. 344).

23. Bei einem Verstoß gegen die Vorschriften des § 81 ist voller Schadensersatz zu leisten; z. B. bei Modewaren (EEE. 29 347); besteht der Schaden jedoch in Verlust, Minderung oder Beschädigung des Gutes, haftet Eisenbahn nur gemäß § 88 EVO. (siehe EEE. 17 251, 21 173, 24 537, 28 61).

24. Über Annahmeverzug des Berechtigten vgl. Rundnagel, BefGesch. § 71 S. 239. Die herrschende Meinung nimmt an, daß mit dem Annahmeverzug sich die Haftung der Eisenbahn auf Vorsatz und grobe Fahrlässigkeit beschränkt, und zwar auch gegenüber dem Absender beim Verzug des Empfängers; vgl. Staub § 429 Anm. 9; Düringer-Hachenburg § 429 Anm. 4; Boethke, EEE. 24 407, 29 283; a. A. Senckpiehl S. 302, 71 und 78. Vgl. auch Hellwig, Leistung an Dritte § 18 S. 111. Keine Obhutspflicht für nicht völlig entladene Güter; siehe Arch. f. Eis. 26 780.

§ 82.[1])

Feststellung von Minderung, Beschädigung oder Verlust des Gutes durch die Eisenbahn.

(1) Wird eine Minderung oder Beschädigung des Gutes [2]) von der Eisenbahn entdeckt oder vermutet [3]) oder vom Verfügungsberechtigten [4]) behauptet, so hat die Eisenbahn den Zustand des Gutes, den Betrag des Schadens und, soweit dies möglich, die Ursache und den Zeitpunkt der Minderung oder Beschädigung ohne Verzug schriftlich festzustellen.[5]) Eine Feststellung hat auch bei Verlust des Gutes stattzufinden.

(2) Das Ergebnis ist den sich ausweisenden am Frachtvertrage Beteiligten [6]) auf Verlangen bekanntzugeben.[1])

(3) Zur Feststellung in Minderungs- oder Beschädigungsfällen sind unbeteiligte Zeugen [7]) oder

Sachverständige und, wenn möglich, auch der Verfügungsberechtigte [4]) zuzuziehen.

(4) Ergibt die auf Veranlassung des Verfügungsberechtigten vorgenommene Untersuchung keine oder nur eine von der Eisenbahn schon anerkannte Minderung oder Beschädigung, so hat er die entstandenen Kosten zu tragen. [5])

Die Kosten sind im Nebengebührentarif (Teil I Abteilung B) festgesetzt.

Siehe auch EVO. § 83.

HGB. §§ 434, 438, 464; BGB. § 810; JÜ. Art. 25; JÜG. Art. 43.

Literatur: Rundnagel, BefGesch. S. 415 Anm. 1; außerdem Rundnagel-Fritsch-Sperber, Haftung 1924; Emil Schulz, Die Haftpflicht der Eisenbahn im Güterverkehr, Berlin 1920; Zedelmann, Eisenbahnberaubung und Beweislast, Z. f. Vers.-Wissensch. 1922 Heft 1.

1. Über das Verhältnis von § 82 EVO. zu § 810 BGB. vgl. Urt. OLG. Naumburg v. 20. Dez. 1921 — 2 U 283/21 —; Kammergericht v. 29. Sept. 1917 — 12 U 684/17 —. Nach herrschender Meinung schließen sich beide Bestimmungen nicht aus. § 82 verlangt positives Tun, nämlich Fertigung und Bekanntgabe des Ergebnisses der Feststellung an die Beteiligten, d. h. alles dessen, was sich aus der gesamten Untersuchung als Schlußresultat ergibt; in der Regel darf sich die Mitteilung natürlich nicht auf die nackte Angabe dieses Endresultates beschränken, sondern sie wird alle diejenigen Punkte enthalten müssen, welche für das gewonnene Resultat wesentlich sind und dessen tatsächliche Grundlage bilden (Eger, EVO. § 86; EEE. 39 196). Mitteilung einer vollständigen und wörtlichen Abschrift der Tatbestandsaufnahme kann nicht verlangt werden (siehe EEE. 24 356, 29 310); auch nicht aus § 810 BGB. heraus. Diese Bestimmung ver-

pflichtet die Eisenbahn nur, Einsicht in Urkunden zu gestatten; damit ist aber keine Verpflichtung verbunden, Abschriften zu erteilen (Kommentar der RG.-Räte § 811 Bem. I).

Zur Einsicht sind nur diejenigen Urkunden vorzulegen, die zur Ermittelung des Tatbestandes gedient haben (z. B. Zeugenvernehmungen; Protokolle über örtliche Erhebungen), und nur dann, wenn der Antragsteller ein rechtliches Interesse an der Vorlage hat. Solches ist nicht anzunehmen, wenn die Vorlegung erst dazu dienen soll, Unterlagen für eine Rechtsverfolgung gegen den Besitzer der Urkunden zu sammeln (Kommentar der RG.-Räte § 810 Anm. 2) (siehe v. d. Leyen, JW. 51 S. 510; EEE. 36, 1, 100, 35 121). Akte, die erst nach Errichtung der Tatbestandsaufnahme entstanden sind, sind grundsätzlich nicht vorzulegen, denn der Zweck ihrer Errichtung liegt fast nie im gemeinschaftlichen Interesse, sondern lediglich im Interesse der Eisenbahn (Ermittelung des Schuldigen, Abstellung von Mißständen usw.).

Nach § 811 BGB. ist die Urkunde an dem Orte vorzulegen, an dem sie sich befindet, es sei denn, daß ein wichtiger Grund die Vorlegung an einem anderen Orte gebietet. Als ein solcher Grund kann die bloße Ersparnis von Kosten für den Dritten in der Regel nicht angesehen werden (OLG. Cassel, Urt. v. 27. Mai 1921 — 2 U 274/20 —).

Zu prüfen ist noch, ob die Prozeßgerichte verlangen können, daß ihnen sämtliche vorhandenen Akten eingereicht werden; meist wird dies auf Grund der VO. v. 2. Jan. 1849 (GS. S. 1) verlangt (siehe Schlegelberger, GVGes., Vorbem. 4, 6 zu Tit. XIII, und derselbe S. 66 Freiw. Ger. § 2 Anm. 50). Aus dieser öffentlichrechtlichen Verpflichtung kann aber eine Urkundenvorlegepflicht der Eisenbahn als Transportunternehmer in einem gegen sie in dieser Eigenschaft angestrengten Zivilprozesse nicht hergeleitet werden. Die Vorlage muß jedenfalls dann abgelehnt werden, wenn die Wahrnehmung der der Eisenbahn anvertrauten Interessen mit der nachgesuchten Vorlegung der Akten nicht vereinbar ist.

Ob die über den Verkauf unanbringlicher Sachen aufgenommene Verkaufsverhandlung den Interessenten zur Einsicht vorzulegen oder in Abschrift mitzuteilen ist, ist danach zu entscheiden, ob der Verkauf unanbringlicher Güter eine durch den Frachtvertrag vorgesehene Geschäftsbesorgung darstellt. Wird dies bejaht, ergibt sich die Verpflichtung zur Rechenschaftsablegung aus BGB. §§ 666, 675.

2. Gut ist Ware und Umhüllung, Verpackung (RG. **38** 339; ZVDEisV. **23** 465), z. B. Glasballons (EEE. **21** 161), Säcke (DJZ. **06** 1034), siehe oben § 62 Anm. 1.

3. Es genügt nicht, daß Eisenbahn bei pflichtmäßiger Aufmerksamkeit die Minderung nicht hätte entgehen dürfen (siehe Rundnagel, BefGesch. S. 478; EEE. **24** 64, **27** 45, **20** 35; JW. **22** 1142; abweichend ZVDEisV. **20** 386).

4. Absender oder Empfänger. Verfügungsrecht ist nach § 73 zu beurteilen (daselbst Anm. 19).

5. Tatbestandsaufnahme (EEE. **36** 1); mündliche Anerkennung genügt nicht. Tatbestandsaufnahme ist öffentliche Urkunde (EEE. **18** 343; abweichend Kittel Anm. 2). Durch die Aufnahme oder deren Unterlassung wird die Beweislast nicht umgekehrt (EEE. **29** 444; Rundnagel, BefGesch. S. 419 Anm. 4; EEE. **18** 343, **19** 357, **20** 14, **24** 237; RG. **64** 109; Zebelmann siehe oben). Folgen der Nichtaufnahme siehe § 97 Abs. 2 (3); EEE. **29** 444; Sendviehl, Sped. u. SchiffZtg. **25** 277.

6. Absender oder Empfänger, einerlei wem das Verfügungsrecht zusteht (ZVDEisV. **05** 1365); nicht aber Dritte, z. B. Eigentümer, Versicherungsgesellschaften; abweichend Eger § 82 Anm. 436; Schulz a. a. O. S. 65.

7. Auch unbeteiligte Eisenbahner; bezüglich Sachverständige siehe EEE. **22** 139.

8. Eger (Anm. 438) hält diese Vorschrift zu Unrecht für nichtig (siehe Rundnagel, BefGesch. S. 421 Anm. 11; Blume, JR. Art. 25 S. 129).

§ 83.

Feststellung von Mängeln des Gutes durch Sachverständige oder durch das Gericht.

Unbeschadet des im § 82 vorgesehenen Verfahrens kann jeder Beteiligte [1]) die Beschädigung oder Minderung des Gutes durch amtlich ernannte Sachverständige [2]) feststellen lassen. Zu dieser Feststellung ist die Eisenbahn einzuladen.[3]) Die Vorschriften der Zivilprozeßordnung [4]) über die Sicherung des Beweises bleiben unberührt.

HGB. §§ 438, 464, 471; JÜ. Art. 25; JÜG. Art. 43.

1. Am Frachtvertrag Beteiligte, nicht jeder am Gut Interessierte (abweichend Eger § 83 S. 454 und Schulz S. 68).

2. Amtlich, d. h. vom Gericht besonders ernannt. Es genügt auch einer; an Stelle des Gerichts kann auch eine andere zuständige Behörde treten, z. B. die Handelskammer. Fehlt diese Eigenschaft, entfällt die Wirkung (Staub § 438 Anm. 12 und 14; RG. in Sped. u. SchiffZtg. 21 230). Sind solche Sachverständige nicht vorhanden, kann Beteiligter deren Bestellung beim Amtsgericht beantragen (Freiw.gerGes. § 164) oder Beweissicherung herbeiführen (ZPO. § 485). Wirkung: Sie steht der bahnamtlichen gleich im Falle des § 97 Abs. 2 Ziff. 3; nicht auch Ziff. 4; bahnamtliche Feststellung wird hierdurch nicht entbehrlich.

3. Nur Sollvorschrift, da sie HGB. § 438 nicht kennt (§ 471 HGB.!). Nichtbefolgung ist ohne Wirkung. Verfahren im übrigen formlos.

4. Auch diejenigen bezüglich der Kosten dieses Verfahrens (vgl. ZPO. §§ 485 ff.). Diese Feststellung steht der bahnamtlichen völlig gleich, also auch § 97 Abs. 2 Ziff. 4 (siehe oben Anm. 2).

Bezüglich der Kostentragung durch Sachverständigenfeststellung vgl. HGB. § 438 Abs. 4, § 471; also Eisenbahn hat Kosten zu tragen im Falle ihrer Haftpflicht (so Eger Anm. 442). Dagegen mit an sich sehr beachtlicher Begründung Rundnagel, Haftung § 36 S. 275.

§ 84.

Haftung der Eisenbahn für Verlust, Minderung oder Beschädigung des Gutes im allgemeinen.[1])

Die Eisenbahn haftet für den Schaden,[2]) der durch Verlust,[3]) Minderung[4]) oder Beschädigung[5]) des Gutes[6]) in der Zeit von der Annahme[7]) zur Beförderung bis zur Ablieferung[8]) entsteht,[9]) es sei denn,[10]) daß der Schaden durch ein Verschulden[11]) oder eine nicht von der Eisenbahn verschuldete Anweisung[12]) des Verfügungsberechtigten,[13]) durch höhere Gewalt,[14]) durch äußerlich nicht erkennbare Mängel der Verpackung[15]) oder durch die natürliche Beschaffenheit[16]) des Gutes, namentlich durch inneren Verderb, Schwinden, gewöhnliche Leckage,[17]) verursacht ist.

Vgl. HGB. §§ 429, 438, 471; JÜ. Art. 30, 33, 36; JÜG. Titel III Art. 27 ff.

Literatur: Rundnagel-Fritsch-Sperber, Die Haftung der Eisenbahnen, 3. und 4. Aufl. 1924; Rundnagel, BefGesch. § 129 ff.; ferner die Kommentare zum HGB. § 456 (namentlich Staub S. 1489; Düringer-Hachenburg); Sendpiehl, Die Haftung der Eisenbahn usw. 1923; Muschweck, EEE. 12 270; Müller-Erzbach, Handelsrecht S. 596: Grundsatz der Gefahrtragung.

1. Haftung aus Frachtrecht; über Zusammentreffen von Vertragshaftung und Deliktshaftung siehe Rundnagel-Sperber § 3; über Haftung auf Grund des PrEisGes v. 3. Nov. 1838 (Verbrennung von Postpaketen bei einem Eisenbahnunfall) siehe Vorbem. zu Abschn. VIII Anm. 9. Hierbei ist Ausschluß der Haftung durch Vereinbarung statthaft (RG. **92** 8 u. 13); nicht aber bei der

Haftung auf Grund der §§ 84 ff. EVO. (§ 471 HGB.); auch nicht zugunsten der Verkehrtreibenden.

Eisenbahn haftet regelmäßig auch ohne Verschulden bis zur höheren Gewalt, also auch für sog. niederen Zufall (RG. 1 278, 14 83, 21 19). Über die Höhe der Haftung siehe EVO. §§ 88, 89, 95; Einschränkung der Haftung siehe EVO. §§ 86, 87 (siehe auch RG. 70 174, 77 317, 92 10).

2. Hierzu gehört nicht entgangener Gewinn; auch nur unmittelbarer Schaden, nicht z. B. Kosten, die zur Sicherung der Beförderungsgüter notwendig waren, z. B. Wärmeöfen für Bierwagen [Haftung aus HGB. § 429 (?)]; siehe aber § 95 EVO.

3. Verlust liegt vor, wenn Eisenbahn aus irgendeinem Grunde, nicht nur vorübergehend, tatsächlich oder rechtlich außerstande ist, das Gut auszuliefern. (Literatur siehe Rundnagel-Sperber S. 31 Anm. 1; ROHG. 4 14, 15 30; RG. 49 93, 70 175, 94 97; EEE. 10 305, 15 168, 16 120, 318.) Grund ist gleichgültig; er braucht nicht einmal bekannt zu sein. Hierher gehört auch Ablieferung an einen Unberechtigten (siehe unten Anm. 9) oder vor Erfüllung gewisser Bedingungen (Erhebung einer Nachnahme?); siehe RGEntsch. 75 109, 94 99. Arrest: EEE. 22 355. Verschleppung oder Diebstahl: RGEntsch. 7 129. Beschlagnahme: ROHG. 7 56. Konfiskation, Untergang: RGEntsch. 49 92. Unbefugte Versteigerung: ROHG. 15 30; RGEntsch. 46 7. Weigerung der Auslieferung: EEE. 24 379. Bei Verlust eines Teiles ist nur dieser zu ersetzen, es handle sich denn um ein unteilbares Ganzes (RGEntsch. 15 132; EEE. 22 67 u. 137). Entwertung ist nicht Verlust. Eisenbahn haftet naturgemäß nicht, wenn sie das abgeliefert hat, was ihr zur Beförderung übergeben wurde; also keine Haftung für Verlust bei Wiegedifferenzen (EEE. 20 353, 21 251, 265) oder natürlichem Gewichtsabgang durch Eintrocknen (EEE. 31 317; Staub § 456 Anm. 4).

4. Begriff der Minderung ist bestritten. Staub (§ 423 Anm. 4) setzt Minderung gleich teilweisem Verlust, quantitativer Verringerung (so auch EEE. 19 44, 24 141); also in der Regel nur bei vertretbaren Sachen (ZVDEisV. 60 7). Richtiger aber wohl Ver-

ringerung des Gutes, ohne daß der fehlende Teil an einem anderen Orte greifbar ist (siehe Düringer-Hachenburg § 414).

5. Beschädigung ist Verschlechterung in qualitativer Hinsicht (ROHG. **9** 278; EEE. **19** 127, 133, 210, **20** 13, 222, **23** 128); Zerspringen, Naßwerden [Hopfen] EEE. **6** 243; Annahme von Gerüchen RG. **60** 45. Auch Minderung des Verkaufswertes (Entwertung) z. B. durch langes Lagern? (ROHG. **20** 347; Eger Anm. 445.) Wohl zu verneinen (Staub § 429 Anm. 6, § 414 Anm. 3; Düringer-Hachenburg § 390 II 3 b). Bei Sendungen, die ein einheitliches Ganzes bilden, ist die Verletzung einzelner Stücke eine Beschädigung der ganzen Sendung (ROHG. **15** 374; RG. **15** 134). Über völlige Entwertung vgl. ROHG. **17** 80. Beispiele siehe Rundnagel, BefGesch. S. 218 Anm. 3; z. B. bei Mehlsendung (Käfer): EEE. **23** 128; Beseitigung des Fehlers: EEE. **6** 243, **19** 127.

6. Bei Wagenladungen jede einzelne Ladung, bei Stückgut jedes einzelne im Frachtbrief besonders verzeichnete Stück (wichtig für EVO. § 97). Glasballons bei Flüssigkeiten? siehe EEE. **18** 159, **21** 161. Leere Behälterwagen sind Gut, siehe Sendpiel, Rechtsverhältnis der privaten Behälterwagen, Jur. Rundsch. **26** 285 ff., auch Hans. GerZtg. **22** 257.

7. EVO. §§ 61, 63, 64; EEE. **22** 162, 356, **23** 392. Annahme, d. i. Besitzübernahme zum Zwecke der Beförderung, muß vollendet sein; durch Bereitstellung zur Verladung entsteht kein stillschweigender Verwahrungsvertrag (EEE. **23** 54). Bei mehreren Stücken auf einen Frachtbrief also erst beim letzten Stück; bis dahin liegt entweder ein Vertragsverhältnis überhaupt nicht vor oder ein Verwahrungsvertrag nach § 64 EVO. (EEE. **1** 46, **22** 248, **33** 73). Nach der Abstempelung des Briefes (EVO. § 61) spricht die Vermutung für vollständige Annahme (ROHG. **2** 252, **9** 301). Für Schäden während der Verladung durch Absender, z. B. Unterbrechung durch Mittagspause oder Nacht, Haftung nicht nach Frachtrecht, sondern BGB. (Verschulden!) (EEE. **33** 295, **23** 375, 391; RGEntsch. **66** 402). Russische Otschereblagerung ist nicht Annahme zur Beförderung.

8. Begriff siehe § 76 Anm. 1; **EEE. 23** 306. Mit der Ablieferung hört jedoch die Haftung aus dem Vertrage nicht auf; Eisenbahn muß dem Empfänger die Möglichkeit geben zur zweckentsprechenden Entladung und Abfuhr bis zur Bahnhofsgrenze (RG. **73** 148; ZVDEisV. **04** 211, **08** 269; **EEE. 22** 5; Staub § 456 Anm. 4). Hier Haftung nach BGB. (Werkvertrag) für Verschulden.

EVO. kennt kein Abandonsystem; d. h. auch beschädigtes oder gemindertes Gut muß der Empfänger annehmen unter Wahrung seiner Rechte (ROHG. **9** 294, **13** 414, **15** 374, **16** 43; Arch. f. Eis. **31** 193); er würde sonst in Annahmeverzug geraten (ROHG. **11** 290, **13** 416, **15** 374) und zugleich den Absender in Verzug setzen. Eisenbahn haftet von da ab nur noch für Vorsatz und grobe Fahrlässigkeit (BGB. §§ 300, 644; Staub § 429 S. 1423; **EEE. 39** 58), siehe § 81 Anm. 24.

9. Siehe EVO. § 76 Anm. 3. Auslieferung an einen Unberechtigten ist Verlust (siehe Hamburger in **EEE. 41** 28; RG. **19** 144, **58** 77; JW. **02** 398 Nr. 34); unberechtigt ist auch der ursprüngliche Empfänger, der durch nachträgliche Verfügung ausgeschlossen wurde (**EEE. 7** 284, **10** 101, **17** 249). Hierbei ist gutgläubiger Eigentumserwerb zu beachten (siehe BGB. § 932; HGB. § 366). Empfänger haftet aber, wenn durch sein Verschulden das Gut an einen Unberechtigten ausgeliefert wird, z. B. wenn das Benachrichtigungsschreiben durch sein Verschulden in unrechte Hände gerät. Eisenbahn haftet aber nicht für die Post, wenn diese bei Zustellung des Benachrichtigungsschreibens ein Verschulden trifft; die Post gehört nicht zu den „Leuten" der Eisenbahn (siehe oben § 5 Anm. 6); siehe „Haftung der Bahn für Aviskarten" in den „Wirtschaftlichen Nachrichten für Rhein und Ruhr" 1925 S. 1746.

Die Gefahr der Prüfung, ob der Vorzeiger des Benachrichtigungsschreibens (am Schalter) oder des Frachtbriefes (an der Ausgabeluke) wirklich der Berechtigte ist, trägt die Eisenbahn (RG. **94** 97, **103** 146; unrichtig Nottebohm, ZVDEisV. **22** 561, **23** 314; v. d. Leyen, JW. **22** 1307; Brandis und Isaac ebendort S. 1716; siehe auch Clasen, Hans. RichtZtg. **23** 489).

10. Beweislast: Der Berechtigte hat das Bestehen des Frachtvertrages und die Tatsache des Verlustes, der Minderung oder Beschädigung während der Haftungszeit zu beweisen (AusfBest. aus EVO. § 90; siehe ROHG. **11** 344, **17** 40, **20** 404, **25** 333, 361; EEE. **23** 66); der Eisenbahn verbleibt der Beweis der richtigen Ablieferung oder der fünf Einreden des § 84. Ist die Ursache des Schadens nicht aufgeklärt, haftet Eisenbahn (EEE. **3** 353; JW. **07** 368).

11. Vgl. Droncke, EEE. **25** (Jub.-Heft) 33 ff., **23** 66, **25** 379, **26** 24. Es genügt jedes Verschulden; wirkt Verschulden der Eisenbahn mit, dann Ausgleichung gemäß § 254 BGB. (siehe Staub § 456 Bem. 13; JW. **09** 46; RG. **96** 277, **100** 162). Beispiele: Zu enge Verpackung und mangelnde Fütterungseinrichtungen bei Tieren (EEE. **22** 140, 153). Verheimlichung besonderer Beschaffenheit des Gutes (RGEntsch. **15** 151, **20** 78). Verhinderung von Sicherheitsmaßregeln (ROHG. **12** 107). Über Mitverschulden bei Verpackungsmängeln siehe EVO. § 62. Bei unrichtiger Inhaltsangabe entfällt Haftung dann, wenn durch diese der Schaden entstanden ist; abweichend Rottebohm, ZVDEisV. **24** 69.

12. Anweisung ist jede Anordnung, die auf die Ausführung des Beförderungsgeschäfts von Einfluß ist; sie umfaßt daher auch den ganzen, vom Absender einzutragenden Inhalt des Frachtbriefs (Adreßangabe, Bezeichnung der Stückgüter, Wagennummer), ebenso auch die Weisungen auf dem Gut (Senckpiehl S. 306; abweichend Eger Anm. 448). Verschulden der Eisenbahn ist hier nicht im Sinne des BGB. auszulegen; es soll heißen, die Anweisung soll nicht durch Umstände veranlaßt sein, die sie zu vertreten hat (siehe RG. **67** 171). Über die Anordnung der „Beförderung in Privatwagen" siehe Rundnagel-Sperber S. 65 Anm. 7 und oben Anm. 6.

13. Verfügungsberechtigte sind Absender und Empfänger sowie alle Personen, deren Handlungen diese zu vertreten haben (Bevollmächtigte, Konkursverwalter) (JW. **98** 17; RG. **66** 405).

14. Siehe EVO. § 3 Anm. 13.

15. Siehe EVO. § 62.

16. Natürliche Beschaffenheit ist in §§ 84 und 86 EVO. aufgeführt. Die herrschende Meinung will den § 86 nur auf die besonders empfindlichen Güter anwenden lassen, während sie die Güter, bei denen nur die Möglichkeit einer Beschädigung besteht, dem § 84 zuweist (Staub § 456 Anm. 10, § 459 Anm. 8; RG. **15** 149, **64** 171; EEE. **20** 335; Rundnagel-Sperber § 18 Anm. 1; Reindl, ZVDEisV. **02** 825).

17. Dr. Röder, Faßschäden im Eisenbahntransport (Wirtschaftliche Nachrichten für Rhein und Ruhr **25** 1742). Gewöhnliche Leckage ist das regelmäßige Dringen gewisser Flüssigkeiten durch die Fugen des Gebindes; übersteigt das Auslaufen oder Durchsickern das gewöhnliche Maß, so liegt außergewöhnliche Leckage vor (RG. **56** 400, **64** 171, **15** 149; EEE. **20** 335, **23** 283; Beltkamp, Die Leckage im Frachtrecht, EEE. **41** 83); siehe Anm. 16 oben.

§ 85.

Beschränkung der Haftung hinsichtlich des Bestimmungsorts.

(1) Ist auf dem Frachtbrief ein Bestimmungsort angegeben, wo sich keine für die Abfertigung des Gutes eingerichtete Güterabfertigungs- oder Nebenstelle befindet,[1]) so haftet die Eisenbahn als Frachtführer nur bis zur letzten dafür eingerichteten Eisenbahnstation oder Güternebenstelle. Wegen der Weiterbeförderung hat sie die Pflichten [2]) des Spediteurs.[3])

(2) Hat die Eisenbahn Einrichtungen zur Weiterbeförderung des Gutes nach solchen Orten getroffen [§ 78 Abs. (1)],[4]) so haftet sie bis zum Bestimmungsort als Frachtführer.[5])

HGB. §§ 468, 471; JÜ. Art. 30; JÜG. Art. 26.

1. Z. B. Kleinbahnstation; ein solcher Frachtbrief ist zurückzuweisen (EVO. § 53 Anm. 3, § 76); siehe JW. **24** 1187; dagegen mit Recht Nottebohm, ZVDEisV. **26** 399.

2. Nicht auch die Rechte, z. B. auf Provision (Staub § 409 Bem. 2).

3. Siehe Rundnagel-Sperber S. 24; siehe oben § 76 Anm. 24. Eisenbahn hat wie ein ordentlicher Spediteur für Weiterbeförderung im Interesse des Absenders tätig zu werden.

4. Zuführung durch eigene Leute oder bahnamtliche Roller, nicht durch sonstige Personen; abweichend CEC. 25 5.

5. Daneben nicht noch als Spediteur; abweichend Staub § 468.

§ 86.

Beschränkung der Haftung bei besonderen Gefahren.

(1) Die Eisenbahn haftet nicht:[1])

1. bei Gütern, die nach den Vorschriften dieser Ordnung[2]) oder des Tarifs oder nach einer in den Frachtbrief[3]) aufgenommenen Vereinbarung[4]) mit dem Absender in offenen Wagen[5]) befördert werden,[6])

   für den Schaden,[7]) der aus der mit dieser Beförderungsart verbundenen Gefahr entsteht; hierunter[8]) ist auffallender Gewichtsabgang[9]) oder der Verlust ganzer Stücke[9]) nicht zu verstehen;

I. Wenn die Eisenbahn dem Absender auf dessen Antrag Decken überläßt, so übernimmt sie dadurch auch bei solchen Gütern, die nach Abschnitt III der Allgemeinen Tarifvorschriften (Teil I Abteilung B) in bedeckten Wagen zu befördern wären, keine weitergehende Haftpflicht, als ihr bei Beförderung in offenen Wagen ohne Decken obliegt.

2. bei Gütern, die, obgleich ihre Natur eine Verpackung[10]) zum Schutze gegen Verlust, Minderung

oder Beschädigung während der Beförderung erfordert, nach Erklärung des Absenders im Frachtbrief [11]) unverpackt oder mit mangelhafter Verpackung zur Beförderung aufgegeben sind,[12])

für den Schaden, der aus der mit dem Mangel oder mit der mangelhaften Beschaffenheit der Verpackung verbundenen Gefahr entsteht;[13])

II. Wegen der Haftung der Eisenbahn für gebrauchte Packmittel vergl. Ausführungsbestimmung III zu § 62 (2).

3. bei Gütern, deren Auf- und Abladen nach der Vorschrift dieser Ordnung oder des Tarifs [14]) oder nach einer in den Frachtbrief aufgenommenen Vereinbarung mit dem Absender von diesem oder von dem Empfänger besorgt wird,[15])

für den Schaden,[16]) der aus [17]) der mit dem Auf- und Abladen oder mit einer mangelhaften Verladung [18]) verbundenen Gefahr entsteht;

4. bei Gütern, die vermöge ihrer eigentümlichen natürlichen Beschaffenheit [19]) der besonderen Gefahr ausgesetzt sind, Verlust,[20]) Minderung [21]) oder Beschädigung,[22]) namentlich Bruch,[23]) Rost, inneren Verderb,[24]) außergewöhnliche Leckage,[25]) Austrocknung und Verstreuung,[26]) zu erleiden,

für den Schaden, der aus dieser Gefahr entsteht;

III. Wenn Eisengußwaren oder gußeiserne Bestandteile anderer Wagen, die nach Erklärung des Absenders auf dem Frachtbriefe unverpackt oder mit mangelhafter Verpackung als Stückgut aufgegeben wurden, bei der Eisenbahnbeförderung beschädigt worden sind, so werden die beschädigten Stücke auf Verlangen des Absenders oder Empfängers als Frachtgut von der Bestimmungsstation nach der Versandstation frachtfrei befördert. Der Antrag auf frachtfreie Beförderung ist in den Frachtbrief aufzunehmen. Die frachtfreie Beförderung tritt nicht ein, wenn das Interesse an der Lieferung angegeben wird.

5. bei lebenden Tieren,[27])
für den Schaden, der aus der für sie mit der Beförderung verbundenen besonderen Gefahr entsteht;

6. bei Gütern, einschließlich der Tiere, denen nach dieser Ordnung, nach dem Tarif oder nach einer in den Frachtbrief aufgenommenen Vereinbarung mit dem Absender ein Begleiter beizugeben ist,[28])
für den Schaden, der aus der Gefahr entsteht, deren Abwendung durch die Begleitung bezweckt wird.[29])

(2) Konnte ein Schaden den Umständen nach aus einer der im Abs. (1) bezeichneten Gefahren entstehen,[30]) so wird vermutet, daß er aus dieser Gefahr entstanden sei.[31])

(3) Eine Befreiung von der Haftung kann auf Grund dieser Vorschriften nicht geltend gemacht werden, wenn der Schaden durch Verschulden der Eisenbahn [32]) entstanden ist.

HGB. §§ 459, 471; JÜ. Art. 31; JÜG. Art. 28.

1. Sog. bevorrechtigte Haftausschließungsgründe; gelten nur bei Verlust, Minderung und Beschädigung innerhalb des Frachtvertrages (siehe RG., EEE. 23 283; JW. 06 775), nicht z. B. bei Versäumung der Lieferzeit (ROHG. 12 24). Es handelt sich nicht nur um Umkehrung der Beweislast (siehe EEE. 25 49), wenn diese

aus der Vermutung des Abs. (2) sich ergebende Folge auch richtig ist, sondern um Befreiung von Verantwortlichkeit für unverschuldeten Schaden.

2. Hertzer, EVO. S. 137; Staub § 459 Anm. 4; Eger, Anm. 455, Sommerfeld, EEE. 30 267, halten diesen Zusatz für rechtsungültig, weil eine Einschränkung gegenüber § 459 HGB. (a. A. Rundnagel-Sperber § 20 Anm. 2; Reindl, EEE. 21 185; Barnickel, EEE. 27 363). Durch die Veröffentlichung im Tarif (§ 6 Abs. 1 EVO.) wird übrigens auch den Bestimmungen des HGB. genügt (so auch Düringer-Hachenburg § 459 Anm. 3; ROHG. 21 108); siehe auch EEE. 21 188.

3. Nichtaufnahme in den Frachtbrief beseitigt nur die Vermutung aus § 86; § 84 ist deshalb nicht ausgeschlossen; die Anweisung, in offenen Wagen zu befördern, ist kein Verschulden des Absenders (a. A. ZVDEisV. 04 1163).

4. Gebrauch bestimmter Worte ist nicht vorgeschrieben; „2 Wagendecken!" oder Eintragung des Gattungszeichens „O", „R" usw. in der dafür vorgesehenen Frachtbriefspalte genügt (JW. 06 12; Arch. f. Eis. 92 148; EEE. 22 293, 28 41; abweichend ZVDEisV. 04 432; vgl. auch EEE. 26 58, 27 219); amtlicher Vermerk auf dem Frachtbrief genügt nicht (EEE. 16 Anl. 1, 15, 28, 41; a. A. EEE. 20 336).

5. Gemeint ist „offen gebaut" (so HGB. § 459), d. h. Wagen, die infolge ihrer Bauart nicht ringsherum abgeschlossen sind, z. B. Ve (Gatterwagen) und Kesselwagen (ZVDEisV. 20 323); Topfwagen (EEE. 38 49), jetzt Behälterwagen genannt (siehe EGT. T. I B. §48, oben §84 Anm. 6); abweichend für Kesselwagen: EEE. 39 185, 41 269, 43 80. Die feste Bedachung ist nicht alleiniges Merkmal (so nach EEE. 34 163, 32 68; richtig EEE. 27 362); Senckpiehl legt die Betonung auf „Bedeckung" (Bedachung); siehe S. 311. Eindeckung mit Planen genügt nicht (siehe ROHG. 12 120, 14 218, 20 238; RGEntsch. 1 14, 10 105, 34 42; falsch: Gorden, EEE. 34 162, 38 47). Auch die Beförderung in Möbelwagen fällt hierunter (siehe EEE. 24 58, 28 99; ZVDEisV. 10 1165; RGEntsch. 34 42, 70 174; EEE. 32 213, 300); a. M.

Düringer-Hachenburg § 459 Bem. 3; EEE. 32 68, 306. Gedeckte Wagen werden durch Offenlassen der Tür, der Luken oder durch schadhafte Stellen im Dach nicht zu offenen; hier wird meist § 84 EVO. anwendbar sein (Verschulden oder Anweisung des Absenders).

6. Stellt die Eisenbahn statt eines tarifarisch vorgesehenen oder bestellten offenen Wagens einen gedeckten, ist § 86 ebenfalls anzuwenden; so haftet also Eisenbahn außer bei Verschulden (§ 823 BGB.) nicht, wenn der Schaden durch eine Mangelhaftigkeit des gedeckten Wagens verursacht ist, die auch beim offenen Wagen vorhanden ist (z. B. Undichtigkeit des Daches; siehe RG. I 20 247, Z. f. int. EisTransp. 1921 Heft 3, 1922 S. 315; EEE. 41 Nr. 92; abweichend EEE. 40 129; JW. 23 238. Auch die Vermutung des Abs. 2 muß hier gelten; abweichend EEE. 42 71. Zutreffend ist die Kritik v. Kienitz' dazu. Es ändert sich aber die Rechtslage, wenn Eisenbahn auf einen außerhalb des Frachtvertrags gestellten Antrag einen gedeckten Wagen stellt und den zehnprozentigen Gewichtszuschlag für Stellung eines solchen Wagens erhebt (siehe EVO. § 66 Anm. 3). Dann liegt keine Liberalität vor, und eine analoge Anwendung des § 86 (1) 1 auf diese Fälle ist ausgeschlossen (teilweise abweichend siehe Düringer-Hachenburg § 459 Anm. 4; Rundnagel, BefGesch. § 143 S. 456; ROHG. 25 170; RGEntsch. 1 14, 10 105, 20 122, 34 44; JW. 01 297, 06 12). Die Hergabe von schadhaften Decken verpflichtet zum Schadensersatz, wenn die Hergabe beantragt ist; Verfrachter hat aber die Verpflichtung, vor der Benutzung die gestellten Lademittel auf ihre Tauglichkeit zu untersuchen; sonst Ausgleichung des Schadens gemäß § 254 BGB. (siehe Rundnagel, Haftung § 20 S. 170; EEE. 22 293, 27 158; ROHG. 20 238; auch Reindl, EEE. 32 549; a. M. Eger Anm. 459).

7. Äußere Einwirkungen, wie Regen, Kälte, Sonnenbrand, Funkenflug (EEE. 33 80, 365, 37 158; ROHG. 6 175, 19 135; RG. 70 174; JW. 23 238); Abstürzen von Teilen eines Bauwerks (EEE. 35 158); Herabfallen über die Bordwand; auch Überspringen elektrischer Funken aus der Stromleitung (RG.

Berlin v. 4. März 1925 — 12 U —). Hierher gehören auch die durch die mitverladenen Güter hervorgerufenen Gefahren (Z. f. int. EisTransp. 23 243). Auch die Gefahr des Diebstahls gehört zu der mit der Beförderung in offenen Wagen verbundenen besonderen Gefahr (siehe Rundnagel, BefGesch. S. 457; Haftung S. 165; RG. in „Recht" 15 1620, 21 1630; RGZiv. 100 82, 104 48, 281, 105 283; Arch. f. Eis. 23 182). Allein die Tatsache der Benutzung des offenen Wagens genügt. Nichtverhütung eines Diebstahls während der Beförderung ist noch kein Verschulden der Bahn (RG. Leipzig v. 10. Jan. 1925 — I 273/24 —, Berlin). Die Vermutung des Abs. 2 spricht nicht dafür, daß Eisenbahner den Diebstahl ausgeführt haben. Ist dies aber geschehen, haftet Eisenbahn auf Grund des § 5 EVO. Der Kläger ist aber dafür beweispflichtig (abweichend Arch. f. Eis. 19 305; Literatur: siehe Gorden, EEE. 34 160; Michalke, JW. 15 386, 21 409; Zeiler, EEE. 36 93; Eckstein, EEE. 32 249; 33 304, 404; ZVDEisV. 16 666, 20 429; abweichend Senckpiehl, Bef.-Gesch. S. 311; siehe auch EEE. 32 306, 33 287 und Schulz S. 81; abweichend auch Maier, EEE. 38 94; Starck 38 91). Zu beachten aber Anm. 8 c.

Gegenüber der Vermutung aus Abs. 2 kann Berechtigter Gegenbeweis führen:

a) daß der Schaden aus anderer Ursache entstanden ist (Einstellen des Wagens trotz feuergefährlicher Ladung ohne zwingende Gründe des Betriebs unmittelbar hinter die Lokomotive) (Senckpiehl S. 311; RG. 34 46; EEE. 21 126);

b) daß in dem besonderen Falle durch besondere Vorkehrungen zum Schutze der auf offenen Wagen verladenen Güter die Beförderung derart gesichert und gegen die aus dieser Verladung sich ergebenden Gefahren geschützt worden sei, daß eine Gefahrerhöhung gegenüber der Beförderung in gedeckten Wagen nicht bestanden habe. Dies gilt namentlich bei Beförderung in gesicherten Möbelwagen (siehe RG. 98 339, 104 47, 105 283; Z. f. int. Transp. 23 86; ferner

RG. I v. 11. Febr. 1922; Warneyer, Rechtspr. 1922 Nr. 78; Recht **22** 1281; JW. **22** 1308). Die bloße Umhüllung der Ladung mit einer Schutzdecke ist allerdings nicht geeignet, die Diebstahlsgefahr erheblich herabzumindern (RG. I v. 3. Jan. 1923 — 147/22 —; JW. **22** 1308; ZVDEisV. **22** 708, 821 und 918); siehe AusfBest. I.

8. Auffallender Gewichtsabgang und Verlust ganzer Stücke.

a) Der Nachsatz bedeutet eine erhebliche Einschränkung des Vordersatzes. Die Einschränkung findet sich weder im § 459 Abs. 1 HGB. noch im Art. 31 des JÜ. Bei Vorliegen dieser Voraussetzungen verbleibt der Eisenbahn nur noch Berufung auf die Befreiungsgründe des § 84 EVO.

b) Die Einschränkung trifft nur den Fall des Verlustes durch eigentliches Abhandenkommen, nicht auch den Fall der Beschädigung. Bei einem Untergang durch Brand kann z. B. von einer Haftung für auffallenden Gewichtsabgang oder Verlust ganzer Stücke nicht gesprochen werden [sofern nicht schon Haftbefreiungsgründe aus § 86 (1) 2 bis 4 vorliegen]. Ein Unterschied zwischen aufgeklärtem oder unaufgeklärtem Abgang kann nicht gemacht werden (unklar RG. **70** 174; richtig **100** 82; Entsch. v. 28. Jan. 1923 — I 286/22 —; EEE. **39** 37, **31** 181; unrichtig Gorden, EEE. **34** 171, **36** 97).

c) Die in Anm. 9 und 10 folgende Auslegung beider Begriffe führt praktisch zu dem Ergebnis, daß die Eisenbahn in den meisten Fällen von Diebstahl auf die Haftbefreiung von § 86 (1) Ziff. 1 sich nicht berufen kann (VerkRundschau **22** 414; RG. **104** 281; JW. **22** 1202; EEE. **40** 36, 114 und Anm. 7).

9. a) Der Gewichtsabgang muß das Maß übersteigen, das mit einer regelrecht verlaufenden Beförderung verbunden zu sein pflegt (RG. **104** 282); eine solche Beförderung liegt vor, wenn keine Umstände eingetreten sind, die nicht unvermeidbare Begleiterscheinungen eines durch keine Regelwidrigkeiten gestörten Transportes sind. Es muß sich hierbei um einen quantitativ auffallenden Gewichtsabgang handeln (bei den Vorverhandlungen zum Betriebsreglement sprach man von „auffallend hohem Gewichtsabgang“). Wann solcher vorliegt, ist Tatfrage. Bei Massengütern in Schüttung muß das Fehlgewicht mit der ganzen Ladung in Beziehung gesetzt werden; in der Regel wird 5 v. H. als unterste Grenze angesehen, doch ist eine derartige Festlegung unangezeigt. Besteht die Ladung aus einzelnen Stücken (siehe unter b), wird man auffallenden Gewichtsabgang auch dann annehmen müssen, wenn der „einzelne Teil“ einen erheblichen Gewichtsabgang zu verzeichnen hat (RG. v. 8. Juli 1922 — I 491/21 —).

b) Der Begriff „ganze Stücke“ ist bestritten; er ist an Stelle der „ganzen Kolli“ des Betriebsreglements von 1874 getreten. Ganze Stücke sind zunächst alle Teile einer Stückgutsendung, ferner alle Teile einer Ladung, die in dem Zustande, in dem sie sich befinden, auch einzeln als Frachtgut aufgegeben werden könnten und auch üblicherweise aufgegeben werden; nicht hierher gehören also Teile von Ladungen, die nur nach Maß und Gewicht gehandelt werden (Kohle, Getreide). Unrichtig ist, daß als „ganze Stücke“ nur solche anzuerkennen sind, die nach Zeichen und Nummer im Frachtbrief aufgeführt sind (ZVDEisV. 1916 Nr. 55); vgl. hierzu Sendpiehl, „Ganze Stücke“, EEE. **40** 1 und ferner **33** 404, **25** 393, **39** 37; Schulz S. 82; abweichend Staub § 459 Anm. 4; ZVDEisV. Nr. 55 v. 15. Juli 1916; vgl. auch Starck, EEE. **39** 8; Maier, EEE. **38** 94. Streitig ist endlich, ob Eisenbahn für den Verlust einer Wagendecke (Plan) haften muß. Ist sie im Frachtbrief besonders aufgeführt, kann dies nicht zweifelhaft sein (siehe Warneyer 1915 S. 50). Ist dies nicht der Fall, wird man trotzdem Haftung annehmen müssen; die Decke ist zwar bloße Verpackung, aber immerhin gehört auch die Verpackung zum Gut im Sinne des Frachtrechts (EEE. **43** 1, 86). Trifft den Versender ein Verschulden (z. B. wegen schlechter Befestigung), so würde dies die Haftung der Eisenbahn naturgemäß ausschalten.

10. Über Verpackung siehe EVO. § 62; sowie Derlien (Literatur bei § 62) und Hamburger, EEE. **41** 21.

11. Über die Form siehe oben § 62 Anm. 6. Eisenbahn hat nur Abgabe der Erklärung im Frachtbrief zu beweisen; fehlt dieser, hat sie darzutun, daß ein Anerkenntnis abgegeben ist (Reindl, Jahrb. d. Deutsch. Reichs **67** 720; Arch. f. Eis. **26** 778; Maier, EEE. **38** 264; Hamburger, EEE. **41** 25). Dem Absender steht der Gegenbeweis offen, daß trotz der abgegebenen Erklärung tatsächlich ein Mangel nicht vorgelegen hat (siehe oben § 62 Anm. 6).

12. Beweislast: Eisenbahn kann sich von der Haftung befreien:

1. wenn Anerkenntnis im Frachtbrief fehlt:
   a) bei äußerlich erkennbaren Mängeln durch den Beweis:
      α) daß sie das Gut so abgeliefert hat, wie es ihr übergeben ist (EEE. **15** 36), oder
      β) daß der Absender arglistig gehandelt hat (siehe § 62 Anm. 9),
   b) bei äußerlich nicht erkennbaren Mängeln:
      α) daß ein Mangel der Verpackung vorlag,
      β) daß diese äußerlich nicht erkennbar war,
      γ) daß ein Kausalzusammenhang zwischen dem Verpackungsmangel und dem Schaden gegeben ist (EEE. **25** 292; Maier, Sped. u. SchiffZtg. **22** 1129);
2. wenn ein Anerkenntnis im Frachtbrief abgegeben war.

   Hier spricht die Vermutung für die mangelhafte Verpackung; zu beweisen ist nur,

   daß der Schaden den Umständen nach auf den Mangel zurückgeführt werden kann. Absender hat Gegenbeweis, daß der Schaden aus anderen Ursachen entstanden ist, die die Eisenbahn zu vertreten hat, oder daß die Eisenbahn ein Verschulden trifft [§ 86 (2) und (3)].
3. Behauptet die Eisenbahn, der Mangel sei bei der Annahme nicht erkennbar gewesen, ist sie beweispflichtig dafür, daß er nicht erkennbar war.

13. Siehe oben § 62 Anm. 3.

14. Siehe oben § 59 Anm. 2.

15. Es genügt, daß Selbstverladung aus dem Frachtbrief ersichtlich ist (EEE. **20** 336, **28** 185). Übernimmt Eisenbahn Verladung nicht, gelten dabei beschäftigte Bedienstete als Leute des Absenders (RG. **97** 17; auch EEE. **14** 341).

16. Verschieben der Ladung, der Schutzbretter (EEE. **23** 186); Umfallen (EEE. **24** 375); auch Überschreitung des Lademaßes (EEE. **43** 97; wohl ebenso Rundnagel-Sperber S. 104); mangelhafte Verteilung von Fässern (Sped. u. SchiffZtg. **15** 10); Offenhalten von Ladeluken oder deren unangebrachtes Schließen (EEE. **20** 222, **22** 291, **28** 31); Diebstahl (EEE. **19** 394). Kannte die Eisenbahn den Mangel der Verladung, darf sie die Sendung nicht übernehmen; sonst handelt sie schuldhaft (EEE. **18** 140, **24** 58, **25** 307; ZVDEisV. **21** 648). Zweifelhaft ist, ob auch mangelhaftes Verschließen hierher gehört (bejaht bei EEE. **36** 175; siehe Rundnagel-Sperber S. 104 Anm. 11). Eine Verpflichtung, gedeckte Wagen durch Privatschlösser zu verschließen, ist selbst bei höherwertigen Gütern nicht gegeben. Unbeanstandete Verwendung eines mangelhaften Wagens ist mangelhafte Verladung (VerkRundsch. **22** 71), auch bei Kesselwagen (EEE. **31** 331). Je empfindlicher das Gut, desto größer die Prüfungspflicht des Absenders (JW. **22** 743); das gleiche gilt bei Tieren und besonders anormalen Gütern (hochgebaute Möbelwagen) (VerkRundsch. **25** 718; EEE. **43** 97). Verwendung von vorher zur Salzbeförderung verwendeten Wagen zur Kartoffelverladung siehe unten Anm. 24 (s. auch Staub § 459 Anm. 8). Bei beiderseitigem Verschulden Ausgleich nach § 254 BGB. (Reindl, ZVDEisV. **98** 1273; EEE. **17** 276, **19** 1, 8, 132, 137, **23** 254; auch **28** 59; siehe auch RG. **109** 150).

17. Nicht bei der Verladung. Bei Benutzung von Ladegeräten wird es sich meist um außervertragliche Beziehungen handeln (liegt vor Abschluß oder nach Beendigung des Frachtvertrages; EEE. **1** 38, **17** 275) oder um Haftung aus dem Mietrecht (wenn Gebühren erhoben werden; EEE. **2** 235, **25** 381; BGB. § 535). Absender hat aber auch hier eine Prüfungspflicht

(EEE. **32** 349, **17** 275, **27** 158, 216), die allerdings nicht übertrieben werden darf (EEE. **2** 235).

18. Anerkenntnis mangelhafter Verladung im Frachtbrief gibt es nicht (EEE. **18** 244). Die Mangelhaftigkeit der Verladung und die Möglichkeit, daß der Schaden aus ihr entstanden ist, hat Eisenbahn darzutun (RG. **110** 43; Arch. f. Eis. **26** 778; Verk.-Rundsch. **26** 267). Prima facie-Beweis wird genügen müssen (JW. **26** 1438).

19. Über das Verhältnis zu § 84 vgl. § 84 Anm. 16 (EEE. **23** 283, **24** 63; JW. **06** 775; RGEntsch. **64** 169; unrichtig: RGEntsch. **98** 340 [Weinfässer] siehe die zutreffenden Ausführungen ZVDEisV. **21** 176). Bruch eines Propellerflügels siehe EEE. **31** 217; Schaden darf nicht durch unsachgemäße Beförderung entstanden sein (siehe EEE. **25** 129), doch ist Haftung bei Glasballons auch bei heftigem Rangierstoß grundsätzlich ausgeschlossen (EEE. **39** 202; VerkRundschau **22** 241), es sei denn, daß Vorsatz oder grobes Verschulden vorliegt. Über die Gefahr der Beschädigung bei guten Holzfässern siehe Starck, EEE. **40** 6. Zu den Gütern des Abs. 4 gehören alle die Güter, die vermöge ihrer natürlichen Beschaffenheit leicht verletzbar sind (RG. **15** 149, **64** 170; ZVDEisV. **04** 342); auch Flüssigkeiten in Fässern (vgl. Anm. 10 und 19; EEE. **38** 55); Bilder mit Glas (EEE. **20** 137); Frost: Eier (EEE. **23** 142; RGEntsch. **64** 169); auch Kartoffeln; Glasballons (EEE. **17** 340, **18** 159; RG. **98** 339; Z. f. int. EisTransp. **23** 299; JW. **22** 1539); Dachziegel (ZVDEisV. **23** 242); aber auch **18** 137); Glastafeln (EEE. **20** 137); junger Wein (EEE. **25** 194); Selbstentzündung (RG.-Entsch. **15** 149); Streichhölzer (ZVDEisV. **21** 672); Marmorplatten (EEE. **20** 17); nicht hierher gehören Güter mit leichter Verderblichkeit, denn Abs. 4 denkt nur an solche Gefahren, die dem Gut ohne Rücksicht auf die Dauer der Beförderung drohen; auch die Verpackungsart scheidet aus.

20. Siehe EVO. § 84 Anm. 3.

21. Siehe EVO. § 84 Anm. 4.

22. Siehe EVO. § 84 Anm. 5.

23. Über Bruch vgl. Anm. 19. Über Bruch bei gußeisernen Gütern vgl. Osann, Eisen- und Stahlgießerei: „Das Herunter- oder Umfallen eines Stückes, ja sogar die Wirkung eines Sonnenstrahles oder eines Regentropfens genügen oft, um das Gußstück mit einem lauten Knall auseinanderspringen zu lassen. Geschieht das Reißen auf diese Weise, so spricht man von Kaltrissen." Gußeiserne Güter (z. B. Maschinenteile, Rohre) gehören daher ganz besonders zu den Gütern, die unter Ziff. 4 fallen. Eier sind Bruchgüter (siehe RG. Anm. 19), auch Glasballons, selbst wenn sie in Körben usw. eingebettet sind.

24. Faulen von Früchten: EEE. **34** 103. Streit herrscht, ob Eisenbahn haftet, wenn Kartoffeln in Wagen verladen werden, in denen sich Salzrückstände befunden haben. Diese Frage wird meist verneint, da nach sachverständigem Gutachten eine gesunde Kartoffel unter Salzeinwirkung nicht leidet (siehe oben Anm. **16** und Hanow, ZVDEisV. **25** 1250; aber Sendpiel, Kartoffelzeitung **25**).

25. Siehe RGEntsch. **56** 400; EEE. **20** 342. Auslaufen von Flüssigkeiten: EEE. **33** 300. Außergewöhnliche Leckage ist eine der betreffenden Flüssigkeit anhaftende eigentümliche Beschaffenheit und eine infolge dieser Eigenschaft hervorgerufene, über das Maß der gewöhnlichen Leckage hinausgehende. Das Reichsgericht erklärt es für eine Frage des Einzelfalls, ob mit Flüssigkeit gefüllte, gute und starke Fässer zu den leicht verletzbaren Gegenständen zählen; zu prüfen sei, ob die Fässer gut und genügend widerstandsfähig sowie ob sie ordnungsmäßig verladen und befestigt waren (siehe RG. **98** 341 v. **24.** Jan. 1923 — I 210/922 —; JW. **22** 1007; abweichend Starck, EEE. **40** 5; Dr. Röber, Wirtschaftliche Nachrichten von Rhein und Ruhr **25** 1742).

26. Getreide (EEE. **23** 186).

27. Auch Bienen, Fische; Entspringen, Ersticken, Verhungern, Umfallen (vgl. auch EEE. **25** 10, **26** 425, **22** 141, 153); Milchfieber bei Kühen (EEE. **34** 312); nicht aber Verwechslung beim Ausladen (EEE. **15** 108); siehe auch ZVDEisV. **20** 219; a. M. Sendpiehl S. 315 bezüglich des Entspringens. Bei Erkrankung der Tiere ist besondere Wartung usw. nicht vorgeschrieben (siehe EEE. **32** 329); auch nicht Fütterung (EEE. **32** 311); wegen der Beweislast EEE. **25** 375.

28. Sog. Begleitgüter (Tiere) (EVO. § 48). Fahrzeuge (§ 54), auch Güter der Anl. C. Es kommt nicht darauf an, daß ein Begleiter tatsächlich beigegeben war, sondern nur, daß er beigegeben werden mußte. Tatsächliche Begleitung macht Güter nicht zu Begleitgütern. Bestritten, ob Leichen hierunter fallen. Nein: Rundnagel, BefGesch. S. 451; Eger Anm. 176; siehe oben § 45 Anm. 3. A. M. Staub § 459 Anm. 11.

29. Nicht Einstellung in den richtigen Zug (EEE. **14** 169, **17** 115, **28** 163) oder Überwachung richtiger Bezettelung (EEE. **34** 313); Verhütung eines Rangierstoßes (EEE. **31** 314); wohl aber Wartung, Hütung, Fütterung, Tränkung, ferner Verschluß der Wagen, Öffnen der Luftklappen, Befestigung, Beleuchtung des Wagens (EEE. **22** 121); Diebstahl (EEE. **39** 182, 187; ZVDEisV. **23** 161); mangels anderer Vereinbarung geht Begleitung bis zur Auslieferung; Begleiter muß aber im Wagen Platz nehmen (EEE. **22** 121).

30. Verlangt wird die Möglichkeit der Entstehung des Schadens aus einer der aufgeführten Gefahren, nicht die Wahrscheinlichkeit des besonderen Falles (ZVDEisV. **07** 148; EEE. **28** 46; RG.-Entsch. **64** 170; JW. **06** 775; siehe RG. **110** 43). Es ist aber nicht zu vermuten, daß z. B. jede vom Absender erfolgte Verladung mangelhaft sei (VerkRundsch. **26** 267).

31. Gegenbeweis ist möglich (ZPO. § 292; RGEntsch. **10** 105), und zwar dahin, daß der gefährliche Umstand nicht Ursache des Unfalls gewesen sein kann oder daß der Schaden tatsächlich aus einer anderen Ursache entstanden ist (EEE. **31** 320), oder endlich daß ein Verschulden, für das die Eisenbahn einzutreten hat, vorliegt (EEE. **18** 135, **19** 21, **23** 142, 283, **25** 49, **26** 63; Fuld, EEE. **19** 171); Eisenbahn verbleibt demgegenüber Gegenbeweis aus § 84 (z. B. höhere Gewalt) (EEE. **19** 299; JW. **26** 1438, RGEntsch. **110** 43). Die Vermutung bezieht sich nicht auf Schadensersatzanspruch gegen den Absender (RGEntsch. **15**

155; EEE. **4** 424, **5** 136) und gilt nicht für EVO. § 84 (siehe RGEntsch. **59** 82).

Das Vorliegen eines Verschuldens sowie den ursächlichen Zusammenhang zwischen Verschulden und Schaden hat der Beschädigte zu beweisen (EEE. **18** 159). Bei konkurrierendem Verschulden ist BGB. § 254 anzuwenden (EEE. **22** 295; JW. **06** 12); über dessen Auslegung siehe JW. **26** 1437; es genügt nicht der Beweis, daß das Gut unversehrt angenommen wurde (EEE. **33** 301). Als Verschulden ist angesehen: Einstellen eines Wagens mit feuergefährlicher Ladung hinter die Lokomotive ohne zwingenden Grund; Stellen eines mangelhaft gereinigten Wagens (EEE. **25** 261); siehe oben Anm. 18 und 24; Unterlassen der Benachrichtigung nach § 82 Abs. 3 (EEE. **23** 175); Versehen beim Umladen von Kartoffeln (EEE. **25** 159); Nichtbeachten der Vorschriften, betr. Beförderung lebender Fische (EEE. **26** 411, 419). Kein Verschulden ist Verschleppen innerhalb der Lieferfrist (siehe auch ZVDEisV. **48** 1128, 169). Auch starker Rangierstoß ist nicht ohne weiteres Verschulden.

32. Oder ihrer Leute (§ 5 EVO.).

§ 87.

Beschränkung der Haftung bei Gewichtsverlusten.

(1) [1]) Bei Gütern, die nach ihrer natürlichen Beschaffenheit bei der Beförderung [2]) regelmäßig einen Gewichtsverlust erleiden,[3]) ist die Haftung der Eisenbahn für Gewichtsverluste bis zu nachstehenden Normalsätzen ausgeschlossen.[4])

Bis 2 Prozent bei flüssigen, bei feuchten und bei folgenden trockenen Gütern: geraspelten und gemahlenen Farbhölzern, Rinden, Wurzeln, Süßholz, geschnittenem Tabak, Fettwaren, Seifen und erhärteten Ölen, frischen Früchten, frischen Tabakblättern, Schafwolle, Häuten, Fellen, Leder; getrocknetem und gebackenem Obst, Tierflechsen, Hörnern und Klauen, Knochen (ganz und gemahlen), getrockneten Fischen, Hopfen, frischen Kitten;

bis 1 Prozent bei allen übrigen trockenen Gütern der eingangs bezeichneten Art.

(2) Der Normalsatz wird, falls mehrere Stücke auf denselben Frachtbrief befördert werden, für jedes Stück besonders berechnet, wenn das Gewicht der einzelnen Stücke im Frachtbriefe verzeichnet ist oder sonst festgestellt werden kann.

(3) Die Beschränkung der Haftung tritt nicht ein, soweit [2]) der Verlust den Umständen nach nicht infolge der natürlichen Beschaffenheit des Gutes entstanden ist oder soweit der angenommene Satz dieser Beschaffenheit oder den sonstigen Umständen des Falles nicht entspricht.[3])

(4) Ist das Gut verlorengegangen, so wird für Gewichtsverlust nichts abgezogen.

(5) Die weitergehende Haftbefreiung der Eisenbahn gemäß § 86 Abs. (1) Ziffer 4 wird hierdurch nicht berührt.

HGB. §§ 460, 471; JÜ. Art. 32; JÜG. Art. 31.

1. Kein neuer Haftausschließungsgrund, sondern nur Beweisregel. Rundnagel-Sperber S. 94 (Rechtsvermutung); EEE. 22 374.

2. D. h. alle Vorgänge zwischen Annahme und Ablieferung, also auch Umladung.

3. Dies muß Eisenbahn beweisen; erleichtert wird dieser Beweis durch die Aufzählung (1) Satz 2. Gegenbeweis steht dem Be-

rechtigten allgemein und im Einzelfall offen (EEE. 22 374; Eger Anm. 467).

4. Ist Verlust über den Normalsatz eingetreten, muß Eisenbahn beweisen, daß dieser auf natürlicher Beschaffenheit des Gutes beruhe (EVO. § 84; EEE. 31 217); für den normalen Gewichtsverlust entfällt aber auch hier ihre Haftung (Düringer-Hachenburg § 460 Anm. 3; Staub § 460 Anm. 2; ZVDEisV. 00 221; a. A. EEE. 22 347).

5. Also z. B. an sich Abzug möglich, auch bei Beraubung, wenn diese am Bestimmungsort erfolgt ist (EEE. 22 67).

6. Beweispflichtig ist der Geschädigte.

§ 88.

Höhe des Schadensersatzes bei Verlust, Minderung oder Beschädigung des Gutes.

(1) Muß [1]) auf Grund des Frachtvertrags [2]) von der Eisenbahn für Verlust [3]) oder Minderung [4]) des Gutes Ersatz geleistet werden, so ist der gemeine Handelswert [5]) und in dessen Ermangelung der gemeine Wert [6]) zu ersetzen,[7]) den Gut derselben Art und Beschaffenheit am Orte der Absendung in dem Zeitpunkte der Annahme zur Beförderung [8]) hatte; ferner ist zu ersetzen, was an Zöllen [9]) und sonstigen Kosten [10]) sowie an Fracht [11]) schon bezahlt oder noch zu bezahlen ist.[12])

(2) Bei Beschädigung des Gutes ist für die Verminderung [13]) des im Abs. (1) bezeichneten Wertes Ersatz zu leisten.

(3) Wegen der Fälle, in denen voller Ersatz zu leisten ist, vergl. § 95.[14])

HGB. §§ 430, 457 ff., 471; JÜ. Art. 34; JÜG. Art. 29, 32, 37.

Literatur: Rundnagel, Haftung und Z. f. HandR. **55** 444; Rundnagel-Sperber § 24; Goltermann in EEE. **38** 12 ff.

1. Zweck dieser Regelung ist nicht wie bei § 249 BGB., den Absender zur Wiederbeschaffung der Ware instand zu setzen. Dies zeigte sich namentlich in der Inflationszeit (siehe RG. **96** 125, **100** 104; ZVDEisV. **23** 802; Haustein, ZVDEisV. **23** 587). Absender erhält den Versandwert, berechnet nach § 88 EVO., doch muß überhaupt ein Schaden entstanden sein (ROHG. **12** 393; RG. **98** 150 und die vorgenannten Entscheidungen; Staub § 430 Anm. 4). Absender muß sich also anrechnen lassen, was er von Dritten an Vorteilen erhält.

2. Außerhalb des Frachtvertrages haftet Eisenbahn nach BGB. (§ 249) auf vollen Schadensersatz; z. B. § 64 (Verwahrung). Innerhalb des Frachtvertrages kennt EVO. folgende Ausnahmen von der Regelung des § 88:

a) bei Vorsatz und grober Fahrlässigkeit (§ 95);

b) Beschränkung der Höhe des Ersatzes durch den Tarif (§ 89).

Der Ersatzanspruch kann erhöht werden durch Angabe des Interesses an der Lieferung (§ 92).

3. § 84 Anm. 3.

4. § 84 Anm. 4.

5. Besteht nur bei Waren, bei denen ein regelmäßiger Umsatz im kaufmännischen Verkehr stattfindet (Dernburg, Schuldrecht II 1 S. 58; JW. **93** 39 Anm. 13). In der Regel ist es der Markt- oder Börsenpreis (RG. **96** 125). Beispiele: EEE. **26** 318 (ein im Druck befindliches Buch); EEE. **24** 11 (Musterkollektion). Alte Kleider usw. (RG. **98** 150). Es ist gleichgültig, ob der Preis im Einzelfall sehr hoch ist, weil ihn etwa Wucher oder Börsenmanöver in die Höhe getrieben haben (RG. **100** 104; ZVDEisV. **20** 894).

6. Wert, den eine Sache objektiv für jedermann hat (Verkäuflichkeitswert); siehe Düringer-Hachenburg § 430 Anm. 6; das ist oft der Kleinhandelspreis, aber nicht immer, es kann auch der Großhandelspreis sein, wenn es sich um eine Sendung aus einem Großhandelsvertrag handelt: z. B. Baumwolle aus Bremen.

Er wird regelmäßig höher sein als der Erzeugerpreis (Selbstkosten für Arbeit und Rohstoff) (JW. 10 32); bei gebrauchten Sachen ist es der Althändlerverkaufspreis (Arch. f. Eis. 20 469). Wo Höchstpreise festgesetzt sind, kann gemeiner Wert nie höher sein, als diese sind; auch nicht bei Auslandsware. Bei Richtpreisen gilt dasselbe, wenn sie tatsächlich den Preisstand maßgeblich beeinflußt haben (EEE. 38 139). Schleichhandelspreise werden nie ersetzt (RG. 89 231; Arch. f. Eis. 20 100; RG. 96 124; JW. 20 502; aber auch 987; EEE. 37 250, 38 13); völlig unmaßgeblich ist der Anschaffungspreis (RG. 98 151 [Umzugsgut]; Arch. f. Eis. 21 673); ebenso der individuelle Wert, den das Gut im Einzelfalle für einen der Frachtbeteiligten hat (ROHG. 13 395). Bezüglich der Kursfrage vgl. Goltermann in EEE. 38 13; RG. 96 123; JW. 20 13; ebendort 43 957. Nach BGB. § 244 ist grundsätzlich Schadensersatz in deutschem Gelde zu leisten; gilt also auch bei Gütern, die in fremder Währung eingekauft sind (siehe RG. 105 312; EEE. 40 117); gegebenenfalls Umrechnung nach dem Kurse des Auslieferungstages (ZVDEisV. 23 449, 498, 802); abweichend für den Fall der Auslieferung auf deutschem Frachtbrief im Ausland Rundnagel-Sperber S. 124; siehe hierüber RG. 102 62; JW. 23 498; VerkR. I 325, 346; JW. 22 382; EEE. 36 97. Über die Beachtung der Geldentwertung siehe J.W. 23 Heft 4; Warneyer, Geldentwertung und Vertragserfüllung; Brunner, Aufwertung und Rechtsprechung (ZVDEisV. 26 829). Über Verzugsschaden Anm. 12.

7. Höhe hat der Berechtigte zu beweisen; in der Regel wird der Verkaufspreis (Rechnung!) als richtig angenommen werden können, doch muß davon das abgezogen werden, was nicht Kaufpreis ist (Provision, Übersendungskosten, Rabatt; siehe EEE. 2 358); siehe auch EEE. 38 290.

8. Siehe EVO. § 61.

9. Auch Zollspesen, z. B. Gebühren des Zollspediteurs (Senckpiehl, EEE. 37 126; Goltermann 38 17).

10. Z. B. Deckenmiete, Auslagen, Anrollkosten, statistische Gebühr, nicht aber Versicherungskosten (EEE. 37 127); auch

nicht Verpackungskosten, denn Verpackung gehört zum Gut; wohl aber gehören hierher Zinsen, und zwar 5 v. H. bei beiderseitigen Handelsgeschäften von der Fälligkeit ab (HGB. § 352, § 353; Art. 42 JÜ.), sonst bei Nichtkaufleuten 4 v. H. vom Verzuge ab (§§ 246, 288 BGB.; EEE. 35 168; Blume, Arch. f. Eis. 1914; RG. I v. 11. Nov. 1922 — I 603/21 —). Anwaltsgebühren sind dann zu ersetzen, wenn sie zur zweckentsprechenden Rechtsverfolgung erforderlich waren (JW. 20 394; Goltermann, EEE. 38 18; siehe dort auch wegen der Umsatzsteuer).

11. Auch Wiegegebühr, Zählkosten, Nachnahmegebühr, nicht aber Vorfrachten (Kleinbahnfracht). Diese können höchstens bei Berechnung des Versandwertes berücksichtigt werden.

12. Bei Totalverlust sind diese Beträge in voller Höhe, bei Teilverlust pro rata zu erstatten (Rundnagel, Haftung S. 193; abweichend Eger § 88 S. 499); ob dadurch noch eine Wertminderung der gesamten Sendung eingetreten, ist Tatfrage und von dem Behauptenden zu beweisen (siehe ROHG. 15 372, 16 44; RG. 15 133; EEE. 4 415). Nicht zu ersetzen ist der Betrag für Nachsendung eines Ersatzstückes.

13. Bei Beschädigung ist der Schadensbetrag folgendermaßen zu berechnen: Als Minuend ist der Wert nach Abs. 1 oben einzusetzen, also Versandwert des unbeschädigten Gutes zuzüglich der Beförderungskosten; die herrschende Meinung (Staub § 454 Anm. 3; Boethke, EEE. 24 407) zieht hiervon ab den Wert des beschädigten Gutes am Ablieferungsort. Rundnagel (BefGesch. S. 462 und Haftung, 2. Aufl. S. 199) verbessert diese Formel, indem er auch im Subtrahend die Beförderungsleistung bewertet (ROHG. 13 395). Hiergegen Rundnagel-Sperber § 25; namentlich S. 129 ff. Mit ihm möchte ich der Denkschrift folgen: Zu ersetzen ist der Wert des unbeschädigten Gutes am Versandort (WuV) zuzüglich der Kosten (K), gemindert im Verhältnis des Wertes des beschädigten Gutes (WbE) zum unbeschädigten am Empfangsort (WuE); also $\frac{(WuV + K)\,(WuE - WbE)}{WuE}$.

14. Über die Geltendmachung von Verzugschaden siehe Hans. RZ. **22** 917; RG. **102** 144; über Verzinsung oben Anm. 10. Über das Problem der Geldentwertung siehe Oertmann, BerkR. **23** 234; JW. **23** 433; Haustein, ZVDEisV. **23** 587; Geiler, JW. **23** 103; Kraner, ebendort S. 106; Süßkind, ebendort S. 108. Über Valutaschäden JW. **23** 498. Die Einlassung auf einen Rechtsstreit begründet allein noch keine Erhöhung der Entschädigungspflicht (ZVDEisV. **23** 321).

§ 89.

Beschränkung der Höhe des Schadensersatzes durch den Tarif.

(1) Die Eisenbahn kann in besonderen Bedingungen [1]) (Ausnahmetarifen) [2]) einen im Falle des Verlustes,[3]) der Minderung [3]) oder der Beschädigung [4]) zu erstattenden Höchstbetrag festsetzen, wenn diese Ausnahmetarife eine Preisermäßigung [5]) für die ganze Beförderungsstrecke gegenüber den gewöhnlichen Tarifen enthalten und wenn der gleiche Höchstbetrag auf die ganze Beförderungsstrecke Anwendung findet. Verlangt der Absender die Anwendung eines solchen Ausnahmetarifs, so hat er dies im Frachtbrief unter Bezeichnung des Tarifs zu vermerken.

I. Ob und für welche Güter solche besonderen Bedingungen (Ausnahmetarife) mit beschränkter Haftung bestehen, ist im Teil I Abteilung B oder in den Tarifteilen II bestimmt.

(2) Die Eisenbahn kann ferner die bei Verlust, Minderung oder Beschädigung von Gegenständen des § 54 Abs. (2) B Ziffer 1 zu leistende Entschädigung [6]) im Tarif auf einen Höchstbetrag beschränken.[7])

II. Für die in der Ausführungsbestimmung II zu § 54 (2) B 1 genannten Kunstgegenstände [8]) wird bei Verlust, Minderung oder Beschädigung keine höhere Entschädigung als von 5000 Reichsmark für den einzelnen Gegenstand, für die übrigen dort genannten Gegenstände keine höhere Entschädigung als von 150 Reichsmark für 1 kg Reingewicht des unverpackten Gegenstandes (sogenannte innere Verpackung gilt nicht als Ware) geleistet.

(3) Wegen der Fälle, in denen voller Ersatz zu leisten ist, vergl. § 95.

HGB. §§ 461 ff.; JÜ. Art. 35, 37, 41; JÜG. Art. 34.

Literatur: Pitzler, VerkR. 22 293; Sperber, ebendort S. 226; Oertmann, ebendort S. 305.

1. Siehe EEE. 28 14. Hierher gehört z. B. die Bestimmung im Ausnahmetarif für Milch („Die Eisenbahn haftet nur für den Schaden, der ausschließlich auf ihr Verschulden zurückzuführen ist"); auch die Haftungsbeschränkung in den Einstellungsverträgen über Privatgüterwagen (siehe § 84 Anm. 6). Über Angabe des Interesses an der Lieferung siehe § 92 Abs. (4).

2. Veröffentlichung ist erforderlich (RG. 93 279).

3. Begriff siehe EVO. § 84 Anm. 3, 4.

4. Nicht für Lieferfristüberschreitung.

5. Es muß also dem Absender die Wahl mindestens von zwei Tarifen möglich sein.

6. ROHG. 20 404.

7. Ob es zulässig ist, die Haftung im Tarif zu beschränken, ist bestritten, namentlich von Eger Anm. 480; Senckpiehl, Sped.u. SchiffZtg. v. 21. Mai 1920, „Recht" 19 364 und Kostbarkeiten S. 62; JW. 21 516. Dagegen mit Recht Rundnagel, Haftung, 2. Aufl. S. 207; EEE. 37 207; Sperber und v. d. Leyen, JW. 21 517, 1302, 22 576; Arch. f. Eis. 22 757; ZVDEisV. 22 209. Das RG. 104 9 hat sich dem angeschlossen mit eingehender Begründung.

8. Über den Versuch, den Begriff „Kostbarkeit" tarifarisch festzulegen, siehe § 54 Anm. 11; über Begriff Kunstgegenstände siehe ebendort Anm. 12.

§ 90.

Vermutung für den Verlust des Gutes.

Der zum Empfange Berechtigte[1]) kann das Gut ohne weiteren Nachweis[2]) als verloren betrachten, wenn es nicht spätestens am dreißigsten Tage nach Ablauf der Lieferfrist[3]) abgeliefert werden kann.[4])[5])

JÜ. Art. 33; JÜG. Art. 30.

1. Gemeint ist der „Verfügungsberechtigte" [EVO. § 99 (1)]; EEE. **31** 188. Vorschrift ist gültig, denn sie enthält eine Erweiterung der Haftpflicht der Eisenbahn (HGB. § 471).

2. Rechtsvermutung zugunsten des Berechtigten; er kann Ersatz verlangen, ohne den Verlust beweisen zu müssen; Vermutung gilt nicht zugunsten der Eisenbahn; dieser steht Gegenbeweis, daß das Gut noch vorhanden, nicht zu (siehe EEE. **17** 328, 338, **18** 358, **25** 366, **28** 172, **40** 131; JW. **23** 514). Will Berechtigter vor Fristablauf entschädigt sein, muß er den Verlust beweisen (EEE. **25** 366). Kein Verschulden, wenn Absender bei aufgehobener Lieferfrist sich nach 30 Tagen nicht nach einem Ersatzstück umsieht (siehe DJZ. **19** 100).

3. Berechnung bei aufgehobener Lieferfrist siehe RG. **99** 19, **104** 415, **106** 101; Sommerfeldt, ZVDEisV. **21** 603.

4. Gilt auch bei teilweisem Verlust; abweichend Eger Anm. 483.

5. Über Wiederauffinden des Gutes siehe § 91.

§ 91.

Wiederauffinden des Gutes.

(1) Der Entschädigungsberechtigte kann bei Empfang der Entschädigung für das verlorene Gut in der Quittung verlangen,[1]) daß er sofort benachrichtigt werde, wenn das Gut wiedergefunden wird.[2]) Hierüber ist ihm eine Bescheinigung zu erteilen.

(2) Innerhalb 30 Tagen nach erhaltener Nachricht kann der Entschädigungsberechtigte beanspruchen, daß ihm das Gut nach seiner Wahl auf der im Frachtbrief angegebenen Versand- oder Bestimmungsstation kostenfrei ausgeliefert werde.[3]) Die erhaltene Entschädigung hat er nach Abzug des gemäß § 94 für die Überschreitung der Lieferfrist zu gewährenden Schadensersatzes [4]) zurückzuzahlen.[5])

(3) In allen anderen Fällen kann die Eisenbahn über das wiederaufgefundene Gut frei verfügen.[6])

JÜ. Art. 36; JÜG. Art. 30.

Literatur: Vogel, Anspruch auf Herausgabe überzähliger Güter (EEE. 41 10).

1. Wortlaut ist nicht vorgeschrieben (z. B. „Vorbehaltlich meiner Rechte am Gut"). Vorbehalt, der nur mündlich oder schriftlich in anderer Form oder in einem anderen Zeitpunkt erhoben, ist unbeachtlich. Wird keine Quittung ausgestellt (z. B. bei Übersendung durch die Post), wird man dem Empfänger des Schadensbetrages das Recht zugestehen müssen, den Vorbehalt alsbald schriftlich der Eisenbahn gegenüber zu erklären (vgl. Rundnagel, Haftung S. 230 Anm. 7; siehe auch EEE. 27 137, 40 131; JW. 23 514).

2. Ohne Befristung (früher vier Monate); die Eisenbahn muß daher die Quittung 30 Jahre aufbewahren (BGB. § 195).

3. Nicht auch Fundbahnhof (a. A. Eger, BernFrÜb. Art. 36 Anm. 185). Versendung nach einem anderen Bahnhof setzt neuen Frachtvertrag voraus. Freie Zuführung in die Wohnung ist nicht vorgeschrieben (siehe Boethke, EEE. 24 407).

4. Also nicht auch etwaige Zahlungen aus §§ 93, 95 EVO. (so Rundnagel, BefGesch. S. 474; abweichend Eger Anm. 487).

5. Also keine Vergütung für etwaige Mehrleistung (Aufbewahrung, Rückbeförderung u. a.; siehe Boethke, EEE. 24 407).

6. Eigentumsübergang kraft Gesetzes; aber nur, wenn die Eisenbahn Entschädigung gezahlt hat. In der vorbehaltlosen

Annahme des Entschädigungsbetrages liegt eine Einigung über den Eigentumsübergang (BGB. § 929 Satz 2; vgl. auch BGB. § 255). Ist eine Entschädigung nicht gezahlt, ist Eisenbahn zur Auslieferung des wieder aufgefundenen Gutes verpflichtet (aber EVO. § 98). Allerdings ist nicht oft nachweisbar, daß die Eisenbahn für ein bestimmtes überzähliges Gut Entschädigung gezahlt hat (z. B. bei Kohlensäureflaschen, Eisenfässern). Hier greift die gesetzliche Vermutung des BGB. (§§ 986, 1006) ein (siehe JW. 23 229).

§ 92.

Angabe des Interesses an der Lieferung.

(1) Der Absender kann das Interesse an der Lieferung [1]) im Frachtbrief [2]) angeben. Hierfür ist eine im Tarife festzusetzende Gebühr zu zahlen.

I. Das Interesse an der Lieferung ist in Reichsmark anzugeben.

(2) Der Betrag, der das Interesse an der Lieferung darstellt, ist in den Frachtbrief an der dafür vorgesehenen Stelle mit Buchstaben einzutragen.[2])

(3) Die Gebühr ist für unteilbare Einheiten von je 10 Reichsmark und 10 Tarifkilometer zu berechnen und darf 0,2 Reichspfennig für die Einheit nicht übersteigen. Überschießende Beträge werden auf 10 Reichspfennig aufgerundet. Als Mindestbetrag für die Beförderungsstrecke von der Versand- bis zur Bestimmungsstation werden 40 Reichspfennig erhoben.

II. Die Gebühr für Angabe des Interesses an der Lieferung ist im Nebengebührentarif (Teil I Abteilung B) festgesetzt.

(4) Ist die Ersatzpflicht nach § 89 auf einen Höchstbetrag beschränkt,[3]) so ist eine Angabe des Interesses

an der Lieferung über diesen Betrag hinaus unzulässig.[4])

HGB. §§ 463, 471; JÜ. Art. 6, 38; JÜG. Art. 35.

1. EVO. kennt Interesseangabe mit Wirkung für den Eintritt von

a) Verlust, Minderung, Beschädigung (EVO. § 93) sowie von

b) Lieferfristüberschreitung (EVO. § 94).

Aus der Regelung im § 93 und 94 folgt: Sie ist Angabe des Interesses des Absenders am Mehrwert und am Verzug. Getrennte Angabe ist nicht gestattet, dagegen kann Schaden gleichzeitig aus beiden Ursachen entstehen (siehe Rehse, ZVDEisV. 08 1601). Beispiel: Wert des Gutes (§ 88) 1000 Mark; Interesseangabe 4000 Mark: im Verlustfall Entschädigungshöchstbetrag 5000 Mark; im Verzugsfall 4000 Mark.

2. Abs. (1) und (2) decken sich nicht ganz. Ist Interesseangabe zwar im Frachtbrief, nicht aber an der vorgeschriebenen Stelle eingetragen, muß Annahmebediensteter die Annahme ablehnen. Der Hinweis (Staub § 463 Anm. 1), daß § 3 EVO. einen derartigen Grund zur Beförderungsverweigerung nicht kenne, ist nicht stichhaltig. § 3 setzt voraus, daß die Formalien des Frachtvertrages in Ordnung sind. Die Nichtbeachtung des Abs. (2) bewirkt nach Ansicht der herrschenden Meinung Nichtigkeit der Interesseangabe; der Frachtvertrag bleibt gültig (Staub § 463 Anm. 1). Hiergegen unter Hinweis auf §§ 125, 139 BGB. mit beachtlichen Gründen Rundnagel-Sperber S. 146. Für den Fall, daß der Vermerk übersehen und sonst angewandte Sicherungsmaßnahmen unterlassen wurden, wird man zum mindesten ein Mitverschulden des Absenders annehmen müssen (Z. f. HandR. 16 614).

3. Bezieht sich nicht auf EVO. § 94 (Rundnagel, Haftung S. 205). Da aber nur einheitliche Angabe möglich, ergibt sich folgendes: Auch im Falle des Abs. 4 kann das Interesse auch über den Betrag des § 89 EVO. angegeben werden; jedoch hat Mehrbetrag nur Bedeutung für Lieferfristüberschreitung (Schulz § 92 Anm. 3).

4. In dem nach § 89 EVO. festgesetzten Höchstbetrag ist (abweichend von Anm. 1) die Höchstgrenze für Entschädigungsleistung zu suchen (Rundnagel, Haftung S. 218; Rundnagel-Sperber S. 143 Anm. 1).

§ 93.

Höhe des Schadensersatzes für Verlust, Minderung oder Beschädigung bei Angabe des Interesses an der Lieferung.

Ist das Interesse an der Lieferung angegeben, so kann bei Verlust, Minderung oder Beschädigung des Gutes [1]) außer der im § 88 bezeichneten Entschädigung [2]) der Ersatz des weiter entstandenen Schadens [3]) bis zu dem angegebenen Betrage [4]) beansprucht werden.[5])

Vgl. § 92 EVO.; HGB. § 463; JÜ. Art. 38; JÜG. Art. 33.

1. Siehe § 84 Anm. 3 bis 5 EVO.

2. Beispiel siehe § 92 Anm. 1.

3. Einschließlich des entgangenen Gewinns; beweispflichtig für das Entstehen des Schadens und dessen Höhe ist der Berechtigte.

4. Beim Zusammentreffen von Verlust und Lieferfristüberschreitung gilt der Höchstbetrag für beide Schadensursachen (Rehse, ZVDEisV. 08 1661); siehe EVO. § 94 (2).

5. Bei Vorsatz und grober Fahrlässigkeit ist die Angabe des Interesses ohne Bedeutung (siehe EVO. § 95).

§ 94.

Haftung für Überschreitung der Lieferfrist.

(1) [1]) Bei Überschreitung der Lieferfrist [2]) hat die Eisenbahn den nachgewiesenen Schaden [3]) zu ersetzen, und zwar:

a) wenn das Interesse an der Lieferung nicht angegeben ist, bis zur Höhe der Fracht,[4])

b) wenn das Interesse an der Lieferung angegeben ist, bis zum angegebenen Betrage. Ist dieser niedriger als die unter a bestimmte Entschädigung, so kann letztere beansprucht werden.[5])

(2) Die aus diesen Bestimmungen sich ergebenden Ansprüche können auch neben etwaigen Ansprüchen wegen Verlustes, Minderung oder Beschädigung des Gutes geltend gemacht werden. Ist das Interesse an der Lieferung angegeben, so kann außer dem nach § 88 zu berechnenden Schadensersatz als Ersatz für den gesamten weiteren Schaden (§ 93), einschließlich des durch die Überschreitung der Lieferfrist entstandenen, höchstens der angegebene Betrag des Interesses gefordert werden. Sinngemäß gilt die Vorschrift des zweiten Satzes im Abs. (1) b.[6])

(3) Die Haftung der Eisenbahn ist ausgeschlossen,[7]) wenn die Fristüberschreitung von einem Ereignisse herrührt, das die Eisenbahn weder herbeigeführt hat noch abzuwenden vermochte.

(4) Wegen der Fälle, in denen voller Ersatz zu leisten ist, vergl. § 95.

HGB. Art. 466, 463, 471, 429; IÜ. Art. 39 ff.; IÜG. Art. 27, 33.

1. Die frühere Bestimmung, wonach auch bei nicht entstandenem oder nachgewiesenem Schaden ein Teil der Fracht zurückerstattet wurde, ist aufgehoben (VO. v. 27. Dez. 1922; RGBl. **23** II 1). Anwendung war auch nur möglich bei starren Lieferfristen (RG. **104** 415, **99** 19). Überschreitung der Lieferfrist setzt voraus, daß das Gut zur Zeit des Ablaufs der Lieferfrist noch nicht in Verlust geraten war (alsdann EVO. §§ 84, 86);

abweichend Eger Anm. 498; siehe hierzu Rundnagel-Sperber S. 34 Anm. 12. Verlust nach Ablauf der Lieferfrist schließt Haftung aus § 94 nicht aus (abweichend Reindl, ZVDEisV. 96 246). Die Haftung für Überschreitung der Lieferfrist ist hier erschöpfend geregelt. Es ist nicht angängig, jede Verzögerung als positive Vertragsverletzung anzusehen und damit die gesamten Vorschriften des § 94 umzustoßen. Über den Inhalt der Haftung vgl. Düringer-Hachenburg § 66 Anm. 3; siehe unten Anm. 6.

2. D. i. Ablauf der Lieferfrist (§ 75) ohne Ablieferung des ganzen Gutes; auch bei Teilverspätung (siehe Staub § 463 Anm. 4; Rundnagel, BefGesch. S. 472 Anm. 7). Nur die bestimmungsgemäße Lieferfrist ist maßgebend, nicht etwa die übliche (EEE. 31 314, 234, 34 316; ZVDEisV. 20 750). Innerdienstliche Vorschriften begründen keinen Rechtsanspruch (EEE. 33 296). Auf Verzögerung unterwegs kommt es nicht an, wenn nur die Frist im ganzen innegehalten ist (EEE. 20 126, 25 182, 257). Dies gilt selbst bei grobfahrlässiger Verzögerung; ob auch bei Vorsatz, kann im Hinblick auf § 226 BGB. (Schikane) fraglich sein (siehe RG. 89 338, 100 51). Bei Verlust, Minderung oder Beschädigung leichtverderblicher Güter infolge der Beförderungsverzögerung haftet die Eisenbahn nur aus § 94, also höchstens bis zur Höhe der Fracht, nicht aber auch aus §§ 84, 86 (siehe Rundnagel, Haftung S. 53; EEE. 12 252, 19 215; Polloczek, EEE. 31 150; auch 34 311, 324; vor allem Sperber, ZVDEisV. 20 733 und die dort Angeführten). Die Eisenbahn haftet grundsätzlich nur im Falle des Verschuldens [vgl. Abs. (3)].

3. Also auch entgangener Gewinn und individuelles Interesse.

4. Reine Fracht, ohne Vorfracht, Nebengebühren, Auslagen (ROHG. 14 200; EEE. 21 126).

5. Siehe Rundnagel, Haftung S. 200; EEE. 24 319. Interessenangabe stellt also hier Höchstgrenze dar, wenn sie Fracht übersteigt (anders bei Verlust; siehe EVO. § 92 Anm. 1).

6. Gemeint ist der Schaden, der durch eine erst während der Verzögerung eingetretene Transportgefahr entstanden ist und ohne die Verzögerung nicht eingetreten wäre. Bisher war streitig,

ob Häufung der Ansprüche überhaupt oder doch von Verlust und Verspätung zulässig sei (siehe Litteratur bei Eger 498 und Rundnagel-Sperber S. 34 Anm. 12). Diese Bestimmung darf aber nicht dazu führen, neue Haftungsgründe einzuführen, z. B. bei Verlust infolge von Lieferfristüberschreitung Ersatzleistung aus §§ 84, 86 EVO. zu verlangen, obwohl die dort verlangten Tatbestände gar nicht vorliegen. Bedenklich RG. v. 10. Dez. 1924 in ZVDEisV. **25** 562. (Schulz, Die Haftpflicht S. 108; vgl. Sperber, ZVDEisV. **20** 734; RG. **100** 51). Beispiel: Verderb von Krabben (ZVDEisV. **22** 268).

7. Beweispflichtig für Art und Umfang des Schadens sowie die Lieferfristüberschreitung ist der Entschädigungsberechtigte; dagegen hat Eisenbahn das Vorliegen der Entlastungsgründe (Abs. 4) zu beweisen.

8. Streitig, ob Eisenbahn bis zur höheren Gewalt haftet (so Rundnagel, BefGesch. S. 458 und die dort Angeführten; Schulz, Haftpflicht S. 108; Senckpiehl S. 283, 327; auch wohl Staub § 466 Anm. 1); doch müssen die Vertreter dieser Ansicht zahlreiche Ausnahmen zulassen (Verschulden des Berechtigten, Anweisung desselben usw.). Richtiger ist wohl, daß Eisenbahn nicht haftet, wenn sie das die Verspätung hervorrufende Ereignis weder selbst noch durch ihre im Dienst befindlichen Bediensteten herbeigeführt hat und ihr die Nichtabwendung des Ereignisses nicht als Verschulden angerechnet werden kann. Für Streiks folgt daraus, daß sie, auch wenn sie nicht als höhere Gewalt anzusehen sind, trotzdem den Tatbestand des § 94 (3) erfüllen können (Kittel § 94 Anm. 5; Dernburg 2 § 329; Boethke, EEE. **24** 209, 343, **17** 266, **21** 168). Lieferfristüberschreitung allein ist noch kein Verschulden; Eisenbahn hat Sorgfalt eines ordentlichen Frachtführers anzuwenden. Beispiele für Haftungsausschluß: Streik (EEE. **23** 372, 399; abweichend **25** 140, 197, 264; Baumgarten, EEE. Sonderheft **25** 1); eigenmächtige Kontrolle der Betriebsräte; sind dies Eisenbahner, dann, wenn nach der politischen Lage ein Einschreiten unmöglich ist; Beschlagnahme (EEE. **22** 354); Naturereignisse (Tunneleinsturz, EEE. **19** 4); Schaden an den Betriebs-

mitteln (Heißlaufen), aber dann schnelles Umladen (EEE. 19 135); Verkehrsstockung infolge Güterandranges ist nicht Betriebsstörung im Sinne des § 75; sie kann aber der Eisenbahn dann wohl nicht zur Last gelegt werden, wenn sie auf Naturereignisse zurückzuführen ist; abweichend wohl RG. in EEE. 33 77, unter Hinweis auf die Möglichkeit der Annahmeverweigerung; dagegen mit rechtlich beachtenswertem Grunde Starck, EEE. 40 Heft 2. Ausgleich beiderseitigen Verschuldens hat gemäß BGB. § 254 zu erfolgen.

9. Zahlreiche Beispiele siehe Rundnagel, BefGesch. § 148 Anm. 7.

§ 95.

Schadensersatz bei Vorsatz oder grober Fahrlässigkeit der Eisenbahn.[1])

Ist der Schaden [2]) durch Vorsatz [3]) oder grobe Fahrlässigkeit [4]) der Eisenbahn [5]) herbeigeführt,[6]) so ist in allen Fällen [7]) der volle Schaden zu ersetzen.[8]) [9])

HGB. §§ 457, 466, 471; BGB. §§ 249 ff.; JÜ. Art. 41; JÜG. Art. 36.

1. Diese Bestimmung soll die Haftung der Eisenbahn, die sich aus §§ 84 ff. ergibt, hinsichtlich der Höhe des Schadensbetrages verschärfen (ROHG. 8 271; RG. 89 338, 100 53; Goltermann, EEE. 38 16; abweichend Eger S. 534; Schulz, Haftpflicht S. 112); sie will keinen selbständigen Haftungsgrund einführen; bei Innehaltung der Lieferfrist besteht also beispielsweise keine Haftpflicht, auch wenn innerhalb ihres Laufes eine Verzögerung vorsätzlich oder fahrlässig herbeigeführt ist (EEE. 31 234, 30 379, 33 296). Eine Unterlassung kann nur dann schuldhaft sein, wenn eine Pflicht — hier dem Frachtvertragsgegner gegenüber — zum Handeln bestand (Planck, BGB. § 276 Anm. 1; JW. 20 969).

2. Den die Eisenbahn zu vertreten hat. Beweispflichtig ist der Fordernde (Arch. f. Eis. 22 749, 964).

3. Voraussehen — nach anderer Meinung: Wollen — des Erfolges.

4. Grobe Außerachtlassung der Sorgfalt eines ordentlichen Frachtführers (**EEE. 17** 260, **27** 162); eine ohne jede Anstrengung der Aufmerksamkeit zu vermeidende Fahrlässigkeit (**EEE. 22** 28).

5. Oder ihrer Leute (siehe EVO. § 5). Diebstahl der Bediensteten ist also der Eisenbahn als Vorsatz anzurechnen (**ROHG. 23** 309; **RG. 7** 129; Düringer-Hachenburg S. 850). Daß Eisenbahner gestohlen haben, muß der Fordernde beweisen; es besteht keine Vermutung für Diebstahl der Bediensteten (siehe Sommerfeldt, **ZVDEisV. 22** 113, gegen **RG. 102** 206), doch muß Eisenbahn Vorkehrungen zur Überwachung ihrer Bediensteten treffen (**ROHG. 12** 430) (siehe oben § 86 Anm. 7).

6. Bei beiderseitigem Verschulden Schadensausgleich gemäß § 254 BGB. (siehe hierüber **JW. 26** 1437), und zwar muß sich Absender ein Verschulden des Empfängers, dieser ein Verschulden des Absenders anrechnen lassen (siehe Düringer-Hachenburg § 430 Anm. 17).

7. Endgültig entscheidet richterliches Ermessen; die Eigenarten des Bahnbetriebs (Massenbetrieb [es gibt Güterabfertigungen, auf denen bis 8000 Briefe täglich behandelt werden], Hast, Eile) ist zu berücksichtigen (siehe Goltermann, **EEE. 38** 16; **RG. 89** 342; abweichend Senckpiehl, EisTransp. S. 329).

8. Nach §§ 249 ff. BGB. also Naturalersatz; in der Praxis aber fast nur Geldentschädigung üblich, die zureicht, statt des in Verlust geratenen Gutes Ersatz zu beschaffen. Dies war während der Zeit der Inflation besonders beachtlich (siehe **RG. 101** 418, **102** 143, 383). Zum Schaden gehört auch entgangener Gewinn (Begriff BGB. § 252), ferner Entwertung, Konventionalstrafen. Geltend zu machen ist der Schaden, der allen Frachtbeteiligten entstanden ist (siehe **RG. 62** 334; Hellwig S. 82 ff., 482). Der volle Schaden ist nie geringer als die Entschädigung nach § 88 EVO.

9. Beispiele:

a) Vorsatz oder grobe Fahrlässigkeit ist nicht angenommen bei: Verzögerung innerhalb der Lieferfrist (siehe oben Anm. 1);

Abfertigung nach einem Bahnhof gleichen oder ähnlichen Namens (EEE. 26 298; abweichend Arch. f. Eis. 23 517); unrichtiger Bezettelung eines Wagens (EEE. 20 118; abweichend 34 312) oder Stückgutes; Loslösen des Beklebezettels (Sped. u. SchiffZtg. 21 777, 1043); Fehlverladung (EEE. 27 160, 14 20; abweichend 22 271); Verwechslung von Wagennummern (17 252, 18 306, 26 140, 298; abweichend 34 312); versäumter Ausladung auf einer Unterwegsstation (EEE. 17 329, 27 160; abweichend 16 54); selbst Rangierstöße brauchen noch nicht eine grobe Fahrlässigkeit darzustellen (EEE. 27 171, 309, 31 89; RG. 64 169; ZVDEisV. 20 220).

b) Dagegen bedeutet grobe Fahrlässigkeit: das Abhandenkommen von Gut und Brief (siehe EEE. 41 48, 43 1, 83; Verk.-Rundsch. 22 469; JW. 23 238; abweichend, aber wohl richtiger, EEE. 41 360). Zusammenladung offensichtlich hierzu ungeeigneter Güter (Kaffee und Petroleum) (Busch, Arch. f. Eis. 10 388; Z. f. HandR. 19 614); Diebstahl durch Dritte, wenn Eisenbahn nicht die erforderlichen Abwehrmaßnahmen getroffen hat (ROHG. 12 430) — vollständige Einzäunung der großen Bahnhöfe oder gar der Strecke ist natürlich unmöglich, Einzäunung oder Bewachung der Ladestraßen vielleicht im Einzelfall zu verlangen (Nähe großer Städte) —; mangelhafte Handhabung des Ermittlungsdienstes (EEE. 22 28, 371, 27 57; siehe Rundnagel-Sperber S. 142 Anm. 23; vgl. ferner die unter Anm. 9 a als „abweichend“ bezeichneten Urteile). Es ist sonach Tatfrage, ob im Einzelfall die Umstände eine erhöhte Sorgfalt hätten verlangen müssen. Nicht richtig ist, wenn Senckpiehl (S. 330) in jeder Verletzung positiver Vorschriften der EVO. oder ihrer Ausführungsvorschriften grobe Fahrlässigkeit sehen will. Noch weniger gilt dies naturgemäß bei Verletzung innerdienstlicher Vorschriften, z. B. der Allgemeinen Abfertigungsvorschriften oder auch der Ermittlungsvorschriften (siehe aber oben Anm. 9 b). Gemeinsames Verschulden ist angenommen bei Schreibfehler in der Frachtbriefadresse (EEE. 40 126; doch ist dies Erkenntnis mit Rücksicht auf EVO. § 57 wohl unrichtig).

§ 96.

Verwirkung der Ersatzansprüche.

Werden Gegenstände, deren Beförderung nach gesetzlicher Vorschrift oder aus Gründen der öffentlichen Ordnung verboten ist [1]) oder die von der Beförderung ausgeschlossen [2]) oder nur bedingungsweise [2]) zur Beförderung zugelassen sind, unter unrichtiger [3]) Bezeichnung aufgegeben oder werden die für diese Gegenstände vorgesehenen Sicherheitsmaßregeln vom Absender unterlassen,[4]) so ist die Haftung der Eisenbahn auf Grund des Frachtvertrages [5]) ausgeschlossen.[6]) [7])

HGB. §§ 467, 471; JÜ. Art. 43; JÜG. Art. 28.

1. Über diese, von § 467 abweichende Fassung siehe Rundnagel-Sperber S. 49. Gültigkeit dieses Zusatzes muß schon mit Rücksicht auf EVO. § 3 (1) 2 angenommen werden (abweichend Eger § 96 Anm. 503; Staub § 467 Anm. 1). Bezüglich der Schiebergeschäfte siehe JW. **20** 396, 562.

2. Durch EVO., AAB. oder Tarif (abweichend Senckpiehl, Kostbarkeiten, S. 84; siehe EVO. §§ 3, 30, 48, 54, auch Anl. C; betr. Kunstgegenstände, die ohne diese Bezeichnung aufgeliefert, siehe ZVDEisV. **22** 424, 673; unrichtig bezüglich Reisegepäck JW. **22** 590).

3. Nicht mehr wie früher auch „ungenauer" (trotz HGB. § 467); siehe EEE. **25** 120, **28** 115, 352; auch oben EVO. § 60 Anm. 2.

4. Namentlich Anl. C; siehe EVO. § 54 Anm. 5.

5. Also z. B. nicht auf Grund des Verwahrungsvertrages (EVO. § 64). Streitig ist, ob der Vertrag nichtig ist. Für Nichtigkeit namentlich v. d. Leyen (Z. f. HandR. **30** 84; siehe auch ZVDEisV. **01** 172). In Abweichung von der in der zweiten Auflage vertretenen Ansicht nehme ich Gültigkeit des Vertrages an. Eisenbahn hat an sich den Vertragsabschluß abzulehnen (§ 54

Anm. 1); hat sie den Vertrag versehentlich abgeschlossen, ist er gültig; sie kann ihn aber jederzeit anfechten (BGB. §§ 142, 119, 123); § 134 steht dem nicht entgegen, da ja eben das Gesetz (§ 96 EVO.) ein anderes ergibt, nämlich nur den Ausschluß der Haftung. Es entstehen also für die Eisenbahn alle Rechte aus dem Frachtvertrag, bis zur Aufhebung des Vertrages auch alle Pflichten mit Ausnahme der Haftung für Verlust, Minderung und Beschädigung, selbst bei Vorsatz (Diebstahl ihrer Leute; EEE. **25** 120, **28** 82; siehe auch RG. in ZVDEisV. **22** 229; RG. **103** 184; Düringer-Hachenburg § 467 Bem. 3). Auch bei konkurrierendem Verschulden entfällt Haftung der Eisenbahn.

6. Nicht erforderlich ist, daß der Schaden aus der unrichtigen Bezeichnung entstanden ist (EEE. **25** 120; **28** 82). Verschulden des Absenders ist nicht Voraussetzung (EEE. **1** 199). Hat Eisenbahn bei Annahme des Gutes dessen Beschaffenheit gekannt, wird man mit der herrschenden Meinung § 96 EVO. nicht anwenden dürfen (siehe Fuchs, JW. **22** 590; KG. **22** 589; RG. **97** 112; zustimmend Rundnagel-Sperber S. 53; RG. **67** 289, **95** 58, **97** 327). Über das Zusammentreffen von Vertragsrecht und außervertraglicher Haftung siehe oben Einl. zu VIII Anm. 9; RG. **97** 109, **102** 38, **105** 38; EEE. **41** 152, 272, **24** 129).

7. Treffen die Voraussetzungen nur bei einem Teil des Gutes zu, entfällt die Haftung nur bezüglich dieses Teiles, denn § 96 ist als Ausnahmebestimmung einschränkend auszulegen (siehe RG. **97** 109; ZVDEisV. **23** 210).

§ 97.

Erlöschen der Ansprüche nach Bezahlung der Fracht und Abnahme des Gutes.

(1) Ist die Fracht nebst den sonst auf dem Gute haftenden Forderungen bezahlt [1]) und das Gut abgenommen,[2]) so sind alle Ansprüche gegen die Eisenbahn [3]) aus dem Frachtvertrag [4]) erloschen.

(2) Hiervon sind ausgenommen:

1. Entschädigungsansprüche für Schäden, die durch Vorsatz oder grobe Fahrlässigkeit der Eisenbahn herbeigeführt sind;[5])
2. Entschädigungsansprüche wegen Überschreitung der Lieferfrist, wenn sie spätestens am vierzehnten Tage,[6]) den Tag der Abnahme nicht mitgerechnet, bei einer der nach § 100 in Anspruch zu nehmenden Eisenbahnen schriftlich angebracht werden;[7])
3. Entschädigungsansprüche wegen solcher Mängel, die nach § 82 oder § 83 vor der Abnahme des Gutes festgestellt worden sind oder deren Feststellung entgegen der Vorschrift im § 82 durch Verschulden der Eisenbahn unterblieben ist;[8])
4. Entschädigunganansprüche wegen solcher Mängel, die bei der Abnahme äußerlich nicht erkennbar waren,[9]) wenn der Berechtigte unverzüglich [10]) nach der Entdeckung und spätestens binnen einer Woche [6]) nach der Abnahme entweder schriftlich [11]) bei der Eisenbahn [12]) eine nach § 82 vorzunehmende Untersuchung oder bei Gericht die Besichtigung des Gutes durch Sachverständige beantragt und beweist,[14]) daß der Mangel in der Zeit zwischen der Annahme und der Ablieferung entstanden ist. Ist der Eisenbahn [12]) der Mangel unverzüglich [10]) nach der Entdeckung und binnen der bezeichneten Frist angezeigt,[13]) so genügt es, wenn die Feststellung unverzüglich [10]) nach dem Zeitpunkte beantragt wird, bis zu dem der Eingang einer Antwort der Eisenbahn unter regelmäßigen Umständen erwartet werden darf;
5. Ansprüche wegen zu Unrecht erhobener Fracht-

zuschläge und unrichtiger Berechnung von Fracht und Gebühren.[15])

(3) Der Empfänger kann die Abnahme des Gutes auch nach Annahme des Frachtbriefs und Bezahlung der Fracht so lange ablehnen, bis seinem Antrag auf Feststellung der behaupteten Mängel stattgegeben ist.[16]) Vorbehalte bei der Abnahme des Gutes sind nur wirksam, wenn sie unter Zustimmung der Eisenbahn gemacht sind.[17])

(4) Wenn von mehreren im Frachtbriefe verzeichneten Gegenständen einer Sendung bei der Ablieferung einzelne fehlen, so kann sie der Empfänger in der Empfangsbescheinigung [18]) als fehlend aufführen.

HGB. §§ 438, 464, 471; JÜ. Art. 44; JÜG. Art. 44.

Literatur: Gorden, Erlöschen bei frankierten Sendungen, EEE. 31 163; Loening, Tatbestand und Entschädigungsanspruch, EEE. 41 303; Irrtum des Empfängers bei der Annahme, EEE. 41 149; Rundnagel-Sperber S. 159, namentlich Anm. 8.

1. Einerlei von wem, also auch vom Absender bei Freisendungen; dies auch dann, wenn Empfänger ebenfalls Zahlungen zu leisten hat (siehe Gorden, EEE. 31 1 u. 163; Reindl, EEE. 19 303 und ZVDEisV. 97 101; Senckpiehl, EisTranspGesch. S. 334; Düringer-Hachenburg § 438 Anm. 20; abweichend Eger Anm. 505; Staub § 438 Anm. 4 u. 6). Zahlung in bar oder auch Hingabe an Zahlungs Statt. Im Frachtstundungsverkehr wird Barzahlung ersetzt durch vertraglich vereinbarte Zahlungsregelung (Vermerk im Stundungskonto, Hingabe von Anweisungsschecks; siehe Rundnagel-Sperber S. 161; Starck, EEE. 39 7; abweichend Staub § 438 Anm. 5); Teilzahlung ist als genügend anzusehen (als Indiz will sie ROHG. 1 181 werten); Zahlungsversprechen genügt nicht (RG. 25 31). Rechtswirkung tritt kraft Gesetzes ein, ohne daß sie der Zahlende gewollt haben muß. Nur die Zahlung selbst kann wegen Irrtums angefochten werden, nicht ihre Folgen.

2. Soll heißen „angenommen" (siehe EVO. §§ 76 Anm. 1,

84 Anm. 8; Rundnagel-Sperber S. 161; **EEE. 25** 367; ZBDEisB. **04** 211), entfällt somit bei Totalverlust während der Beförderung (**EEE. 22** 371, **26** 404, **28** 440), natürlich auch bei Auslieferung eines falschen Gutes (**EEE. 16** 3, **22** 371). Annahme des Frachtbriefs oder Avises allein genügt nicht, Wirkung tritt auch nicht ein, wenn Absender Gut vor Absendung zurücknimmt (**RG. 22** 145) oder Gut vor Ankunft auf der Bestimmungsstation ohne nachträgliche Anweisung des Absenders ausgeliefert wird. Zustellung auf dem Anschlußgleis genügt dann, wenn sie vertragsmäßig (namentlich hinsichtlich Ort und Zeit) erfolgt (abweichend Senckpiehl, EisTranspGesch. S. 335). Ausstellen eines neuen Frachtbriefs zwecks Weitersendung des Gutes gilt als Annahme (ZBDEisB. **21** 456; **RG. 102** 258, 93; **EEE. 39** 50; Rundnagel-Sperber S. 22 u. 161; abweichend **EEE. 43** 58, **40** 10).

3. Nicht auch umgekehrt die Eisenbahn gegen Absender oder Empfänger. Das Erlöschen ist von Amts wegen zu berücksichtigen. Abweichend die herrschende Meinung (siehe Rundnagel-Sperber S. 16).

4. Alle Ansprüche aus der mangelhaften Erfüllung des Vertrages, also nicht nur wegen Verlusts, Minderung, Beschädigung oder Lieferfristüberschreitung, soweit sie bis zur Ablieferung entstanden sind (Senckpiehl, VerkR. I S. 229). Nicht hierunter fallen die auf anderen Rechtsgründen beruhenden Ansprüche (unerlaubte Handlung, Verwahrung [§ 64]) (Gorden, **EEE. 15** 79; **ROHG. 15** 34, **24** 305), wohl aber Ansprüche wegen vergeblich versuchter Abholung (**EEE. 22** 24, **23** 355) und wegen Teilverlustes (**EEE. 21** 155). Ansprüche wegen der Höhe der Fracht sind in § 70 besonders geregelt [siehe auch unten (2) Ziff. 5].

5. Siehe EVO. § 95. Bloßes Verschweigen etwa dem Zahlenden zustehender Ansprüche ist weder Vorsatz noch grobe Fahrlässigkeit. Bei Arglist ist BGB. § 823 anzuwenden (**EEE. 24** 233). Gilt auch für Lieferfristüberschreitung (**EEE. 17** 260, **24** 30, 63). Entgegen (2) Ziff. 2 u. 3 ist keine Frist gesetzt (**EEE. 24** 30).

6. Berechnung siehe BGB. §§ 187 ff., 193; **EEE. 25** 150. Als empfangsbedürftige Willenserklärungen müssen die Ansprüche innerhalb der Frist den Eisenbahnen zugehen (siehe BGB. § 130 ff.; EEE. **15** 123; DJZ. **08** 824, **09** 1388; EEE. **25** 150).

7. Siehe EEE. **18** 217, **15** 123, **25** 150. Schriftlichkeit ist Mußvorschrift, doch genügt Aufnahme eines Protokolls mit Unterschrift. Beigabe des Frachtbriefs ist nicht erforderlich (EEE. **18** 68, **20** 352). Klageerhebung innerhalb dieser Frist ersetzt Anbringung.

8. EEE. **23** 357, **24** 64, **27** 45, **28** 194.

9. EVO. § 84; Mängel von Gut und Verpackung (EEE. **39** 127, **11** 216, **12** 215).

10. Da das „Unverzüglich" die Frist von einer Woche entgegen dem § 464 HGB. verkürzt, ist diese Fristbestimmung nichtig (HGB. § 471); so EEE. **40** 128; Eger Anm. 510; Düringer-Hachenburg § 464 Anm. 2; abweichend Rundnagel-Sperber S. 167.

11. Mußvorschrift (Weiß, JW. **22** 796; abweichend Starck, JW. **22** 86).

12. Anträge oder Anzeige an bahnamtliche Rollfuhrunternehmer genügt nicht.

13. Nachweis der Absendung innerhalb der Frist genügt.

14. Siehe EEE. **22** 256, **25** 361, **18** 146, **21** 280, **23** 357.

15. Siehe EVO. § 70.

16. Siehe EVO. §§ 82, 83.

17. EEE. **22** 314, **20** 315; ROHG. **15** 28, 142, **25** 33; DJZ. **04** 312.

18. Siehe EVO. § 76 (1).

§ 98.

Verjährung[1]) der Ansprüche gegen die Eisenbahn wegen Verlustes, Minderung oder Beschädigung des Gutes oder wegen Überschreitung der Lieferfrist.

(1)[2]) **Die Ansprüche gegen die Eisenbahn wegen Verlustes, Minderung oder Beschädigung[3]) des Gutes oder wegen Überschreitung der Lieferfrist[4]) verjähren in einem Jahre.**

(2) Die Verjährung beginnt bei Beschädigung oder Minderung mit dem Ablaufe des Tages, an dem abgeliefert ist,[5]) bei Verlust [6]) oder bei Überschreitung der Lieferfrist mit dem Ablaufe der Lieferfrist.[7])

(3) Die Verjährung wird durch die schriftliche Anmeldung des Anspruchs [8]) bei der Eisenbahn [9]) gehemmt.[10]) Ergebt auf die Anmeldung ein abschlägiger Bescheid, so läuft die Verjährungsfrist von dem Tage ab weiter, an dem die Eisenbahn ihre Entscheidung dem Anmeldenden schriftlich bekanntmacht und ihm die der Anmeldung etwa angeschlossenen Beweisstücke [11]) zurückstellt. Weitere Gesuche, die an die Eisenbahn oder an die vorgesetzten Behörden gerichtet werden, hemmen die Verjährung nicht.

(4) Wegen der Unterbrechung der Verjährung bewendet es bei den allgemeinen gesetzlichen Vorschriften.[12])

(5) Die im Abs. (1) bezeichneten Ansprüche können nach der Vollendung der Verjährung nur aufgerechnet werden, wenn vorher [13]) der Verlust, die Minderung, die Beschädigung oder die Überschreitung der Lieferfrist der Eisenbahn angezeigt oder die Anzeige an sie abgesendet worden ist. Der Anzeige an die Eisenbahn steht es gleich, wenn gerichtliche Beweisaufnahme zur Sicherung des Beweises beantragt oder wenn in einem zwischen dem Absender und dem Empfänger oder einem späteren Erwerber des Gutes wegen des Verlustes, der Minderung, der Beschädigung oder der Fristüberschceitung anhängigen Rechtsstreite der Eisenbahn der Streit verkündet wird.

(6) Die Vorschriften dieses Paragraphen finden keine Anwendung, wenn die Eisenbahn den Verlust, die Minderung, die Beschädigung oder die Fristüber-

schreitung vorsätzlich[14]) herbeigeführt hat.[15]) Sie finden ferner keine Anwendung auf Rückgriffsansprüche der Eisenbahnen untereinander (§ 100).

HGB. § 470; JÜ. Art. 45, 46; JÜG. Art. 45.

Literatur: Gorden in EEE. **28** 134; Reindl, ebenda **21** 318; Epstein, ebenda **22** 320; DJZ. **03** 100, 122; ZVDEisV. **02** 386, 553, 627; Roeder, EEE. **40** 153; RG. **95** 34.

1. Die allgemeinen Bestimmungen über Verjährung (BGB. § 195 ff.) gelten auch hier.

2. Es verjähren die Ansprüche der Eisenbahn

a) auf Zahlung der Fracht mit Einschluß der Auslagen in zwei Jahren, beginnend mit dem Ablauf des Entstehungsjahres (BGB. § 196), z. B. Fehler bei der Erhebung der richtig berechneten Fracht (siehe Reindl, EEE. **25** 13; ZVDEisV. **99** 545);

b) wegen unrichtiger Frachtberechnung in einem Jahre (EVO. § 71; RG. **64** 285; EEE. **22** 70); hierunter fallen auch Rückzahlung zuviel erstatteter Frachtrückvergütungen (EEE. **24** 263, **29** 279);

c) wegen Zahlung des Frachtzuschlags in einem Jahre [EVO. § 60 (5)];

d) wegen der sonstigen Ansprüche in den allgemeinen Verjährungsfristen, also 30 Jahre (§ 195 BGB.) oder z. B. drei Jahre (§ 852 ebendort).

3. Siehe EVO. § 84 Anm. 3, 4, 5.

4. Also nicht auch die anderen Ansprüche, z. B. aus Verwahrung (§ 64); auf Erfüllung des Frachtvertrages usw. siehe EEE. **17** 277; hier läuft die dreißigjährige Frist. Über die sechsmonatige Frist des § 638 BGB. siehe Düringer-Hachenburg § 439 Anm. 2 (RG. **62** 119, **64** 41, **66** 12).

5. Ablieferung siehe § 76 Anm. 1. Frist läuft also nicht bei Annahmeverweigerung, wohl aber bei Ersatzablieferung (ROHG. 17 80; RG. **34** 260; EEE. **14** 306).

6. Auch bei Auslieferung an einen Unberechtigten (EEE. 10 101, 11 343).

7. Bei aufgehobener Lieferfrist nach Ablauf der angemessenen (EEE. 38 206); siehe EVO. § 75. Die Frist des § 90 wird nicht einberechnet.

8. Siehe JW. 22 1539 und EVO. § 97 Anm. 6. Beigabe des Frachtbriefs wird nicht gefordert. Die Frist läuft ab, auch wenn der Berechtigte die Entstehung des Schadens nicht kennt oder den Anspruch nicht geltend machen kann (ROHG. 15 126; Staub § 414 Anm. 6).

9. Der nach § 100 EVO. zuständigen. A. A. Eger Anm. 523; Düringer-Hachenburg § 470 Anm. 10.

10. Siehe auch BGB. §§ 202 ff.

11. D. s. Urkunden, die für die Klageerhebung und die Verfolgung des Ersatzanspruchs von Bedeutung sind (EEE. 41 135; Staub § 470 Anm. 7), Frachtbrief, Originalfaktura, auch Abtretungsurkunde, nicht aber eidesstattliche Versicherung.

12. Siehe BGB. § 195 ff.; ROHG. 16 181, 21 337, 49 95. Feststellungsklage unterbricht Verjährung in voller Höhe, bezifferte Leistungsklage nur in Höhe des geforderten Betrages (RG. 75 306; Recht 23 242, 250), es sei denn, daß Klage ersehen läßt, daß voller Ausgleich erstrebt wird (RG. 102 143; Recht 23 321).

13. Vor Vollendung der Verjährung (Epstein 21 95, 22 320; Reindl, ebendort 21 318).

14. Also nicht auch grobfahrlässig (ROHG. 12 137, 15 32).

15. Verhinderung der Geltendmachung der Verjährung (JW. 24 1968).

§ 99.

Geltendmachung der Rechte aus dem Frachtvertrage.

(1) Zur Geltendmachung der Rechte [1]) aus dem Frachtvertrage [2]) gegenüber der Eisenbahn ist nur der

befugt, dem das Verfügungsrecht [3]) über das Gut zusteht (vergl. aber §§ 60 und 70).[4])

(2) Vermag der Absender, dem an sich das Verfügungsrecht zusteht, das Frachtbriefduplikat, den Aufnahmeschein oder eine Bescheinigung der Versandstation, daß eine solche Urkunde nicht ausgestellt ist, nicht vorzuzeigen, so kann er seinen Anspruch nur mit Zustimmung des Empfängers [5]) geltend machen, es sei denn, er wiese nach, daß der Empfänger die Annahme des Gutes [6]) verweigert hat.

(3) Außergerichtliche Ansprüche sind schriftlich [7]) bei der nach § 100 zuständigen Eisenbahn [8]) geltend zu machen. War der Frachtbrief dem Empfänger übergeben, so ist er vorzulegen. Handelt es sich um eine Entschädigung wegen Verlustes, Minderung oder Beschädigung, so ist eine Bescheinigung über den Wert des Gutes beizufügen.

(4) Die Eisenbahn hat die Ansprüche mit tunlichster Beschleunigung zu prüfen und den Antragsteller, wenn keine Verständigung erfolgt, schriftlich zu bescheiden.[9])

HGB. §§ 455, 471; JÜ. Art. **26** 8, 15; JÜG. **40** 41.

1. Aktivlegitimation; gilt für gerichtliche wie außergerichtliche Geltendmachung.

2. Also nicht aus anderen Verträgen, z. B. Verwahrungsvertrag (§ 64 EVO.), aus Handlungen vor Abschluß oder nach Ablauf des Vertrages; siehe auch EEE. **23** 391.

3. D. h. wenn ein Duplikat nicht ausgestellt ist, der Absender bis zur Ankunft des Gutes oder wenigstens eines Teiles (bei Teilverlust) auf dem Bestimmungsbahnhof; von da ab bis zur Annahme des Frachtbriefes oder Klageerhebung (EVO. § 73 Abs. 9) sowohl Absender als Empfänger, von da ab lediglich der Empfänger (vgl. Rundnagel-Sperber S. 176; siehe EEE. **17** 164,

18 354, **23** 10, **24** 253, 379). Doch kann der Empfänger erst reklamieren, wenn er den Frachtbrief eingelöst hat. Einlösung nützt ihm aber nichts, wenn das Gut auf der Bestimmungsstation nicht ankommt (EEE. **23** 377), nur bei Teilverlust erlangt er auch das Reklamationsrecht über den fehlenden Teil. Ist ein Duplikat ausgestellt, ist das Verfügungsrecht des Absenders beschränkt (siehe EVO. § 73 Abs. 5 und § 99 Abs. 2). Bei gänzlichem Verlust des Gutes ist also lediglich der Absender berechtigt (Staub § 435 Anm. 1; EEE. **23** 377; Hellwig, Verträge auf Leistung § 68). Tritt der Empfänger zurück, leben die Rechte des Absenders wieder auf (siehe oben § 73 Anm. 26; a. A. Eger Anm. 528 und die dort Angeführten). Außer Betracht bleibt das Rechtsverhältnis zwischen dem Absender und Empfänger (RGEntsch. 1 1; siehe Leutke, Das Verfügungsrecht beim Frachtgeschäft, S. 59 ff.; EEE. **23** 377) oder zwischen ihnen und Dritten (RGEntsch. **19** 145). Der Eigentümer hat aus dem Frachtvertrag kein Klagerecht (siehe EEE. **23** 395 und Einl. zu Abschn. VIII; a. A. Sendpiehl S. 341), auch nicht der Dritte, für den etwa der Absender angeblich den Frachtvertrag abgeschlossen hat (siehe RGEntsch. in Z. f. Kleinbahnen **20** 326).

4. Rückzahlungsansprüche wegen zuviel erhobener Frachtzuschläge (§ 60 Abs. 4) und Frachten (§ 70 Abs. 2).

5. Siehe EEE. **18** 319. Verweigert der Empfänger die Zustimmung, hat niemand das Reklamationsrecht. Es ist Sache des Absenders, sich wegen Erklärung der Zustimmung mit dem Empfänger auseinanderzusetzen.

6. Stimmt nicht mit EVO. § 73 Abs. 9 überein; müßte heißen „des Frachtbriefes". (Abweichend Eger Anm. 529.)

7. Auch zu Protokoll. Der Berechtigte kann auch sofort klagen; Prozeßkosten nach § 93 ZPO. Auf Vorlage des Frachtbriefes hat die Eisenbahn einen Rechtsanspruch (vgl. aber Übereink. z. VerBetrRegl. Art. 18 Ziff. 3).

8. Die Eisenbahnen werden vertreten durch ihre Direktionen, die Deutsche Reichsbahn-Gesellschaft durch die Reichsbahndirektionen. Die Verkehrsämter und Dienststellen (Abfertigungen)

sind zwar organisationsmäßig zur Behandlung von Entschädigungsansprüchen zuständig, nicht aber zur Prozeßvertretung. Klagen gegen deutsche Bahnen im Ausland siehe RG. 62 165; EEE. 26 376.

9. Bei schuldhafter Versäumung und Mahnung nach Fälligkeit: Verzug (JW. 26 486).

§ 100.

Haftung mehrerer an der Beförderung beteiligter Eisenbahnen.[1])

(1) Die Versandbahn haftet [2]) für die Ausführung der Beförderung bis zur Ablieferung des Gutes an den Empfänger, ohne Rücksicht darauf, ob nur eigene oder auch fremde Strecken benutzt werden.

(2) Jede nachfolgende Bahn tritt dadurch, daß sie das Gut [3]) mit dem ursprünglichen Frachtbrief [4]) annimmt, diesem gemäß in den Frachtvertrag ein und übernimmt die selbständige Verpflichtung, die Beförderung nach dem Inhalte des Frachtbriefs auszuführen.

(3) Die Ansprüche aus dem Frachtvertrage [5]) können jedoch — unbeschadet des Rückgriffs der Bahnen untereinander — im Wege der Klage nur gegen die Versandbahn oder gegen die Bahn, die das Gut zuletzt mit dem Frachtbrief übernommen hat, oder gegen die Bahn, auf deren Strecke sich der Schaden ereignet [6]) hat, gerichtet werden. Unter diesen Bahnen hat der Kläger die Wahl.[7]) Das Wahlrecht erlischt mit Erhebung der Klage.[8])

(4) Durch Widerklage oder Aufrechnung [9]) können Ansprüche aus dem Frachtvertrag auch gegen eine

andere Bahn geltend gemacht werden, wenn deren Klage sich auf denselben Frachtvertrag gründet.

(5) Hat auf Grund dieser Vorschriften eine der beteiligten Bahnen Schadensersatz geleistet, so steht ihr der Rückgriff gegen die Bahn zu, die den Schaden verschuldet hat. Kann diese nicht ermittelt werden, so haben die beteiligten Bahnen den Schaden nach dem Verhältnis ihrer Streckenlängen, mit denen sie an der Beförderung beteiligt sind, gemeinsam zu tragen, soweit nicht festgestellt wird, daß der Schaden nicht auf ihren Strecken entstanden ist. Die Befugnis der Eisenbahnen, über den Rückgriff im voraus oder im einzelnen Falle andere Vereinbarungen zu treffen, wird hierdurch nicht berührt.[10])

HGB. §§ 468, 469, 471; JÜ. Art. 27, 47 ff.: JÜG. Art. 26, 42, 48:

1. Passivlegitimation (siehe ROHG. 3 59, 7 99, 11 209, 21 57) Bestimmung regelt nur die Frage, welche von verschiedenen an der Beförderung beteiligten Bahnen in Anspruch zu nehmen ist, nicht aber, welche Verwaltungsstelle der einzelnen Bahn (siehe EVO. § 99 Anm. 8). Eintritt des Reichs in die von den einzelnen Staatsbahnen geführten Prozesse siehe JW. 23 1028.

2. Gesetzliches Gesamtschuldverhältnis (BGB. § 421; HGB. § 432), aber nur im Rahmen des Frachtvertrages; was vor seinem Abschluß liegt oder ihm nachfolgt, berührt die übrigen Bahnen nicht. Wegen Gesamthaftung zwischen Groß- und Kleinbahnen siehe § 1 Anm. 3.

3. Oder einen Teil des Gutes (Ann. d. RG. 4 489; EEE. 16 111). Annahme unter Protest berührt nicht das Verhältnis zum Absender (ROHG. 11 209).

4. Es muß sich um einen durchgehenden Frachtbrief handeln (RG. 18 170; Staub § 479 Anm. 2). Jeder neue oder unter Umständen auch alte, aber in seinem wesentlichen Inhalt ver-

änderte Frachtbrief (z. B. Weiterbeförderung auf Grund nachträglicher Anweisung) bedeutet einen neuen Frachtvertrag: an ihm sind nur die Bahnen beteiligt, deren Strecken auf Grund dieses Frachtbriefes durchlaufen werden (RLHG. 7 218)

5. Für Ansprüche anderer Art, z. B. aus einem Verwahrungsvertrage, aus unerlaubter Handlung, ungerechtfertigter Bereicherung, haftet nur die betreffende Bahn (EEE. 16 159). Weitergabe an Gut und Brief hat die beklagte Eisenbahn zu beweisen (abweichend Eger Anm. 547).

6. Maßgebend ist der Eintritt, nicht die Verursachung des Schadens (Rundnagel, Haftung S. 271); den, nicht immer leichten Nachweis hat der Kläger zu führen (Düringer-Hachenburg § 409 Anm. 3, § 469 Anm. 5).

7. Siehe EEE. 39 52. Klage nur gegen eine Bahn; Gerichtsstand Sitz der beklagten Behörde (Reichsbahndirektion) (§§ 17 ff. ZPO.); über den Gerichtsstand des Erfüllungsortes siehe EEE. 5 64, 21 127; bei unerlaubter Handlung ZPO. § 32 (Tatort); auch besonderer Gerichtsstand ist möglich.

8. Einerlei, ob sie zum gewollten Ziel führt; Klageerhebung gegen eine passiv nicht legitimierte Bahn hat diese Wirkung nicht.

9. Aufrechnung gegenüber Reichsbahn (BGB. § 395) siehe RG. 82 235.

10. So hat der Verein Deutscher Eisenbahnverwaltungen im Art. 14 des Übereinkommens zum Betriebsreglement (1. Juli 1914; Nachtrag 1. Jan. 1923) besondere Regelung für seine Vereinsmitglieder getroffen.

Anlage B
zu § 49 (2) EVO.

Nähere Bestimmungen über die Beförderung von lebenden Tieren.

I. Verladung.

§ 1. (1) Soweit die Stationen nach dem Tarif unbeschränkt oder beschränkt für den Viehverkehr bestimmt sind, müssen sie mit Vorrichtungen versehen sein, die, den Abfertigungsbefugnissen entsprechend, ein zweckmäßiges Ein- und Ausladen der Tiere gestatten.

(2) Auf der Oberfläche hölzerner Verladerampen müssen in angemessenen Zwischenräumen schmale Latten mit abgerundeten Kanten angebracht sein, damit die Tiere sicher fußen können.

(3) Die Oberfläche fester Rampen darf höchstens 1 : 8, die der beweglichen Vorrichtungen höchstens 1 : 3 geneigt sein.

(4) Die Ladebrücken müssen hinreichend breit und mit mindestens 20 Zentimeter hohen Schutzleisten an beiden Seiten sowie mit Trittlatten (Abs. 2) versehen sein. Auch müssen Vorkehrungen zum Schutze gegen seitliches Abdrängen der Tiere getroffen sein.

(5) Auf Stationen mit regelmäßigem größeren Viehversand sowie auf den Tränkstationen (§ 6) oder in deren Nähe müssen zur vorübergehenden Unterbringung des Viehes eingefriedigte Räume (Buchten oder Bansen) vorhanden sein, von denen ein angemessener Teil überdeckt sein muß. Diese von der Eisenbahn zu schaffenden Räume müssen Brunnen oder Wasserleitung sowie Vorrichtungen zum Anbinden, Füttern und Tränken der Tiere enthalten. Sie müssen in kleinere Abteilungen geteilt sein, in denen die Tiere verschiedener Gattung und das Großvieh (Pferde, einschließlich Ponys, auch Fohlen, ferner Rindvieh, Maultiere, Esel und dergleichen) vom Kleinvieh (Schweine, Kälber, Schafe, Ziegen, Hunde, Geflügel und dergleichen) getrennt unterzubringen sind; Muttertiere mit saugenden Jungen

bleiben zusammen. Der Fußboden muß so beschaffen sein, daß eine ordnungsmäßige Reinigung möglich ist.

(6) Für die vorübergehende Unterbringung der Tiere in überdeckten Räumen kann eine im Tarife festzusetzende Gebühr erhoben werden. Sie dient zugleich als Vergütung für die Benutzung der Einrichtungen zum Füttern und Tränken.

§ 2. (1) Die Tiere sind in bedeckten oder in hochbordigen offenen Wagen zu befördern. In den Monaten Januar, Februar, März, November und Dezember dürfen offene Wagen nur auf Antrag des Absenders gestellt werden. Geflügel darf nur in bedeckten Wagen befördert werden.

(2) Mehrbödige Wagen dürfen nur verwendet werden, wenn sie an den Seiten Lattenwände haben; diese müssen so weit aus dichten Brettern bestehen oder mit dichten Klappen versehen sein, daß die Tiere gegen Zugluft von unten geschützt sind und das Herausfallen von Kot und Streu verhindert wird. Diese Bestimmung gilt nicht für die mehr als zweibödigen zur Geflügelbeförderung bestimmten Wagen. Doch müssen auch bei diesen Wagen die Seitenwände aus Latten bestehen und mit Schutzleisten versehen sein, die das Herausfallen von Kot und Streu verhindern.

(3) Die Unterkästen der Wagen dürfen nur zur Beförderung einzelner unterwegs erkrankter Tiere benutzt werden.

(4) Die lichte Breite der zur Beförderung von Großvieh dienenden Wagen muß mindestens 2,60 Meter betragen.

(5) Bei Verwendung bedeckter Wagen zur Viehbeförderung sind solche Wagen auszuwählen, die in der Nähe der Wagendecke an den Längs- oder Stirnseiten je zwei verschließbare Öffnungen von je mindestens 0,40 Meter Länge und 0,30 Meter Breite haben und außerdem an den Türen mit Vorrichtungen versehen sind, die ihr Offenhalten in einer Breite von 0,35 Meter bei Großvieh und von 0,15 Meter bei Kleinvieh ermöglichen. Bleiben die Türen während der Fahrt ganz geöffnet, so müssen die Türöffnungen durch einen 1,50 Meter hohen Bretterverschlag oder durch Lattengitter verstellt sein.

(6) Die offenen Wagen müssen bei Verwendung für Großvieh eine Bordhöhe von mindestens 1,50 Meter und bei Verwendung für Kleinvieh eine Bordhöhe von mindestens 0,75 Meter über dem Fußboden haben.

(7) Zum Festbinden der Tiere müssen Vorrichtungen, wie eiserne Ringe oder dergleichen, in den Wagen angebracht sein.

(8) Die Ladefläche der zur Beförderung von Tieren dienenden Wagen muß an der Außenseite angegeben sein, und zwar bei mehrbödigen und bei den in mehrere Abteile geteilten Wagen derart, daß die Größe eines jeden Raumes ersichtlich ist.

(9) Bezüglich der vorhandenen alten Wagen können Abweichungen von den Vorschriften in Abs. (4) und (5) von den Landesaufsichtsbehörden nach Zustimmung des Reichs-Eisenbahnamts [1]) zugelassen werden.

§ 3. (1) Die zur Beförderung von Tieren dienenden Käfige, Kisten, Körbe, Säcke oder anderen Behälter müssen geräumig und luftig sein. Die Tiere dürfen nicht geknebelt aufgegeben werden.

(2) Käfige oder ähnliche Behälter müssen einen dichten Boden und so weit hinauf dichte Wände haben, daß eine Verunreinigung des Wagens durch Kot und Streu möglichst ausgeschlossen ist. Diese Vorschrift gilt nicht für Geflügel in Wagenladungen. Der Boden der Behälter muß mit Heu, Stroh, Sand, Torfmull oder Sägespänen bedeckt sein. Bei der Verladung ist darauf zu achten, daß zu den Tieren ausreichend frische Luft treten kann; insbesondere dürfen andere Güter nicht auf die Behälter und diese nur dann übereinander verladen werden, wenn durch Leisten oder dergleichen dafür gesorgt ist, daß zwischen dem Boden des oberen und dem Deckel des unteren Behälters ein Luftraum von mindestens 3 Zentimeter Höhe frei bleibt. Behälter, die ganz oder zum Teil aus Latten bestehen, müssen so beschaffen sein, daß die Tiere nicht einzelne Körperteile hindurchzwängen können; auch müssen sie so hoch sein, daß die Tiere zwanglos darin stehen können. Gebrauchte Käfige, Kisten, Körbe, Säcke oder dergleichen dürfen nur nach gründlicher Reinigung wieder benutzt werden. Ferner müssen Käfige oder ähnliche Behälter, wenn die Beförderung voraussichtlich mehr als 36 Stunden dauert, mit zweckmäßigen Vorrichtungen zum Tränken und bei Kleinvieh auch zum Füttern der Tiere versehen sein, sofern nicht der Absender für die Fütterung und Tränkung auf Unterwegsstationen in anderer Weise gesorgt hat.

(3) Bei Festsetzung der größten Zahl der in einen Wagen zu verladenden Tiere ist zu berücksichtigen, daß Großvieh nicht aneinander und gegen die Wandung des Wagens gepreßt

---

[1]) Siehe Anm. *) Seite 23.

stehen darf. Dieser Vorschrift ist genügt, wenn sich ein Mann zwischen den eingeladenen Tieren hindurch bewegen kann. Bei der Querverladung muß außerdem zwischen den Tieren und den Wagenwänden so viel Raum bleiben, daß eine Verletzung der Tiere durch Aufscheuern oder dergleichen am Kopfe oder am Hinterteile vermieden wird. Kleinvieh, auch solches in Käfigen, muß die Möglichkeit haben, sich zu legen. Die Entscheidung darüber, ob diesen Vorschriften entsprochen ist, steht dem Aufsichtsbeamten zu.

(4) Großvieh und Kleinvieh sowie Tiere verschiedener Gattung dürfen in denselben Wagen nur dann verladen werden, wenn jede Gattung durch Schranken, Bretter- oder Lattenverschläge von der anderen getrennt wird. Auch in Käfigen oder ähnlichen Behältern müssen Tiere verschiedener Gattung durch Verschläge oder dergleichen voneinander getrennt werden. Bei der Beförderung von Muttertieren mit saugenden Jungen fallen diese Beschränkungen weg.

(5) Die mit unverpacktem Geflügel beladenen Wagen sind unter Bleiverschluß zu befördern.

(6) Die Fußböden der offenen Wagen und derjenigen bedeckten Wagen, die Lattenwände haben, dürfen nicht mit leichtentzündlichen Stoffen bestreut werden.

II. Beförderung.

§ 4. (1) Lebende Tiere werden in Viehzügen und Güterzügen, nach näherer Bestimmung der Eisenbahn auch in Personenzügen befördert.

(2) Viehzüge müssen auf Strecken mit regelmäßigem starken Viehverkehr an bestimmten, von der Eisenbahn bekanntzumachenden Tagen — regelmäßig oder nur nach Bedarf — nach den bei jedem Fahrplanwechsel festzusetzenden Fahrplänen verkehren; sie müssen derart gelegt sein, daß der Aufenthalt für das auf den Anschlußlinien zu- und abgehende Vieh auf das unbedingt nötige Maß beschränkt wird. Bei Aufstellung der Fahrpläne ist für die Tränkstationen (§ 6) ein ausreichender Aufenthalt vorzusehen.

(3) Steht so viel Vieh zur Beförderung, daß zu seiner Verladung mindestens 20 Achsen erforderlich sind, so ist in Ermangelung anderer Beförderungsgelegenheiten ein besonderer Viehzug abzulassen.

§ 5. (1) Die durchschnittliche Geschwindigkeit der Viehzüge [§ 4 Abs. (2)] darf — vorbehaltlich der Befugnis der Landesaufsichtsbehörde,[1]) bei besonderen Verhältnissen nach nach Genehmigung des Reichs-Eisenbahnamts [1]) Abweichungen zu gestatten — nicht weniger als 25 Kilometer in der Stunde betragen. Soweit Bestimmungen der Eisenbahn-Bau- und -Betriebsordnung dieser Geschwindigkeit entgegenstehen, ist sie zu ermäßigen.

(2) Die für die Tränkstationen vorzusehenden Aufenthalte [§ 4 Abs. (2)] bleiben bei Berechnung der durchschnittlichen Geschwindigkeit außer Betracht.

(3) Für die Viehzüge der Militärverwaltung gilt die Vorschrift im Abs. (1) nicht.

§ 6. (1) Alle Tiere, deren Beförderung 24 Stunden oder länger in Anspruch nimmt, sollen vor der Verladung vom Absender gefüttert und getränkt werden. Dauert die Beförderung mehr als 36 Stunden, so sind die Tiere spätestens nach je 36 Stunden zu füttern und zu tränken. Für die Beförderung von Militärpferden in Viehzügen gelten vorstehende Bestimmungen nicht.

(2) Für die unterwegs erforderliche Fütterung und Tränkung sind nach Bedarf besondere Stationen mit Einrichtungen zu versehen. Diese Stationen (sogenannte Tränkstationen) werden vom Reichs-Eisenbahnamte [1]) nach Anhörung der beteiligten Landesregierungen bestimmt und sind in den Tarifen bekanntzumachen.

§ 7. (1) Das Verschieben der mit Tieren beladenen Wagen ist auf das dringendste Bedürfnis zu beschränken und stets mit besonderer Vorsicht vorzunehmen; heftiges Anstoßen ist unbedingt zu vermeiden.

(2) Die Behälter mit Tieren dürfen beim Ein- und Ausladen nicht gestoßen, geworfen oder gestürzt werden.

§ 8. Bei Beförderung zur Nachtzeit müssen die Begleiter von Viehsendungen gut brennende Laternen mit sich führen, wobei leichtentzündliche Brennstoffe, wie Petroleum oder dergleichen, verboten sind.

---

[1]) Siehe Anm. *) Seite 23.

Handelsgesetzbuch.

Vom 10. Mai 1897.

Sechster Abschnitt.

Frachtgeschäft.

§ 425. Frachtführer ist, wer es gewerbsmäßig übernimmt, die Beförderung von Gütern zu Lande oder auf Flüssen oder sonstigen Binnengewässern auszuführen.

§ 432. Übergibt der Frachtführer zur Ausführung der von ihm übernommenen Beförderung das Gut einem anderen Frachtführer, so haftet er für die Ausführung der Beförderung bis zur Ablieferung des Gutes an den Empfänger.

Der nachfolgende Frachtführer tritt dadurch, daß er das Gut mit dem ursprünglichen Frachtbrief annimmt, diesem gemäß in den Frachtvertrag ein und übernimmt die selbständige Verpflichtung, die Beförderung nach dem Inhalt des Frachtbriefes auszuführen.

Hat auf Grund dieser Vorschriften einer der beteiligten Frachtführer Schadensersatz geleistet, so steht ihm der Rückgriff gegen denjenigen zu, welcher den Schaden verschuldet hat. Kann dieser nicht ermittelt werden, so haben die beteiligten Frachtführer den Schaden nach dem Verhältnis ihrer Anteile an der Fracht gemeinsam zu tragen, soweit nicht festgestellt wird, daß der Schaden nicht auf ihrer Beförderungsstrecke entstanden ist.

Siebenter Abschnitt.

Beförderung von Gütern und Personen auf den Eisenbahnen.

§ 453. Eine dem öffentlichen Güterverkehre dienende Eisenbahn darf die Übernahme von Gütern zur Beförderung nach einer für den Güterverkehr eingerichteten Station innerhalb des Deutschen Reiches nicht verweigern, sofern

1. der Absender sich den geltenden Beförderungsbedingungen und den sonstigen allgemeinen Anordnungen der Eisenbahn unterwirft;
2. die Beförderung nicht nach gesetzlicher Vorschrift oder aus Gründen der öffentlichen Ordnung verboten ist;
3. die Güter nach der Eisenbahnverkehrsordnung oder den gemäß der Verkehrsordnung erlassenen Vorschriften und, soweit diese keinen Anhalt gewähren, nach der Anlage und dem Betriebe der beteiligten Bahnen sich zur Beförderung eignen;
4. die Beförderung mit den regelmäßigen Beförderungsmitteln möglich ist;
5. die Beförderung nicht durch Umstände, die als höhere Gewalt zu betrachten sind, verhindert wird.

Die Eisenbahn ist nur insoweit verpflichtet, Güter zur Beförderung anzunehmen, als die Beförderung sofort erfolgen kann. Inwieweit sie verpflichtet ist, Güter, deren Beförderung nicht sofort erfolgen kann, in einstweilige Verwahrung zu nehmen, bestimmt die Eisenbahnverkehrsordnung.

Die Beförderung der Güter findet in der Reihenfolge statt, in welcher sie zur Beförderung angenommen worden sind, sofern nicht zwingende Gründe des Eisenbahnbetriebs oder das öffentliche Interesse eine Ausnahme rechtfertigen.

Eine Zuwiderhandlung gegen diese Vorschriften begründet den Anspruch auf Ersatz des daraus entstehenden Schadens.

§ 454. Auf das Frachtgeschäft der dem öffentlichen Güterverkehre dienenden Eisenbahnen finden die Vorschriften des vorigen Abschnitts insoweit Anwendung, als nicht in diesem Abschnitt oder in der Eisenbahnverkehrsordnung ein anderes bestimmt ist.

§ 455. Die Eisenbahn ist verpflichtet, auf Verlangen des Absenders den Empfang des Gutes unter Angabe des Tages, an welchem es zur Beförderung angenommen ist, auf einem Duplikate des Frachtbriefes zu bescheinigen; das Duplikat ist von dem Absender mit dem Frachtbriefe vorzulegen.

Im Falle der Ausstellung eines Frachtbriefduplikats steht dem Absender das im § 433 bezeichnete Verfügungsrecht nur zu, wenn er das Duplikat vorlegt. Befolgt die Eisenbahn die Anweisungen des Absenders, ohne die Vorlegung des Duplikats zu verlangen, so ist sie für den daraus entstehenden Schaden dem Empfänger, welchem der Absender die Urkunde übergeben hat, haftbar.

§ 456. Die Eisenbahn haftet für den Schaden, der durch Verlust oder Beschädigung des Gutes in der Zeit von der Annahme zur Beförderung bis zur Ablieferung entsteht, es sei denn, daß der Schaden durch ein Verschulden oder eine nicht von der Eisenbahn verschuldete Anweisung des Verfügungsberechtigten, durch höhere Gewalt, durch äußerlich nicht erkennbare Mängel der Verpackung oder durch die natürliche Beschaffenheit des Gutes, namentlich durch inneren Verderb, Schwinden, gewöhnliche Leckage, verursacht ist.

Die Vorschrift des § 429 Abs. 2 findet Anwendung.

§ 457. Muß auf Grund des Frachtvertrags von der Eisenbahn für gänzlichen oder teilweisen Verlust des Gutes Ersatz geleistet werden, so ist der gemeine Handelswert und in dessen Ermangelung der gemeine Wert zu ersetzen, welchen Gut derselben Art und Beschaffenheit am Orte der Absendung in dem Zeitpunkte der Annahme zur Beförderung hatte, unter Hinzurechnung dessen, was an Zöllen und sonstigen Kosten sowie an Fracht bereits bezahlt ist.

Im Falle der Beschädigung ist für die Minderung des im Abs. 1 bezeichneten Wertes Ersatz zu leisten.

Ist der Schaden durch Vorsatz oder grobe Fahrlässigkeit der Eisenbahn herbeigeführt, so kann Ersatz des vollen Schadens gefordert werden.

§ 458. Die Eisenbahn haftet für ihre Leute und für andere Personen, deren sie sich bei der Ausführung der Beförderung bedient.

§ 459. Die Eisenbahn haftet nicht:

1. in Ansehung der Güter, die nach der Bestimmung des Tarifs oder nach einer in den Frachtbrief aufgenommenen Vereinbarung mit dem Absender in offen gebauten Wagen befördert werden,

   für den Schaden, welcher aus der mit dieser Beförderungsart verbundenen Gefahr entsteht;

2. in Ansehung der Güter, die, obgleich ihre Natur eine Verpackung zum Schutze gegen Verlust oder Beschädigung während der Beförderung erfordert, nach Erklärung des

Absenders auf dem Frachtbrief unverpackt oder mit mangelhafter Verpackung zur Beförderung aufgegeben worden sind,

für den Schaden, welcher aus der mit dem Mangel oder mit der mangelhaften Beschaffenheit der Verpackung verbundenen Gefahr entsteht;

3. in Ansehung der Güter, deren Aufladen und Abladen nach der Bestimmung des Tarifs oder nach einer in den Frachtbrief aufgenommenen Vereinbarung mit dem Absender von diesem oder von dem Empfänger besorgt wird,

für den Schaden, welcher aus der mit dem Aufladen und Abladen oder mit einer mangelhaften Verladung verbundenen Gefahr entsteht;

4. in Ansehung der Güter, die vermöge ihrer eigentümlichen natürlichen Beschaffenheit der besonderen Gefahr ausgesetzt sind, Verlust oder Beschädigung, namentlich Bruch, Rost, inneren Verderb, außergewöhnliche Leckage, Austrocknung und Verstreuung zu erleiden,

für den Schaden, welcher aus dieser Gefahr entsteht;

5. in Ansehung lebender Tiere

für den Schaden, welcher aus der für sie mit der Beförderung verbundenen besonderer Gefahr entsteht;

6. in Ansehung derjenigen Güter, einschließlich der Tiere, welchen nach der Eisenbahnverkehrsordnung, dem Tarif oder nach einer in den Frachtbrief aufgenommenen Vereinbarung mit dem Absender ein Begleiter beigegeben ist,

für den Schaden, welcher aus der Gefahr entsteht, deren Abwendung durch die Begleitung bezweckt wird.

Konnte ein eingetretener Schaden den Umständen nach aus einer der im Abs. 1 bezeichneten Gefahren entstehen, so wird vermutet, daß er aus dieser Gefahr entstanden sei.

Eine Befreiung von der Haftpflicht kann auf Grund dieser Vorschriften nicht geltend gemacht werden, wenn der Schaden durch Verschulden der Eisenbahn entstanden ist.

§ 460. Bei Gütern, die nach ihrer natürlichen Beschaffenheit bei der Beförderung regelmäßig einen Gewichtsverlust erleiden, ist die Haftpflicht der Eisenbahn für Gewichtsverluste bis zu den aus der Eisenbahnverkehrsordnung sich ergebenden Normalsätzen ausgeschlossen.

Der Normalsatz wird, falls mehrere Stücke auf denselben Frachtbrief befördert werden, für jedes Stück besonders berechnet, wenn das Gewicht der einzelnen Stücke im Frachtbriefe verzeichnet ist oder sonst festgestellt werden kann.

Die Beschränkung der Haftpflicht tritt nicht ein, soweit der Verlust den Umständen nach nicht infolge der natürlichen Beschaffenheit des Gutes entstanden ist oder soweit der angenommene Satz dieser Beschaffenheit oder den sonstigen Umständen des Falles nicht entspricht.

Bei gänzlichem Verluste des Gutes findet ein Abzug für Gewichtsverlust nicht statt.

§ 461. Die Eisenbahnen können in besonderen Bedingungen (Ausnahmetarifen) einen im Falle des Verlustes oder der Beschädigung zu erstattenden Höchstbetrag festsetzen, sofern diese Ausnahmetarife veröffentlicht werden, eine Preisermäßigung für die ganze Beförderung gegenüber den gewöhnlichen Tarifen der Eisenbahn enthalten und der gleiche Höchstbetrag auf die ganze Beförderungsstrecke Anwendung findet.

Ist der Schaden durch Vorsatz oder grobe Fahrlässigkeit der Eisenbahn herbeigeführt, so kann die Beschränkung auf den Höchstbetrag nicht geltend gemacht werden.

§ 462. Inwieweit für den Fall des Verlustes oder der Beschädigung von Kostbarkeiten, Kunstgegenständen, Geld und Wertpapieren die zu leistende Entschädigung auf einen Höchstbetrag beschränkt werden kann, bestimmt die Eisenbahnverkehrsordnung. Die Vorschrift des § 461 Abs. 2 findet entsprechende Anwendung.

§ 463. Ist das Interesse an der Lieferung nach Maßgabe der Vorschriften der Eisenbahnverkehrsordnung in dem Frachtbriefe, dem Gepäckschein oder dem Beförderungsschein angegeben, so kann im Falle des Verlustes oder der Beschädigung des Gutes außer der im § 457 Abs. 1, 2 bezeichneten Entschädigung der Ersatz des weiter entstandenen Schadens bis zu dem angegebenen Betrage beansprucht werden.

Ist die Ersatzpflicht nach den Vorschriften des § 461 oder des § 462 auf einen Höchstbetrag beschränkt, so findet eine Abgabe des Interesses an der Lieferung über diesen Betrag hinaus nicht statt.

§ 464. Wegen einer Beschädigung oder Minderung, die bei der Annahme des Gutes durch den Empfänger äußerlich nicht erkennbar ist, können Ansprüche gegen die Eisenbahn nach § 438 Abs. 3 nur geltend gemacht werden, wenn binnen einer Woche nach der Annahme zur Feststellung des Mangels entweder bei Gericht die Besichtigung des Gutes durch Sachverständige oder schriftlich bei der Eisenbahn eine von dieser nach den Vorschriften der Eisenbahnverkehrsordnung vorzunehmende Untersuchung beantragt wird.

Ist der Schaden durch Vorsatz oder grobe Fahrlässigkeit der Eisenbahn herbeigeführt, so kann sie sich auf diese Vorschrift nicht berufen.

§ 465. Für den Verlust von Reisegepäck, das zur Beförderung aufgegeben ist, haftet die Eisenbahn nur, wenn das Gepäck binnen acht Tagen nach der Ankunft des Zuges, zu welchem es aufgegeben ist, auf der Bestimmungsstation abgefordert wird.

Inwieweit für den Fall des Verlustes oder der Beschädigung von Reisegepäck, das zur Beförderung aufgegeben ist, die zu leistende Entschädigung auf einen Höchstbetrag beschränkt werden kann, bestimmt die Eisenbahnverkehrsordnung. Ist der Schaden durch Vorsatz oder grobe Fahrlässigkeit der Eisenbahn herbeigeführt, so kann die Beschränkung auf den Höchstbetrag nicht geltend gemacht werden.

Für den Verlust oder die Beschädigung von Reisegepäck, das nicht zur Beförderung aufgegeben ist, sowie von Gegenständen, die in beförderten Fahrzeugen belassen sind, haftet die Eisenbahn nur, wenn ihr ein Verschulden zur Last fällt.

§ 466. Die Eisenbahn haftet für den Schaden, welcher durch Versäumung der Lieferfrist entsteht, es sei denn, daß die Verspätung von einem Ereignisse herrührt, welches sie weder herbeigeführt hat noch abzuwenden vermochte.

Der Schaden wird nur insoweit ersetzt, als er den in dem Frachtbriefe, dem Gepäckschein oder dem Beförderungsschein als Interesse an der Lieferung nach Maßgabe der Eisenbahnverkehrsordnung angegebenen Betrag und in Ermangelung einer solchen Angabe den Betrag der Fracht nicht übersteigt. Für das Reisegepäck kann an Stelle der Fracht durch die Eisenbahnverkehrsordnung ein anderer Höchstbetrag bestimmt werden.

Inwieweit ohne den Nachweis eines Schadens eine Vergütung zu gewähren ist, bestimmt die Eisenbahnverkehrsordnung.

Der Ersatz des vollen Schadens kann gefordert werden, wenn die Versäumung der Lieferfrist durch Vorsatz oder grobe Fahrlässigkeit herbeigeführt ist.

§ 467. Werden Gegenstände, die von der Beförderung ausgeschlossen oder zur Beförderung nur bedingungsweise zugelassen sind, unter unrichtiger oder ungenauer Bezeichnung aufgegeben oder werden die für diese Gegenstände vorgesehenen Sicherheitsmaßregeln von dem Absender unterlassen, so ist die Haftpflicht der Eisenbahn auf Grund des Frachtvertrags ausgeschlossen.

§ 468. Für den Fall, daß auf dem Frachtbrief als Ort der Ablieferung ein nicht an der Eisenbahn liegender Ort bezeichnet wird, kann bestimmt werden, daß die Eisenbahn als Frachtführer nur für die Beförderung bis zur letzten Eisenbahnstation haften, bezüglich der Weiterbeförderung dagegen die Verpflichtungen des Spediteurs übernehmen soll.

§ 469. Wird die Beförderung auf Grund desselben Frachtbriefs nach § 432 Abs. 2 durch mehrere aufeinanderfolgende Eisenbahnen bewirkt, so können die Ansprüche aus dem Frachtvertrag, unbeschadet des Rückgriffs der Bahnen untereinander, im Wege der Klage nur gegen die erste Bahn oder gegen diejenige, welche das Gut zuletzt mit dem Frachtbrief übernommen hat, oder gegen diejenigen, auf deren Betriebsstrecke sich der Schaden ereignet hat, gerichtet werden.

Unter den bezeichneten Bahnen steht dem Kläger die Wahl zu; das Wahlrecht erlischt mit der Erhebung der Klage.

Im Wege der Widerklage oder mittels Aufrechnung können Ansprüche aus dem Frachtvertrag auch gegen eine andere als die bezeichneten Bahnen geltend gemacht werden, wenn die Klage sich auf denselben Frachtvertrag gründet.

§ 470. Ansprüche der Eisenbahn auf Nachzahlung zu wenig erhobener Fracht oder Gebühren sowie Ansprüche gegen die Eisenbahn auf Rückerstattung zu viel erhobener Fracht oder Gebühren verjähren in einem Jahre, sofern der Anspruch auf eine unrichtige Anwendung der Tarife oder auf Fehler bei der Berechnung gestützt wird. Die Verjährung beginnt mit dem Ablaufe des Tages, an welchem die Zahlung erfolgt ist.

Die Verjährung des Anspruchs auf Rückerstattung zuviel erhobener Fracht oder Gebühren sowie die Verjährung der im § 439 Satz 1 bezeichneten Ansprüche wird durch die schriftliche Anmeldung des Anspruchs bei der Eisenbahn gehemmt. Ergeht auf die Anmeldung ein abschlägiger Bescheid, so beginnt der Lauf der Verjährungsfrist wieder mit dem Tage, an welchem die Eisenbahn ihre Entscheidung dem Anmeldenden schriftlich bekanntmacht und ihm die der Anmeldung etwa angeschlossenen Beweisstücke zurückstellt. Weitere Gesuche, die an die Eisenbahn oder an die vorgesetzten Behörden gerichtet werden, bewirken keine Hemmung der Verjährung.

§ 471. Die nach den Vorschriften des § 432 Abs. 1, 2, der §§ 438, 439, 453, 455 bis 470 begründeten Verpflichtungen der Eisenbahnen können weder durch die Eisenbahnverkehrsordnung noch durch Verträge ausgeschlossen oder beschränkt werden.

Bestimmungen, welche dieser Vorschrift zuwiderlaufen, sind nichtig. Das gleiche gilt von Vereinbarungen, die mit den Vorschriften der Eisenbahnverkehrsordnung im Widerspruch stehen.

§ 472. Die Vorschriften über die Beförderung von Personen auf den Eisenbahnen werden durch die Eisenbahnverkehrsordnung getroffen.

§ 473. Bei einer dem öffentlichen Verkehre dienenden Bahnunternehmung, welche der Eisenbahnverkehrsordnung nicht unterliegt (Kleinbahn), sind insoweit, als in den §§ 453, 459, 460, 462 bis 466 auf die Vorschriften der Eisenbahnverkehrsordnung verwiesen ist, an deren Stelle die Beförderungsbedingungen der Bahnunternehmung maßgebend.

Den Vorschriften des § 453 unterliegt eine solche Bahnunternehmung nur mit der Maßgabe, daß sie die Übernahme von Gütern zur Beförderung auf ihrer Bahnstrecke nicht verweigern darf.

Internationales Übereinkommen über den Eisenbahnfrachtverkehr

(JÜG.)*)

vereinbart zwischen

Deutschland, Österreich, Belgien, Bulgarien, Dänemark, der Freien Stadt Danzig, Spanien, Estland, Finnland, Frankreich, Griechenland, Ungarn, Italien, Lettland, Litauen, Luxemburg, Norwegen, den Niederlanden, Polen, Portugal, Rumänien, dem Königreich der Serben, Kroaten und Slowenen, Schweden, der Schweiz und der Tschechoslowakei.

Die Regierungen der oben aufgeführten Staaten, in der Erkenntnis der Notwendigkeit, zahlreiche Abänderungen anzubringen an dem Internationalen Übereinkommen vom 14. Oktober 1890 über den Eisenbahnfrachtverkehr, das am 16. Juli 1895, am 16. Juni 1898 und am 19. September 1906 abgeändert worden ist und an dem die meisten von ihnen teilhaben,

haben beschlossen, auf Grund des in ihrem Auftrag ausgearbeiteten und in dem Protokoll d. d. Bern, 8. Juni 1923, niedergelegten Entwurfs ein Übereinkommen über den Eisenbahnfrachtverkehr zu treffen, und haben zu ihren Bevollmächtigten ernannt:

(Folgen die Namen der Bevollmächtigten),

die in Gegenwart und unter Beteiligung des (folgt Name), Delegierten der Regierungskommission des Saarbeckengebiets, nachdem sie sich ihre Vollmachten mitgeteilt und sie in guter und gehöriger Form befunden haben, über folgende Artikel übereingekommen sind:

---

*) Noch nicht ratifiziert.

Titel I.

Gegenstand und Geltungsbereich des Übereinkommens.

Artikel 1.

Eisenbahnen und Sendungen, auf die das Übereinkommen Anwendung findet.

§ 1. Dieses Übereinkommen findet Anwendung auf alle Sendungen von Gütern, die mit durchgehendem Frachtbrief zur Beförderung auf einem Wege aufgegeben werden, der die Gebiete mindestens zweier Vertragsstaaten berührt und ausschließlich Strecken umfaßt, die in der gemäß Artikel 58 dieses Übereinkommens aufgestellten Liste verzeichnet sind.

§ 2. Von der Anwendung des Übereinkommens sind jedoch ausgenommen:

1. Sendungen, deren Versand- und Bestimmungsstationen im Gebiete desselben Staates liegen und das Gebiet eines anderen Staates nur im Durchgang berühren:
   a) wenn die Durchgangsstrecken von einer Eisenbahn des Versandstaates betrieben werden;
   b) auch dann, wenn die Durchgangsstrecken nicht von einer Eisenbahn des Versandstaates betrieben werden, die beteiligten Eisenbahnen aber besondere Abkommen geschlossen haben, nach denen diese Sendungen nicht als internationale angesehen werden sollen.
2. Sendungen zwischen Stationen zweier Nachbarstaaten, wenn die Beförderung auf der ganzen Strecke von Eisenbahnen des einen dieser Staaten bewirkt wird, jedoch nur unter der Bedingung, daß der Versender durch die Wahl des Frachtbriefformulars die Anwendung des inneren Reglements dieser Eisenbahnen beansprucht und keiner dieser Staaten widerspricht.

EVO. § 1.

Artikel 2.

Beteiligung anderer Unternehmungen als der Eisenbahnen.

§ 1. Außer Eisenbahnstrecken können in die im Artikel 1 vorgesehene Liste auch regelmäßig betriebene Kraftwagen- oder Schiffahrtslinien aufgenommen werden, die im Anschluß an eine Eisenbahn internationale Beförderungen unter der Verantwortung eines der Vertragsstaaten oder einer in die Liste eingetragenen Eisenbahn ausführen.

§ 2. Die Unternehmungen, die solche Linien betreiben, haben alle Rechte und Pflichten, die den Eisenbahnen durch dieses Übereinkommen übertragen sind, vorbehaltlich der sich aus der Verschiedenartigkeit der Beförderungsart ergebenden Abweichungen. Die durch dieses Übereinkommen festgesetzten Haftungsbestimmungen dürfen jedoch nicht geändert werden.

§ 3. Jeder Staat, der eine der im § 1 bezeichneten Linien in die Liste eintragen lassen will, muß dafür Sorge tragen, daß die im § 2 vorgesehenen Abweichungen in gleicher Weise wie die Tarife veröffentlicht werden.

Artikel 3.

Von der Beförderung ausgeschlossene Gegenstände.

Von der Beförderung auf Grund dieses Übereinkommens sind vorbehaltlich der im § 2 des Artikels 4 vorgesehenen Ausnahmen ausgeschlossen:

1. diejenigen Gegenstände, die auch nur in einem der an der Beförderung beteiligten Staaten dem Postzwang unterworfen sind;
2. diejenigen Gegenstände, die sich wegen ihres Umfanges, ihres Gewichts oder ihrer Beschaffenheit nach den Anlagen oder Betriebsmitteln auch nur einer der in Betracht kommenden Eisenbahnen zur Beförderung nicht eignen;
3. diejenigen Gegenstände, deren Beförderung auch nur in einem der in Betracht kommenden Staaten durch gesetzliche Bestimmungen oder aus Gründen der öffentlichen Ordnung verboten ist;
4. vorbehaltlich der in der Anlage I zu diesem Übereinkommen angegebenen Ausnahmen:

   A. explosionsgefährliche Gegenstände, wie

   a) Spreng- und Schießmittel;
   b) Munition;
   c) Zündwaren und Feuerwerkskörper;
   d) verdichtete, verflüssigte oder unter Druck gelöste Gase;
   e) Stoffe, die in Berührung mit Wasser entzündliche oder die Verbrennung unterstützende Gase entwickeln.

Stoffe, die nicht Schieß- oder Sprengzwecken dienen, sind keine explosionsgefährlichen Gegenstände im Sinne dieses Übereinkommens, wenn die Berührung mit einer Flamme sie nicht zur Explosion bringen kann, und wenn sie gegen Stoß oder Reibung nicht empfindlicher sind als Dinitrobenzol;

B. selbstentzündliche Stoffe;

C. ekelerregende oder übelriechende Stoffe.

EVO. § 54.

Artikel 4.

Bedingungsweise zur Beförderung zugelassene Gegenstände.

§ 1. Die nachstehenden Gegenstände werden zur Beförderung mit internationalem Frachtbrief unter folgenden Bedingungen zugelassen:

1. Die in der Anlage I zu diesem Übereinkommen bezeichneten Gegenstände zu den daselbst angegebenen Bedingungen.
2. Leichentransporte, wenn die folgenden Bedingungen erfüllt werden:
   a) sie müssen als Eilgut unter Begleitung einer dazu beauftragten Person befördert werden, wenn nicht die Aufgabe als Frachtgut oder ohne Begleitung auf allen an der Beförderung beteiligten Eisenbahnen gestattet ist;
   b) die Beförderungsgebühren sind bei der Aufgabe zu entrichten;
   c) die Beförderung unterliegt im Gebiet jedes einzelnen Staates den daselbst geltenden Gesetzen und Polizeivorschriften, soweit nicht einzelne Staaten unter sich besondere Abmachungen treffen.
3. Eisenbahnfahrzeuge, die auf eigenen Rädern laufen, werden unter der Bedingung zugelassen, daß eine Eisenbahn feststellt, daß das Fahrzeug lauffähig ist, und dies durch eine Aufschrift auf dem Fahrzeug oder durch ein besonderes Zeugnis bescheinigt; Lokomotiven, Tender und Motorwagen müssen außerdem von einem vom Absender gestellten sachverständigen Angestellten begleitet werden, der sie insbesondere zu schmieren hat.
4. Lebende Tiere werden unter folgenden Bedingungen zugelassen:
   a) den Sendungen lebender Tiere muß ein vom Absender gestellter Begleiter beigegeben werden, sofern es sich nicht um kleine Tiere handelt, die in gut verschlossenen Käfigen, Kisten, Körben usw. zur Beförderung auf-

gegeben werden. Die Begleitung ist indessen nicht erforderlich, soweit in den direkten internationalen Tarifen oder in den Vereinbarungen der Eisenbahnen Ausnahmen vorgesehen sind;

b) der Absender hat die viehseuchenpolizeilichen Vorschriften des Versand- und Empfangs- sowie der Durchfuhrstaaten zu erfüllen. Er hat zu diesem Zweck alle erforderlichen Begleitpapiere beizugeben.

5. Gegenstände, deren Verladung oder Beförderung nach dem Ermessen der Versandbahn mit Rücksicht auf die Anlagen oder Betriebsmittel einer oder mehrerer der berührten Eisenbahnen besondere Schwierigkeiten verursacht, werden nur unter besonderen, von Fall zu Fall festzusetzenden Bedingungen zugelassen.

§ 2. Zwei oder mehrere Vertragsstaaten können durch besondere Abmachungen vereinbaren, daß einzelne durch dieses Übereinkommen ausgeschlossene Gegenstände unter gewissen Bedingungen oder daß die in der Anlage I aufgeführten Gegenstände unter leichteren Bedingungen zur internationalen Beförderung zwischen diesen Staaten zugelassen werden.

Die Eisenbahnen können auch durch entsprechende Tarifbestimmungen entweder gewisse, von der Beförderung ausgeschlossene Gegenstände zulassen oder für die bedingungsweise zugelassenen Güter leichtere Bedingungen zugestehen.

EVO. § 54.

Artikel 5.

Beförderungspflicht der Eisenbahn.

§ 1. Jede diesem Übereinkommen unterstehende Eisenbahn ist verpflichtet, die Beförderung aller im Sinne dieses Übereinkommens zugelassenen Güter nach dessen Bestimmungen zu übernehmen, sofern

a) der Absender den Vorschriften dieses Übereinkommens nachkommt;

b) die Beförderung mit den regelmäßigen Beförderungsmitteln möglich ist;

c) die Beförderung nicht durch Umstände verhindert wird, welche die Eisenbahn nicht abzuwenden und denen sie auch nicht abzuhelfen vermochte.

§ 2. Die Eisenbahn ist zur Annahme von Gütern, deren Auf-, Um- oder Abladung die Verwendung besonderer Anlagen erforderlich macht, nur verpflichtet, wenn die in Betracht kommenden Stationen derartige Anlagen besitzen.

§ 3. Die Eisenbahn ist nur verpflichtet, Güter anzunehmen, deren Beförderung alsbald erfolgen kann; die für die Versandstation geltenden Vorschriften bestimmen, in welchen Fällen diese Station verpflichtet ist, Güter, die dieser Bedingung nicht entsprechen, vorläufig in Verwahrung zu nehmen.

§ 4. Die Güter sind vorbehaltlich der im nachstehenden Paragraphen vorgesehenen Ausnahme in der Reihenfolge ihrer Annahme zu befördern.

§ 5. Wenn das öffentliche Interesse oder zwingende Gründe des Betriebs es erfordern, kann die zuständige Behörde anordnen, daß

a) der Betrieb ganz oder teilweise eingestellt wird;
b) gewisse Sendungen ausgeschlossen oder nur bedingungsweise zugelassen werden;
c) gewisse Sendungen vorzugsweise befördert werden.

Diese Maßnahmen müssen veröffentlicht werden.

Jede Eisenbahn kann Güter, deren Beförderung durch eine solche Einschränkung verhindert würde, zurückweisen.

§ 6. Jede Zuwiderhandlung gegen die Bestimmungen dieses Artikels begründet einen Anspruch auf Ersatz des dadurch entstandenen Schadens.

EVO. § 3.

Titel II.

Frachtvertrag.

Kapitel I.

Form und Bedingungen des Frachtvertrags.

Artikel 6.

Inhalt und Form des Frachtbriefs.

§ 1. Der Absender muß mit jeder unter dieses Übereinkommen fallenden internationalen Sendung einen Frachtbrief nach dem Muster der Anlage II dieses Übereinkommens überreichen.

Die Frachtbriefformulare müssen auf festes, weißes Schreibpapier gedruckt sein, das für Eilfracht auf der Vorder- und Rückseite oben und unten am Rande einen mindestens einen Zentimeter breiten roten Streifen trägt.

§ 2. Die internationalen Tarife oder Vereinbarungen zwischen den Eisenbahnen bestimmen, in welcher Sprache die Frachtbriefformulare gedruckt werden müssen. Wenn die Tarife oder Vereinbarungen nichts bestimmen, sind die Frachtbriefformulare in einer der amtlichen Sprachen des Versandstaates zu drucken; sie müssen daneben einen französischen oder deutschen oder italienischen Text enthalten; Übersetzungen in andere für zweckmäßig erachtete Sprachen können beigefügt werden.

Der vom Absender auszufüllende Teil muß immer in einer der amtlichen Sprachen des Versandstaates abgefaßt sein. Welche Übersetzungen beizufügen sind, wird in den internationalen Tarifen oder besonderen Vereinbarungen der Eisenbahnen bestimmt. In deren Ermangelung muß der Absender eine französische oder deutsche oder italienische Übersetzung beifügen.

§ 3. Die stark umrahmten Teile des Formulars hat die Eisenbahn, die übrigen der Absender auszufüllen. Der Absender muß die Spalten, die er nicht ausfüllen will, durch einen Strich ungültig machen.

§ 4. Die Wahl des weißen oder rotumränderten Formulars zeigt an, ob das Gut in gewöhnlicher oder in Eilfracht befördert werden soll. Vorbehaltlich besonderer Vereinbarungen zwischen allen beteiligten Eisenbahnen ist es nicht zulässig, die Beförderung auf einer Teilstrecke in Eilfracht und auf einer anderen Teilstrecke in gewöhnlicher Fracht vorzuschreiben.

§ 5. Frachtbriefe mit abgeänderten oder radierten Eintragungen werden nicht zugelassen. Durchstreichungen sind nur zulässig, wenn der Absender sie mit seiner Unterschrift anerkennt und, wenn es sich um die Zahl oder das Gewicht der Stücke handelt, die berichtigten Mengen in Buchstaben einschreibt.

§ 6. Die Angaben auf dem Frachtbrief müssen in unauslöschbarer Schrift geschrieben oder gedruckt sein.

Der Frachtbrief muß folgende Angaben enthalten:

a) Ort und Tag der Ausstellung;
b) die Bezeichnung der Versandbahn;

c) die Bezeichnung der Empfangsbahn und der Bestimmungsstation mit allen näheren Angaben, die notwendig sind, um jede Verwechslung zwischen verschiedenen Stationen desselben Ortes oder gleich oder ähnlich benannter Orte auszuschließen;

d) Namen und Wohnort des Empfängers. Als Empfänger darf nur eine einzige Person, Firma oder juristische Person angegeben werden. Die Bestimmungsstation oder deren Vorsteher als Empfänger anzugeben, ist nur statthaft, wenn der anzuwendende Tarif es ausdrücklich zuläßt. Adressen, die den Namen des Empfängers nicht bezeichnen, wie „An Order von ......" oder „An den Inhaber des Frachtbriefduplikats", sind unzulässig;

e) die Bezeichnung der Sendung nach ihrem Inhalt, die Angabe des Gewichts oder statt dessen eine den Vorschriften der Versandstation entsprechende ähnliche Angabe, ferner bei Stückgut die Anzahl, Art der Verpackung, Zeichen und Nummer der Frachtstücke und bei Gütern, deren Verladung dem Absender obliegt, die Gattung, die Nummer und die Eigentumsmerkmale des Wagens. Die Güter müssen wie folgt bezeichnet werden: die in der Anlage I enthaltenen Güter nach der in dieser Anlage gewählten Bezeichnung; die in der Güterklassifikation oder im Tarif aufgeführten Güter nach der daselbst gewählten Bezeichnung, die übrigen Güter nach ihrer handelsüblichen Bezeichnung.

Wenn der auf dem Frachtbrief für die Bezeichnung der Güter vorgesehene Platz nicht ausreicht, so sind besondere, dem Frachtbrief sorgfältig angeheftete und vom Absender unterzeichnete Blätter hierfür zu verwenden;

f) das genaue Verzeichnis der durch die Zoll-, Steuer-, Finanz-, Polizei- oder sonstigen Verwaltungsbehörden vorgeschriebenen Begleitpapiere, die dem Frachtbrief beigefügt oder als bei einer bestimmten Station hinterlegt bezeichnet sind;

g) die Unterschrift des Absenders mit seinem Namen oder seiner Firma sowie die Angabe seiner Wohnung, nach seinem Ermessen ergänzt durch seine Telegramm- oder Telephonadresse. Die Unterschrift des Absenders kann aufgedruckt oder aufgestempelt werden, wenn die für die Versandstation geltenden Gesetze und Reglemente es gestatten.

Als Absender darf nur eine einzige Person, Firma oder juristische Person auf dem Frachtbrief erscheinen.

Der Frachtbrief kann außerdem folgende Angaben enthalten:

h) die Angabe „Bahnlagernd“ oder „In der Wohnung abzuliefern“, wenn die letztere Zustellungsart auf der Bestimmungsstation eingeführt ist (Artikel 16, § 2). Explosionsgefährliche Gegenstände oder selbstentzündliche Stoffe (vgl. Anlage I) dürfen nicht bahnlagernd gestellt werden;

i) das Verlangen, bestimmte Tarife, insbesondere Spezial- oder Ausnahmetarife gemäß Artikel 11 § 10 und Artikel 34 anzuwenden;

k) den Betrag eines gemäß Artikel 35 angegebenen Interesses an der Lieferung;

l) die Angaben der Kosten, die der Absender gemäß Artikel 17 übernimmt;

m) die Höhe der auf dem Gut haftenden Nachnahme und der von der Eisenbahn geleisteten Barvorschüsse gemäß Artikel 19;

n) die Vorschrift des Beförderungsweges und die Bezeichnung der Stationen, auf denen die Behandlung durch die Zoll-, Steuer-, Finanz-, Polizei- und sonstigen Verwaltungsbehörden stattfinden soll;

o) die Bezeichnung eines Bevollmächtigten gemäß Artikel 15.

§ 7. Andere Erklärungen dürfen in den Frachtbrief nur aufgenommen werden, wenn sie durch die Gesetze und Reglemente eines Staates vorgeschrieben sind und diesem Übereinkommen nicht widersprechen.

Die Ausstellung anderer Urkunden anstatt des Frachtbriefes oder die Beifügung anderer als der von diesem Übereinkommen zugelassenen Schriftstücke zum Frachtbrief ist unzulässig. Der Absender hat indessen, wenn es die für die Versandstation geltenden Gesetze oder Reglemente vorschreiben, außer dem Frachtbrief eine Urkunde auszustellen, die dazu bestimmt ist, in den Händen der Eisenbahn zu bleiben und ihr als Beweis über den Frachtvertrag zu dienen.

§ 8. Es ist unzulässig, in einen und denselben Frachtbrief mehrere Güter aufzunehmen, die nach ihrer Beschaffenheit nicht ohne Nachteil oder nur unter Verletzung von Zoll-, Steuer-, Finanz-, Polizei- oder sonstigen verwaltungsbehördlichen Vorschriften zusammengeladen werden können.

§ 9. Den vom Absender oder Empfänger auf- oder abzuladenden Gütern sind besondere Frachtbriefe beizugeben, die keine von der Eisenbahn auf- oder abzuladende Güter betreffen.

Für die im Artikel 4 bezeichneten Gegenstände müssen gleichfalls besondere Frachtbriefe ausgestellt werden.

§ 10. Ein und derselbe Frachtbrief darf nur eine einzige Wagenladung umfassen mit Ausnahme der unteilbaren Gegenstände, die mehr als einen Wagen beanspruchen. Diese Vorschrift gilt jedoch nicht, wenn die besonderen Vorschriften für den betreffenden Verkehr oder die Tarife die Aufgabe mehrerer Wagen mit einem und demselben Frachtbrief für die ganze Beförderungsstrecke zulassen.

§ 11. Der Absender darf auf dem unteren Teil der Rückseite des Frachtbriefes, jedoch nur zur Nachricht für den Empfänger und ohne jede Verbindlichkeit und Verantwortlichkeit für die Eisenbahn, die folgenden Vermerke anbringen:

„Von Sendung des N."
„Im Auftrag des N."
„Zur Verfügung des N."
„Zur Weiterbeförderung an N."
„Versichert bei N."
„Für Schiff N."
„Aus Schiff N."
„Zur Ausfuhr nach N.".

Jeder dieser Vermerke muß sich auf die ganze Sendung beziehen.

EVO. §§ 55, 56.

Artikel 7.

Haftung für die Angaben im Frachtbrief. Frachtzuschläge. Maßnahmen bei Überlastung.

§ 1. Der Absender haftet für die Richtigkeit der von ihm in den Frachtbrief aufgenommenen Angaben und Erklärungen. Er trägt alle Folgen, die daraus entstehen, daß diese Angaben oder Erklärungen unrichtig, ungenau, unvollständig oder nicht an der für sie vorgesehenen Stelle eingetragen sind.

§ 2. Die Eisenbahn ist jederzeit berechtigt, die Übereinstimmung der Sendungen mit den Angaben des Frachtbriefes nachzuprüfen. Findet die Feststellung auf der Versandstation statt, so ist der Absender, findet sie auf der Bestimmungsstation statt, der Empfänger einzuladen, ihr beizuwohnen. Erscheint der Beteiligte nicht, oder findet die Feststellung auf einer Unterwegsstation statt, so sind, sofern die Gesetze oder Reglemente des Staates, in dem die Feststellung stattfindet, nichts anderes vorschreiben, zwei Zeugen beizuziehen, die nicht der Eisenbahn angehören. Wenn die Sendung den Angaben im Frachtbrief nicht entspricht, haften die durch die Feststellung verursachten Kosten, falls sie nicht an Ort und Stelle beglichen werden, auf dem Gut.

§ 3. Die Gesetze und Reglemente jeden Staates sind maßgebend für die Bedingungen, unter denen die Eisenbahn das Recht oder die Pflicht hat, das Gewicht des Gutes oder die Stückzahl zu ermitteln oder nachzuprüfen sowie das wirkliche Eigengewicht der Wagen festzustellen.

§ 4. Wenn Wagenladungen auf einer Gleiswage gewogen werden, wird das Gewicht dadurch ermittelt, daß vom Gesamtgewicht des beladenen Wagens das auf dem Wagen verzeichnete Eigengewicht abgezogen wird, es sei denn, daß eine besondere Verwiegung des leeren Wagens ein anderes Eigengewicht ergibt.

§ 5. Bei unrichtigen, ungenauen oder unvollständigen Angaben oder Erklärungen, die zur Folge haben können, daß Gegenstände angenommen werden, die gemäß Ziffer 4 des Artikels 3 von der Beförderung ausgeschlossen sind, daß das Gut eine niedrigere Fracht genießt, oder daß die normale Anwendung des Tarifs verhindert wird, oder bei Nichtbeachtung der in der Anlage I vorgeschriebenen Sicherheitsvorschriften sowie bei Überlastung eines vom Absender beladenen Wagens ist ein Frachtzuschlag zu zahlen, vorbehaltlich der Nachzahlung des Frachtunterschieds und gegebenenfalls der Haftung für den Schaden sowie der strafrechtlichen Folgen.

Der Frachtzuschlag wird wie folgt festgestellt:

a) Bei unrichtiger, ungenauer oder unvollständiger Bezeichnung der von der Beförderung gemäß Ziffer 4 des Artikels 3 ausgeschlossenen oder der in der Anlage I angeführten Gegenstände oder bei Nichtbeachtung der in dieser

Anlage gegebenen Sicherheitsvorschriften wird folgender Frachtzuschlag erhoben:

Für die gemäß Ziffer 4 des Artikels 3 von der Beförderung ausgeschlossenen Gegenstände .... 15 Franken

Für die in der Anlage I bezeichneten Gegenstände der	Klasse I, Gruppe 1 a	15	"
	" I, Gruppen 1 b, 1 c und 1 d	10	"
	" I, Gruppe 1 e und Klasse II und III ..	5	"
	Klassen IV, V u. VI	1	"

für das Kilogramm Rohgewicht des ganzen Frachtstücks.

Wenn die Vorschriften für den inneren Verkehr der Eisenbahn, auf welcher die Zuwiderhandlung entdeckt wird, niedrigere Zuschläge vorsehen, so werden die letzteren erhoben.

b) Bei unrichtiger, ungenauer oder unvollständiger Bezeichnung einer Sendung, die andere als die unter a vorgesehenen Güter enthält, beträgt der Zuschlag das Doppelte des Unterschieds zwischen der Fracht, die für das unrichtig, ungenau oder unvollständig bezeichnete Gut von der Versandstation bis zur Bestimmungsstation zu erheben wäre, und der Fracht, die hätte erhoben werden müssen, wenn die Bezeichnung richtig, genau und vollständig erfolgt wäre.

Selbst wenn kein Frachtunterschied besteht, beträgt der Zuschlag mindestens einen Franken. Wenn die Vorschriften für den inneren Verkehr der Eisenbahn, auf welcher die Zuwiderhandlung entdeckt wird, einen niedrigeren Mindestzuschlag vorsehen, so wird dieser letztere erhoben.

c) Bei zu niedriger Angabe des Gewichts beträgt der Frachtzuschlag das Doppelte des Unterschieds zwischen der Fracht für das angegebene und das ermittelte Gewicht von der Versand- bis zur Bestimmungsstation.

d) Bei Überlastung eines vom Absender beladenen Wagens beträgt der Frachtzuschlag das Sechsfache der Fracht für das die Belastungsgrenze übersteigende Gewicht von der Versand- bis zur Bestimmungsstation. Eine Überlastung liegt vor, wenn die wie folgt ermittelte Belastungsgrenze eines Wagens überschritten ist:

Wenn ein Wagen nur eine die zulässige Belastung kennzeichnende Aufschrift trägt, wird diese als normales Ladegewicht angesehen; die Belastungsgrenze entspricht alsdann diesem Ladegewicht zuzüglich fünf vom Hundert.

Wenn ein Wagen zwei Aufschriften trägt, bezeichnet die niedrigere Zahl die normale Belastung, die höhere Zahl die Belastungsgrenze.

e) Wenn für ein und denselben Wagen eine zu niedrige Gewichtsangabe und eine Überlastung vorliegt, werden die Frachtzuschläge für beide Zuwiderhandlungen nebeneinander erhoben.

§ 6. Die nach § 5 zu erhebenden Frachtzuschläge haften auf dem Gut, gleichgültig, an welchem Orte die Tatsachen, die ihre Erhebung nach sich ziehen, festgestellt worden sind. Wenn der Wert des Gutes den Betrag der Frachtzuschläge nicht deckt, oder wenn der Empfänger die Annahme des Gutes verweigert, hat der Absender den aus den Frachtzuschlägen sich ergebenden Mehrbetrag zu bezahlen.

§ 7. Ein Frachtzuschlag wird nicht erhoben:

a) bei unrichtiger Gewichtsangabe von Gütern, zu deren Verwiegung die Eisenbahn nach den für die Versandstation geltenden Bestimmungen verpflichtet ist;

b) bei unrichtiger Gewichtsangabe oder bei Überlastung, wenn der Absender im Frachtbrief die Verwiegung durch die Eisenbahn beantragt hat;

c) bei einer während der Beförderung infolge von Witterungseinflüssen eingetretenen Überlastung, wenn der Absender nachweist, daß er bei der Beladung des Wagens die für die Versandstation geltenden Bestimmungen eingehalten hat;

d) bei einer während der Beförderung eingetretenen Gewichtszunahme ohne Überlastung, wenn der Absender nachweist, daß die Gewichtszunahme auf Witterungseinflüsse zurückzuführen ist.

§ 8. Wenn die Überlastung eines Wagens durch die Versandstation oder durch eine Zwischenstation festgestellt wird, kann der überschießende Teil der Ladung aus dem Wagen entfernt werden, selbst wenn zur Erhebung eines Frachtzuschlags kein Anlaß vorliegt. Der Absender ist gegebenenfalls unverzüglich durch Vermittlung der Versandstation zur Verfügung über den überschießenden Teil der Ladung aufzufordern.

Die Fracht für den überschießenden Teil der Ladung wird für die durchfahrene Strecke nach dem für die Hauptladung anzuwendenden Tarif berechnet, gegebenenfalls zuzüglich des im vorstehenden § 5 vorgesehenen Frachtzuschlags; bei Entladung werden die Kosten für diese Maßnahme nach dem Nebengebührentarif der Eisenbahn, die sie ausführt, berechnet.

Wenn der Absender vorschreibt, daß der überschießende Teil der Ladung zurückgeschickt oder weiterbefördert werden soll, so wird dieser als besondere Sendung behandelt.

EVO. §§ 57, 58, 59, 60.

Artikel 8.

Abschluß des Frachtvertrags. Frachtbriefduplikat.

§ 1. Der Frachtvertrag ist abgeschlossen, sobald die Versandstation das Gut mit dem Frachtbrief zur Beförderung angenommen hat. Als Zeichen der Annahme wird dem Frachtbrief der Tagesstempel der Versandstation aufgedrückt.

§ 2. Der Frachtbrief ist nach vollständiger Auslieferung des darin verzeichneten Gutes und nach Zahlung der vom Absender übernommenen Beträge ohne Verzug abzustempeln, und zwar auf Verlangen des Absenders in dessen Gegenwart.

§ 3. Der abgestempelte Frachtbrief dient als Beweis für den Frachtvertrag.

§ 4. Jedoch bilden bezüglich der Güter, deren Aufladen nach den Tarifen oder nach besonderer Vereinbarung, soweit eine solche für die Versandstation zulässig ist, dem Absender obliegt, die Angaben des Frachtbriefs über das Gewicht und die Anzahl der Stücke gegen die Eisenbahn keinen Beweis, sofern nicht die Nachwiegung oder Nachzählung durch die Eisenbahn erfolgt und dies auf dem Frachtbriefe beurkundet ist.

§ 5. Die Eisenbahn ist verpflichtet, den Empfang des Gutes unter Angabe des Tages der Annahme zur Beförderung auf dem ihr vom Absender zugleich mit dem Frachtbrief vorzulegenden Duplikat zu bescheinigen.

Dieses Duplikat hat nicht die Bedeutung des Frachtbriefs oder eines Konnossements (Ladescheins).

EVO. § 61.

Artikel 9.

Grundsätze für die Frachtberechnung. Tarife und Wegevorschriften.

§ 1. Die Fracht und die Nebengebühren werden nach den in jedem Staat zu Recht bestehenden und gehörig veröffentlichten Tarifen berechnet. Diese Tarife müssen alle zur Berechnung der Fracht und der Nebengebühren notwendigen Angaben enthalten und gegebenenfalls bestimmen, in welcher Weise den Verschiedenheiten der Währungen Rechnung getragen werden soll.

§ 2. Die Tarife müssen allen besonderen Bedingungen für die verschiedenen Beförderungsarten, besonders auch eine Bestimmung darüber enthalten, ob sie für Eilgut oder Frachtgut gültig sind. Wenn eine Eisenbahn für alle Güter oder für einzelne von ihnen oder für bestimmte Strecken nur einen Tarif für eine einzige Beförderungsart besitzt, so ist dieser Tarif für alle Sendungen anwendbar, gleichgültig, ob sie von einem gewöhnlichen oder von einem Eilfrachtbrief begleitet sind; dabei gelten die Lieferfristen, die im Artikel 6 § 4 und Artikel 11 dieses Übereinkommens für die jeweilige Beförderungsart des betreffenden Frachtbriefs vorgesehen sind.

Die Tarife müssen jedermann gegenüber in gleicher Weise angewendet werden. Ihre Bestimmungen gelten nur insoweit, als sie diesem Übereinkommen nicht widersprechen; andernfalls sind sie nichtig.

§ 3. a) Wenn der Absender auf dem Frachtbrief den Beförderungsweg vorgeschrieben hat, werden die Beförderungskosten nach diesem Wege berechnet.

Die Bezeichnung der Stationen, auf denen die von den Zoll-, Steuer-, Finanz-, Polizei- und sonstigen Verwaltungsbehörden vorgeschriebenen Förmlichkeiten zu erfüllen sind, ist einer Wegevorschrift gleichzuachten.

b) Wenn der Absender im Frachtbrief nur die anzuwendenden Tarife vorgeschrieben hat, wendet die Eisenbahn diese Tarife an, sofern diese Vorschrift für die Feststellung der Stationen, zwischen denen die verlangten Tarife Anwendung finden sollen, genügt. Die Eisenbahn sucht unter den Beförderungswegen, für die diese Tarife am Tage des Abschlusses des Frachtvertrags gültig sind, den Beförderungsweg aus, der ihr für den Absender am vorteilhaftesten erscheint.

c) Wenn der Absender im Frachtbrief die Vorauszahlung der Fracht bis zu einer Zwischenstation gemäß Artikel 17 § 1 vorgeschrieben hat, sucht die Eisenbahn unter den Beförderungswegen, die die genannte Zwischenstation berühren, den aus, der ihr für den Absender am vorteilhaftesten erscheint. Die Beförderungskosten werden nach dem von der Eisenbahn gewählten Beförderungsweg berechnet.

d) Wenn in den vorstehend unter a und c erwähnten Fällen ein internationaler Tarif zwischen der Versand- und der Bestimmungsstation auf dem nach a vorgeschriebenen Beförderungswege oder zwischen der Versandstation und der vorstehend unter c genannten Station besteht, so wird dieser Tarif angewendet, vorausgesetzt, daß zur Zeit der Auflieferung auf den betreffenden Beförderungswegen seine Anwendbarkeit nicht Bedingungen unterliegt, die nicht erfüllt sind.

e) Wenn die vom Absender gemachten Angaben nicht genügen, um den Leitungsweg oder die Tarife vollständig festzustellen, oder wenn einzelne dieser Angaben sich widersprechen, wählt die Eisenbahn den Leitungsweg oder die Tarife, die ihr für den Absender am vorteilhaftesten erscheinen. Bezüglich der unter a, Absatz 2 erwähnten Stationen richtet sich die Eisenbahn immer nach den Angaben im Frachtbrief, ebenso — soweit möglich — bezüglich der anderen Vorschriften des Absenders. Wenn jedoch zwischen der Versandstation und der Bestimmungsstation ein direkter internationaler Tarif besteht, so wird dieser Tarif angewendet, vorausgesetzt, daß seine Wegevorschrift den etwaigen Angaben des Frachtbriefs bezüglich der unter a Absatz 2 erwähnten Stationen entspricht und daß seine Anwendung nicht anderen Bedingungen unterliegt, die nicht erfüllt sind.

f) In allen obenerwähnten Fällen werden die Fristen nach dem vom Absender vorgeschriebenen oder von der Bahn gewählten Leitungsweg berechnet.

g) Die Eisenbahn kann außer den im Artikel 5, § 5 und Artikel 23, § 1 erwähnten Fällen die Beförderung nur dann auf einem anderen als dem vom Absender vorgeschriebenen Weg vornehmen, wenn:

1. die Beförderungskosten und Lieferfristen nicht größer sind als die Kosten und Fristen auf dem vom Absender vorgeschriebenen Weg;

2. die von den Zoll-, Steuer-, Finanz-, Polizei- und sonstigen Verwaltungsbehörden vorgeschriebenen Förmlichkeiten immer auf den vom Absender angegebenen Stationen erfüllt werden.

Der Absender ist zu benachrichtigen, wenn die Beförderung auf einem anderen als dem von ihm vorgeschriebenen Wege erfolgt.

h) In den unter b, c und e Absatz 1 des gegenwärtigen Paragraphen erwähnten Fällen ist die Eisenbahn für einen aus der Wahl des Leitungswegs oder der Tarife etwa entstehenden Schaden nur bei Vorsatz oder grober Fahrlässigkeit verantwortlich.

§ 4. Außer den in den Tarifen vorgesehenen Frachtsätzen und Nebengebühren dürfen zugunsten der Eisenbahn nur Barauslagen erhoben werden, wie Aus- und Einfuhrabgaben, nicht in den Tarif aufgenommene Kosten für die Überführung von einem Bahnhof zum anderen, Kosten der Instandsetzung der äußeren und inneren Verpackung der Güter, die zu ihrer Erhaltung notwendig sind, und ähnliche Auslagen. Diese Auslagen sind gehörig festzustellen und getrennt auf dem Frachtbrief zu berechnen, dem die Belege beizufügen sind. Wenn die Bezahlung dieser Auslagen dem Absender obliegt, sind die Beweisstücke dem Empfänger nicht mit dem Frachtbrief auszuhändigen, sondern dem Absender mit der Kostenrechnung gemäß Artikel 17 zuzustellen.

EVO. §§ 6, 67, 68.

Artikel 10.

Verbot von Sonderübereinkommen.

Jedes Sonderübereinkommen, wodurch einem oder mehreren Absendern eine Preisermäßigung gegenüber den Tarifen gewährt wird, ist verboten und nichtig.

Dagegen sind Tarifermäßigungen erlaubt, welche gehörig veröffentlicht sind und unter Erfüllung der gleichen Bedingungen jedermann in gleicher Weise zugute kommen, sowie die Ermäßigungen, die für den Eisenbahndienst, für Zwecke der öffentlichen Verwaltungen oder für Wohlfahrtszwecke gewährt werden.

EVO. § 6.

Artikel 11.

Lieferfristen.

§ 1. Die Lieferfristen dürfen folgende Höchstmaße nicht überschreiten:

a) für Eilgüter:
   1. Abfertigungsfrist .... 1 Tag;
   2. Beförderungsfrist für je auch nur angefangene 250 Tarifkilometer .... 1 Tag;

b) für Frachtgüter:
   1. Abfertigungsfrist .... 2 Tage;
   2. Beförderungsfrist für je auch nur angefangene 250 Tarifkilometer .... 2 Tage.

§ 2. Wenn die Beförderung sich über mehrere durch Schienen verbundene Eisenbahnnetze erstreckt, berechnet sich die Beförderungsfrist nach der Gesamtentfernung zwischen der Versand- und der Bestimmungsstation; die Abfertigungsfrist wird nur einmal berechnet ohne Rücksicht auf die Zahl der beteiligten Netze.

§ 3. Die Gesetze und Reglemente jedes Staates bestimmen, inwiefern den unter seiner Aufsicht stehenden Eisenbahnen gestattet ist, Zuschlagfristen für folgende Fälle festzusetzen:

a) für Beförderungen, die benutzen:
   entweder den Seeweg oder die Binnenwasserstraßen mittels Fähre oder Schiffes,
   oder eine Landstraße ohne Eisenbahn,
   oder Verbindungsbahnen, die zwei Linien desselben Netzes oder verschiedener Netze verbinden,
   oder Eisenbahnen untergeordneter Bedeutung,
   oder eine Linie mit einer anderen als der normalen Spurweite;

b) für außergewöhnliche Verhältnisse, die zur Folge haben:
   eine ungewöhnliche Verkehrszunahme
   oder ungewöhnliche Betriebsschwierigkeiten.

Die Zuschlagsfristen müssen stets nach ganzen Tagen bemessen sein.

§ 4. Die Zuschlagsfristen, die durch die im § 3 unter a vorgesehenen Verhältnisse begründet sind, müssen in den Tarifen erwähnt sein.

Die im § 3 unter b vorgesehenen Zuschlagsfristen müssen veröffentlicht werden und treten nicht vor ihrer Veröffentlichung in Kraft.

§ 5. Die Lieferfrist beginnt mit der auf die Annahme des Gutes (Artikel 8, § 1) folgenden Mitternacht.

§ 6. Die Lieferfrist ist gewahrt, wenn vor ihrem Ablauf der Empfänger oder diejenige Person, die nach den Reglementen der abliefernden Eisenbahn zur Empfangnahme berechtigt ist, das Gut ausgeliefert erhalten hat oder von der Ankunft des Gutes benachrichtigt ist. Die Gesetze und Reglemente jedes Staates bestimmen die Art und Weise, wie die Übergabe des Benachrichtigungsschreibens festzustellen ist.

Für Güter, die von der Eisenbahn dem Empfänger nicht zugeführt werden und von deren Ankunft der Empfänger nicht benachrichtigt zu werden braucht, ist die Lieferfrist gewahrt, wenn sie vor Ablauf der Lieferfrist auf der Bestimmungsstation zur Ablieferung an den Empfänger bereitgestellt sind.

§ 7. Der Lauf der Lieferfrist ruht für die ganze Dauer des Aufenthalts, der durch die Zoll-, Steuer-, Finanz-, Polizei- oder sonstige verwaltungsbehördliche Abfertigung verursacht wird, sowie für die Dauer jeder ohne Verschulden der Eisenbahn eingetretenen Verkehrsunterbrechung, durch die der Beginn oder die Fortsetzung der Beförderung zeitweilig verhindert wird.

Der Lauf der Lieferfrist ruht gleichfalls während der Ausführung der im Artikel 7, §§ 2 und 3 vorgesehenen Maßnahmen und während der Dauer des durch eine nachträgliche Verfügung des Absenders im Sinne des Artikels 21 verursachten Aufenthaltes.

Außerdem ruht bei der Beförderung lebender Tiere der Lauf der Lieferfrist während der Dauer:

a) des Aufenthalts dieser Tiere in Tränkstationen,
b) des Aufenthalts wegen einer polizeilichen Maßregel,
c) der viehseuchenpolizeilichen Untersuchung.

§ 8. Bei Frachtgütern ruht der Lauf der Lieferfrist an Sonntagen und gesetzlichen Feiertagen.

Bei Eilgütern beginnt, wenn der auf die Annahme des Gutes zur Beförderung folgende Tag ein Sonntag oder gesetzlicher Feiertag ist, die Lieferfrist einen Tag später. Falls der letzte Tag der Lieferfrist ein Sonntag oder gesetzlicher Feiertag ist, so läuft die Lieferfrist erst am darauffolgenden Tage ab. Diese Bestimmungen sind jedoch nicht anwendbar, soweit im Versand- oder Empfangsstaat die Stationen für den Eilgutverkehr an Sonn- und Feiertagen geöffnet sind.

§ 9. Wenn die Gesetze oder Reglemente eines Staates bestimmen, daß die Eilgutbeförderung an Sonn- und bestimmten gesetzlichen Feiertagen ganz oder teilweise ruht, werden die Lieferfristen entsprechend verlängert.

§ 10. Wenn nach den Gesetzen und Reglementen eines Staates Spezial- oder Ausnahmetarife zu ermäßigten Preisen und mit verlängerten Lieferfristen gestattet sind, so können die Eisenbahnen dieses Staates diese Tarife mit verlängerten Lieferfristen auch im internationalen Verkehr anwenden.

EVO. § 75.

Artikel 12.

Zustand des Gutes. Verpackung.

§ 1. Nimmt die Eisenbahn ein Gut zur Beförderung an, das offensichtlich Spuren von Beschädigungen aufweist, so kann sie verlangen, daß der Zustand des Gutes im Frachtbrief besonders vermerkt wird.

§ 2. Der Absender hat das Gut, soweit dessen Natur eine Verpackung erfordert, zum Schutze gegen gänzlichen oder teilweisen Verlust und gegen Beschädigung während der Beförderung sowie zur Verhütung einer Beschädigung von Personen, Betriebsmitteln oder anderen Gütern sicher zu verpacken.
Im übrigen gelten für die Verpackung die Bestimmungen der Tarife und Reglemente der Versandbahn.

§ 3. Ist der Absender der Vorschrift des § 2 nicht nachgekommen, so ist die Eisenbahn berechtigt, entweder die Annahme des Gutes zu verweigern oder zu verlangen, daß der Absender auf dem Frachtbrief das Fehlen oder den mangelhaften Zustand der Verpackung unter genauer Beschreibung desselben anerkennt.

§ 4. Der Absender haftet für die Folgen des Fehlens oder des mangelhaften Zustandes der Verpackung, die in dieser Weise auf dem Frachtbrief anerkannt sind, sowie für äußerlich nicht erkennbare Mängel der Verpackung. Alle sich daraus ergebenden

Schäden fallen dem Absender zur Last, der gegebenenfalls der Eisenbahn den von ihr erlittenen Schaden zu ersetzen hat.

Der Absender haftet auch für äußerlich erkennbare Mängel der Verpackung, die im Frachtbrief nicht anerkannt sind, wenn das Vorhandensein dieser Mängel von der Eisenbahn nachgewiesen wird.

§ 5. Wenn ein Absender gleichartige Güter, die einer Verpackung bedürfen, unverpackt oder mit den gleichen Mängeln der Verpackung auf der gleichen Station aufzugeben pflegt, kann er sich der Verpflichtung, für jede Sendung der im § 3 enthaltenen Vorschrift gesondert zu entsprechen, dadurch entziehen, daß er auf dieser Station eine allgemeine Erklärung nach dem Muster der Anlage III hinterlegt. In diesem Falle muß der Frachtbrief einen Hinweis auf die bei der Versandstation hinterlegte allgemeine Erklärung enthalten.

§ 6. Vorbehaltlich der ausdrücklich in den Tarifen vorgesehenen Ausnahmen ist der Absender verpflichtet, Stückgüter mit deutlichen, unauslöschbaren äußeren Zeichen zu versehen, die keine Verwechslung zulassen und mit den auf dem Frachtbrief angegebenen Zeichen genau übereinstimmen. Außerdem ist er verpflichtet, auf jedem Stück einen Zettel anzubringen, auf dem in unauslöschbarer Schrift die Bestimmungsstation angegeben ist. Name und Adresse des Empfängers müssen gleichfalls angegeben werden, wenn dies durch das Reglement der Versandbahn vorgeschrieben ist, und zwar entweder offen oder in einer Falte des Zettels, die nur beim Fehlen des Frachtbriefs geöffnet werden darf.

Alte Anschriften oder Zettel müssen vom Absender durchstrichen oder entfernt sein.

§ 7. Vorbehaltlich der ausdrücklich in den Tarifen vorgesehenen Ausnahmen dürfen leichtzerbrechliche Gegenstände (wie Glaswaren, Porzellan, Töpferwaren), Gegenstände, die sich leicht im Wagen verstreuen (wie Nüsse, Obst, Futtermittel, Steine), und Güter, die andere Sendungen beschmutzen oder beschädigen könnten (wie Kohlen, Kalk, Asche, gewöhnliche Erden, Farberden), nur als Wagenladungen befördert werden, es sei denn, daß diese Güter so verpackt oder zusammengebunden werden, daß sie nicht zerbrechen, verlorengehen oder andere Sendungen beschmutzen oder beschädigen können.

· EVO. § 62.

Artikel 13.

Begleitpapiere für die Abfertigung durch die Zoll-, Steuer-, Finanz-, Polizei- und sonstigen Verwaltungsbehörden. Zollverschluß.

§ 1. Der Absender ist verpflichtet, dem Frachtbrief die Begleitpapiere beizugeben, die zur Erfüllung der Zoll-, Steuer-, Finanz-, Polizei- und sonstigen verwaltungsbehördlichen Vorschriften vor der Ablieferung des Gutes an den Empfänger erforderlich sind. Diese Papiere dürfen nur Güter umfassen, die den Gegenstand eines und desselben Frachtbriefs bilden, es sei denn, daß Verwaltungs- oder Tarifvorschriften etwas anderes bestimmen.

Wenn solche Papiere dem Frachtbrief nicht beigegeben werden können, weil sie in einer Grenzstation hinterlegt sind, muß der Frachtbrief die genaue Angabe enthalten, bei welcher Stelle sie hinterlegt sind.

§ 2. Die Eisenbahn ist nicht verpflichtet, die beigegebenen Papiere auf ihre Richtigkeit und Vollständigkeit zu prüfen.

Der Absender haftet der Eisenbahn, sofern dieser kein Verschulden zur Last fällt, für alle Schäden, die aus dem Fehlen, der Unzulänglichkeit oder Unrichtigkeit dieser Papiere entstehen könnten.

Die Eisenbahn haftet nach den Bestimmungen des Titels III für die Folgen des Verlustes der nach Artikel 6 § 6 k in den Frachtbriefen erwähnten und ihnen beigegebenen Papiere.

§ 3. Der Absender ist verpflichtet, für die Verpackung und Bedeckung der Güter entsprechend den Zollvorschriften zu sorgen. Güter, deren zollamtlicher Verschluß verletzt oder mangelhaft ist, können zurückgewiesen werden.

EVO. § 65.

Kapitel II.

Ausführung des Frachtvertrags.

Artikel 14.

Auflieferung und Verladung der Güter.

§ 1. Das Verfahren bei der Auflieferung der Güter richtet sich nach den für die Versandstation geltenden gesetzlichen und reglementarischen Bestimmungen.

§ 2. Ob die Güter durch die Eisenbahn oder durch den Absender zu verladen sind, bestimmen die für die Versandstation geltenden Vorschriften, soweit nicht dieses Übereinkommen andere Bestimmungen darüber enthält oder eine besondere Vereinbarung zwischen dem Absender und der Eisenbahn getroffen und im Frachtbrief vermerkt ist.

§ 3. Ob die Güter in bedeckten, offenen oder besonders eingerichteten Wagen oder in offenen Wagen mit Decke befördert werden, richtet sich, soweit dieses Übereinkommen keine Vorschriften darüber enthält, nach den Bestimmungen der direkten internationalen Tarife. Falls solche nicht bestehen oder keine Bestimmungen darüber enthalten, sind die für die Versandstation geltenden Vorschriften für den ganzen Durchlauf des Gutes maßgebend.

EVO. §§ 63, 59, 66.

Artikel 15.

Abfertigung durch die Zoll-, Steuer-, Finanz-, Polizei- und sonstigen Verwaltungsbehörden.

§ 1. Die Zoll-, Steuer-, Finanz-, Polizei- und sonstigen verwaltungsbehördlichen Vorschriften werden, solange das Gut sich unterwegs befindet, von der Eisenbahn erfüllt. Sie kann diese Aufgabe unter ihrer eigenen Verantwortlichkeit einem Kommissionär übertragen oder sie selbst übernehmen. In beiden Fällen hat sie die Verpflichtungen eines Kommissionärs.

Der Absender kann jedoch entweder selbst oder durch einen im Frachtbrief bezeichneten Bevollmächtigten der im vorigen Absatz bezeichneten Behandlung beiwohnen, um alle nötigen Aufklärungen zu geben und sachdienliche Bemerkungen zu machen, ohne daß daraus für ihn das Recht begründet würde, das Gut in Besitz zu nehmen oder die Förmlichkeiten selbst zu erfüllen.

Wenn der Absender für die Behandlung durch die Zoll-, Steuer-, Finanz-, Polizei- oder sonstigen Verwaltungsbehörden eine unzulässige Art des Vorgehens vorgeschrieben hat, handelt die Eisenbahn so, wie es ihr für die Interessen des Berechtigten am günstigsten erscheint, und teilt dem Absender die getroffenen Maßnahmen mit.

§ 2. Wenn auf der Bestimmungsstation ein Zollamt besteht, und wenn entweder der Frachtbrief die Zollbehandlung auf der Bestimmungsstation vorschreibt oder beim Fehlen einer solchen Vorschrift das Gut unverzollt auf der Bestimmungsstation ankommt, so hat der Empfänger das Recht, auf der Bestimmungsstation die Zollbehandlung zu besorgen. Wenn er von diesem Recht Gebrauch macht, muß er vorher die auf der Sendung haftenden Kosten begleichen und den Frachtbrief einlösen.

Die Eisenbahn kann, solange der Frachtbrief nicht eingelöst ist, die Zollbehandlung gemäß § 1 besorgen, wenn dies innerhalb einer im Reglement der Empfangsbahn vorgeschriebenen Frist weder durch den Empfänger noch durch den Bevollmächtigten des Absenders geschieht.

EVO. § 65.

Artikel 16

Ablieferung.

§ 1. Die Eisenbahn ist verpflichtet, auf der vom Absender bezeichneten Bestimmungsstation dem Empfänger den Frachtbrief und das Gut gegen Quittung und gegen Bezahlung der sich aus dem Frachtbrief ergebenden Beträge auszuhändigen.

Durch die Annahme des Gutes und des Frachtbriefs wird der Empfänger verpflichtet, der Eisenbahn die aus dem Frachtbrief sich ergebenden Beträge zu bezahlen.

§ 2. Das Verfahren bei der Ablieferung des Gutes sowie die etwaige Verpflichtung der Eisenbahn, das Gut dem Empfänger, sei es am Orte der Bestimmungsstation, sei es an einem anderen Orte, zuzuführen, richtet sich nach den für die abliefernde Eisenbahn geltenden gesetzlichen und reglementarischen Bestimmungen.

§ 3. Nach Ankunft des Gutes auf der Bestimmungsstation ist der Empfänger berechtigt, von der Eisenbahn die Übergabe des Frachtbriefs und die Ablieferung des Gutes zu verlangen. Ist das Gut innerhalb der im Artikel 30 § 1 vorgesehenen Frist nicht angekommen, so kann er die sich aus dem Frachtvertrag ergebenden Rechte gegen vorherige Erfüllung der sich daraus ergebenden Verpflichtungen in eigenem Namen gegen die Eisenbahn geltend machen, sei es, daß er hierbei in eigenem oder in fremdem Interesse handelt.

EVO. § 76.

Artikel 17.

Zahlung der Fracht.

§ 1. Die Frachtgelder und sonstigen Kosten, deren Bezahlung der Absender nicht laut Frachtbriefvorschrift übernommen hat, gelten als auf den Empfänger überwiesen. Der Absender kann als Frankatur entweder gewisse genau bezeichnete Kosten oder nach näherer Bestimmung der Tarife die Frachtkosten bis zu einer beliebigen Grenze oder Grenzstation übernehmen; ausnahmsweise können die Tarife oder Vereinbarungen zwischen den Eisenbahnen die Frankatur auch bis zu bestimmten Stationen, die nicht Grenzstationen sind, zulassen.

Der Absender muß in der dafür bestimmten Spalte des Frachtbriefs die Kosten, die er übernehmen will, in der nachfolgenden Form angeben:

a) wenn der Absender die Frachtkosten und alle übrigen Kosten übernimmt, die nach Maßgabe des Reglements und des Tarifs von der Versandstation in Rechnung gestellt werden können, einschließlich der Gebühr für eine etwaige Angabe des Interesses an der Lieferung gemäß Artikel 35 und der Gebühr für Barvorschüsse und Nachnahmen, bezeichnet er es durch das Wort „Franko";

b) wenn der Absender andere Kosten als die unter a angegebenen übernimmt, bezeichnet er es durch die Worte „Franko Fracht und ..... (genaue Angabe der Gebühr oder Gebühren, die er bezahlen will)";

die Angabe „Franko Zoll" bedeutet, daß der Absender sowohl die von der Zollbehörde zu erhebenden Gebühren und Spesen als auch die von der Eisenbahn zu erhebende Gebühr für die Besorgung der Verzollung zu tragen hat;

c) wenn der Absender alle irgendwie erwachsenden Gebühren übernimmt, auch wenn sie nach der Annahme des Gutes zur Beförderung entstehen, bezeichnet er es durch die Worte „Franko einschließlich aller Gebühren";

d) wenn der Absender nur eine oder mehrere der unter a bezeichneten Gebühren übernehmen will, bezeichnet er es durch die Worte „Franko ..... (genaue Angabe der Gebühr oder Gebühren, die er übernimmt)";

e) wenn der Absender die Fracht bis zu einer Grenze (oder einer Grenzstation) oder ausnahmsweise bis zu einer bestimmten anderen Station, die nicht Grenzstation ist, übernimmt, bezeichnet er es durch die Worte „Franko bis X. (Grenze oder Grenzstation)" oder „Franko bis X.".

Im Frachtbrief können mehrere einander ergänzende Frankaturvermerke angebracht werden, z. B. „Franko und franko Zoll" oder „Franko bis X. Grenze und franko Zoll".

§ 2. Bei Sendungen, die nach dem Ermessen der Versandbahn schnellem Verderb ausgesetzt sind oder wegen ihres geringen Wertes oder ihrer Natur nach die Fracht nicht sicher decken, kann sie Vorauszahlung der Fracht verlangen.

§ 3. Wenn der Absender die Kosten ganz oder teilweise übernimmt und wenn dieser Betrag bei der Auflieferung nicht genau festgestellt werden kann, kann die Eisenbahn gegen Quittung die Hinterlegung einer den Kosten annähernd entsprechenden Summe als Sicherheit fordern. Diese Kosten werden nacheinander von den einzelnen Übergangsstationen in eine Frankaturrechnung eingetragen, die die Sendung bis zur Bestimmungsstation begleitet und innerhalb von zwei Monaten nach Ablauf der Lieferfrist an die Versandstation zurückgesandt sein muß.

Nach Rückkunft der Frankaturrechnung ist endgültig abzurechnen und dem Absender gegen Rückgabe der Quittung eine den Eintragungen in die Frankaturrechnung entsprechende Kostenrechnung auszuhändigen.

Die Frankaturrechnung ist nach dem Muster der Anlage IV zu diesem Übereinkommen aufzustellen.

§ 4. Die Versandstation muß sowohl im Duplikat wie im Frachtbrief die als Frankatur erhobenen Beträge einzeln aufführen.

EVO. §§ 69, 76.

Artikel 18.

Unrichtige Anwendung des Tarifs.

§ 1. Ist der Tarif unrichtig angewendet worden, oder sind bei der Festsetzung der Fracht und der sonstigen Kosten Fehler vorgekommen, so muß der Mehr- oder Minderbetrag erstattet werden.

§ 2. Von der Eisenbahn festgestellte Überzahlungen müssen, wenn sie für einen Frachtbrief den Betrag 0,50 Franken übersteigen, von Amts wegen den Beteiligten mitgeteilt und möglichst bald ausgeglichen werden.

§ 3. Zuwenig bezahlte Beträge hat der Absender der Eisenbahn nachzuzahlen, wenn der Frachtbrief nicht eingelöst wird. Hat der Empfänger den Frachtbrief eingelöst, so ist der Absender zur Nachzahlung nur bezüglich der Kosten verpflichtet, die er nach Maßgabe des Frankaturvermerks im Frachtbrief übernommen hat; im übrigen liegt die Nachzahlung dem Empfänger ob.

§ 4. Die nach diesem Artikel auf einem Frachtbrief geschuldeten Summen sind, sofern sie den Betrag von 10 Franken übersteigen, mit sechs vom Hundert zu verzinsen. Diese Zinsen laufen vom Tage der im Artikel 40 vorgesehenen Reklamation oder, wenn keine Reklamation vorausging, vom Tage der Klageerhebung an.

EVO. § 70.

Artikel 19.

Nachnahmen und Barvorschüsse.

§ 1. Der Absender kann das Gut bis zur Höhe seines Wertes mit Nachnahme belasten. Der Nachnahmebetrag muß in der Währung des Versandstaates ausgedrückt werden; hiervon können die Tarife Ausnahmen zulassen.

§ 2. Die Eisenbahn ist nicht verpflichtet, dem Absender die Nachnahme auszuzahlen, bevor der Betrag vom Empfänger bezahlt ist. Dieser Betrag muß dem Absender innerhalb einer Frist von drei Monaten nach der Einzahlung zur Verfügung gestellt werden; bei Verzögerung ist er vom Ablauf dieser Frist mit sechs vom Hundert zu verzinsen.

§ 3. Ist das Gut dem Empfänger ohne vorherige Einziehung der Nachnahme abgeliefert worden, so hat die Eisenbahn dem Absender den Schaden bis zum Betrag der Nachnahme zu ersetzen, vorbehaltlich ihres Rückgriffs gegen den Empfänger.

§ 4. Für die Nachnahme wird die tarifmäßige Gebühr berechnet; diese Gebühr bleibt geschuldet, auch wenn die Nachnahme durch nachträgliche Verfügung aufgehoben oder eingeschränkt wird (Artikel 21 § 1).

§ 5. Barvorschüsse werden nur nach den für die Versandstation geltenden Bestimmungen zugelassen.

EVO. § 72.

Artikel 20.

Verpflichtungen der Empfangsbahn.

Die Empfangsbahn hat alle sich aus dem Frachtvertrag ergebenden Forderungen, insbesondere Fracht- und Nebengebühren, Zollgebühren, Nachnahmen sowie die sonstigen auf dem Gute haftenden Beträge, einzuziehen, und zwar sowohl für eigene Rechnung als auch für die der vorhergehenden Eisenbahnen und der sonstigen Berechtigten.

EVO. § 76.

Kapitel III.

Abänderung des Frachtvertrags.

Artikel 21.

Recht zur Abänderung des Frachtvertrags.

§ 1. Der Absender allein hat das Recht, den Frachtvertrag nachträglich abzuändern, indem er verfügt, daß das Gut entweder auf der Versandstation wieder zurückgegeben oder daß es unterwegs aufgehalten oder daß seine Ablieferung ausgesetzt werde, oder daß es am Bestimmungsort oder an einem anderen vor der Bestimmungsstation oder darüber hinaus gelegenen Ort dem im Frachtbrief angegebenen Empfänger oder einer anderen Person abgeliefert oder schließlich, daß es an die Versandstation zurückgesandt werde.

Die Eisenbahn kann außerdem auf Wunsch des Absenders nachträgliche Verfügungen wegen Auflage, Erhöhung, Minderung oder Zurückziehung von Nachnahmen sowie wegen Frankierung der Sendungen annehmen; solche nachträgliche Verfügungen werden ohne jede Gewähr für ihre Ausführung angenommen.

Nachträgliche Verfügungen anderen als des obenerwähnten Inhalts sind unzulässig.

Nachträgliche Verfügungen dürfen niemals eine Teilung der Sendung zur Folge haben.

§ 2. Die obenerwähnten Verfügungen muß der Absender durch eine schriftliche, von ihm unterschriebene Erklärung nach dem Muster der Anlage V zu diesem Übereinkommen treffen.

Diese Erklärung ist auf dem Frachtbriefduplikat zu wiederholen, das gleichzeitig der Eisenbahn vorzulegen und von ihr dem Absender zurückzugeben ist. Hat die Eisenbahn die Verfügungen des Absenders befolgt, ohne die Vorzeigung des Duplikats zu verlangen, so ist sie für den daraus entstandenen Schaden dem Empfänger, dem der Absender dieses Duplikat übergeben hat, verantwortlich.

Wenn der Absender die Erhöhung, Ermäßigung oder Aufhebung einer Nachnahme verlangt, so muß er die ihm ausgestellte Bescheinigung über die Nachnahme vorweisen. Wird die Nachnahme erhöht oder ermäßigt, so wird die Bescheinigung dem Absender nach Berichtigung zurückgegeben. Im Falle der Aufhebung der Nachnahme wird ihm die Bescheinigung abgenommen.

Jede Verfügung des Absenders, die in anderer als der oben vorgeschriebenen Form gegeben wird, ist nichtig.

§ 3. Die Eisenbahn gibt den Verfügungen des Absenders nur Folge, wenn sie ihr durch Vermittlung der Versandstation zugegangen sind.

Wenn der Absender es verlangt, ist die Bestimmungs- oder Anhaltestation auf seine Kosten durch ein Telegramm der Versandstation zu benachrichtigen; das Telegramm ist durch schriftliche Erklärung zu bestätigen. In diesem Falle darf die Bestimmungs- oder Anhaltestation dem Empfänger den Frachtbrief nicht übergeben und das Gut nicht ausliefern oder weitersenden, bis sie die schriftliche Erklärung erhalten hat.

§ 4. Das Recht des Absenders zur Abänderung des Frachtvertrags erlischt, auch wenn er das Frachtbriefduplikat besitzt, sobald der Frachtbrief dem Empfänger übergeben ist, oder sobald der letztere seine Rechte aus dem Frachtvertrage nach Maßgabe des Artikels 16 § 3 geltend gemacht hat. Von diesem Zeitpunkt an hat die Eisenbahn die Anweisungen des Empfängers zu beachten, widrigenfalls sie ihm gegenüber für die Folgen der Nichtbeachtung unter den im Titel III angegebenen Bedingungen haftbar wird.

EVO. § 73.

Artikel 22.

Ausführung der nachträglichen Verfügungen.

§ 1. Die Eisenbahn darf die Ausführung der im Artikel 21 § 1 Abs. 1 vorgesehenen Verfügungen nur dann verweigern oder verzögern oder solche Verfügungen in veränderter Weise ausführen, wenn:

a) ihre Ausführung in dem Zeitpunkt, in dem sie der Eisenbahn zugehen, nicht mehr möglich ist,

b) durch ihre Befolgung der regelmäßige Beförderungsdienst gestört würde,

c) ihrer Ausführung in den Fällen einer Änderung der Bestimmungsstation gesetzliche oder sonstige Bestimmungen eines der an der Beförderung beteiligten Staaten, insbesondere Zoll-, Steuer-, Finanz-, Polizei- oder sonstige verwaltungsbehördliche Vorschriften, entgegenstehen,

d) in den Fällen einer Änderung der Bestimmungsstation der Wert des Gutes voraussichtlich die Gesamtkosten der Beförderung bis zur neuen Bestimmungsstation nicht deckt, es sei denn, daß der Betrag dieser Kosten sofort entrichtet oder sichergestellt werde.

In diesen Fällen ist der Absender unverzüglich von den Hindernissen zu verständigen, die der Ausführung seiner Verfügung entgegenstehen.

Wenn die Eisenbahn diese Hindernisse nicht voraussehen konnte, trägt der Absender alle Folgen, die sich daraus ergeben, daß die Eisenbahn seine Verfügung auszuführen begonnen hat.

§ 2. Hat der Absender die Auslieferung des Gutes auf einer Zwischenstation verfügt, so wird die Fracht bis zu dieser Station nach den zwischen der Versandstation und der genannten Zwischenstation geltenden Tarifen erhoben.

Hat der Absender die Rücksendung nach der Versandstation verfügt, so wird die Fracht berechnet: 1. bis zur Station, wo die Sendung aufgehalten worden ist, nach den zwischen dieser Station und der Versandstation geltenden Tarifen; 2. von der genannten Station bis zur Versandstation nach den für diese Strecke geltenden Tarifen.

Hat der Absender die Weiterbeförderung nach einer anderen Station verfügt, so wird die Fracht berechnet: 1. bis zur Station, wo die Sendung aufgehalten worden ist, nach den zwischen dieser und der Versandstation geltenden Tarifen; 2. von der genannten Station bis zur neuen Bestimmungsstation nach den zwischen diesen beiden letzteren Stationen geltenden Tarifen.

§ 3. Die Eisenbahn ist berechtigt, den Ersatz der Kosten zu verlangen, die durch die Ausführung der im Artikel 21 § 1 erwähnten Verfügungen entstanden sind, sofern diese Kosten nicht durch ihr eigenes Verschulden verursacht worden sind.

EVO. § 73.

Artikel 23.

Beförderungshindernisse.

§ 1. Wird der Beginn oder die Fortsetzung der Beförderung einer Sendung verhindert, so hat die Eisenbahn zu entscheiden, ob es im Interesse des Absenders liegt, ihn um Anweisung zu ersuchen, oder ob es zweckmäßiger ist, das Gut von Amts wegen unter Abänderung des Beförderungswegs zu befördern. Die Eisenbahn hat Anspruch auf Zahlung der Fracht über diesen anderen Weg und verfügt über die entsprechende Lieferfrist, selbst wenn diese größer ist als diejenige des ursprünglichen Beförderungswegs, es sei denn, daß die Eisenbahn ein Verschulden trifft.

§ 2. Wenn kein anderer Beförderungsweg vorhanden ist, ersucht die Eisenbahn den Absender um Anweisung; indessen ist die Eisenbahn zur Einholung der Anweisung im Falle vorübergehender Behinderung infolge der im Artikel 5 § 5 bezeichneten Umstände nicht verpflichtet.

§ 3. Der Absender, der von einem Beförderungshindernis benachrichtigt wird, kann vom Vertrag zurücktreten, muß aber dann der Eisenbahn je nach Lage des Falles entweder die Fracht für die bereits zurückgelegte Strecke oder die Kosten der Vorbereitung der Beförderung, außerdem alle sonstigen Kosten bezahlen, die in den Tarifen vorgesehen sind, es sei denn, daß die Eisenbahn ein Verschulden trifft.

§ 4. Ist der Absender nicht im Besitz des Frachtbriefduplikats, so dürfen die in diesem Artikel vorgesehenen Anweisungen weder die Person des Empfängers noch den Bestimmungsort abändern.

§ 5. Es wird nicht Folge gegeben:

a) Anweisungen des Absenders, die nicht durch Vermittlung der Versandstation gegeben werden;

b) der Anweisung, ein Gut zurückzusenden, dessen Wert aller Wahrscheinlichkeit nach die Kosten der Rücksendung nicht deckt, es sei denn, daß diese Kosten sofort bezahlt oder sichergestellt werden.

§ 6. Erteilt der Absender, der von einem Beförderungshindernis benachrichtigt worden ist, innerhalb angemessener Frist keine ausführbare Anweisung, so ist nach den für Ablieferungshindernisse geltenden reglementarischen Bestimmungen der Eisenbahn zu verfahren, auf deren Strecken das Gut aufgehalten wurde.

§ 7. Wenn das Beförderungshindernis vor dem Eintreffen einer Anweisung des Absenders wegfällt, so ist das Gut der Bestimmungsstation zuzuleiten, ohne daß Anweisungen abgewartet werden; der Absender wird hiervon möglichst rasch benachrichtigt.

EVO. § 74.

Artikel 24.

Ablieferungshindernisse.

§ 1. Wenn der Ablieferung Hindernisse entgegenstehen, so hat die Bestimmungsstation den Absender davon durch Vermittlung der Versandstation sofort in Kenntnis zu setzen und seine Anweisung einzuholen. Wenn diese schon im Frachtbrief beantragt ist, so muß der Absender sofort auf telegraphischem Wege benachrichtigt werden. Das Gut haftet für die Kosten der Benachrichtigung.

Verweigert der Empfänger die Abnahme des Gutes, so steht dem Absender das Verfügungsrecht auch dann zu, wenn er das Frachtbriefduplikat nicht vorweisen kann.

Wenn der Empfänger nach Verweigerung der Abnahme sich nachträglich zur Abnahme des Gutes meldet, ist ihm dieses abzuliefern, sofern nicht die Bestimmungsstation inzwischen entgegengesetzte Anweisungen des Absenders erhalten hat. Von dieser nachträglichen Ablieferung ist der Absender sofort durch eingeschriebenen Brief zu benachrichtigen, dessen Kosten auf dem Gut haften.

In keinem Falle darf das Gut dem Absender ohne sein ausdrückliches Einverständnis zurückgesandt werden.

§ 2. Soweit im § 1 dieses Artikels keine Bestimmungen getroffen sind und vorbehaltlich der Vorschriften des Artikels 43 richtet sich das Verfahren bei Ablieferungshindernissen nach den für die abliefernde Eisenbahn geltenden gesetzlichen und reglementarischen Bestimmungen.

EVO. § 81.

Kapitel IV.

Sicherstellung der Rechte der Eisenbahn.

Artikel 25.

Pfandrecht der Eisenbahn.

§ 1. Die Eisenbahn hat für alle im Artikel 20 bezeichneten Forderungen die Rechte eines Faustpfandgläubigers am Gut. Dieses Pfandrecht besteht, solange sich das Gut in der Verwahrung der Eisenbahn oder eines Dritten befindet, der es für sie innehat.

§ 2. Die Wirkungen des Pfandrechts bestimmen sich nach Gesetzen und Reglementen des Staates, in dem die Ablieferung erfolgt.

EVO. § 76.

Titel III.

Haftung der Eisenbahnen. Klagen.

Kapitel I.

Haftung.

Artikel 26.

Haftungsgemeinschaft der Eisenbahnen.

§ 1. Die Eisenbahn, die das Gut mit dem Frachtbrief zur Beförderung angenommen hat, haftet für die Ausführung der Beförderung auf der ganzen Strecke bis zur Ablieferung.

§ 2. Jede nachfolgende Eisenbahn tritt dadurch, daß sie das Gut mit dem ursprünglichen Frachtbrief übernimmt, nach Maßgabe des letzteren in den Frachtvertrag ein und übernimmt die sich daraus ergebenden Verpflichtungen, unbeschadet der die Empfangsbahn betreffenden Vorschrift des Artikels 42 § 3.

§ 3. Die Haftung der Eisenbahn auf Grund dieses Übereinkommens hört auf der im Frachtbrief bezeichneten Bestimmungsstation auf, auch wenn der Absender einen anderen Bestimmungsort angegeben hat. Die Weiterbeförderung richtet sich nach den inneren Gesetzen und Reglementen.

EVO. § 100.

Artikel 27.

Umfang der Haftung.

§ 1. Die Eisenbahn haftet unter den in diesem Kapitel festgesetzten Bedingungen für den Schaden, der durch gänzlichen oder teilweisen Verlust oder durch Beschädigung des Gutes in der Zeit von der Annahme bis zur Ablieferung oder durch Überschreitung der Lieferfrist entsteht.

§ 2. Sie ist bei gänzlichem oder teilweisem Verlust oder bei Beschädigung des Gutes von dieser Haftung befreit, wenn sie beweist, daß der Schaden durch ein Verschulden oder eine nicht von der Eisenbahn verschuldete Anweisung des Berechtigten, durch die natürliche Beschaffenheit des Gutes (inneren Verderb, Schwinden, gewöhnliche Leckage usw.) oder durch höhere Gewalt herbeigeführt worden ist.

§ 3. Sie ist von der Haftung für den durch Überschreitung der Lieferfrist entstandenen Schaden befreit, wenn sie beweist, daß die Überschreitung durch Umstände herbeigeführt worden ist, die sie nicht abzuwenden und denen sie auch nicht abzuhelfen vermochte.

EVO. §§ 84, 94.

Artikel 28.

Beschränkung der Haftung für Schäden, die aus besonderen Ursachen entstehen können.

§ 1. Die Eisenbahn haftet nicht für Schäden, die aus einer oder mehreren der nachbenannten Ursachen entstehen:

a) der mit der Beförderung in offenen Wagen verbundenen Gefahr für Güter, die nach den Tarifbestimmungen oder nach einer in den Frachtbrief aufgenommenen Vereinbarung mit dem Absender auf diese Weise befördert werden;

b) der mit dem Fehlen einer Verpackung oder mit der mangelhaften Beschaffenheit der Verpackung verbundenen Gefahr für Güter, die ohne Verpackung nach ihrer Natur Verlusten oder Beschädigungen ausgesetzt sind;

c) der mit dem Auf- oder Abladen oder mit mangelhafter Verladung verbundenen Gefahr für Güter, die nach den Tarifbestimmungen oder nach einer in den Frachtbrief aufgenommenen Vereinbarung mit dem Absender oder nach Vereinbarung mit dem Empfänger vom Absender verladen oder vom Empfänger entladen werden;

d) der besonderen Gefahr des gänzlichen oder teilweisen Verlustes oder der Beschädigung, namentlich durch Bruch, Rost, inneren Verderb, außergewöhnliche Leckage, Austrocknung, Verstreuung, der gewisse Güter wegen ihrer eigentümlichen Beschaffenheit ausgesetzt sind;

e) der Gefahr, die damit verbunden ist, daß Gegenstände, die von der Beförderung ausgeschlossen sind, trotzdem unter unrichtiger, ungenauer oder unvollständiger Bezeichnung aufgegeben werden, oder daß Gegenstände, die nur bedingungsweise zur Beförderung zugelassen sind, unter unrichtiger, ungenauer oder unvollständiger Bezeichnung oder unter Außerachtlassung der vorgeschriebenen Vorsichtsmaßregeln durch den Absender aufgegeben werden;

f) der für lebende Tiere mit der Beförderung verbundenen besonderen Gefahr;

g) der Gefahr, deren Abwendung durch die Begleitung von lebenden Tieren oder Gütern bezweckt wird, wenn nach den Bestimmungen dieses Übereinkommens oder nach den Tarifbestimmungen oder nach einer in den Frachtbrief aufgenommenen Vereinbarung mit dem Absender diesen Tieren oder Gütern eine Begleitung beigegeben werden muß.

§ 2. Wenn nach den Umständen des Falles ein Schaden aus einer oder mehreren dieser Ursachen entstehen konnte, so wird bis zum Nachweis des Gegenteils durch den Berechtigten vermutet, daß der Schaden hieraus entstanden ist.

EVO. §§ 86, 96.

Artikel 29.

Höhe der Entschädigung bei gänzlichem oder teilweisem Verlust des Gutes.

Wenn von der Eisenbahn auf Grund der Bestimmungen dieses Übereinkommens Entschädigung für gänzlichen oder teilweisen Verlust des Gutes zu leisten ist, so wird die Entschädigung berechnet

nach dem Börsenpreis,
in Ermangelung eines solchen nach dem Marktpreis,
in Ermangelung beider nach dem gemeinen Wert,

den Güter derselben Art und Beschaffenheit am Versandort zu der Zeit hatten, zu der das Gut zur Beförderung angenommen worden ist. Jedoch darf vorbehaltlich der im Artikel 34 vorgesehenen Einschränkung die Entschädigung 50 Franken für jedes fehlende Kilogramm des Rohgewichts nicht übersteigen.

Dazu kommt die Erstattung dessen, was an Fracht, Zöllen und sonstigen Kosten für das Gut bezahlt worden ist, jedoch vorbehaltlich der in den Artikeln 35 und 36 vorgesehenen Ausnahmen ohne weiteren Schadenersatz.

Sind die als Grundlage für die Berechnung der Entschädigung dienenden Beträge nicht in der Währung des Staates ausgedrückt, in dem die Zahlung verlangt wird, so erfolgt die Umrechnung nach dem Kurs zur Zeit und am Orte der Zahlung.

EVO. § 88.

Artikel 30.

Vermutung für den Verlust des Gutes. Wiederauffinden verlorenen Gutes.

§ 1. Der Berechtigte kann das Gut ohne weiteren Nachweis als in Verlust geraten betrachten, wenn es nicht innerhalb von 30 Tagen nach Ablauf der gemäß Artikel 11 berechneten Lieferfrist dem Empfänger abgeliefert oder zur Verfügung gestellt worden ist.

Zu diesen 30 Tagen werden so oft 10 Tage — höchstens aber 30 Tage — hinzugerechnet, wie Staaten außer dem Versand- und Empfangsstaat an der Beförderung beteiligt sind.

§ 2. Der Berechtigte kann bei der Empfangnahme der Entschädigung für das in Verlust geratene Gut in der Quittung den Vorbehalt machen, daß er für den Fall, daß das Gut binnen vier Monaten nach Zahlung der Entschädigung wieder aufgefunden wird, sofort benachrichtigt werden soll.

Über diesen Vorbehalt wird ihm eine Bescheinigung erteilt.

§ 3. In diesem Falle kann der Berechtigte innerhalb 30 Tagen nach erhaltener Nachricht verlangen, daß ihm das Gut nach seiner Wahl auf der Versandstation oder auf der im Frachtbrief angegebenen Bestimmungsstation kostenfrei gegen Rückerstattung der ihm bezahlten Entschädigung und vorbehaltlich aller Ansprüche auf Entschädigung wegen Verspätung gemäß Artikel 33 und gegebenenfalls 35 § 3 ausgeliefert werde.

§ 4. Wenn der im § 2 erwähnte Vorbehalt in der Quittung nicht gemacht oder keine Anweisung in der im § 3 bezeichneten Frist von 30 Tagen erteilt worden ist, oder endlich, wenn das Gut später als vier Monate nach Zahlung der Entschädigung wieder aufgefunden worden ist, so kann die Eisenbahn darüber nach den Gesetzen und Reglementen ihres Staates verfügen.

EVO. §§ 90, 91.

Artikel 31.

Einschränkung der Haftung bei Gewichtsverlusten.

§ 1. Bei Gütern, die nach ihrer besonderen natürlichen Beschaffenheit bei der Beförderung regelmäßig einen Verlust an Gewicht erleiden, haftet die Eisenbahn für Gewichtsverluste nur insoweit, als die nachstehend bestimmten Normalsätze überschritten werden:

a) zwei vom Hundert des Gewichts für die flüssigen oder in feuchtem Zustand aufgegebenen Güter sowie für die nachstehenden Güter:

Farbhölzer, geraspelte oder gemahlene,
Felle,
Fettwaren,
Fische, getrocknete,
Früchte, frische,
Gemüse, frische,
Häute,
Hautabfälle,
Hopfen,
Hörner und Klauen,
Kitte, frische,
Knochen, ganze oder gemahlene,
Leder,
Obst, getrocknetes oder gebackenes,
Pferdehaare,
Rinden,
Salz,
Schafwolle,
Schweinsborsten,
Seifen und harte Öle,
Süßholz,

Tabak, geschnittener,
Tabakblätter, frische,
Tierflechsen,
Wurzeln;

b) eins vom Hundert des Gewichts für alle übrigen trockenen Güter, die gleichfalls bei der Beförderung einem Gewichtsverlust unterliegen.

§ 2. Die im § 1 dieses Artikels vorgesehene Beschränkung der Haftung tritt nicht ein, soweit nachgewiesen wird, daß der Verlust nach den Umständen des Falles nicht auf die Ursachen zurückzuführen ist, die die Annahme eines regelmäßigen Gewichtsverlustes rechtfertigen.

§ 3. Wenn mehrere Stücke mit einem einzigen Frachtbrief befördert werden, wird der Gewichtsverlust für jedes Stück berechnet, sofern sein Gewicht bei der Aufgabe entweder auf dem Frachtbrief einzeln angegeben ist oder auf andere Weise festgestellt werden kann.

§ 4. Bei gänzlichem Verlust des Gutes findet bei der Berechnung der Entschädigung kein Abzug für Gewichtsverlust statt.

§ 5. Durch diesen Artikel werden die Vorschriften des Artikels 28 nicht berührt.

EVO. § 87.

Artikel 32.

Höhe der Entschädigung bei Beschädigung des Gutes.

Bei Beschädigung hat die Eisenbahn, abgesehen von dem im Artikel 34 vorgesehenen Fall, den Betrag des Minderwerts des Gutes, und zwar ohne weiteren Schadensersatz vorbehaltlich der in den Artikeln 35 und 36 vorgesehenen Ausnahmen zu zahlen.

Die Entschädigung darf jedoch nicht übersteigen:

a) wenn die ganze Sendung durch die Beschädigung entwertet ist, den Betrag, der im Falle des Verlustes der ganzen Sendung zu zahlen wäre;

b) wenn nur ein Teil der Sendung durch die Beschädigung entwertet ist, den Betrag, der im Falle des Verlustes dieses Teiles der Sendung zu zahlen wäre.

EVO. § 88.

Artikel 33.

Höhe der Entschädigung bei Überschreitung der Lieferfrist.

§ 1. Bei Überschreitung der Lieferfrist hat die Eisenbahn, wenn der Berechtigte nicht nachweist, daß ein Schaden aus dieser Überschreitung entstanden ist, zu zahlen:

$^1/_{10}$ der Fracht bei einer Überschreitung bis einschließlich $^1/_{10}$ der Lieferfrist;
$^2/_{10}$ der Fracht bei einer Überschreitung von mehr als $^1/_{10}$ bis einschließlich $^2/_{10}$ der Lieferfrist;
$^3/_{10}$ der Fracht bei einer Überschreitung von mehr als $^2/_{10}$ bis einschließlich $^3/_{10}$ der Lieferfrist;
$^4/_{10}$ der Fracht bei einer Überschreitung von mehr als $^3/_{10}$ bis einschließlich $^4/_{10}$ der Lieferfrist;
$^5/_{10}$ der Fracht bei jeder Überschreitung von mehr als $^4/_{10}$ der Lieferfrist.

§ 2. Wird der Nachweis erbracht, daß ein Schaden aus der Überschreitung entstanden ist, so ist für diesen Schaden eine Entschädigung bis zur Höhe der Fracht zu entrichten.

§ 3. Die in den §§ 1 und 2 dieses Artikels vorgesehenen Entschädigungen können nicht neben der bei gänzlichem Verlust zu leistenden Entschädigung verlangt werden.

Bei teilweisem Verlust sind sie gegebenenfalls für den nicht verlorengegangenen Teil der Sendung zu entrichten.

Bei Beschädigung treten sie gegebenenfalls neben die im Artikel 32 vorgesehene Entschädigung.

EVO. §§ 93, 94.

Artikel 34.

Beschränkung der Entschädigung bei gewissen Tarifen.

Wenn die Eisenbahn besondere Beförderungsbedingungen (Spezial- oder Ausnahmetarife) gewährt, die gegenüber der nach den gewöhnlichen Bedingungen (allgemeinen Tarifen) für die ganze Beförderung berechneten Fracht eine Ermäßigung enthalten, so kann sie die dem Berechtigten bei Verlust, Beschädigung oder Überschreitung der Lieferfrist zu leistende Entschädigung auf einen Höchstbetrag beschränken.

Ist ein solcher Höchstbetrag in einem Tarif vorgesehen, der nur auf einem Teil der Beförderungsstrecke angewendet worden ist, so tritt die Beschränkung der Haftung der Eisenbahn nur ein, wenn die die Entschädigung begründende Tatsache sich auf diesem Teil der Beförderungsstrecke ereignet hat.

EVO. § 89.

Artikel 35.

Angabe des Interesses an der Lieferung.

§ 1. Für jede Sendung kann das Interesse an der Lieferung durch Eintragung in den Frachtbrief gemäß Artikel 6 § 6 k angegeben werden.

Der Betrag des Interesses muß in der Währung des Versandstaates, in Goldfranken oder in einer anderen durch die Tarife festgesetzten Währung ausgedrückt werden.

§ 2. Es wird eine besondere Gebühr von einem Viertel vom Tausend der angegebenen Summe für je angefangene 10 km erhoben.

Die Tarife können die Gebühr herabsetzen, auch einen Mindestbetrag festsetzen.

§ 3. Ist das Interesse an der Lieferung angegeben, so kann bei Überschreitung der Lieferfrist beansprucht werden:

a) wenn nicht nachgewiesen wird, daß ein Schaden aus dieser Überschreitung entstanden ist, bis zur Höhe des angegebenen Interesses

$^2/_{10}$ der Fracht bei einer Überschreitung bis einschließlich $^1/_{10}$ der Lieferfrist,

$^4/_{10}$ der Fracht bei einer Überschreitung von mehr als $^1/_{10}$ bis einschließlich $^2/_{10}$ der Lieferfrist,

$^6/_{10}$ der Fracht bei einer Überschreitung von mehr als $^2/_{10}$ bis einschließlich $^3/_{10}$ der Lieferfrist,

$^8/_{10}$ der Fracht bei einer Überschreitung von mehr als $^3/_{10}$ bis einschließlich $^4/_{10}$ der Lieferfrist,

die ganze Fracht bei jeder Überschreitung von mehr als $^4/_{10}$ der Lieferfrist;

b) wenn der Nachweis erbracht wird, daß ein Schaden aus der Überschreitung entstanden ist, eine Entschädigung bis zur Höhe des angegebenen Interesses.

Ist der Betrag des angegebenen Interesses geringer als die im Artikel 33 vorgesehenen Entschädigungen, so können diese Entschädigungen an Stelle der unter a und b erwähnten Beträge verlangt werden.

§ 4. Wird der Nachweis erbracht, daß ein Schaden aus dem gänzlichen oder teilweisen Verlust oder aus der Beschädigung des Gutes entstanden ist, für welches das Interesse an der Lieferung angegeben ist, so kann außer der in den Artikeln 29 und 32 oder gegebenenfalls im Artikel 34 vorgesehenen Entschädigung ein weiterer Schadenersatz bis zur Höhe der angegebenen Summe beansprucht werden.

EVO. § 92.

Artikel 36.

Höhe der Entschädigung bei Vorsatz oder grober Fahrlässigkeit der Eisenbahn.

In allen Fällen, in denen der gänzliche oder teilweise Verlust, die Beschädigung oder die Überschreitung der Lieferfrist auf Vorsatz oder grobe Fahrlässigkeit der Eisenbahn zurückzuführen ist, ist der Schaden jeweils bis zum Doppelten der in den Artikeln 29, 32, 33, 34 und 35 vorgesehenen Höchstbeträge zu ersetzen.

EVO. § 95.

Artikel 37.

Verzinsung des Entschädigungsbetrags.

Der Berechtigte kann sechs vom Hundert Zinsen der ihm auf einen Frachtbrief gewährten Entschädigung verlangen, sofern sie den Betrag von 10 Franken übersteigt.

Diese Zinsen laufen vom Tage der in Artikel 40 vorgesehenen Reklamation oder, wenn keine Reklamation vorausging, vom Tage der Klageerhebung an.

EVO. § 88.

Artikel 38.

Rückerstattung der Entschädigung.

Jede zu Unrecht empfangene Entschädigung ist zurückzuerstatten.

Außerdem hat die Eisenbahn im Falle eines Betrugs unbeschadet der strafrechtlichen Folgen Anspruch auf Zahlung einer Summe, die dem zu Unrecht bezahlten Betrage gleichkommt.

Artikel 39.

Haftung der Eisenbahn für ihre Leute.

Die Eisenbahn haftet für ihre Leute und für andere Personen, deren sie sich bei Ausführung der von ihr übernommenen Beförderung bedient.

Wenn indessen Bahnangestellte auf Verlangen eines Beteiligten Frachtbriefe ausstellen oder Übersetzungen anfertigen oder sonstige der Eisenbahn nicht obliegende Verrichtungen ausüben, gelten sie als Beauftragte dessen, für den sie tätig sind.

EVO. § 5.

Kapitel II.

Reklamationen. Klagen. Verfahren bei Rechtsstreitigkeiten aus dem Frachtvertrag. Verjährung der Ansprüche aus dem Frachtvertrag.

Artikel 40.

Reklamationen.

§ 1. Außergerichtliche Ansprüche aus dem Frachtvertrag müssen schriftlich bei der in Artikel 42 näher bezeichneten Eisenbahn angebracht werden.

§ 2. Zur Geltendmachung sind die gemäß Artikel 41 zur Erhebung der Klage gegen die Eisenbahn berechtigten Personen befugt.

§ 3. Bei Geltendmachung solcher Ansprüche hat der Absender das Frachtbriefduplikat, der Empfänger den Frachtbrief vorzulegen, vorausgesetzt, daß er ihm übergeben worden ist.

§ 4. Der Frachtbrief, das Frachtbriefduplikat und die übrigen Belege, die der Berechtigte seiner Reklamation beifügen will, müssen in Urschrift oder Abschrift vorgelegt werden, Abschriften auf Verlangen der Eisenbahn in gehörig beglaubigter Form.

Bei der endgültigen Erledigung der Reklamation kann die Eisenbahn die Vorlage der Urschriften des Frachtbriefs, Frachtbriefduplikats oder des Nachnahmescheines verlangen, um auf ihnen die endgültige Erledigung zu beurkunden.

EVO. § 99.

Artikel 41.

Zur Erhebung der Klage gegen die Eisenbahn berechtigte Personen.

§ 1. Zur gerichtlichen Geltendmachung von Ansprüchen auf Rückerstattung von Zahlungen, die auf Grund des Frachtvertrags geleistet worden sind, ist nur befugt, wer die Zahlung geleistet hat.

§ 2. Zur gerichtlichen Geltendmachung von Ansprüchen wegen Nachnahmen (Artikel 19) ist nur der Absender befugt.

§ 3. Zur gerichtlichen Geltendmachung sonstiger Ansprüche gegen die Eisenbahn auf Grund des Frachtvertrags sind befugt:

der Absender, solange ihm nach Artikel 21 das Recht zusteht, nachträgliche Verfügungen über das Gut zu treffen;

der Empfänger von dem Zeitpunkt an, zu dem ihm der Frachtbrief übergeben worden ist oder er seine Rechte aus dem Frachtvertrag nach Maßgabe des Artikels 16 § 3 geltend gemacht hat.

Zur Erhebung der Klage durch den Absender bedarf es der Vorlegung des Frachtbriefduplikats. Vermag der Absender das Frachtbriefduplikat nicht vorzulegen, so kann er seinen Anspruch gegen die Bahn nur mit Zustimmung des Empfängers oder dann gerichtlich geltend machen, wenn er nachweist, daß der Empfänger die Annahme des Gutes verweigert hat.

EVO. § 99.

Artikel 42.

Eisenbahnen, gegen welche die Klagen zu richten sind. Zuständigkeit.

§ 1. Ansprüche auf Rückerstattung von Zahlungen, die auf Grund des Frachtvertrags geleistet sind, können nur gegen die Eisenbahn gerichtlich geltend gemacht werden, die den Betrag erhoben hat.

§ 2. Ansprüche wegen Nachnahmen (Artikel 19) können nur gegen die Versandbahn gerichtlich geltend gemacht werden.

§ 3. Sonstige Ansprüche auf Grund des Frachtvertrags können nur gegen die Versandbahn, die Empfangsbahn oder diejenige Eisenbahn gerichtlich geltend gemacht werden, auf deren Strecken sich die den Anspruch begründende Tatsache ereignet hat.

Auch wenn die Empfangsbahn das Gut nicht erhalten hat, kann sie gleichwohl gerichtlich in Anspruch genommen werden.

Unter den bezeichneten Eisenbahnen steht dem Kläger die Wahl zu; mit der Erhebung der Klage erlischt das Wahlrecht.

§ 4. Die Klage kann, wenn nicht in Staatsverträgen oder Konzessionen ein anderes bestimmt ist, nur vor den zuständigen Gerichten des Staates erhoben werden, dem die beklagte Eisenbahn angehört.

Betreibt ein Eisenbahnunternehmen mehrere Eisenbahnnetze mit selbständiger Betriebsverwaltung in verschiedenen Staaten, so wird jedes dieser Eisenbahnnetze als besondere Eisenbahn im Sinne dieser Vorschrift angesehen.

§ 5. Im Wege der Widerklage oder der Einrede können Ansprüche auch gegen eine andere als die in den §§ 1, 2 und 3 bezeichneten Eisenbahnen erhoben werden, wenn sich die Klage auf denselben Frachtvertrag gründet.

§ 6. Die Vorschriften dieses Artikels finden keine Anwendung auf den Rückgriff der Eisenbahnen gegeneinander nach Maßgabe des Kapitels III dieses Titels.

EVO. § 100.

Artikel 43.

Feststellung eines teilweisen Verlustes oder einer Beschädigung des Gutes.

§ 1. Wird ein teilweiser Verlust oder eine Beschädigung des Gutes von der Eisenbahn entdeckt oder vermutet oder von dem Berechtigten behauptet, so hat die Eisenbahn den Zustand und das Gewicht des Gutes und, soweit dies möglich ist, den Betrag, die Ursache und den Zeitpunkt des Schadens sofort, wo möglich im Beisein des Berechtigten, durch eine Tatbestandsaufnahme festzustellen.

Dem Berechtigten ist auf Verlangen eine Abschrift der Tatbestandsaufnahme auszuhändigen.

§ 2. Wenn der Berechtigte die Feststellungen der Tatbestandsaufnahme nicht anerkennt, kann er verlangen, daß der Zustand und das Gewicht des Gutes sowie die Schadensursache und der Betrag des Schadens gemäß den Gesetzen und Reglementen des Staates, wo die Ablieferung stattgefunden hat, gerichtlich festgestellt wird.

EVO. §§ 82, 83.

Artikel 44.

Erlöschen der Ansprüche gegen die Eisenbahn aus dem Frachtvertrag.

§ 1. Mit der Abnahme des Gutes sind alle Ansprüche gegen die Eisenbahn aus dem Frachtvertrag erloschen.

§ 2. Jedoch erlöschen nicht:

1. Entschädigungsansprüche, bei denen der Berechtigte nachweist, daß der Schaden durch Vorsatz oder grobe Fahrlässigkeit der Eisenbahn herbeigeführt worden ist;
2. Entschädigungsansprüche wegen Überschreitung der Lieferfrist, wenn sie bei einer der im Artikel 42 § 3 bezeichneten Bahnen innerhalb einer Frist von vierzehn Tagen, den Tag der Abnahme nicht mitgerechnet, angebracht werden;
3. Entschädigungsansprüche wegen teilweisen Verlustes oder Beschädigung:
   a) wenn der Verlust oder die Beschädigung vor der Abnahme des Gutes durch den Berechtigten gemäß Artikel 43 festgestellt worden ist;
   b) wenn die Feststellung, die nach Artikel 43 hätte erfolgen sollen, nur durch Verschulden der Eisenbahn unterblieben ist;
4. Entschädigungsansprüche wegen äußerlich nicht erkennbarer Schäden, die erst nach der Abnahme festgestellt worden sind, jedoch nur unter nachstehenden Voraussetzungen:
   a) daß sich die Eisenbahn dem Berechtigten gegenüber nicht zur Feststellung des Zustandes des Gutes auf der Bestimmungsstation bereit erklärt hat;
   b) daß unverzüglich nach der Entdeckung des Schadens und spätestens sieben Tage nach der Abnahme des Gutes der Antrag auf Feststellung gemäß Artikel 43 angebracht wird;
   c) daß der Berechtigte beweist, daß der Schaden in der Zeit zwischen der Annahme zur Beförderung und der Ablieferung entstanden ist;

5. Ansprüche auf Rückerstattung geleisteter Zahlungen oder wegen Nachnahmen (Artikel 19).

§ 3. Der Berechtigte kann die Abnahme des Gutes auch nach Annahme des Frachtbriefs und Bezahlung der Fracht so lange verweigern, bis seinem Antrag auf Feststellung von behaupteten Schäden stattgegeben ist.

Vorbehalte bei der Abnahme des Gutes sind wirkungslos, sofern sie nicht von der Eisenbahn anerkannt sind.

§ 4. Wenn von mehreren im Frachtbrief verzeichneten Gegenständen einzelne bei der Ablieferung fehlen, so kann der Berechtigte in der in Artikel 16 § 1 vorgesehenen Quittung feststellen, daß diese genau zu bezeichnenden Gegenstände ihm nicht abgeliefert worden sind.

EVO. § 97.

Artikel 45.

Verjährung der Klagen aus dem Frachtvertrage.

§ 1. Klagen aus dem Frachtvertrage verjähren in einem Jahre, wenn die geschuldete Summe nicht bereits durch Anerkenntnis, Vergleich oder gerichtliches Urteil festgestellt worden ist.

Die Verjährung beträgt indessen drei Jahre, wenn es sich handelt um eine Klage:

a) des Absenders auf Auszahlung einer Nachnahme, die die Eisenbahn vom Empfänger eingezogen hat;
b) wegen eines durch Vorsatz oder grobe Fahrlässigkeit verursachten Schadens;
c) wegen des in Artikel 38 erwähnten Falles des Betrugs.

§ 2. Die Verjährung beginnt:

a) bei Entschädigungsansprüchen wegen teilweisen Verlustes, Beschädigung oder Überschreitung der Lieferfrist
mit dem Tage der Ablieferung;
b) bei Entschädigungsansprüchen wegen gänzlichen Verlustes
mit dem Tage des Ablaufs der Lieferfrist;
c) bei Ansprüchen auf Zahlung oder Rückerstattung von Fracht, Nebengebühren oder Frachtzuschlägen oder auf Berichtigung bei unrichtiger Tarifanwendung oder bei Rechenfehlern
mit dem Tage der Zahlung oder, wenn keine Zahlung stattgefunden hat, mit dem Tage der Aufgabe des Gutes;

d) bei Ansprüchen wegen Nachnahmen (Artikel 19)
mit dem 90. Tage nach Ablauf der Lieferfrist;

e) bei Ansprüchen auf Zahlung eines von der Zollbehörde verlangten Zuschlags
mit dem Tage, an dem die Zollbehörde das Verlangen gestellt hat.

Der als Beginn der Verjährung bezeichnete Tag ist in der Frist nicht einbegriffen.

§ 3. Wenn der Berechtigte eine schriftliche Reklamation gemäß Artikel 40 bei der Eisenbahn eingereicht hat, wird der Lauf der Verjährung gehemmt. Der Lauf beginnt wieder mit dem Tage, an dem die Eisenbahn die Reklamation durch schriftlichen Bescheid zurückgewiesen und die der Reklamation etwa beigefügten Belege zurückgegeben hat. Der Beweis des Eingangs der Reklamation oder des Bescheids und der Rückgabe der Belege liegt dem ob, der sich auf diese Tatsachen beruft. Weitere Reklamationen hemmen die Verjährung nicht.

§ 4. Vorbehaltlich vorstehender Bestimmungen gelten für die Hemmung und die Unterbrechung der Verjährung die Gesetze und Reglemente des Staates, in dem die Klage angestellt wird.

EVO. §§ 71, 98.

Artikel 46.

Unzulässigkeit der Geltendmachung erloschener oder verjährter Ansprüche.

Ansprüche, die gemäß den Artikeln 44 und 45 erloschen oder verjährt sind, können auch nicht im Wege einer Widerklage oder einer Einrede geltend gemacht werden.

Kapitel III.

Abrechnung. Rückgriff der Eisenbahnen gegeneinander.

Artikel 47.

Abrechnung zwischen den Eisenbahnen.

§ 1. Jede Eisenbahn, die bei der Aufgabe oder Ablieferung des Gutes die Fracht oder andere aus dem Frachtvertrag herrührende Forderungen eingezogen hat, ist verpflichtet, den beteiligten Eisenbahnen den ihnen gebührenden Anteil an der Fracht und den erwähnten Forderungen zu bezahlen.

§ 2. Die Übergabe des Gutes von einer Eisenbahn an die nächstfolgende begründet für die erstere das Recht, die letztere sofort mit dem Betrage der Fracht und der sonstigen Forderungen zu belasten, soweit sich diese zur Zeit der Übergabe des Gutes aus dem Frachtbrief ergeben, vorbehaltlich der endgültigen Abrechnung nach Maßgabe des § 1 dieses Artikels.

§ 3. Die Versandbahn haftet vorbehaltlich ihrer Ansprüche gegen den Absender für die Fracht und sonstigen Beträge, die sie nicht erhoben hat, obwohl sie der Absender nach Maßgabe des Frachtbriefs zu seinen Lasten übernommen hatte.

§ 4. Liefert die Empfangsbahn das Gut ab, ohne bei der Ablieferung die Fracht und die sonstigen Forderungen, mit denen es belastet war, einzuziehen, ist sie vorbehaltlich ihrer Ansprüche gegen den Empfänger für die Bezahlung dieser Beträge verantwortlich.

EVO. § 100.

Artikel 48.

Rückgriff bei Entschädigung für gänzlichen oder teilweisen Verlust oder Beschädigung.

§ 1. Hat eine Eisenbahn auf Grund der Bestimmungen dieses Übereinkommens eine Entschädigung für gänzlichen oder teilweisen Verlust oder Beschädigung geleistet, so steht ihr der Rückgriff gegen die an der Beförderung beteiligten Eisenbahnen nach Maßgabe folgender Bestimmungen zu:

a) Die Eisenbahn, die den Schaden verursacht hat, haftet ausschließlich dafür.

b) Haben mehrere Eisenbahnen den Schaden verursacht, so haftet jede Bahn für den von ihr verursachten Schaden. Ist eine solche Unterscheidung nach den Umständen des Falles nicht möglich, so bestimmen sich ihre Anteile an der Entschädigung nach den Grundsätzen unter c.

c) Wenn nicht nachgewiesen werden kann, daß eine oder mehrere Eisenbahnen den Schaden verursacht haben, so haften sämtliche an der Beförderung beteiligten Eisenbahnen mit Ausnahme derjenigen, die beweisen, daß der Schaden auf ihrer Strecke nicht verursacht worden ist; die Verteilung erfolgt nach Verhältnis der Tarifkilometer.

§ 2. Bei Zahlungsunfähigkeit einer dieser Eisenbahnen wird der auf sie entfallende, aber von ihr nicht bezahlte Anteil unter alle übrigen an der Beförderung beteiligten Eisenbahnen nach Verhältnis der Tarifkilometer verteilt.

Artikel 49.

Rückgriff bei Entschädigung für Überschreitung der Lieferfrist.

§ 1. Die Vorschriften des Artikels 48 finden auch bei Entschädigung für Überschreitung der Lieferfrist Anwendung. Wird die Überschreitung durch Unregelmäßigkeiten veranlaßt, die im Bereiche mehrerer Eisenbahnen festgestellt worden sind, so ist die Entschädigung unter diese Eisenbahnen nach Verhältnis der Zeitdauer der auf ihren Strecken vorgekommenen Verspätung zu verteilen.

§ 2. Die im Artikel 11 dieses Übereinkommens festgesetzten Lieferfristen verteilen sich unter die an der Beförderung beteiligten Eisenbahnen wie folgt:

1. Im Verkehre zweier Nachbarbahnen:
   a) Die Abfertigungsfrist wird zu gleichen Teilen verteilt.
   b) Die Beförderungsfrist wird nach dem Verhältnis der Tarifkilometer, die auf jede der beiden Eisenbahnen entfallen, verteilt.
2. Im Verkehre zwischen drei oder mehr Bahnen:
   a) Vorweg werden aus der Abfertigungsfrist der ersten und der letzten Eisenbahn je zwölf Stunden bei Frachtgut und je sechs Stunden bei Eilgut zugeteilt.
   b) Der Rest der Abfertigungsfrist und ein Drittel der Beförderungsfrist werden zu gleichen Teilen unter alle beteiligten Eisenbahnen verteilt.
   c) Die beiden anderen Drittel der Beförderungsfrist werden nach dem Verhältnis der Tarifkilometer, die auf jede dieser Eisenbahnen entfallen, verteilt.

§ 3. Zuschlagsfristen, auf die eine Eisenbahn Anspruch hat, werden dieser Eisenbahn zugeteilt.

§ 4. Die Zeit von der Aufgabe des Gutes bis zum Beginn der Lieferfrist wird lediglich der Versandbahn zugeteilt.

§ 5. Die obenerwähnte Verteilung kommt nur in Betracht, wenn die Lieferfrist im ganzen nicht eingehalten worden ist.

Artikel 50.

Verfahren bei Rückgriffen.

§ 1. Keine Eisenbahn, gegen die nach Artikel 48 oder 49 Rückgriff genommen wird, ist befugt, die Rechtmäßigkeit der durch die rückgriffnehmende Eisenbahn geleisteten Zahlung zu bestreiten, wenn über die Entschädigung gerichtlich entschieden worden ist, nachdem der Eisenbahn in gehöriger Weise der Streit verkündet und ihr die Möglichkeit gegeben war, in dem Rechtsstreit zu intervenieren. Der Richter der Hauptsache bestimmt nach den Umständen des Falles die Fristen für die Streitverkündung und für die Intervention.

§ 2. Die den Rückgriff nehmende Eisenbahn hat sämtliche beteiligten Eisenbahnen, mit denen sie sich nicht gütlich geeinigt hat, in einer und derselben Klage zu belangen, widrigenfalls das Recht des Rückgriffs gegen die nicht belangten Eisenbahnen erlischt.

§ 3. Der Richter hat in einem und demselben Verfahren über alle Rückgriffe, mit denen er befaßt ist, zu entscheiden.

§ 4. Den beklagten Eisenbahnen steht ein weiterer Rückgriff nicht zu.

§ 5. Die Verbindung des Rückgriffsverfahrens mit dem Entschädigungsverfahren ist unzulässig.

Artikel 51.

Zuständigkeit im Rückgriffsverfahren.

§ 1. Der Richter des Wohnsitzes der Eisenbahn, gegen die der Rückgriff genommen wird, ist für alle Rückgriffsansprüche ausschließlich zuständig.

§ 2. Ist die Klage gegen mehrere Eisenbahnen zu erheben, so hat die klagende Eisenbahn die Wahl unter den nach § 1 dieses Artikels zuständigen Richtern.

Artikel 52.

Besondere Vereinbarungen über den Rückgriff.

Die Befugnis der Eisenbahnen, über den Rückgriff im voraus oder im einzelnen Falle andere Vereinbarungen zu treffen, bleibt unberührt.

Titel IV.

Verschiedene Vorschriften.

Artikel 53.

Anwendung des inneren Rechtes.

Soweit in diesem Übereinkommen keine Bestimmungen getroffen sind, finden die Gesetze und Reglemente für den inneren Verkehr jedes Staates Anwendung.

Artikel 54.

Allgemeine Vorschriften über das Verfahren.

In allen Rechtsstreitigkeiten, zu denen die diesem Übereinkommen unterworfenen Sendungen Anlaß geben, richtet sich das Verfahren nach dem Rechte des zuständigen Richters, soweit nicht durch dieses Übereinkommen andere Bestimmungen getroffen sind.

Artikel 55.

Vollstreckbarkeit von Urteilen, Beschlagnahmen und Sicherstellungen.

§ 1. Urteile, die auf Grund der Bestimmungen dieses Übereinkommens von dem zuständigen Richter infolge eines kontradiktorischen oder eines Versäumnisverfahrens erlassen und nach den für den urteilenden Richter maßgebenden Gesetzen vollstreckbar geworden sind, erlangen im Gebiet jedes anderen Vertragsstaats Vollstreckbarkeit, sobald die in diesem Staate vorgeschriebenen Förmlichkeiten erfüllt sind. Eine sachliche Nachprüfung des Inhalts ist nicht zulässig.

Auf nur vorläufig vollstreckbare Urteile findet diese Vorschrift keine Anwendung, ebensowenig auf solche Bestimmungen eines Urteils, durch die der Kläger, weil er im Rechtsstreit unterliegt, außer in dessen Kosten zu einer weiteren Entschädigung verurteilt wird.

§ 2. Aus einer internationalen Beförderung herrührende Forderungen einer Eisenbahn gegen eine andere Eisenbahn, die nicht dem gleichen Staat angehört wie die erstere, können nur auf Grund einer Entscheidung der Gerichte des Staates, dem die forderungsberechtigte Eisenbahn angehört, mit Arrest belegt oder gepfändet werden.

§ 3. Das rollende Material einer Eisenbahn mit Einschluß sämtlicher beweglichen, der betreffenden Eisenbahn gehörenden Gegenstände, die zu diesem Material gehören, kann in dem Gebiet eines anderen Staates als desjenigen, welchem die betreffende Eisenbahn angehört, nur auf Grund einer Entscheidung der Gerichte des Staates, dem die betreffende Eisenbahn angehört, mit Arrest belegt oder gepfändet werden.

§ 4. Eine Sicherstellung für die Kosten des Rechtsstreits kann bei Klagen, die auf Grund des internationalen Frachtvertrags erhoben werden, nicht gefordert werden.

Artikel 56.

Währungen. Umrechnungs- und Annahmekurse für fremde Währungen.

§ 1. Als Franken im Sinne dieses Übereinkommens oder seiner Anlagen gelten Goldfranken im Werte von $^{1}/_{5,18}$ Golddollar der Vereinigten Staaten von Amerika.

§ 2. Die Eisenbahn hat die Kurse, zu denen sie die in ausländischer Währung ausgedrückten Frachten, Nachnahmen, Neben- oder anderen Gebühren, die in inländischer Währung bezahlt werden, umrechnet (Umrechnungskurse), durch Schalteraushang oder auf sonstige geeignete Weise bekanntzugeben.

§ 3. Ebenso hat eine Eisenbahn, die fremdes Geld in Zahlung nimmt, die Kurse bekanntzugeben, zu denen sie es annimmt (Annahmekurse).

Artikel 57.

Zentralamt für die internationale Eisenbahnbeförderung.

§ 1. Um die Ausführung dieses Übereinkommens zu erleichtern und zu sichern, ist ein Zentralamt für die internationale Eisenbahnbeförderung errichtet, das die Aufgabe hat:

a) die Mitteilungen eines jeden der vertragschließenden Staaten und einer jeden der beteiligten Eisenbahnen entgegenzunehmen und sie den übrigen Staaten und Eisenbahnen zur Kenntnis zu bringen;

b) Nachrichten aller Art, die für das internationale Beförderungswesen von Wichtigkeit sind, zu sammeln, zusammenzustellen und zu veröffentlichen;
c) auf Verlangen der Parteien Entscheidungen über Streitigkeiten der Eisenbahnen untereinander zu treffen;
d) die durch den internationalen Verkehr bedingten finanziellen Beziehungen zwischen den beteiligten Eisenbahnen sowie die Einziehung rückständig gebliebener Forderungen zu erleichtern und in dieser Hinsicht die Sicherheit des Verhältnisses der Eisenbahnen untereinander zu fördern;
e) die geschäftliche Behandlung der Vorschläge zur Abänderung dieses Übereinkommens zu übernehmen und, wenn ein Anlaß dazu vorliegt, den Zusammentritt von Konferenzen (Artikel 60) vorzuschlagen.

§ 2. Ein besonderes Reglement, das die Anlage VI zu diesem Übereinkommen bildet, trifft Bestimmung über Sitz, Zusammensetzung und Organisation dieses Zentralamts sowie über die zur Ausübung seiner Tätigkeit nötigen Mittel. Dieses Reglement und die an ihm durch Vereinbarung aller Vertragsstaaten vorgenommenen Änderungen haben dieselbe Geltung und Gültigkeitsdauer wie das Übereinkommen selbst.

Artikel 58.

Liste der dem Übereinkommen unterstehenden Strecken.

§ 1. Das in Artikel 57 bezeichnete Zentralamt hat die Liste der diesem Übereinkommen unterstehenden Strecken aufzustellen und auf dem laufenden zu halten. Zu diesem Zweck erhält es von den Vertragsstaaten die Mitteilungen über die Eintragung oder Streichung von Strecken einer Eisenbahn oder einer der in Artikel 2 bezeichneten Unternehmungen.

§ 2. Eine neue Strecke nimmt am internationalen Beförderungsdienst erst nach Ablauf eines Monats vom Tage der vom Zentralamt an die anderen Staaten gerichteten Mitteilung über ihre Eintragung an teil.

§ 3. Das Zentralamt streicht eine Strecke, sobald derjenige Vertragsstaat, auf dessen Ersuchen diese Strecke in die Liste aufgenommen worden ist, ihm mitgeteilt hat, daß sie nicht mehr in der Lage ist, den durch das Übereinkommen auferlegten Verpflichtungen nachzukommen.

§ 4. Jede Eisenbahn ist, sobald sie vom Zentralamt die Nachricht von der erfolgten Streichung erhalten hat, ohne weiteres berechtigt, mit der gestrichenen Strecke alle sich aus der internationalen Beförderung ergebenden Beziehungen abzubrechen. Die bereits in der Ausführung begriffenen Beförderungen sind jedoch vollständig auszuführen.

Artikel 59.

Zulassung neuer Staaten.

§ 1. Ein an diesem Übereinkommen nicht beteiligter Staat, der ihm beitreten will, richtet seinen Antrag an die schweizerische Regierung, die ihn allen Vertragsstaaten mitteilt unter Beifügung einer Äußerung des Zentralamts über die Lage der Eisenbahnen des antragstellenden Staates hinsichtlich der internationalen Beförderung.

§ 2. Wenn innerhalb einer Frist von sechs Monaten nach Absendung dieser Mitteilung nicht mindestens zwei Staaten der schweizerischen Regierung ihren Widerspruch bekanntgegeben haben, ist der Antrag rechtsverbindlich angenommen und macht die schweizerische Regierung dem Antragsteller und allen Vertragsstaaten hiervon Mitteilung.

Andernfalls teilt die schweizerische Regierung allen Staaten und dem Antragsteller mit, daß die Prüfung des Antrags vertagt ist.

§ 3. Jeder Beitritt wird einen Monat nach dem Tage der von der schweizerischen Regierung versandten Mitteilung wirksam.

Artikel 60.

Revision des Übereinkommens.

§ 1. Die Vertreter der Vertragsstaaten treten zur Revision des Übereinkommens auf Einladung der schweizerischen Regierung spätestens fünf Jahre nach dem Inkrafttreten der auf der letzten Konferenz beschlossenen Änderungen zusammen.

Auf Verlangen von mindestens einem Drittel der Vertragsstaaten ist eine Konferenz schon früher einzuberufen.

§ 2. Zur Fortbildung der Anlage I wird eine fachmännische Kommission eingesetzt, über deren Organisation und Geschäftsgang ein besonderes Reglement, das die Anlage VII zu diesem

Übereinkommen bildet, nähere Bestimmungen trifft. Die Beschlüsse der Kommission werden durch Vermittlung des Zentralamts unverzüglich den Regierungen der Vertragsstaaten mitgeteilt. Sie gelten als angenommen, wenn innerhalb der Frist von zwei Monaten, vom Tage der Mitteilung an gerechnet, nicht mindestens zwei Regierungen Widerspruch erhoben haben. Sie treten am ersten Tage des dritten Monats in Kraft, an dem das Zentralamt den Regierungen der Vertragsstaaten von ihrer Annahme Kenntnis gegeben hat; das Zentralamt bezeichnet bei der Mitteilung der Beschlüsse den Tag des Inkrafttretens.

Artikel 61.

Zusatzbestimmungen.

§ 1. Die von den einzelnen dem Übereinkommen angehörenden Staaten oder Eisenbahnen zur Ausführung des Übereinkommens etwa erlassenen Zusatzbestimmungen sind dem Zentralamt mitzuteilen.

§ 2. Die Vereinbarungen über die Annahme dieser Bestimmungen können auf den Eisenbahnen, die ihnen beigetreten sind, in der in den Gesetzen und Reglementen jedes Staates vorgeschriebenen Form in Kraft gesetzt werden; sie können aber die Vorschriften des Übereinkommens nicht abändern.

Ihre Einführung ist dem Zentralamt mitzuteilen.

Artikel 62.

Dauer der durch den Eintritt zum Übereinkommen eingegangenen Verpflichtungen.

§ 1. Die Dauer dieses Übereinkommens ist unbeschränkt. Jedoch kann jeder Vertragsstaat unter den nachstehenden Bedingungen zurücktreten:

Das Übereinkommen ist bis zum 31. Dezember des fünften Jahres nach dem Tage seines Inkrafttretens für jeden Vertragsstaat verbindlich. Jeder Staat, der nach Ablauf dieser Frist zurückzutreten wünscht, hat diese Absicht wenigstens ein Jahr vorher der schweizerischen Regierung mitzuteilen, die allen Vertragsstaaten davon Kenntnis gibt.

In Ermangelung einer Kündigung innerhalb der bezeichneten Frist erstreckt sich die Verpflichtung ohne weiteres auf weitere drei Jahre, und so fort von drei zu drei Jahren, sofern nicht wenigstens ein Jahr vorher auf den 31. Dezember des letzten Jahres einer der dreijährigen Zeiträume gekündigt wird.

§ 2. Für die neuen Staaten, die im Laufe des fünfjährigen oder eines der dreijährigen Zeiträume zugelassen werden, ist das Übereinkommen bis zum Ende dieses Zeitraums und weiter bis zum Ende jedes folgenden Zeitraums verbindlich, sofern sie nicht wenigstens ein Jahr vor dem Ablauf eines Zeitraums ihren Rücktritt erklärt haben.

Artikel 63.

Texte des Übereinkommens und deren Verhältnis zueinander.

Dieses Übereinkommen ist dem diplomatischen Gebrauch entsprechend in französischer Sprache abgeschlossen und gezeichnet.

Dem französischen Texte sind ein deutscher und ein italienischer Text beigefügt, die als amtliche Übersetzungen gelten.

Bei Nichtübereinstimmung entscheidet der französische Text.

Zu Urkund dessen haben die obengenannten Bevollmächtigten und der Delegierte der Regierungskommission des Saarbeckengebiets das gegenwärtige Übereinkommen unterzeichnet.

So geschehen zu Bern, den dreiundzwanzigsten Oktober eintausendneunhundertvierundzwanzig, in einer einzigen Urschrift, die im Archiv der Schweizerischen Eidgenossenschaft hinterlegt und von der jeder der unterzeichneten Mächte eine amtliche Ausfertigung zugestellt werden wird.

(Folgen die Unterschriften.)

Internationales Übereinkommen über den Eisenbahn-Personen- und Gepäckverkehr

(IÜP.),*)

vereinbart zwischen

Deutschland, Österreich, Belgien, Bulgarien, Dänemark, der Freien Stadt Danzig, Spanien, Estland, Finnland, Frankreich, Griechenland, Ungarn, Italien, Lettland, Litauen, Luxemburg, Norwegen, den Niederlanden, Polen, Portugal, Rumänien, dem Königreich der Serben, Kroaten und Slowenen, Schweden, der Schweiz und der Tschechoslowakei.

Die Regierungen der oben aufgeführten Staaten, in der Erkenntnis des Nutzens einer Vereinbarung über den Eisenbahn-Personen- und Gepäckverkehr,

haben beschlossen, zu diesem Zwecke auf Grund des in ihrem Auftrag ausgearbeiteten und in dem Protokoll d. d. Bern, 8. Juni 1923, niedergelegten Entwurfs ein Übereinkommen zu treffen, und haben zu ihren Bevollmächtigten ernannt:

(Folgen die Namen der Bevollmächtigten),

die in Gegenwart und unter Beteiligung von (folgt Name), Delegierten der Regierungskommission des Saarbeckengebiets, nachdem sie sich ihre Vollmachten mitgeteilt und sie in guter und gehöriger Form befunden haben, über folgende Artikel übereingekommen sind:

*) Noch nicht ratifiziert.

Titel I.

Gegenstand und Geltungsbereich des Übereinkommens.

EVO. Abschn. III.

Artikel 1.

Eisenbahnen und Beförderungen, auf die das Übereinkommen Anwendung findet.

§ 1. Dieses Übereinkommen findet auf alle Beförderungen von Personen und Gepäck auf Grund internationaler Fahrausweise und Gepäckscheine Anwendung, deren Beförderungsweg die Gebiete mindestens zweier Vertragsstaaten berührt und ausschließlich Strecken umfaßt, die in der gemäß Artikel 58 dieses Übereinkommens aufgestellten Liste verzeichnet sind.

§ 2. Von der Anwendung des Übereinkommens sind jedoch ausgenommen:

1. Beförderungen, deren Abgangs- und Bestimmungsstationen im Gebiete desselben Staates liegen und das Gebiet eines anderen Staates nur im Durchgang berühren:
   a) wenn die Durchgangsstrecken von einer Eisenbahn des Abgangsstaats betrieben werden;
   b) auch dann, wenn die Durchgangsstrecken nicht von einer Eisenbahn des Abgangsstaats betrieben werden, die beteiligten Eisenbahnen aber besondere Abkommen geschlossen haben, nach denen diese Beförderungen nicht als internationale angesehen werden sollen.
2. Beförderungen zwischen Stationen zweier Nachbarstaaten, wenn sie auf der ganzen Strecke von Eisenbahnen des einen dieser Staaten bewirkt werden und keiner dieser Staaten widerspricht.

§ 3. Die Tarife bestimmen, in welchen Verbindungen internationale Fahrausweise und Gepäckscheine verabfolgt werden.

EVO. § 1.

Artikel 2.

Beteiligung anderer Unternehmungen als der Eisenbahnen.

§ 1. Außer Eisenbahnstrecken können in die im Artikel 1 vorgesehene Liste auch regelmäßig betriebene Kraftwagen- oder Schiffahrtslinien aufgenommen werden, die im Anschluß an eine Eisenbahn internationale Beförderungen unter der Verantwortung eines der Vertragsstaaten oder einer in die Liste eingetragenen Eisenbahn ausführen.

§ 2. Die Unternehmungen, die solche Linien betreiben, haben alle Rechte und Pflichten, die den Eisenbahnen durch dieses Übereinkommen übertragen sind, vorbehaltlich der sich aus der Verschiedenartigkeit der Beförderungsart ergebenden Abweichungen. Die durch dieses Übereinkommen festgesetzten Haftungsbestimmungen dürfen jedoch nicht geändert werden.

§ 3. Jeder Staat, der eine der im § 1 bezeichneten Linien in die Liste eintragen lassen will, muß dafür Sorge tragen, daß die im § 2 bezeichneten Abweichungen in gleicher Weise wie die Tarife veröffentlicht werden.

Artikel 3.

Anschlußabfertigung.

§ 1. Das Übereinkommen ist auch anwendbar, wenn der Reisende und sein Gepäck von einer nicht in einen internationalen Tarif aufgenommenen Station zunächst nach einer in diesem Tarif enthaltenen Anschlußstation desselben Staates und von dort aus nach der in diesem Tarif enthaltenen Bestimmungsstation entweder mit einem durchgehenden Fahrausweis und Gepäckschein, in dem die Tarifsätze für die direkte Strecke und die Anschlußstrecke zusammengerechnet sind, oder mit zwei aneinanderschließenden Fahrausweisen befördert werden. Werden zwei Fahrausweise ausgestellt, so ist auf dem zweiten Fahrausweis die ursprüngliche Abgangsstation zu vermerken.

§ 2. Die Eisenbahnen bestimmen, inwieweit und unter welchen Bedingungen von gewissen Stationen aus eine solche Anschlußbeförderung beansprucht werden kann. Diese Stationen werden in ein Verzeichnis aufgenommen, das den anderen beteiligten Eisenbahnen mitgeteilt wird.

Artikel 4.

Beförderungspflicht der Eisenbahn.

Soweit ein internationaler Tarif besteht oder eine Anschlußbeförderung nach Artikel 3 vorgesehen ist, kann die Beförderung nicht verweigert werden, wenn:

a) der Reisende den Bedingungen dieses Übereinkommens nachkommt;
b) die Beförderung mit den regelmäßigen Beförderungsmitteln möglich ist;
c) die Beförderung nicht auch nur in einem der an der Beförderung beteiligten Staaten durch gesetzliche Bestimmungen oder aus Gründen der öffentlichen Ordnung verboten ist;
d) die Beförderung nicht durch Umstände verhindert wird, welche die Eisenbahn nicht abzuwenden und denen sie auch nicht abzuhelfen vermochte.

EVO. § 3.

Titel II
Beförderungsvertrag.

Kapitel I.
Beförderung der Reisenden.

Artikel 5.
Berechtigung zur Fahrt.

§ 1. Der Reisende muß bei Antritt der Fahrt mit einem Fahrausweis versehen sein. Die Tarife können Ausnahmen zulassen.

§ 2. Der Reisende ist verpflichtet, den Fahrausweis bis zur Beendigung der Reise aufzubewahren. Er hat ihn auf Verlangen jedem mit der Prüfung betrauten Beamten vorzuzeigen und bei Beendigung der Fahrt abzugeben.

EVO. §§ 13, 16.

Artikel 6.
Fahrausweise.

§ 1. Die für eine internationale Beförderung nach diesem Übereinkommen ausgegebenen Fahrausweise müssen das Zeichen ₵ tragen.

§ 2 Die Fahrausweise müssen folgende Angaben enthalten:
a) die Abgangs- und die Bestimmungsstation;

b) den Beförderungsweg; wenn die Benutzung verschiedener Wege oder Beförderungsmittel gestattet ist, ist dies ersichtlich zu machen;
c) die Zuggattung und die Wagenklasse;
d) den Fahrpreis;
e) den ersten Geltungstag;
f) die Geltungsdauer.

§ 3. Die Tarife oder die Vereinbarungen zwischen den Eisenbahnen bestimmen, in welcher Sprache die Fahrausweise zu drucken und auszufüllen sind, sowie deren Form und Inhalt.

§ 4. Die Fahrausweise in Heftform, die Kontrollscheine enthalten, sowie die zusammengestellten Fahrscheinhefte bilden einen einzigen Fahrausweis im Sinne dieses Übereinkommens.

Die von amtlichen Reisebüros oder privaten Agenturen in einem Hefte vereinigten Fahrausweise bilden je einen besonderen Fahrausweis, der je nach dem einzelnen Fall den inneren Bestimmungen des betreffenden Staates oder denen dieses Übereinkommens untersteht.

§ 5. Ein Fahrausweis ist, soweit die Tarife nicht Ausnahmen zulassen, nur übertragbar, wenn er nicht auf den Namen lautet und die Reise noch nicht angetreten ist.

Der Handel mit Fahrausweisen und deren Wiederverkauf zu einem von den Tarifen abweichenden Preise unterliegen in jedem Staate den Gesetzen und Verordnungen dieses Staates.

EVO. § 13.

Artikel 7.

Fahrpreisermäßigung für Kinder.

§ 1. Kinder bis zum vollendeten vierten Lebensjahr, für die kein besonderer Platz beansprucht wird, sind ohne Fahrausweis frei zu befördern.

§ 2. Kinder vom vollendeten vierten bis zum vollendeten zehnten Lebensjahr und jüngere Kinder, für die ein besonderer Platz beansprucht wird, sind zu ermäßigten Preisen zu befördern, die nicht mehr als die Hälfte der Preise der Fahrausweise für Erwachsene betragen dürfen.

Diese Ermäßigung braucht für Fahrausweise, die schon eine Ermäßigung gegenüber dem allgemeinen Tarif genießen, nicht gewährt zu werden.

EVO. § 12.

Artikel 8.

Geltungsdauer der Fahrausweise.

§ 1. Die Geltungsdauer der Fahrausweise muß durch den Tarif bestimmt werden.

§ 2. Diese Geltungsdauer muß mindestens betragen:
bei einfacher Fahrt:
für je auch nur angefangene 150 km .... 1 Tag;
bei Hin- und Rückfahrt:
für Entfernungen bis und mit 50 km ..... 2 Tage,
für Entfernungen von 51 bis 100 km ...... 3 Tage,
für je auch nur angefangene weitere 100 km 1 Tag.

§ 3. Besondere Fahrausweise zu ermäßigten Preisen können eine andere Geltungsdauer haben.

Artikel 9.

Anweisung und Vorausbestellung der Plätze.

§ 1. Für die Anweisung der Plätze gelten die Bestimmungen der einzelnen Eisenbahnen.

§ 2. Ob und unter welchen Bedingungen für einzelne Züge bestimmte Plätze bestellt werden können, bestimmen die Tarife oder die Fahrpläne.

EVO. §§ 15, 19.

Artikel 10.

Unterbrechung der Fahrt auf Zwischenstationen.

Ob und unter welchen Bedingungen der Reisende innerhalb der Geltungsdauer der Fahrausweise die Fahrt unterbrechen darf, bestimmen die Tarife.

EVO. § 25.

Artikel 11.

Übergang in eine höhere Wagenklasse oder in einen Zug höherer Gattung.

Der Übergang in eine höhere Wagenklasse oder in einen Zug höherer Gattung, als der Fahrausweis angibt, ist dem Reisenden unter den in den Tarifen enthaltenen Bedingungen gegen Zahlung des vorgesehenen Zuschlags gestattet.

EVO. § 20.

Artikel 12.

Reisende ohne gültigen Fahrausweis.

Ein Reisender, der keinen gültigen Fahrausweis vorzeigen kann, hat unbeschadet seiner strafrechtlichen Verantwortlichkeit außer dem Fahrpreis für die durchfahrene Strecke einen Zuschlag zu bezahlen, der sich nach den Vorschriften der Eisenbahn, wo die Vorzeigung des Fahrausweises verlangt wurde, berechnet; in Ermangelung solcher Vorschriften hat der Reisende einen Zuschlag in Höhe des Fahrpreises für die durchfahrene Strecke zu bezahlen.

EVO. § 16.

Artikel 13.

Von der Fahrt ausgeschlossene oder nur bedingungsweise zugelassene Personen.

§ 1. Folgende Personen werden in die Züge nicht zugelassen oder können unterwegs von der Fahrt ausgeschlossen werden:

a) betrunkene Personen und solche, die den Anstand verletzen oder die Vorschriften der Gesetze und Reglemente nicht beachten; solche Personen haben weder Anspruch auf Rückerstattung des Fahrpreises noch der bezahlten Gepäckfracht;

b) Personen, die wegen einer Krankheit oder aus andern Gründen Mitreisenden augenscheinlich lästig fallen würden, wenn nicht ein besonderes Abteil für sie im voraus gemietet ist oder ihnen sonst gegen Bezahlung angewiesen werden kann. Unterwegs erkrankte Personen sind jedoch wenigstens bis zur nächsten geeigneten Station zu befördern, wo sie Pflege finden können. Das Fahrgeld und die Gepäckfracht sind nach Abzug des Betrags für die durchfahrene Strecke zu erstatten.

§ 2. Für die Beförderung von Personen, die an ansteckenden Krankheiten leiden, sind die internationalen Vereinbarungen und mangels solcher die in den einzelnen Staaten geltenden Bestimmungen maßgebend.

EVO. § 11.

Artikel 14.

Von der Mitnahme in die Personenwagen ausgeschlossene Gegenstände.

§ 1. Gefährliche Gegenstände, insbesondere geladene Schußwaffen, explosionsfähige, leicht entzündbare und ätzende Stoffe sowie Gegenstände, die geeignet sind, den Reisenden lästig zu fallen, dürfen nicht in die Personenwagen mitgenommen werden.

Reisende, die in Ausübung des öffentlichen Dienstes eine Schußwaffe führen, sowie Jäger und Schützen dürfen jedoch Handmunition mitnehmen; die in den geltenden Reglementen der berührten Gebiete festgesetzten untersten Gewichtsgrenzen dürfen aber nicht überschritten werden. Den Begleitern von Gefangenen, die mit diesen in besonderen Wagen oder Wagenabteilen fahren, ist gestattet, geladene Schußwaffen mitzuführen.

§ 2. Die Eisenbahnbediensteten sind berechtigt, sich von der Beschaffenheit der mitgenommenen Gegenstände in Gegenwart des Reisenden zu überzeugen, wenn triftige Gründe eine Zuwiderhandlung gegen die Bestimmungen des § 1 vermuten lassen.

§ 3. Der Zuwiderhandelnde haftet für jeden aus der Übertretung des Verbots (§ 1) entstehenden Schaden und verwirkt außerdem die durch die Gesetze und Reglemente festgesetzten Strafen.

EVO. § 29.

Artikel 15.

Mitnahme von Handgepäck und Tieren in die Personenwagen.

§ 1. Der Reisende darf leicht tragbare Gegenstände (Handgepäck) unentgeltlich in Personenwagen mitnehmen, wenn keine Zoll-, Steuer-, Finanz-, Polizeivorschriften oder sonstige verwaltungsbehördlichen Vorschriften entgegenstehen, und wenn die Wagen dadurch nicht beschädigt werden können. Jedem Reisenden steht für sein Handgepäck nur der Raum über und unter seinem Sitzplatz zur Verfügung; weitere Beschränkungen können die Tarife bestimmen.

§ 2. Lebende Tiere dürfen in die Personenwagen nicht mitgenommen werden. Jedoch sind kleine Hunde und andere kleine Haustiere zugelassen, soweit nicht Polizeivorschriften der einzelnen Staaten entgegenstehen und kein Mitreisender widerspricht.

Die Tarife oder Fahrpläne können die Mitnahme von Tieren in bestimmte Gattungen von Wagen oder Zügen verbieten oder zulassen.

Die Tarife bestimmen, ob und für welche Tiere eine Beförderungsgebühr zu bezahlen ist.

§ 3. Die in die Personenwagen mitgenommenen Gegenstände und Tiere sind von den Reisenden selbst zu beaufsichtigen.

EVO. §§ 27, 28.

Artikel 16.

Verspätungen. Versäumung des Anschlusses. Ausfall von Zügen.

Wird infolge einer Zugverspätung der Anschluß an einen anderen Zug versäumt, oder fällt ein Zug ganz oder teilweise aus, und will der Reisende seine Reise fortsetzen, so hat ihn die Eisenbahn nebst seinem Gepäck, soweit es möglich ist, und zwar ohne Preiszuschlag, mit einem auf der gleichen oder auf einer anderen Strecke derselben Eisenbahnen nach derselben Bestimmungsstation fahrenden Zuge zu befördern, wenn hierdurch die Ankunft auf der Bestimmungsstation beschleunigt wird. Der Stationsvorstand hat gegebenenfalls auf dem Fahrausweis die Versäumung des Anschlusses oder den Zugausfall zu bescheinigen, die Geltungsdauer des Fahrausweises soweit erforderlich zu verlängern und ihn mit Gültigkeitsvermerk für den neuen Weg, für eine höhere Wagenklasse oder für einen Zug mit höheren Fahrpreisen zu versehen. Die Eisenbahn ist indessen berechtigt, durch den Tarif oder durch die Fahrpläne einzelne Züge von der Benutzung auszuschließen.

EVO. § 26.

Kapitel II.

Gepäckbeförderung.

EVO. Abschn. IV.

Artikel 17.

Begriff des Reisegepäcks. Von der Beförderung ausgeschlossene Gegenstände.

§ 1. Als Reisegepäck werden nur die Gegenstände angesehen, die zum persönlichen Gebrauch des Reisenden für seine Reise bestimmt und in Reisekoffer, Reisekörbe, Reisetaschen, Reisesäcke, Hutschachteln oder dergleichen verpackt sind.

§ 2. Ferner sind zur Beförderung als Reisegepäck unter der Bedingung zugelassen, daß sie dem Gebrauch des Reisenden dienen:

a) Trag- und Rollstühle für Kranke;
b) Kinderwagen;
c) Warenproben- und Musterkoffer;
d) tragbare Musikinstrumente in Kasten, Futteralen und anderen Umschließungen;
e) Geräte für Schaustellungen von Artisten unter der Bedingung, daß ihre Art und Verpackung, ihr Rauminhalt und ihr Gewicht das rasche Verladen und Unterbringen in die Gepäckwagen gestatten;
f) Vermessungsgeräte bis zu 4 m Länge und Handwerkzeug;
g) Fahrräder, auch einsitzige Motorräder, wenn die Zubehörstücke von ihnen entfernt sind, und wenn die Brennstoffbehälter Ablaßhähne haben und vollständig leer sind; ferner ein- und zweisitzige Handschlitten, Skis und Schlittschuhsegel.

§ 3. Die Tarife können noch andere, nicht zum Reisebedarf gehörende Gegenstände, auch Tiere in genügend sicheren Behältern, als Reisegepäck zulassen.

§ 4. Die nach den Bestimmungen des Internationalen Übereinkommens über den Eisenbahnfrachtverkehr von der Beförderung ausgeschlossenen oder nur bedingungsweise zugelassenen Gegenstände sind zur Beförderung als Reisegepäck nicht zugelassen.

EVO. § 30.

Artikel 18.

Verantwortlichkeit des Reisenden für sein Gepäck. Zuschläge.

§ 1. Der Inhaber des Gepäckscheins ist für die Beachtung der Vorschriften des Artikels 17 verantwortlich und trägt alle Folgen einer Zuwiderhandlung gegen diese Vorschriften.

§ 2. Vermutet die Eisenbahn eine solche Zuwiderhandlung, so hat sie das Recht, nachzuprüfen, ob der Inhalt der Gepäckstücke den Vorschriften entspricht. Der Inhaber des Gepäckscheins wird aufgefordert, bei der Prüfung zugegen zu sein. Falls er sich nicht einstellt oder nicht zu erreichen ist, so hat die Nachprüfung in Ermanglung anderer gesetzlicher oder reglementarischer Bestimmungen des Staates, in dem sie stattfindet, unter Zuziehung von zwei der Eisenbahn nicht angehörenden Zeugen zu erfolgen. Wird eine Zuwiderhandlung festgestellt, so hat der Inhaber des Gepäckscheins die Kosten der Nachprüfung zu bezahlen.

§ 3. Bei einer Zuwiderhandlung gegen die Bestimmungen des § 4 des Artikels 17 hat der Inhaber des Gepäckscheins unbeschadet seiner strafrechtlichen Verantwortlichkeit den Unterschied der Beförderungsgebühren nachzubezahlen, den etwaigen Schaden zu ersetzen und außerdem einen Zuschlag zu entrichten.

Der Zuschlag beträgt für das Kilogramm Rohgewicht der von der Beförderung ausgeschlossenen Gegenstände 15 Franken, mindestens aber 30 Franken für jede Gepäcksendung bei den gemäß Artikel 3 Ziffer 4 des Internationalen Übereinkommens über den Eisenbahnfrachtverkehr von der Beförderung ausgeschlossenen oder bei den in der Anlage I zum Übereinkommen über den Eisenbahnfrachtverkehr in die Klassen I und II eingereihten Gegenständen, und 5 Franken, mindestens aber 10 Franken für jede Sendung in den übrigen Fällen.

Wenn die für den Binnenverkehr der Eisenbahn, wo die Zuwiderhandlung festgestellt wurde, geltenden Vorschriften niedrigere Gesamtzuschläge vorsehen, sind diese zu erheben.

Artikel 19.

Verpackung und Beschaffenheit des Gepäcks.

§ 1. Gepäckstücke, deren Verpackung ungenügend oder deren Herrichtung zur Beförderung mangelhaft ist, können zurückgewiesen werden. Werden sie gleichwohl zur Beförderung angenommen, so ist die Eisenbahn berechtigt, in den Gepäckschein einen Vermerk über den Zustand aufzunehmen.

§ 2. Auf den Gepäckstücken müssen der Name und die Adresse des Reisenden sowie die Bestimmungsstation in genügender Haltbarkeit verzeichnet sein. Gepäckstücke, die diese Angaben nicht tragen, können zurückgewiesen werden.

§ 3. Der Reisende hat alte Gepäckzettel, Adressen oder andere Aufschriften, die sich auf frühere Beförderungen beziehen, zu entfernen.

EVO. § 31.

Artikel 20.

Abfertigung. Gepäckschein.

§ 1. Reisegepäck wird nur gegen Vorweis eines mindestens bis zur Bestimmungsstation des Gepäcks gültigen Fahrausweises abgefertigt.

Die Tarife bestimmen, ob und inwieweit Reisegepäck ohne Fahrausweis zur Beförderung zugelassen ist.

§ 2. Bei der Auslieferung des Gepäcks ist dem Reisenden ein Gepäckschein zu verabfolgen.

§ 3. Im übrigen richtet sich das Verfahren für die Abfertigung des Reisegepäcks nach den für die Aufgabestation geltenden Bestimmungen.

§ 4. Die Gepäckscheine, die für internationale Sendungen ausgegeben werden, sind nach dem diesem Übereinkommen als Anlage I beigegebenen Muster auszustellen.

§ 5. Die Gepäckscheine müssen folgende Angaben enthalten:
a) die Aufgabe- und Bestimmungsstation;
b) den Beförderungsweg;
c) den Tag der Aufgabe und den Zug, zu dem das Gepäck aufgegeben worden ist;
d) die Anzahl der Fahrausweise (mit Ausnahme des im § 1, 2. Absatz, vorgesehenen Falles);
e) die Anzahl und das Gewicht der Gepäckstücke;
f) die Gepäckfracht und etwaige andere Gebühren;
g) gegebenenfalls den Betrag (in Buchstaben) des nach Artikel 35 angegebenen Interesses an der Lieferung.

§ 6. Die Tarife oder die Vereinbarungen zwischen den Eisenbahnen bestimmen, in welcher Sprache die Gepäckscheine zu drucken und auszufüllen sind.

EVO. § 32.

Artikel 21.

Auslieferung.

§ 1. Das Gepäck wird gegen Rückgabe des Gepäckscheins ausgeliefert. Die Eisenbahn ist nicht verpflichtet, die Berechtigung des Inhabers zu prüfen.

§ 2. Der Inhaber des Gepäckscheins ist berechtigt, auf der Bestimmungsstation die Auslieferung des Gepäcks an der Ausgabestelle zu verlangen, sobald nach der Ankunft des Zuges, zu dem es aufgegeben war, die Zeit abgelaufen ist, die zur Bereitstellung und gegebenenfalls zur zoll-, steuer-, finanzamtlichen, polizeilichen oder sonstigen verwaltungsbehördlichen Abfertigung erforderlich ist.

§ 3. Wird der Gepäckschein nicht beigebracht, so ist die Eisenbahn zur Auslieferung des Gepäcks nur verpflichtet, wenn die Empfangsberechtigung nachgewiesen wird; wird dieser Nachweis für ungenügend erachtet, so kann die Eisenbahn Sicherstellung verlangen.

§ 4. Das Gepäck ist auf der Station auszuliefern, nach der es abgefertigt war. Auf rechtzeitiges Verlangen des Inhabers des Gepäckscheins kann es jedoch, wenn die Umstände dies gestatten, auch keine zoll-, steuer-, finanzamtlichen, polizeilichen oder sonstigen verwaltungsbehördlichen Vorschriften entgegenstehen, gegen Rückgabe des Gepäckscheins und, wenn es der Tarif vorschreibt, gegen Vorzeigung des Fahrausweises auf der Aufgabestation zurückgegeben oder auf einer Zwischenstation ausgeliefert werden.

§ 5. Der Inhaber des Gepäckscheins, dem das Gepäck nicht unter den im vorstehenden § 2 bezeichneten Bedingungen ausgeliefert wird, kann verlangen, daß ihm auf dem Gepäckschein Tag und Stunde der Abforderung bescheinigt werden.

§ 6. Im übrigen unterliegt die Auslieferung den bei der ausliefernden Bahn bestehenden Bestimmungen.

EVO. § 34.

Kapitel III.

Gemeinsame Bestimmungen für Personen- und Gepäckbeförderung.

Artikel 22.

Züge. Fahrpläne. Tarifauszüge.

§ 1. Zur Beförderung dienen die im Fahrplan enthaltenen regelmäßigen und die nach Bedarf verkehrenden Züge.

§ 2. Die Eisenbahnen haben die Fahrpläne der Züge ihrer eigenen Strecken rechtzeitig auf den Stationen auszuhängen. Aus ihnen müssen Gattung, Wagenklassen und Abfahrzeiten, für die größeren Übergangs- und die Endstationen auch die Ankunftzeiten der Züge sowie die wichtigeren Zuganschlüsse zu ersehen sein.

Außer Kraft getretene Fahrpläne sind sofort zu entfernen.

§ 3. Auf jeder dem internationalen Verkehre dienenden Station muß der Reisende den Tarif oder Tarifauszug einsehen können, der die Preise der dort verkäuflichen internationalen Fahrausweise und die entsprechenden Gepäckfrachten enthält.

EVO. §§ 4, 10.

Artikel 23.

Grundsätze für die Berechnung der Beförderungspreise. Tarife.

§ 1. Die Beförderungspreise sind nach Maßgabe der zu Recht bestehenden und in jedem Staate gehörig veröffentlichten Tarife zu berechnen. Diese Tarife müssen alle zur Berechnung der Beförderungspreise und Nebengebühren nötigen Angaben enthalten und gegebenenfalls bestimmen, in welcher Weise den Verschiedenheiten der Währungen Rechnung getragen werden soll.

§ 2. Die Tarife müssen die besonderen Bedingungen für die Beförderung enthalten.

Die Tarife müssen jedermann gegenüber in gleicher Weise angewendet werden. Ihre Bestimmungen gelten nur insoweit, als sie diesem Übereinkommen nicht widersprechen, andernfalls sind sie nichtig.

Direkte internationale Tarife sowie deren Abänderungen treten an dem in der Veröffentlichung angegebenen Tage in Kraft. Erhöhungen dieser Tarife oder andere Erschwerungen der Beförderungsbedingungen sind spätestens acht Tage vor dem für die Einführung festgesetzten Zeitpunkt zu veröffentlichen.

Falls internationale Fahrausweise oder Gepäckscheine ohne Bestehen eines direkten Tarifs ausgegeben werden und eine Eisenbahn ihren Tarif ändert, kann die Durchführung der Änderung bei den andern Bahnen frühestens acht Tage nach Eintreffen der Mitteilung beansprucht werden.

Tarife, die nur für eine bestimmte Zeit eingeführt sind, treten mit Ablauf dieser Zeit außer Kraft.

EVO. § 6.

Artikel 24.

Verbot von Sonderübereinkommen.

Jedes Sonderübereinkommen, wodurch einem oder mehreren Reisenden eine Preisermäßigung gegenüber den Tarifen gewährt wird, ist verboten und nichtig.

Dagegen sind Preisermäßigungen zulässig, die gehörig veröffentlicht sind und unter Erfüllung der gleichen Bedingungen jedermann in gleicher Weise zugute kommen, ebenso Ermäßigungen, die für den Eisenbahndienst, für Zwecke der öffentlichen Verwaltungen oder für Wohlfahrts-, Erziehungs- und Unterrichtszwecke gewährt werden.

EVO. § 6.

Artikel 25.

Abfertigung durch die Zoll-, Steuer-, Finanz-, Polizei- und sonstigen Verwaltungsbehörden.

Die Reisenden haben die zoll-, steuer- und finanzamtlichen, polizeilichen und sonstigen verwaltungsbehördlichen Vorschriften hinsichtlich ihrer Person und hinsichtlich der Untersuchung ihres Gepäcks und Handgepäcks zu befolgen. Dieser Untersuchung haben sie beizuwohnen vorbehaltlich der durch die Reglemente zugelassenen Ausnahmen. Die Eisenbahn ist gegenüber den Reisenden von jeder Haftung für die Folgen der Nichtbeachtung dieser Vorschriften befreit.

EVO. § 33.

Artikel 26.

Rückerstattungen.

§ 1. Ist ein Fahrausweis nicht benutzt worden, so kann vorbehaltlich der in den §§ 3 und 4 bezeichneten Abzüge der bezahlte Fahrpreis zurückverlangt werden.

§ 2. Ist ein Fahrausweis infolge von Tod, Krankheit oder Unfall des Reisenden oder wegen zwingender Gründe ähnlicher Art nur teilweise benutzt worden, so wird vorbehaltlich der in den §§ 3 und 4 bezeichneten Abzüge der Unterschied zwischen dem bezahlten Gesamtpreis und dem nach dem Normaltarif für die zurückgelegte Strecke berechneten Fahrpreis erstattet.

§ 3. Von der Rückerstattung ausgeschlossen sind die Steuern, Zuschläge für Platzkarten, Herstellungskosten für Fahrausweise in Heftform und die für den Verkauf der Fahrausweise bezahlten Provisionen.

§ 4. Von dem zu erstattenden Betrage wird außer den etwaigen Portoauslagen für seine Zusendung eine Gebühr von zehn vom Hundert, jedoch nicht weniger als 0,50 Franken und nicht mehr als 3 Franken für die Fahrkarte abgezogen.

Dieser Abzug findet nicht statt, wenn ein unbenutzt gebliebener Fahrausweis am Ausgabetage der Ausgabestelle zurückgegeben wird.

§ 5. Verzichtet ein Reisender, der infolge von Anschlußversäumnis wegen Zugverspätung den Anschlußzug versäumt hat oder durch den Ausfall eines Zuges oder durch eine Verkehrsunterbrechung an der fahrplanmäßigen Fortsetzung seiner Reise verhindert worden ist, auf die Weiterreise, so ist er berechtigt, von der Eisenbahn die Anwendung der Bestimmung des § 2 zu verlangen; die Abzüge nach § 4 dürfen jedoch nicht gemacht werden.

§ 6. Auf Fahrausweise zu ermäßigtem Preise kann eine Rückerstattung nur in den Fällen und im Umfang des § 5 beansprucht werden; die nach Artikel 7 § 2 Absatz 1 ausgegebenen Kinderfahrkarten gelten nicht als Fahrausweise zu ermäßigtem Preis im Sinne dieser Bestimmung.

§ 7. Für verlorene Fahrausweise wird keine Rückerstattung gewährt.

§ 8. Wird das aufgegebene Gepäck zurückgenommen, ehe es die Aufgabestation verlassen hat, so kann die bezahlte Gepäckfracht zurückverlangt werden.

Wird das Gepäck auf einer Unterwegsstation zurückgenommen, so kann die Frachterstattung nur in den Fällen und im Umfang der Bestimmungen der §§ 2 und 5 verlangt werden.

In beiden Fällen wird eine Gebühr von 0,50 Franken für den Gepäckschein und eine etwaige Steuer abgezogen.

§ 9. Die Tarife können abweichende Bestimmungen treffen, die jedoch keine Erschwerungen für die Reisenden enthalten dürfen.

§ 10. Alle Ansprüche auf Rückerstattungen nach den Bestimmungen der §§ 1, 2, 5, 6 und 8 dieses Artikels sind erloschen, wenn sie nicht binnen sechs Monaten nach Ablauf der

Gültigkeitsdauer des Fahrausweises bei der Eisenbahn geltend gemacht worden sind.

§ 11. Wurde der Tarif unrichtig angewendet, oder sind bei der Festsetzung der Beförderungspreise und Gebühren Fehler vorgekommen, so muß der Mehr- oder Minderbetrag erstattet werden.

§ 12. Von der Eisenbahn festgestellte Überzahlungen müssen, wenn sie für einen Fahrausweis oder Gepäckschein den Betrag von 0,50 Franken übersteigen, soweit möglich von Amts wegen den Beteiligten mitgeteilt und möglichst bald ausgeglichen werden.

§ 13. In allen anderen in diesem Artikel nicht vorgesehenen Fällen sowie in Ermanglung von besonderen, zwischen den Eisenbahnen getroffenen Vereinbarungen gelten die Bestimmungen des Binnenverkehrs der einzelnen Eisenbahnen.

EVO. § 20.

Artikel 27.

Streitigkeiten.

Streitigkeiten unter den Reisenden und Streitigkeiten zwischen den Reisenden und den Bediensteten entscheidet vorläufig auf den Stationen der Aufsichtsbeamte, während der Fahrt der Zugführer.

EVO. § 8.

Titel III.

Haftung der Eisenbahnen. Klagen.

Kapitel I.

Haftung.

Artikel 28.

Haftung für die Beförderung von Reisenden, Handgepäck und Tieren.

§ 1. Die Haftung der Eisenbahn für die Tötung oder Verletzung eines Reisenden infolge eines Zugunfalles sowie für den Schaden, der durch Verspätung oder Ausfall eines Zuges oder durch Anschlußversäumnis verursacht wird, richtet sich nach den Gesetzen und Reglementen des Staates, in dem das schädigende Ereignis eingetreten ist. Die Vorschriften dieses Titels finden in diesen Fällen keine Anwendung.

§ 2. Für Handgepäck und Tiere, deren Überwachung dem Reisenden nach Artikel 15 § 3 obliegt, haftet die Eisenbahn nur insoweit, als der Schaden durch ihr Verschulden entstanden ist.

§ 3. Eine Haftungsgemeinschaft der Eisenbahnen ist in diesen Fällen ausgeschlossen.

EVO. §§ 26, 28.

Artikel 29.

Haftungsgemeinschaft der Eisenbahnen für das Reisegepäck.

§ 1. Die Eisenbahn, die Reisegepäck unter Aushändigung eines internationalen Gepäckscheins zur Beförderung angenommen hat, haftet für die Ausführung der Beförderung auf der ganzen Strecke bis zur Auslieferung.

§ 2. Jede nachfolgende Eisenbahn tritt dadurch, daß sie das Gepäck übernimmt, in den Beförderungsvertrag ein und übernimmt die sich daraus ergebenden Verpflichtungen, unbeschadet der die Empfangsbahn betreffenden Vorschrift des Artikels 42 § 2.

EVO. § 35.

Artikel 30.

Umfang der Haftung.

§ 1. Die Eisenbahn haftet unter den in diesem Kapitel festgesetzten Bedingungen für den Schaden, der durch gänzlichen oder teilweisen Verlust oder Beschädigung des Gepäcks in der Zeit von der Annahme bis zur Auslieferung oder durch verspätete Auslieferung entsteht.

§ 2. Sie ist bei gänzlichem oder teilweisem Verlust oder bei Beschädigung des Gepäcks von dieser Haftung befreit, wenn sie beweist, daß der Schaden durch ein Verschulden des Reisenden, durch die natürliche Beschaffenheit des Gepäcks oder durch höhere Gewalt herbeigeführt worden ist.

Sie ist von der Haftung für Schäden befreit, die aus der besonderen Beschaffenheit des Gepäcks oder daraus entstehen, daß das Gepäck mangelhaft verpackt war oder von der Beförderung ausgeschlossene Gegenstände trotzdem als Gepäck aufgegeben wurden.

Konnte nach den Umständen des Falles ein Schaden aus einer Gefahr entstehen, die mit der besonderen Beschaffenheit des Gepäcks, mit Mängeln der Verpackung oder damit verbunden ist, daß von der Beförderung ausgeschlossene Gegenstände als Gepäck aufgegeben wurden, so wird bis zum Nachweis des Gegenteils durch den Berechtigten vermutet, daß der Schaden hieraus entstanden ist.

§ 3. Sie ist von der Haftung für den Schaden aus der verspäteten Auslieferung befreit, wenn sie beweist, daß die Verspätung durch Umstände herbeigeführt worden ist, die sie nicht abzuwenden und denen sie auch nicht abzuhelfen vermochte.

EVO. § 36.

Artikel 31.

Höhe der Entschädigung bei gänzlichem oder teilweisem Verlust des Reisegepäcks.

Wenn von der Eisenbahn auf Grund der Bestimmungen dieses Übereinkommens für gänzlichen oder teilweisen Verlust des Gepäcks Entschädigung zu leisten ist, so kann beansprucht werden:

a) wenn der Betrag des Schadens nachgewiesen ist, der Ersatz dieses Schadens bis zur Höhe von 20 Franken für jedes fehlende Kilogramm des Rohgewichts;

b) wenn der Betrag des Schadens nicht nachgewiesen ist, ein Pauschalsatz von 10 Franken für jedes fehlende Kilogramm des Rohgewichts.

Dazu kommt die Erstattung dessen, was an Gepäckfracht, Zöllen und sonstigen Kosten für das verlorene Gepäck bezahlt worden ist, jedoch ohne weiteren Schadenersatz, vorbehaltlich der in den Artikeln 35 und 36 vorgesehenen Ausnahmen.

EVO. § 36.

Artikel 32.

Vermutung für den Verlust des Reisegepäcks. Wiederauffinden verlorenen Gepäcks.

§ 1. Ein fehlendes Gepäckstück gilt nach Ablauf des vierzehnten Tages nach der Abforderung als verloren.

§ 2. Wird ein für verloren gehaltenes Gepäckstück innerhalb eines Jahres nach der Abforderung wiederaufgefunden, so hat die Eisenbahn den Reisenden, wenn sein Aufenthaltsort bekannt ist oder sich ermitteln läßt, hiervon zu benachrichtigen.

§ 3. Innerhalb von 30 Tagen nach erhaltener Nachricht kann der Reisende verlangen, daß ihm das Gepäck nach seiner Wahl auf der Bestimmungsstation oder der Aufgabestation kostenfrei gegen Rückerstattung der ihm bezahlten Entschädigung und vorbehaltlich aller Ansprüche auf Entschädigung wegen Verspätung gemäß Artikel 34 und gegebenenfalls Artikel 35 § 3 ausgeliefert werde.

§ 4. Wird das wiederaufgefundene Gepäck nicht innerhalb der im § 3 vorgesehenen Frist von 30 Tagen zurückverlangt, oder wird es erst nach Ablauf eines Jahres nach der Abforderung wiedergefunden, so kann die Eisenbahn darüber nach den Gesetzen oder Reglementen ihres Staates verfügen.

EVO. § 36.

Artikel 33.

Höhe der Entschädigung bei Beschädigung des Reisegepäcks.

Bei Beschädigung hat die Eisenbahn den Betrag des Minderwerts des Gepäcks zu zahlen, und zwar ohne weiteren Schadenersatz vorbehaltlich der in den Artikeln 35 und 36 vorgesehenen Ausnahmen.

Die Entschädigung darf jedoch nicht übersteigen:

a) wenn die ganze Sendung durch die Beschädigung entwertet ist,
den Betrag, der im Fall des Verlustes der ganzen Sendung zu zahlen wäre;

b) wenn nur ein Teil der Sendung durch die Beschädigung entwertet ist,
den Betrag, der im Fall des Verlustes dieses Teils der Sendung zu zahlen wäre.

EVO. § 36.

Artikel 34.

Höhe der Entschädigung für Reisegepäck bei verspäteter Auslieferung.

§ 1. Bei verspäteter Auslieferung hat die Eisenbahn, falls der Reisende nicht nachweist, daß ein Schaden aus dieser Verspätung entstanden ist, eine Entschädigung von 0,10 Franken für das Kilogramm des Rohgewichts des Gepäcks, soweit es verspätet ausgeliefert worden ist, für je angefangene 24 Stunden von der Abforderung an gerechnet, höchstens aber für 14 Tage, zu zahlen.

§ 2. Wird der Nachweis erbracht, daß ein Schaden aus der Verspätung erstanden ist, so ist für diesen Schaden eine Entschädigung zu zahlen, die das Vierfache der im § 1 dieses Artikels bestimmten Pauschalentschädigung nicht übersteigen darf.

§ 3. Die in den §§ 1 und 2 dieses Artikels vorgesehenen Entschädigungen können nicht neben der bei gänzlichem Verlust zu leistenden Entschädigung verlangt werden.

Bei teilweisem Verlust sind sie gegebenenfalls für den nicht verlorengegangenen Teil zu entrichten.

Bei Beschädigung treten sie gegebenenfalls neben die im Artikel 33 vorgesehene Entschädigung.

EVO. § 37.

Artikel 35.

Angabe des Interesses an der Lieferung.

§ 1. Für jede Gepäcksendung kann das Interesse an der Lieferung angegeben werden. Der Betrag ist auf dem Gepäckschein zu vermerken.

In Ermangelung einer entgegenstehenden Vorschrift der Tarife muß die angegebene Summe in der Währung des Versandstaates ausgedrückt werden.

§ 2. Es wird eine besondere Gebühr von einem Viertel vom Tausend der angegebenen Summe für je angefangene 10 km erhoben.

Die Tarife können die Gebühr herabsetzen, auch einen Mindesterhebungsbetrag festsetzen.

§ 3. Ist das Interesse an der Lieferung angegeben, so kann bei verspäteter Auslieferung beansprucht werden:

a) wenn nicht nachgewiesen wird, daß ein Schaden aus dieser Verspätung entstanden ist, bis zur Höhe des angegebenen Interesses 0,20 Franken für das Kilogramm des Rohgewichts des verspätet ausgelieferten Gepäcks, für je angefangene 24 Stunden von der Abforderung an gerechnet, höchstens aber für 14 Tage;

b) wenn der Nachweis erbracht wird, daß ein Schaden aus der Verspätung entstanden ist, eine Entschädigung bis zur Höhe des angegebenen Interesses.

Ist der Betrag des angegebenen Interesses geringer als die im Artikel 34 vorgesehenen Entschädigungen, so können diese an Stelle der unter a und b erwähnten Beträge verlangt werden.

§ 4. Wird der Nachweis erbracht, daß ein Schaden aus einem gänzlichen oder teilweisen Verlust oder aus einer Beschädigung des Gepäcks entstanden ist, das den Gegenstand einer Angabe des Interesses an der Lieferung bildet, so kann außer der in den Artikeln 31 und 33 vorgesehenen Entschädigung Schadenersatz bis zur Höhe der angegebenen Summe beansprucht werden.

EVO. § 37.

Artikel 36.

Höhe der Entschädigung bei Vorsatz oder grober Fahrlässigkeit der Eisenbahn.

In allen Fällen, in denen der gänzliche oder teilweise Verlust, die Beschädigung oder die verspätete Auslieferung auf Vorsatz oder grobe Fahrlässigkeit der Eisenbahn zurückzuführen ist, ist der Schaden jeweils bis zum Doppelten der in den Artikeln 31, 33, 34 und 35 vorgesehenen Höchstbeträge zu ersetzen.

EVO. §§ 37, 95.

Artikel 37.

Verzinsung der Entschädigungsbeträge.

Der Reisende kann sechs vom Hundert Zinsen der ihm auf einen Gepäckschein gewährten Entschädigung verlangen, sofern sie den Betrag von 10 Franken übersteigt.

Diese Zinsen laufen vom Tage der im Artikel 40 vorgesehenen Reklamation oder, wenn keine Reklamation vorausging, vom Tage der Klageerhebung an.

Artikel 38.

Rückerstattung der Entschädigung.

Jede zu Unrecht empfangene Entschädigung ist zurückzuerstatten.

Außerdem hat die Eisenbahn im Falle eines Betrugs unbeschadet der strafrechtlichen Folgen Anspruch auf Zahlung einer Summe, die dem zu Unrecht gezahlten Betrage gleichkommt.

Artikel 39.

Haftung der Eisenbahn für ihre Leute.

Die Eisenbahn haftet für ihre Leute und für andere Personen, deren sie sich bei der Ausführung der von ihr übernommenen Beförderung bedient.

Wenn indessen Bahnangestellte auf Verlangen eines Reisenden Verrichtungen ausüben, die der Bahn nicht obliegen, gelten sie als Beauftragte des Reisenden, für den sie tätig sind.

EVO. §§ 5, 38.

Kapitel II.

Reklamationen. Klagen. Verfahren bei Rechtsstreitigkeiten aus dem Beförderungsvertrag. Verjährung der Ansprüche aus dem Beförderungsvertrag.

Artikel 40.

Reklamationen.

§ 1. Außergerichtliche Ansprüche aus dem Beförderungsvertrag müssen schriftlich bei der in Artikel 42 näher bezeichneten Eisenbahn angebracht werden.

§ 2. Zur Geltendmachung sind die gemäß Artikel 41 zur Erhebung der Klage gegen die Eisenbahn berechtigten Personen befugt.

§ 3. Der Berechtigte muß den Fahrausweis, den Gepäckschein und sonstige Belege, die er seiner Reklamation beifügen will, in Urschrift oder Abschrift vorlegen, Abschriften auf Verlangen der Eisenbahn in gehörig beglaubigter Form.

Die Eisenbahn kann bei der endgültigen Erledigung der Reklamation die Rückgabe der Fahrausweise und Gepäckscheine verlangen.

EVO. §§ 35, 99.

Artikel 41.

Zur Erhebung der Klage gegen die Eisenbahn berechtigte Personen.

Zur gerichtlichen Geltendmachung von Ansprüchen gegen die Eisenbahn ist nur befugt, wer den Fahrausweis oder den Gepäckschein vorweist oder, wenn er den Fahrausweis oder den Gepäckschein nicht beibringen kann, seine Berechtigung nachweist.

Artikel 42.

Eisenbahnen, gegen welche die Klagen zu richten sind. Zuständigkeit.

§ 1. Ansprüche auf Rückerstattung von Zahlungen, die auf Grund des Beförderungsvertrags geleistet sind, können nur gegen die Eisenbahn gerichtlich geltend gemacht werden, die den Betrag erhoben hat.

§ 2. Sonstige Ansprüche aus dem Beförderungsvertrag können nur gegen die Abgangsbahn, die Bestimmungsbahn oder diejenige Eisenbahn gerichtlich geltend gemacht werden, auf deren Strecke sich die den Anspruch begründende Tatsache ereignet hat.

Auch wenn die Bestimmungsbahn das Gepäck nicht erhalten hat, kann sie gleichwohl gerichtlich in Anspruch genommen werden.

Unter den bezeichneten Eisenbahnen steht dem Kläger die Wahl zu; mit der Erhebung der Klage erlischt das Wahlrecht.

§ 3. Die Klage kann, wenn nicht in Staatsverträgen oder Konzessionen ein anderes bestimmt ist, nur vor den zuständigen Gerichten des Staates erhoben werden, dem die beklagte Eisenbahn angehört.

Betreibt ein Eisenbahnunternehmen mehrere Eisenbahnnetze mit selbständiger Betriebsverwaltung in verschiedenen Staaten, so wird jedes dieser Eisenbahnnetze als besondere Eisenbahn im Sinne dieser Vorschrift angesehen.

§ 4. Im Wege der Widerklage oder der Einrede können Ansprüche auch gegen eine andere als die in den §§ 1 und 2 bezeichneten Eisenbahnen erhoben werden, wenn sich die Klage auf denselben Beförderungsvertrag gründet.

§ 5. Die Vorschriften dieses Artikels finden keine Anwendung auf den Rückgriff der Eisenbahnen gegeneinander nach Maßgabe des Kapitels III dieses Titels.

EVO. §§ 35, 100.

Artikel 43.

Feststellung eines teilweisen Verlustes oder einer Beschädigung des Reisegepäcks.

§ 1. Wird ein teilweiser Verlust oder eine Beschädigung des Gepäcks von der Eisenbahn entdeckt oder vermutet oder vom Reisenden behauptet, so hat die Eisenbahn den Zustand und das Gewicht des Gepäcks und, soweit dies möglich ist, den Betrag, die Ursache und den Zeitpunkt des Schadens sofort, womöglich in Gegenwart des Reisenden, durch eine Tatbestandsaufnahme festzustellen.

Dem Reisenden ist auf sein Verlangen eine Abschrift der Tatbestandsaufnahme auszuhändigen.

§ 2. Wenn der Reisende die Feststellungen der Tatbestandsaufnahme nicht anerkennt, kann er verlangen, daß der Zustand und das Gewicht des Gutes, die Schadensursache sowie der Betrag des Schadens gemäß den Gesetzen und Reglementen des Staates, in dem die Auslieferung stattgefunden hat, gerichtlich festgestellt wird.

§ 3. Bei Verlust eines Gepäckstücks ist der Reisende, um die Nachforschungen der Eisenbahn zu erleichtern, verpflichtet, eine möglichst genaue Beschreibung des verlorengegangenen Gepäckstücks zu geben.

Artikel 44.

Erlöschen der Ansprüche gegen die Eisenbahn aus dem Gepäckbeförderungsvertrag.

§ 1. Mit der Abnahme des Gepäcks sind alle Ansprüche gegen die Eisenbahn aus dem Gepäckbeförderungsvertrag erloschen.

§ 2. Jedoch erlöschen nicht:

1. Entschädigungsansprüche, bei denen der Reisende nachweist, daß der Schaden durch Vorsatz oder grobe Fahrlässigkeit der Eisenbahn herbeigeführt worden ist;
2. Entschädigungsansprüche wegen verspäteter Auslieferung, wenn sie an eine der im Artikel 42 § 2 bezeichneten Eisenbahnen innerhalb einer Frist von nicht mehr als vierzehn Tagen, den Tag der Abnahme nicht mitgerechnet, angebracht werden;
3. Entschädigungsansprüche wegen teilweisen Verlustes oder Beschädigung:
   a) wenn der Verlust oder die Beschädigung vor der Abnahme des Gepäcks durch den Reisenden gemäß Artikel 43 festgestellt ist;
   b) wenn die Feststellung, die gemäß Artikel 43 hätte erfolgen müssen, nur durch Verschulden der Eisenbahn unterblieben ist;
4. Entschädigungsansprüche wegen äußerlich nicht erkennbarer Schäden, die erst nach der Abnahme festgestellt worden sind, jedoch nur unter nachstehenden Voraussetzungen:
   a) daß sich die Eisenbahn dem Reisenden gegenüber nicht zur Feststellung des Zustandes des Gepäcks auf der Bestimmungsstation bereit erklärt hat;
   b) daß unverzüglich nach der Entdeckung des Schadens und spätestens drei Tage nach der Abnahme des Gepäcks der Antrag auf Feststellung gemäß Artikel 43 angebracht wird;
   c) daß der Reisende beweist, daß der Schaden in der Zeit zwischen der Annahme zur Beförderung und der Auslieferung entstanden ist;
5. Ansprüche auf Rückerstattung geleisteter Zahlungen.

§ 3. Der Reisende kann die Abnahme des Gepäcks so lange verweigern, bis seinem Antrag auf Feststellung der behaupteten Schäden stattgegeben ist.

Vorbehalte bei der Abnahme des Gepäcks sind wirkungslos, sofern sie nicht von der Eisenbahn anerkannt sind.

§ 4. Wenn von mehreren im Gepäckschein verzeichneten Stücken bei der Auslieferung einzelne fehlen, so kann der

Reisende, ehe er die anderen annimmt, von der Eisenbahn eine Bescheinigung hierüber verlangen.

§ 5. Die Haftung für gänzlichen Verlust erlischt, wenn das Gepäck nicht binnen sechs Monaten nach der Ankunft des Zuges, zu dem es aufgegeben war, auf der Bestimmungsstation abgefordert wird, unbeschadet der Verpflichtung der Eisenbahn, den Reisenden auch später zu benachrichtigen, falls das Gepäckstück wiedergefunden wird und die zur Ermittlung der Adresse des Reisenden nötigen Merkmale trägt.

Artikel 45.

Verjährung der Klagen aus dem Beförderungsvertrag.

§ 1. Klagen aus dem Beförderungsvertrag verjähren in einem Jahr, wenn die geschuldete Summe nicht bereits durch Anerkenntnis, Vergleich oder gerichtliches Urteil festgestellt worden ist.

Die Verjährung beträgt indessen drei Jahre, wenn es sich um Klagen wegen eines durch Vorsatz oder grobe Fahrlässigkeit verursachten Schadens oder wegen des im Artikel 38 erwähnten Falles des Betrugs handelt.

§ 2. Die Verjährung beginnt:

a) bei Entschädigungsansprüchen wegen teilweisen Verlustes, Beschädigung oder verspäteter Auslieferung
mit dem Tage der Auslieferung;

b) bei Entschädigungsansprüchen wegen gänzlichen Verlustes
mit dem Tage, an dem die Auslieferung hätte erfolgen sollen;

c) bei Ansprüchen auf Zahlung oder Rückerstattung von Beförderungs- und Nebengebühren oder von Zuschlägen oder auf Berichtigung bei unrichtiger Tarifanwendung oder bei Rechenfehlern
mit dem Tage der Zahlung oder, wenn keine Zahlung stattgefunden hat, mit dem Tage, an dem sie hätte erfolgen sollen;

d) bei Ansprüchen auf Zahlung eines von der Zollbehörde verlangten Zuschlags
mit dem Tage, an dem die Zollbehörde das Verlangen gestellt hat;

e) bei sonstigen, die Personenbeförderung betreffenden Ansprüchen
mit dem Tage des Ablaufs der Gültigkeitsdauer des Fahrausweises.

Der als Beginn der Verjährung bezeichnete Tag ist in der Frist nicht einbegriffen.

§ 3. Wenn der Reisende eine schriftliche Reklamation gemäß Artikel 40 bei der Eisenbahn eingereicht hat, wird der Lauf der Verjährung gehemmt. Der Lauf beginnt wieder mit dem Tage, an dem die Eisenbahn die Reklamation durch schriftlichen Bescheid zurückgewiesen und die der Reklamation etwa beigefügten Belege zurückgegeben hat. Der Beweis des Einganges der Reklamation oder des Bescheids und der Rückgabe der Belege liegt dem ob, der sich auf diese Tatsachen beruft.

Weitere Reklamationen hemmen die Verjährung nicht.

§ 4. Vorbehaltlich vorstehender Bestimmungen gelten für die Hemmung und die Unterbrechung der Verjährung die Gesetze und Reglemente des Staates, wo die Klage angestellt wird.

Artikel 46.

Unzulässigkeit der Geltendmachung erloschener oder verjährter Ansprüche.

Ansprüche, die gemäß den Artikeln 26 § 10, 44 und 45 erloschen oder verjährt sind, können auch nicht im Wege einer Widerklage oder einer Einrede geltend gemacht werden.

Kapitel III.

Abrechnung. Rückgriff der Eisenbahnen gegeneinander.

Artikel 47.

Abrechnung zwischen den Eisenbahnen.

Jede Eisenbahn hat den übrigen beteiligten Eisenbahnen die ihnen zukommenden Anteile an den Beförderungsgebühren zu bezahlen, die sie erhoben hat oder hätte erheben müssen.

Artikel 48.

Rückgriff bei Entschädigung für gänzlichen oder teilweisen Verlust oder Beschädigung.

§ 1. Hat eine Eisenbahn auf Grund der Bestimmungen dieses Übereinkommens eine Entschädigung für gänzlichen oder teilweisen Verlust oder Beschädigung des Gepäcks geleistet, so steht ihr der Rückgriff gegen die an der Beförderung beteiligten Eisenbahnen nach Maßgabe folgender Bestimmungen zu:

a) die Eisenbahn, die den Schaden allein verursacht hat, haftet ausschließlich dafür;

b) haben mehrere Eisenbahnen den Schaden verursacht, so haftet jede Eisenbahn für den von ihr verursachten Schaden. Ist eine solche Unterscheidung nach den Umständen des Falles nicht möglich, so bestimmen sich ihre Anteile an der Entschädigung nach den Grundsätzen unter c;

c) wenn nicht nachgewiesen werden kann, daß eine oder mehrere Eisenbahnen den Schaden verursacht haben, so haften sämtliche an der Beförderung beteiligten Eisenbahnen mit Ausnahme derjenigen, die beweisen, daß der Schaden auf ihrer Strecke nicht verursacht worden ist; die Verteilung erfolgt nach dem Verhältnis der Tarifkilometer.

§ 2. Bei Zahlungsunfähigkeit einer dieser Eisenbahnen wird der auf sie entfallende, aber von ihr nicht bezahlte Anteil unter alle anderen an der Beförderung beteiligten Eisenbahnen nach Verhältnis der Tarifkilometer verteilt.

Artikel 49.

Rückgriff bei Entschädigung für Überschreitung der Lieferfrist.

Die Vorschriften des Artikel 48 finden auch bei Entschädigung für verspätete Auslieferung Anwendung. Wird die Verspätung durch Unregelmäßigkeiten veranlaßt, die im Bereich mehrerer Eisenbahnen festgestellt worden sind, so ist die Entschädigung unter diese Eisenbahnen nach Verhältnis der Zeitdauer der auf ihren Strecken vorgekommenen Verspätung zu verteilen.

Artikel 50.

Verfahren bei Rückgriffen.

§ 1. Keine Eisenbahn, gegen die nach Artikel 48 oder 49 Rückgriff genommen wird, ist befugt, die Rechtmäßigkeit der durch die Rückgriff nehmende Eisenbahn geleisteten Zahlung zu bestreiten, wenn über die Entschädigung gerichtlich entschieden worden ist, nachdem der Eisenbahn in gehöriger Weise der Streitt verkündet und ihr die Möglichkeit gegeben war, in dem Rechtsstreit zu intervenieren. Der Richter der Hauptsache bestimmt nach den Umständen des Falles die Fristen für die Streitverkündung und für die Intervention.

§ 2. Die den Rückgriff nehmende Eisenbahn hat sämtliche beteiligten Eisenbahnen, mit denen sie sich nicht gütlich geeinigt hat, in einer und derselben Klage zu belangen, widrigenfalls das Recht des Rückgriffs gegen die nicht belangten Eisenbahnen erlischt.

§ 3. Der Richter hat in einem und demselben Verfahren über alle Rückgriffe, mit denen er befaßt ist, zu entscheiden.

§ 4. Den beklagten Eisenbahnen steht ein weiterer Rückgriff nicht zu.

§ 5. Die Verbindung des Rückgriffverfahrens mit dem Entschädigungsverfahren ist unzulässig.

Artikel 51.

Zuständigkeit im Rückgriffverfahren.

§ 1. Der Richter des Wohnsitzes der Eisenbahn, gegen die der Rückgriff genommen wird, ist für alle Rückgriffansprüche ausschließlich zuständig.

§ 2. Ist die Klage gegen mehrere Eisenbahnen zu erheben, so hat die klagende Eisenbahn die Wahl unter den nach § 1 dieses Artikels zuständigen Richtern.

Artikel 52.

Besondere Vereinbarungen über den Rückgriff.

Die Befugnis der Eisenbahnen, über den Rückgriff im voraus oder im einzelnen Falle andere Vereinbarungen zu treffen, bleibt unberührt.

Titel IV.

Verschiedene Vorschriften.

Artikel 53.

Anwendung des inneren Rechtes.

Soweit in diesem Übereinkommen keine Bestimmungen getroffen sind, finden die Gesetze und Reglemente für den inneren Verkehr jedes Staates Anwendung.

Artikel 54.

Allgemeine Vorschriften über das Verfahren.

In allen Rechtsstreitigkeiten, zu denen die diesem Übereinkommen unterworfenen Beförderungen Anlaß geben, richtet sich das Verfahren nach dem Recht des zuständigen Richters, soweit nicht durch dieses Übereinkommen andere Bestimmungen getroffen sind.

Artikel 55.

Vollstreckbarkeit von Urteilen. Beschlagnahmen und Sicherstellungen.

§ 1. Urteile, die auf Grund der Bestimmungen dieses Übereinkommens von dem zuständigen Richter infolge eines kontradiktorischen oder eines Versäumnisverfahrens erlassen und nach den für den urteilenden Richter maßgebenden Gesetzen vollstreckbar geworden sind, erlangen im Gebiete jedes anderen Vertragsstaates Vollstreckbarkeit, sobald die in diesem Staat vorgeschriebenen Förmlichkeiten erfüllt sind. Eine sachliche Nachprüfung des Inhalts ist nicht zulässig.

Auf nur vorläufig vollstreckbare Urteile findet diese Vorschrift keine Anwendung, ebensowenig auf solche Bestimmungen eines Urteils, durch die der Kläger, weil er im Rechtsstreit unterliegt, außer in dessen Kosten zu einer weiteren Entschädigung verurteilt wird.

§ 2. Aus einer internationalen Beförderung herrührende Forderungen einer Eisenbahn gegen eine andere Eisenbahn, die nicht dem gleichen Staat angehört wie die erstere, können nur auf Grund einer Entscheidung der Gerichte des Staates, dem die forderungsberechtigte Eisenbahn angehört, mit Arrest belegt oder gepfändet werden.

§ 3. Das rollende Material einer Eisenbahn mit Einschluß sämtlicher beweglichen, der betreffenden Eisenbahn gehörenden Gegenstände, die zu diesem Material gehören, kann im Gebiet eines anderen Staates als desjenigen, dem die betreffende Eisenbahn angehört, nur auf Grund einer Entscheidung der Gerichte des Staates, dem die betreffende Eisenbahn angehört, mit Arrest belegt oder gepfändet werden.

§ 4. Eine Sicherstellung für die Kosten des Rechtsstreits kann bei Klagen, die auf Grund des internationalen Beförderungsvertrags erhoben werden, nicht gefordert werden.

Artikel 56.

Währungen. Umrechnungs- und Annahmekurse für fremde Währungen.

§ 1. Als Franken im Sinne dieses Übereinkommens oder seiner Anlagen gelten Goldfranken im Werte von $\frac{1}{5,18}$ Golddollar der Vereinigten Staaten von Amerika.

§ 2. Die Eisenbahn hat die Kurse, zu denen sie die in ausländischer Währung ausgedrückten Beträge, die in inländischer Währung bezahlt werden, umrechnet (Umrechnungskurse), durch Schalteraushang oder auf sonstige geeignete Weise bekanntzugeben.

§ 3. Ebenso hat eine Eisenbahn, die fremdes Geld in Zahlung nimmt, die Kurse bekanntzugeben, zu denen sie es annimmt (Annahmekurse).

EVO. § 9.

Artikel 57.

Einrichtung eines Zentralamts für die internationale Eisenbahnbeförderung.

§ 1. Um die Ausführung dieses Übereinkommens zu erleichtern und zu sichern, wird ein Zentralamt für die internationale Eisenbahnbeförderung errichtet, das die Aufgabe hat:

a) die Mitteilungen eines jeden der vertragschließenden Staaten und einer jeden der beteiligten Eisenbahnen entgegenzunehmen und sie den übrigen Staaten und Eisenbahnen zur Kenntnis zu bringen;

b) Nachrichten aller Art, die für das internationale Beförderungswesen von Wichtigkeit sind, zu sammeln, zusammenzustellen und zu veröffentlichen;

c) auf Verlangen der Parteien Entscheidungen über Streitigkeiten der Eisenbahnen untereinander zu treffen;

d) die durch den internationalen Verkehr bedingten finanziellen Beziehungen zwischen den beteiligten Eisenbahnen sowie die Einziehung rückständig gebliebener Forderungen zu erleichtern und in dieser Hinsicht die Sicherheit des Verhältnisses der Eisenbahnen untereinander zu fördern;

e) die geschäftliche Behandlung der Vorschläge zur Abänderung dieses Übereinkommens zu übernehmen und, wenn ein Anlaß dazu vorliegt, den Zusammentritt von Konferenzen (Artikel 60) vorzuschlagen.

§ 2. Ein besonderes Reglement, das die Anlage II zu diesem Übereinkommen bildet, trifft Bestimmung über Sitz, Zusammensetzung und Organisation dieses Amtes sowie über die zur Ausübung seiner Tätigkeit nötigen Mittel. Dieses Reglement und die an ihm durch Vereinbarung aller Vertragsstaaten vorgenommenen Änderungen haben dieselbe Geltung und Gültigkeitsdauer wie das Übereinkommen selbst.

Artikel 58.

Liste der dem Übereinkommen unterstehenden Strecken.

§ 1. Das im Artikel 57 bezeichnete Zentralamt hat die Liste der diesem Übereinkommen unterstehenden Strecken aufzustellen und auf dem laufenden zu halten. Zu diesem Zwecke erhält es von den Vertragsstaaten die Mitteilungen über die Eintragung oder Streichung von Strecken einer Eisenbahn oder einer der im Artikel 2 bezeichneten Unternehmungen.

§ 2. Eine neue Strecke nimmt am internationalen Beförderungsdienst erst nach Ablauf eines Monats vom Tage der vom Zentralamt an die anderne Staaten gerichteten Mitteilungen über ihre Eintragung an teil.

§ 3. Das Zentralamt streicht eine Strecke, sobald derjenige Vertragsstaat, auf dessen Ersuchen diese Strecke in die Liste aufgenommen worden ist, ihm mitgeteilt hat, daß sie nicht mehr in der Lage ist, den durch das Übereinkommen auferlegten Verpflichtungen nachzukommen.

§ 4. Jede Eisenbahn ist, sobald sie vom Zentralamt die Nachricht von der erfolgten Streichung erhalten hat, ohne weiteres berechtigt, mit der gestrichenen Strecke alle sich aus der internationalen Beförderung ergebenden Beziehungen abzubrechen. Die bereits in der Ausführung begriffenen Beförderungen sind jedoch vollständig auszuführen.

Artikel 59.

Zulassung neuer Staaten.

§ 1. Ein an diesem Übereinkommen nicht beteiligter Staat, der ihm beitreten will, richtet seinen Antrag an die schweizerische Regierung, die ihn allen Vertragsstaaten mitteilt unter Beifügung einer Äußerung des Zentralamts über die Lage der Eisenbahnen des antragstellenden Staates hinsichtlich der internationalen Beförderung.

§ 2. Wenn innerhalb einer Frist von sechs Monaten nach Absendung dieser Mitteilung nicht mindestens zwei Staaten der schweizerischen Regierung ihren Widerspruch bekanntgegeben haben, ist der Antrag rechtsverbindlich angenommen und macht die schweizerische Regierung dem Antragsteller und allen Vertragsstaaten hiervon Mitteilung.

Andernfalls teilt die schweizerische Regierung allen Staaten und dem Antragsteller mit, daß die Prüfung des Antrags vertagt ist.

§ 3. Jeder Beitritt wird einen Monat nach dem Tage der von der schweizerischen Regierung versandten Mitteilung wirksam.

Artikel 60.

Revision des Übereinkommens.

Die Vertreter der Vertragsstaaten treten zur Revision des Übereinkommens auf Einladung der schweizerischen Regierung spätestens fünf Jahre nach dem Inkrafttreten der auf der letzten Konferenz beschlossenen Änderungen zusammen.

Auf Verlangen von mindestens einem Drittel der Vertragsstaaten ist eine Konferenz schon früher einzuberufen.

Artikel 61.

Zusatzbestimmungen.

§ 1. Die von den einzelnen dem Übereinkommen angehörenden Staaten oder Eisenbahnen zur Ausführung des Übereinkommens etwa erlassenen Zusatzbestimmungen sind dem Zentralamt mitzuteilen.

§ 2. Die Vereinbarungen über die Annahme dieser Bestimmungen können auf den Eisenbahnen, die ihnen beigetreten sind, in der in den Gesetzen und Reglementen jedes Staates vorgeschriebenen Form in Kraft gesetzt werden; sie können aber die Vorschriften des Übereinkommens nicht abändern.

Ihre Einführung ist dem Zentralamt mitzuteilen.

Artikel 62.

Dauer der durch den Eintritt zum Übereinkommen eingegangenen Verpflichtungen.

§ 1. Die Dauer dieses Übereinkommens ist unbeschränkt. Jedoch kann jeder Vertragsstaat unter den nachstehenden Bedingungen zurücktreten:

Das Übereinkommen ist bis zum 31. Dezember des fünften Jahres nach dem Tage seines Inkrafttretens für jeden Vertragsstaat verbindlich. Jeder Staat, der nach Ablauf dieser Frist zurückzutreten wünscht, hat diese Absicht wenigstens ein Jahr vorher der schweizerischen Regierung mitzuteilen, die allen Vertragsstaaten davon Kenntnis gibt.

In Ermangelung einer Kündigung innerhalb der bezeichneten Frist erstreckt sich die Verpflichtung ohne weiteres auf weitere drei Jahre und so fort von drei zu drei Jahren, sofern nicht wenigstens ein Jahr vorher auf den 31. Dezember des letzten Jahres eines der dreijährigen Zeiträume gekündigt wird.

§ 2. Für die neuen Staaten, die im Laufe des fünfjährigen oder eines der dreijährigen Zeiträume zugelassen werden, ist das Übereinkommen bis zum Ende dieses Zeitraums und weiter bis zum Ende jedes folgenden Zeitraums verbindlich, sofern sie nicht wenigstens ein Jahr vor dem Ablauf eines Zeitraums ihren Rücktritt erklärt haben.

Artikel 63.

Texte des Übereinkommens und deren Verhältnis zueinander.

Dieses Übereinkommen ist dem diplomatischen Gebrauch entsprechend in französischer Sprache abgeschlossen und gezeichnet.

Dem französischen Text sind ein deutscher und ein italienischer Text beigefügt, die als amtliche Übersetzungen gelten.

Bei Nichtübereinstimmung entscheidet der französische Text.

Zu Urkund dessen haben die obengenannten Bevollmächtigten und der Delegierte der Regierungskommission des Saarbeckengebiets das gegenwärtige Übereinkommen unterzeichnet.

So geschehen zu Bern, den 23. Oktober eintausendneunhundertvierundzwanzig, in einer einzigen Urschrift, die im Archiv der Schweizerischen Eidgenossenschaft hinterlegt und von der jeder der unterzeichneten Mächte eine amtliche Ausfertigung zugestellt werden wird.

(Folgen die Unterschriften)

Sachregister.

(Die arabischen Zahlen verweisen auf die Paragraphen und ihre Unterabteilungen, Buchstabe a und römische Zahlen auf die „Allgemeinen Ausführungsbestimmungen".)

A.

F.

K.

O.

P.

W.

Z.

Druck von Otto Walter in Berlin S 14.

VIII. 26. — 15 000.

Nr. 13. Konkurs-O. u. Anfechtungs-G. Von R. Sydow. Fortgef. von L. Busch und O. Krieg. 14. Auflage. — 1926. Rm 10,—

Nr. 14. Gerichtsverfassungsgesetz. Von R. Sydow. Fortgeführt von L. Busch. 10. Auflage. 1925. Rm 6,—

Nr. 15. Das deutsche Gerichtskostengesetz. Von R. Sydow. Fortgeführt von L. Busch u. F. Koehler. 11. Aufl. In Bearb.

Nr. 16. Rechtsanwaltordnung. Von R. Sydow. 5. Auflage v. M. Jacobsohn. Mit Nachtrag von 1910. — 1907. Vergriffen.

Nr. 17. Gebührenordn. f. Rechtsanw. u. d. Pr. Gebührengesetz. Von R. Sydow. Fortgef. v. L. Busch u. O. Krieg. 13. Aufl. In Bearbeitung.

Nr. 18. Reichsstempelgesetz. Von P. Loeck. Vergriffen. Wird durch Kapitalverkehrssteuerges. ersetzt. Erl. Ausg. in Bearb.

Nr. 19. Die Seegesetzgebung. Von W. E. Knitschky. 5. Auflage von O. Rudorff. — 1913. Rm 8,—

Nr. 20. Krankenversicherungsgesetz siehe Nr. 107, 161.

Nr. 21. Die Konsulargesetzgebung. Von Ph. Zorn. 8. Auflage von K. Zorn. — 1911. Rm 4,50

Nr. 22. Patentgesetz. Von R. Lutter. 8. Auflage. — 1920. Mit Nachtrag. — 1924. Rm 4,—. Nachtrag apart Rm 0,40

Nr. 23. Gewerbe-Unfallversicherungsgesetz s. Nr. 108, 161 a.

Nr. 24. Aktiengesellschaft u. Kommanditgesellschaften auf Aktien. Von H. Keyßner und H. Veit Simon. 7. Aufl. In Bearbeitung.

Nr. 25. Brausteuergesetz. Von A. Düffe. 2. Aufl. — 1910. Rm 2,— (Siehe auch Reichsgesetz Nr. 54 Bd. II.)

Nr. 26. Münz- und Notenbankwesen. Von R. Koch. 7. Aufl. von Reichsbankpräsident Schacht. 1925. Rm 14,—

Nr. 27. Gesundheitswesen im Deutschen Reich. Von E. Goesch und J. Karsten. — 1888. Vergriffen.

Nr. 28. Bau-Unfallversicherungsgesetz siehe Nr. 108.

Nr. 29. Erwerbs- und Wirtschaftsgenossenschaften. Von L. Parisius und H. Crüger. 18. Auflage. — 1925. Rm 4,—

Nr. 30. Invalidenversicherungsgesetz s. Nr. 109, 161 u. 161a.

Nr. 31. Gewerbegerichtsgesetz. Von W. Cuno. Vergriffen, Siehe auch Nr. 112, 112 a.

Nr. 32. Gesellschaften mit beschränkter Haftung. Von L. Parisius u. H. Crüger. 17. Aufl. — 1926. Rm 3,50

Nr. 33. Vereins- und Versammlungsrecht. Von E. Ball. 3. Auflage von F. Friedenthal. — 1907. Rm 2,—

Reichs-Vereinsgesetz vom 19. April 1908 siehe Nr. 88.

Nr. 34. Die Abzahlungsgeschäfte. 3. Auflage von E. Wilke. — 1910. Rm 1,20

Nr. 35. Die Reichs-Eisenbahngesetzgebung. Von W. Coermann. — 1895. (Siehe auch Nr. 66.) Rm 2,—

Nr. 36. **Privatrechtliche Verhältnisse der Binnenschiffahrt und Flößerei.** Von E. Löwe. 6. Auflage. — 1923. Rm 4,—

Nr. 37. **Unlauterer Wettbewerb.** Von A. Pinner. 7. Auflage von A. Elster. — 1921. Rm 1,40

Nr. 38/39. **Bürgerliches Gesetzbuch nebst Einführungsgesetz.** Von A. Achilles. In Verbindung mit F. André, O. Meyer, O. Strecker, K. v. Unzner herausgegeben von M. Greiff. 12. Auflage. — 1926. Im Druck.

Nr. 40. Gesetz, betr. die **Pflichten der Kaufleute bei Aufbewahrung fremder Wertpapiere [Depotgesetz].** Von F. Lusensky. 3. Auflage. — 1916. Mit Nachtrag 1924. Rm 1,—

Nr. 41. **Börsengesetz.** Von Th. Hemptenmacher. 8. Auflage von O. Meyer. — 1915. Rm 3,50

Nr. 42. **Grundbuchordnung.** Von O. Fischer. 8. Auflage. — 1924. Rm 3,—

Nr. 43. **Zwangsvollstreckung.** Von J. Krech und O. Fischer. 9. Auflage von O. Fischer. — 1922. Rm 3,50

Nr. 44. **Auswanderungswesen.** Von F. Stoerk. — 1899. Rm 2,—

Nr. 45. **Entmündigungsrecht.** Von P. Koll. — 1900. Rm 1,20

Nr. 46. **Freiwillige Gerichtsbarkeit.** Von H. Jastrow. 6. Auflage von Herm. Günther. — 1921. Rm 4,50

Nr. 47. **Deutsches Vormundschaftsrecht.** Von M. Schultzenstein und P. Köhne. 2. Auflage. — 1901. Rm 2,50

Nr. 48. Gesetze, betr. den **Drogen-, Gift- und Farbenhandel** außerhalb der Apotheken. Von J. Broh. — 1899. Rm 1,20

Nr. 49. **Deutsche Kolonialgesetzgebung.** Von Ph. Zorn. 2. Auflage von Sassen. — 1913. Rm 5,—

Nr. 50. **Der Viehkauf [Viehgewährschaft].** Von H. Stölzle und H. Weiskopf. 6. Auflage. — 1926. Rm 15,—

Nr. 51. **Hypothekenbankgesetz.** Von H. Göppert. 2. Auflage von Seidel. — 1911. Mit Nachtrag. 1926. Rm 2,20

Nr. 52. **Rechte der Besitzer v. Schuldverschreibungen.** Von H. Göppert. 2. Aufl. v. E. Trendelenburg. — 1915. Rm 1,50

Nr. 53. **Reichspreßgesetz.** Von A. Born. 3. Auflage. — 1924. Rm 4,—

Nr. 54. Verkehr mit **Nahrungsmitteln, Genußmitteln und Gebrauchsgegenständen.** Von G. Lebbin. — 2. Aufl. in 2 Bänden.
Bd. II. **Getränkegesetze u. Getränkesteuergesetze** (Wein, Bier, Branntw., Mineralw.). Unt. Mitw. v. Dr. Kniebe. Rm 10

Nr. 55. Beschlagnahme von Lohn- und Gehaltsforderungen. Von G. Meyer. 5. Auflage. — 1914. Durch Nachträge ergänzt 1925. (Nachträge allein Rm 0,70) Rm 2,30

Nr. 56. **Bekämpfung gemeingefährlicher Krankheiten.** Von B. Burkhardt. — 1900. Rm 1,20
Nr. 57. **See-Unfallversicherungsgesetz** siehe Nr. **108** u. **161a.**
Nr. 58. **Recht der unehelichen Kinder.** Von H. Jastrow. — 1901. Mit Nachtrag 1925. Rm 1,60
Nr. 59. **Beurkundung des Personenstandes und die Eheschließung.** Von F. Fidler. 2. Auflage. — 1912. Rm 2,30
Nr. 60. **Das Urheberrecht an Werken der Literatur und der Tonkunst.** Von O. Lindemann. 4. Auflage. — 1921. Rm 1,80
Nr. 61. **Verlagsrecht.** Von B. Marwitz. 3. Auflage. — 1922. Rm 1,60
Nr. 62. **Private Versicherungsunternehmungen.** Von H. Könige. 3. Auflage. Im Druck.
Nr. 63. **Gesetzestafel des deutschen Reichsrechts.** Von H. Bruhns. 2. Auflage. — 1913. Rm 3,—
Nr. 64. Gesetzsammlung, betr. den **Handel mit Drogen und Giften.** Von H. Sonnenfeld. 3. Auflage. — 1926. Rm 12,—
Nr. 65. **Weingesetz.** Von G. Lebbin. 2. Aufl. — 1909. Rm 2,— (Siehe auch Reichsgesetz Nr. **54** Bd. II.)
Nr. 66. **Die Eisenbahn-Gesetzgebung.** Von W. Pietsch. 2. Auflage. — 1913. (Siehe auch Nr. 91.) Vergriffen.
Nr. 67. **Militär-Strafgesetzbuch.** Von A. Romen und C. Rissom. 3. Auflage. — 1918. Rm 5,—
Nr. 68. **Fleischbeschaugesetz.** Von G. Lebbin und G. Baum. — 1903. Vergriffen.
Nr. 69. Reichsgesetz über die **Naturalleistungen der bewaffneten Macht im Frieden.** Von W. v. Hippel. — 1903. Rm 1,—
Nr. 70. **Das Reichs-Haftpflichtgesetz.** Von G. Eger. — 1903. Vergriffen. — (Als Ersatz Kommentar von Seligsohn. — 1920. Rm 8,—, geb. Rm 9,50)
Nr. 71. **Kinderarbeit in gewerblichen Betrieben.** Von H. Spangenberg. 2. Auflage. — 1904. Rm 1,20
Nr. 72. **Unfallversicherungsgesetz** siehe Nr. **108** und **161a.**
Nr. 73. **Entschädigung für unschuldig erlittene Verhaftung und Bestrafung.** Von A. Romen. — 1904. Rm 1,70
Nr. 74. **Die Kaufmannsgerichte.** Von M. Apt. 3. Auflage. — 1904. (Siehe auch Nr. **112** und **112a.**) Vergriffen.
Nr. 75. **Konsulargerichtsbarkeit.** Von A. F. Vorwerk. 2. Ausgabe, mit den Schutzgebietsgesetzen. — 1908. Rm 1,60
Nr. 76. **Die Rechtshilfe im Verkehr mit den ordentlichen Gerichten.** Von A. Friedländer. — 1906. Rm 1,50
Nr. 77. **Das Erbschafts-StG.** Von B. Henckel. 1920. Rm 5,— Neue Fassung v. H. Schachian. 3. Auflage. — 1925. Rm 2,50
Nr. 78. **Zigarettensteuergesetz.** Von Cuno. Vergriffen.

Nr. 79. **Die Militärpensionsgesetze.** Von A. Romen.
a) I. Teil: **Offizierpensionsgesetz. — 1907.** Rm 2,—
b) II. Teil: **Mannschaftsversorgungsgesetz.** Mit **Kapitalabfindungsgesetz.** — 1908. Rm 2,—

Militärversorgungsgesetze siehe auch **Nr. 152** und **152a.**

Nr. 80. **Gerichtliche Registerführung.** Von O. Lindemann. — 1906. Rm 2,40

Nr. 81. **Urheberrecht an Werken der bildenden Künste und der Photographie.** Von L. Fuld. 2. Auflage. — 1926. Rm 6,—

Nr. 82. **Reichsbeamtengesetz.** Von A. Arndt. 3. Auflage. — 1923. Mit Nachtrag, enth. die Änderungen bis 1924. Rm 3,50

Nr. 83. **Versicherungsvertrag.** Von P. Hager und E. Bruck. 5. Auflage. — 1926. Rm 14,—

Nr. 84. **Sammlung kleinerer privatrechtlicher Reichsgesetze.** Von G. Müller. — 1908. Rm 5,50

Nr. 85. **Scheckgesetz.** Neue Auflage im Druck. (Siehe auch Reichsgesetze Nr. 5 und 162.)

Nr. 86. **Die Auslieferungsverträge des Deutschen Reiches.** Von A. Cohn. — 1908. Rm 4,—

Nr. 87a. **Das deutsche Warenzeichenrecht.** Von Freund und Magnus. 6., neubearb. Aufl. von Jüngel und Magnus. Teil I: **Die internationalen Verträge.** — 1924. Rm 9,—

Nr. 88. **Vereinsgesetz.** Von A. Romen. 5. Aufl. — In Bearb.

Nr. 89. **Vogelschutzgesetz.** Von L. v. Boxberger. — 1909. Rm 1,—

Nr. 90. Die Haager Abkommen über das **Internationale Privatrecht.** Von G. Bogeng. — 1908. Rm 2,—

Nr. 91. **Eisenbahn-Verkehrsordnung.** Von E. Blume. 3. Auflage von Weirauch. Im Druck.

Nr. 92. **Verkehr mit Kraftfahrzeugen.** Von R. Kirchner. 8. Auflage. — 1915. Mit Nachtrag, enth. alle Neuerungen bis Ende 1925. Rm 5,—. (Nachtrag einzeln Rm 1,50)

Nr. 93. **Sicherung der Bauforderungen.** Von E. Harnier. 8. Auflage. — 1912. Rm 1,50

Nr. 94. **Die Beamtenhaftpflichtgesetze des Reiches und der Länder.** Von H. Delius. 3. Auflage. — 1921. Rm 3,20

Nr. 95. Die Berner Übereinkunft über **Internationales Urheberrecht.** Von H. Dungs. — 1910. Rm 1,—

Nr. 96. **Branntweinsteuergesetz. — Branntweinmonopolgesetz** siehe **Nr. 54** Bd. II.

Nr. 97. **Schutzgebietsgesetz.** Von J. Gerstmeyer. — 1910. Rm 2,50

Nr. 98. **Sechs Haager Abkommen über Internationales Privatrecht.** Von H. Dungs. — 1910. Rm 1,50

Nr. 99. **Die Abkommen d. Haager Friedenskonferenz. Vergr.** Jetzt: Wehberg, **Völkerbundakte.** Rm 4,— (Außerh. d. Samml.)
Nr. 100. **Kaligesetz.** Von B. Voelkel. — 1910. Rm 2,40
Nr. 101. **Zuwachssteuergesetz.** Von W. Cuno. — Vergriffen.
Nr. 102. **Urheberrecht an Mustern und Modellen** und **Schutz von Gebrauchsmustern.** Von J. Neuberg. — 1911. Rm 2,40
Nr. 103. **Reichs-Viehseuchengesetz.** Von W. v. Hippel. 2. Auflage. — 1912. Rm 4,—
Nr. 104. **Versicherungsgesetz für Angestellte** siehe Seite 12.
Nr. 105. **Das Geldwesen in den deutschen Schutzgebieten.** Von W. Hintze. — 1912. Rm 1,80
Nr. 106—109. **Reichs-Versicherungsordnung.** Von F. Caspar und A. Spielhagen. 1913—1921. 4 Bände. Komplett. Rm 18,—
Reichsversicherungsordnung in neuester Fassung von K. Lippmann s. Nr. 161 und 161 a.

Nr. 110. **Wehrbeitragsgesetz.** Von A. Fernow. 2. Auflage. — 1913. Rm 1,60
Nr. 111. **Reichs- und Staatsangehörigkeitsgesetz.** Von A. Romen. 2. Auflage. In Bearbeitung.
Nr. 112. **Kaufmannsgerichtsgesetz.** Von H. Depène. — 1914. Rm 2,60
Nr. 112a. **Kaufmanns- u. Gewerbegerichtsgesetz nebst Schlichtungsordnung.** (Ergbd z. Nr. 112.) B. H. Depène. 1924. Rm 3,50
Die Nr. 112 u. 112a enthalten zusammen den vollständigen Text des Gewerbegerichtsgesetzes.
Nr. 113. **Postscheckgesetz.** Von J. Weiland. — 1914. Mit Nachtrag 1918. Rm 1,50
Nr. 113 a. **Postscheckordnung.** Von J. Weiland. — 1914. Mit Nachtrag 1918. Rm 1,50
Nr. 114. **Waffengebrauch und Festnahmerecht des Militärs.** Von A. Romen und C. Rissom. — 1914. Rm 1,80
Nr. 115. **Das vertragliche Wettbewerbsverbot [Konkurrenzklausel].** Von G. Baum. — 1914. Rm 3,—
Nr. 116. **Kriegs-Zivil- u. Finanzgesetze.** 3. Aufl. — 1915. Rm 1,50
Nr. 116a. Zweite Folge: Jahr 1915. — 1916. Rm 1,20
Nr. 117. **Darlehnskassengesetz.** — 1915. Rm 1,80
Nr. 118. **Militärhinterbliebenengesetz.** Von Reh. Mit **Kapitalabfindungsgesetz.** — 1915. (Siehe auch Nr. 152, 152a und 160.) Rm 2,20
Nr. 119. **Kriegsleistungsgesetz.** Vergriffen.
Nr. 120. **Telegraphenwegegesetz.** Von Wolf. — 1916. Rm 1,—
Nr. 121. **Direkte Kriegssteuer.** Von A. Mrozek. 1916. Rm 3,50

Nr. 122. **Belagerungszustand.** Von H. Bürschel. 1916. Rm 3,50

Nr. 123. **Warenumsatzstempel.** Von Lindemann. — 1916. (Umsatzsteuergesetze siehe Nr. 132.)

Nr. 124. **Todeserklärung Kriegsverschollener.** Von J. Bartsch. — 1917. Rm 2,—

Nr. 125. **Vaterländischer Hilfsdienst.** 3. Auflage. — 1917. Rm 1,—

Nr. 126. **Besitzsteuergesetz.** Von A. Mrozek. Vergriffen.

Nr. 127. **Geschäftsaufsicht zur Abwendung des Konkurses.** Von G. Klien u. Ernst Jaeger. — 1917. Durch Nachträge ergänzt. Rm 3,—

Nr. 128. **Verhaftung und Aufenthaltsbeschränkung.** Von A. Romen. — 1917. Rm 1,20

Nr. 129. **Zivilrechtkriegsgesetze.** Von Fischer. — 1918. Rm 1,50

Nr. 130. **Ersatzlebensmittelverordnung.** — 1918. Rm 1,50

Nr. 131 a. **Reichsfinanzgesetzgebung 1918.** Bd. I. **Getränkesteuern.** Von G. Mayer. — 1918. Rm 2,50

Nr. 131 b. **Reichsfinanzgesetzgebung 1918.** Bd. II. **Einkommen, Umsatz** usw. Von G. Mayer. — 1919. Rm 1,50

Nr. 132. **Umsatzsteuergesetz.** Von Otto Lindemann. 4. Auflage. — 1926. Rm 10,—

Nr. 133. **Reichswuchergesetzg.** Von Ad. Lobe. — 1918. Rm 2,80

Nr. 134. **Der Ostfrieden.** Von Karl Strupp. — 1918. Rm 3,—

Nr. 135. **Erbbaurecht.** Von H. Günther. — 1919. Rm 2,—

Nr. 136. **Militärvers.-Ges.** Von H. Günther. — 1919. Rm 2,30

Nr. 137. **Reichsverfassung.** Von Arndt. 2. Aufl. — 1921. Rm 2,50

Nr. 138 a. **Arbeiterschutz und Arbeitsrecht.** Von A. Günther. 1920. Rm 5,—

Nr. 138 b. **Betriebsrätegesetz.** Von A. Günther. — 1920. Vergr.

Nr. 139. **Grunderwerbsteuergesetz.** Von Otto Lindemann. 2. Auflage. — 1926. Im Druck.

Nr. 140. **Die Siedelungsgesetzgebung im Reich und in Preußen.** Von W. Holzapfel. — 1920. Rm 3,—

Nr. 141. **Sozialisierungsgesetze.** Von Reier. — 1920. Rm 2,20

Nr. 142. **Wirtschaftliche Demobilmachung.** Von G. Fischbach. — 1920. Rm 1,—

Nr. 143. **Reichsabgabenordnung.** Von Nieberl. — 1922. Mit Nachtrag, enth. die Änderungen von 1924. Rm 4,—

Nr. 144. **Versicherungsgesetz für Angestellte.** Von Lippmann. — 1920. Neue Fassung siehe S. 12.

Nr. 145. **Steuer- und Kapitalflucht.** Von E. H. Meyer. 2. Auflage. — 1921. Rm 1,60

Nr. 146. **Tabaksteuergesetz.** Von Wündisch. — 1920. Mit Nachtrag 1925. Rm 4,—

Nr. **147. Filmzensur.** Von Szczesny. — 1920. Rm 1,50
Nr. **148. Reichsausgleichsgesetz.** Von Decke. — 1920. Rm 1,50
Nr. **149. Reichsnotopfergesetz.** Von Friedmann und Wrzeszinsky. — 1921. Rm 4,—
Nr. **150. Reichsschädengesetze.** Von Adolf Hohenstein und Wenzel Goldbaum. — 1922. Rm 4,—
Nr. **151. Einkommensteuer und Körperschaftsteuer.** Von Hollaender. — 1926. Im Druck.
Nr. **152. Wohlfahrtsgesetze.** Von Behrend und Stranz-Hurwitz. Teil I. 1923. Rm 5,—
Nr. **152a.** Desgl. Teil II. 1925. Rm 9,—
Nr. **152** und **152a** zusammen bezogen Rm 12,—
Nr. **153. Zwangsanleihegesetz.** Von Simon und Beutner. 1923. Rm 8,—
Nr. **154. Jugendwohlfahrtsgesetz und Jugendgerichtsgesetz.** Von Drewes und Sandré. — 1923. Mit Nachtrag, enth. die Ergänzungen bis April 1924. Rm 6,—
Nr. **155. Reichsknappschaftsgesetz.** Von Max Reuß und Fritz Hense. 2. Auflage. — 1926. In Bearbeitung.
Nr. **156. Mietrecht und Wohnungsmangelgesetz.** Von Krieg. 3. Auflage. — 1925. Rm 7,—
Nr. **157. Dritte Steuernotverordnung v. 14. 2. 1924** mit den Vorschriften über **Aufwertung.** 2. Auflage unter dem Titel: **Aufwertungsgesetze.** Von Michaelis. — 1925. Rm 16,—
Nr. **158. Strafprozeßordnung.** Alte und neue Fassung synoptisch gegenübergestellt. Von Reichsanwalt Feisenberger. — 1925. Rm 4,50
Nr. **159. Industriebelastungsgesetz.** Von Höpker. Rm 4,—
Nr. **160. Fürsorgepflicht.** Von Sandré. — 1925. Rm 6,—
Nr. **161. Reichsversicherungsordnung.** Von Lippmann. Rm 11,—
Nr. **161a.** Desgl. **Ergänzungsband,** enthaltend die neue Fassung des **Unfallversicherungsgesetzes** sowie die Änderungen der übrigen Bücher der RVO. Von Lippmann. Rm 4,—
Nr. **162. Handelsrechtliche Nebengesetze.** Von Schreiber. — 1926. Rm 14,—
Nr. **163. Notariatsrecht.** Von Szkolny. — 1925. Rm 8,50
Nr. **164. Aufwertung von Versicherungsansprüchen.** Teil I: **Lebensversicherungen.** Von Berliner und Pfaffenberger. — 1926. Rm 6,50
Nr. **164a.** Desgl. Teil II: **Sach-** (Feuer-, Glas-, Wasser- usw.) **und Transportversicherung, Unfall- und Haftpflichtversicherung.** — 1926. Rm 3,50

B. Preußische Gesetze.

Nr. 1. Die Verfassung des Freistaats Preußen. Von A. Arndt. — 1921. Rm 2,—
Ausführlicher Kommentar von Stier-Somlo.— 1921. Rm 5,—

Nr. 2. Preußische Beamten-Gesetzgebung. Von K. Pfafferoth. 5. Auflage. — 1916. Rm 2,40

Nr. 3. Notteſtamente. Von E. Kurtz. — 1904. Rm 1,50

Nr. 4. Gebührenordnung für Notare. Vom 28. Oktober 1922. Von Rausnitz. 6. Auflage. — 1925. Rm 7,—

Nr. 5—9 vergriffen.

Nr. 10. Einkommensteuergesetz siehe Reichsgesetze Nr. **151.**

Nr. 11. Gewerbesteuergesetz. Von A. Fernow. Vergriffen.

Nr. 12. Allgemeines Berggesetz. Von Schlüter und Hense. 4. Auflage. — In Vorbereitung.

Nr. 13. Ergänzungssteuergesetz. Von A. Fernow. 5. Aufl. Rm 3,—

Nr. 14. Kommunalabgabengesetz. Von F. Adickes. 6. Auflage von Falk. — 1922. Rm 3,50

Nr. 15. Die Kreisordnungen. Von O. Kolisch. — 1894. Vergriffen.

Nr. 16. Konzessionierung gewerblicher Anlagen. Von W. v. Rüdiger. 2. Auflage. — 1901. Vergriffen.

Nr. 17. Preußisches Gerichtskostengesetz. Von P. Siméon. 8. Auflage. In Vorbereitung.

Nr. 18. Preußisches Stempelsteuergesetz. Von P. Loeck und W. Seyffarth. 10. Auflage von Eiffler. — In Bearbeitung.

Nr. 19. Jagdscheingesetz. Von F. Kunze. 2. Aufl. — 1899. Rm 2,—

Nr. 20. Die preußischen Erbschaftssteuergesetze. Von U. Hoffmann. — 1905. Rm 3,—
(Reichs-Erbschaftssteuergesetz siehe Seite 12.)

Nr. 21. Handelskammern. Von F. Lusensky. 2. Auflage. — 1909. Rm 3,—

Nr. 22. Anstellung und Versorgung der Kommunalbeamten. Von W. Ledermann. 2. Auflage von L. Brühl. — 1914. Rm 2,—

Nr. 23. Ausführungsgesetze zum Bürgerlichen Gesetzbuche. Von P. Siméon. 3. Auflage. — 1914. Rm 2,20

Nr. 42. **Allgemeine Landesverwaltung** und **Zuständigkeit der Verwaltungs- und Verwaltungsgerichtsbehörden.** Von K. Friedrichs. 2. Auflage. — 1921. Rm 3,—

Nr. 43. **Verschuldungsgrenze** für land- und forstwirtschaftlich benutzte Grundstücke. Von R. Leweck. — 1908. Rm 2,40

Nr. 44. **Quellenschutzgesetz.** Von E. Boelkel. — 1909. Rm 1,—

Nr. 45. **Rechtsverhältnisse der Juden in Preußen.** Von M. Kollenscher. — 1910. Rm 2,40

Nr. 46. **Austritt aus der Landeskirche.** Von H. Caro. — 1911. Rm 2,40

Nr. 47. **Feuerbestattung.** Von W. Lohmann. — 1912. Rm 1,50

Nr. 48. **Zweckverbandsgesetz für Groß-Berlin.** Von L. Brühl, K. Gorban und W. Lebermann. — 1912. Rm 4,—

Nr. 49. **Gesetze gegen die Verunstaltung landschaftlich hervorragender Gegenden.** Von O. Goldschmidt. — 1912. Rm 2,40

Nr. 50. **Gesetz, betr. die Anlegung und Veränderung von Straßen und Plätzen in Städten und ländlichen Ortschaften.** Von O. Meyer. — 1913. Rm 3,—

Nr. 51. **Das preußische Disziplinargesetz für die nichtrichterlichen Beamten.** Von E. v. Dultzig. — 1914. Rm 4,20

Nr. 52. **Preußisches Wassergesetz.** Von G. Wulff und F. Herold. — 1913. Rm 4,50

Nr. 53. **Hinterlegungsordnung** von 1913. Von Hagemann. — 1914. Rm 2,20

Nr. 54. **Anlegung von Sparkassenbeständen in Inhaberpapieren.** Von H. Döhring. — 1914. Rm 2,80

Nr. 55. **Preußisches Wohnungsgesetz.** Von B. Schmittmann. — 1918. Rm 2,60

Nr. 56. **Das preußische Tumultschadengesetz.** Von Bruno Friedländer. — 1919. Rm 0,80

Nr. 57. Gesetz über **Landeskulturbehörden.** Von W. Holzapfel. — 1919. Rm 2,—

Nr. 58. **Arbeitsnachweis.** Von P. Wölbling. — 1920. Rm 1,—

Nr. 59. **Bildung der neuen Stadtgemeinde Berlin.** Von P. Wölbling. 2. Auflage. — 1920. Rm 1,40

Nr. 60. **Umlegungsordnung.** Von W. Holzapfel. — 1921. Rm 1,80

Nr. 61. **Preußische Verwaltungsgebührenordnung.** Von K. Eiffler. Mit Nachtrag. — 1925. Rm 6,—

C. Textausgaben

ohne Anmerkungen **mit** Sachregister.

Aufwertungsgesetze mit Einleitung. Von Michaelis. Rm 1,50
Betriebsrätegesetz. Vergriffen.
Bürgerliches Gesetzbuch. 14. Auflage. Rm 5,—
Erbschaftssteuergesetz. Neue Fassung von H. Schachian. 3. Auflage. Rm 2,50
Freiwillige Gerichtsbarkeit. — 1920. Rm 1,—
Handelsgesetzbuch mit **Seerecht.** 11. Auflage. — 1924. Rm 2,60
Konkursordnung. 2. Auflage. — 1915. Mit Nachtr. 1925. Rm 1,—
Militärstrafgerichtsordnung m. **Einführungsges.** — 1901. Rm 1,30
Militär-Strafgesetzbuch. 2. Auflage. — 1916. Rm 0,50
Reichsfinanzgesetze von 1909. — 1909. Rm 2,60
Reichsmietengesetz. — 1922. Rm 0,50
Reichsnotopfergesetz. Vergriffen.
Reichssteuergesetze 1925 (Steuerüberleitungsgesetz mit Durchführungsbestimmungen — Einkommensteuer, Körperschaftsteuer, Reichsbewertungsgesetz, Vermögensteuer, Erbschaftssteuer). Rm 4,—
Reichsversicherungsordnung. Vergriffen.
Strafgesetzbuch. — 1925. Rm 3,—
Strafprozeßordnung. 5. Auflage. — 1924. Rm 2,50
Umsatzsteuergesetz. — 1920. Vergriffen.
Verkehrs- u. Kohlensteuer u. Kriegssteuerzuschlag. 1917. Rm 0,60
Verfassung des Deutschen Reiches. Vergriffen.
Verfassung des Freistaates Preußen. Rm 0,60
Versicherungsgesetz für Angestellte. — 1924/25. Rm 2,—
Wechselordnung. — 1908. Rm 0,50
Wehrbeitrag und **Besitzsteuer.** — 1913. Rm 0,50
Zivilprozeßordnung mit **Gerichtsverfassungsgesetz** und **Einführungsgesetzen.** — 1924. Rm 3,50
Zuwachssteuergesetz. — 1911. Rm 0,50
— **Ausführungsbestimmungen.** — 1911. Rm 0,40
Preuß. Ausf.-Anweis. zur **Gewerbeordnung.** — 1904. Rm 1,—

Schlagwort-Register

R. = Nummer der Sammlung Deutscher Reichsgesetze.
P. = Nummer der Sammlung Preußischer Gesetze.
S. = Seite.

Schlagwort-Register. (R. — Reichsgesetz, P. — preuß. Gesetz.)

Schlagwort-Register. (R. = Reichsgesetz, P. = preuß. Gesetz.)

Schlagwort-Register. (R. = Reichsgesetz, P. = preuß. Gesetz.)

FSC
www.fsc.org
MIX
Papier | Fördert
gute Waldnutzung
FSC® C083411

Kolibri 360 GmbH
Ferdinand-Jühlke-Straße 7
99095 Erfurt, Deutschland
produktsicherheit@kolibri360.de